U0529230

当代中国家庭转变
对人力资本发展的影响

牛建林 著

Family Transition in Contemporary China
and Its Impacts on Human Capital Development

中国社会科学出版社

图书在版编目（CIP）数据

当代中国家庭转变对人力资本发展的影响／牛建林著 . —北京：中国社会科学出版社，2024.6

ISBN 978 – 7 – 5227 – 3496 – 5

Ⅰ.①当… Ⅱ.①牛… Ⅲ.①家庭—影响—人力资本—研究—中国 Ⅳ.①F249.21

中国国家版本馆 CIP 数据核字（2024）第 085389 号

出 版 人		赵剑英
责任编辑		黄　晗
责任校对		杨　林
责任印制		王　超

出　　版		中国社会科学出版社
社　　址		北京鼓楼西大街甲 158 号
邮　　编		100720
网　　址		http://www.csspw.cn
发 行 部		010 – 84083685
门 市 部		010 – 84029450
经　　销		新华书店及其他书店
印　　刷		北京君升印刷有限公司
装　　订		廊坊市广阳区广增装订厂
版　　次		2024 年 6 月第 1 版
印　　次		2024 年 6 月第 1 次印刷
开　　本		710×1000　1/16
印　　张		24
插　　页		2
字　　数		335 千字
定　　价		128.00 元

凡购买中国社会科学出版社图书，如有质量问题请与本社营销中心联系调换
电话：010 – 84083683
版权所有　侵权必究

目 录

绪 论 …………………………………………………………（1）

第一章 人力资本相关理论与研究综述 ………………………（5）
 第一节 人力资本概念、内涵及理论阐释 …………………（7）
 第二节 中国人力资本的经验研究进展………………………（12）
 第三节 人力资本的测量和应用现状…………………………（25）
 第四节 本章小结………………………………………………（35）

第二章 当代家庭转变理论及中国的实践……………………（36）
 第一节 当代家庭转变的相关理论……………………………（37）
 第二节 中国家庭转变的经验发现……………………………（42）
 第三节 本章小结………………………………………………（52）

第三章 当代中国家庭转变的特征与趋向：基于 CFPS 数据的发现…………………………………………（53）
 第一节 数据简介：CFPS ……………………………………（54）
 第二节 中国城乡家庭的规模和结构特征及其变化…………（55）
 第三节 晚婚晚育的趋势与人群差异…………………………（64）
 第四节 家庭关系质量及婚姻解体风险………………………（74）

第五节　本章小结……………………………………………（81）

第四章　健康禀赋与早期健康资本……………………………（82）
　　第一节　出生时的健康禀赋………………………………（83）
　　第二节　低出生体重的发生情况…………………………（92）
　　第三节　婴儿期的患病情况………………………………（100）
　　第四节　本章小结…………………………………………（105）

第五章　成长过程中的健康差异及家庭因素的影响…………（107）
　　第一节　体格生长指数……………………………………（107）
　　第二节　家庭特征与青少年儿童的体格生长差异………（115）
　　第三节　本章小结…………………………………………（127）

第六章　青少年的心理健康及家庭因素的影响………………（129）
　　第一节　心理健康指标与青少年的主要特征……………（130）
　　第二节　家庭特征与青少年心理健康的差异……………（139）
　　第三节　本章小结…………………………………………（150）

第七章　家庭教育资源与环境…………………………………（152）
　　第一节　家长的教育期望…………………………………（152）
　　第二节　家庭对子女的教育投入…………………………（167）
　　第三节　校外市场化的教育/培训机会……………………（177）
　　第四节　正规教育入学方式的选择………………………（185）
　　第五节　本章小结…………………………………………（190）

第八章　家庭教养活动及亲子交流互动………………………（192）
　　第一节　家庭养育和教育行为……………………………（193）
　　第二节　家庭支持与亲子交流互动………………………（205）
　　第三节　亲子关系质量……………………………………（215）

第四节　本章小结 …………………………………………（220）

第九章　青少年的教育抱负及家庭因素的影响 ……………（222）
　　第一节　青少年的教育抱负 ………………………………（223）
　　第二节　家庭特征与青少年教育抱负的差异 ……………（231）
　　第三节　本章小结 …………………………………………（243）

第十章　青少年的认知能力及家庭因素的影响 ……………（244）
　　第一节　青少年认知能力的基本特征 ……………………（244）
　　第二节　青少年认知能力的个体及家庭差异 ……………（251）
　　第三节　本章小结 …………………………………………（268）

第十一章　青少年的非认知能力及家庭因素的影响 ………（269）
　　第一节　非认知能力的测量及调查设计 …………………（269）
　　第二节　家庭特征与青少年的非认知能力 ………………（281）
　　第三节　青少年的自评及他评责任感与家庭特征的
　　　　　　关系 ………………………………………………（291）
　　第四节　本章小结 …………………………………………（300）

第十二章　未成年人的健康资本及其影响机制 ……………（302）
　　第一节　健康资本影响机制的研究设计 …………………（303）
　　第二节　未成年人体格健康状况的影响机制 ……………（310）
　　第三节　青少年心理健康的影响机制 ……………………（317）
　　第四节　青少年自评一般健康状况及其影响机制 ………（322）
　　第五节　本章小结 …………………………………………（324）

第十三章　家庭对未成年人认知能力和非认知能力发展的
　　　　　　影响 ………………………………………………（327）
　　第一节　数据、变量与分析方法 …………………………（328）

第二节　主要研究发现 …………………………………………（334）
第三节　本章小结 ………………………………………………（345）

结语　总结与展望 …………………………………………（348）

参考文献 ………………………………………………………（357）

绪　　论

　　20世纪末，中国完成了世纪性人口转变，人口变动进入低生育、低死亡的发展新常态。伴随着人口转变的完成，人口内在自然增长趋势发生逆转，人口总量的增长势能逐步释放完毕，即将转入长期负增长的新阶段。与此同时，过去几十年人口快速转变以及新的人口增长态势，决定了未来中国人口年龄结构将持续呈老化趋势。在这一背景下，人口与社会经济的持续发展受到严峻挑战。人力资本作为社会经济发展的重要驱动因素，其发展态势和前景吸引了全社会的关注。十余年来，大量社会科学研究者致力于评估中国在当前及未来一段时期内开发"人力资本红利"的可行性、潜在"人力资本红利"的规模及其可能产生的社会经济效应。在中国经济转入中低速、高质量发展的新形势下，人力资本的发展具有更为突出的现实意义，不仅直接影响国民经济发展、综合国力与国际竞争力，而且对国民素养和福祉的提升起着至关重要的作用。

　　人力资本的发展与人口及家庭转变密切相关。这一方面表现为，教育发展，特别是女性受教育水平的普遍提高，对20世纪世界范围内的生育率下降和人口转变进程发挥了强有力的推动作用；另一方面，人口与家庭转变进程也在客观上激发了社会及家庭的教育投资，加速了年青一代教育资本的积累。在中国，20世纪七八十年代以来人口快速转变的进程，为教育扩张政策的推广实施提供了有力支持；随着家庭规模的下降，微观家庭对子女教育的期望水平和重视程度普遍升高；与之相适应，在教育市场化改革，特别是20世纪末高等教育收费制度出台的背景下，教育规模仍实现大幅度、持续的扩张，印证了近几十年来公众教育需求和投资行为的重要变化。

进入21世纪以来，中国家庭领域出现了一系列新的重要转变。具体表现为，年青一代的婚育行为普遍推迟、婚姻的稳定性下降、家庭规模进一步小型化、家庭关系与结构呈现多元复杂性和易变性特征等。这些转变与世界范围内"第二次人口转变"的重要表征相一致，也被当代"家庭转变"研究所关注。不少理论和经验研究探讨了相应转变的成因及其性质（如是否具有单向性和不可逆转性等），突出强调了这些转变趋势对人口发展态势、社会稳定和经济发展的重要效应。相比之下，较少有研究系统考察和评估这些人口与家庭转变趋势如何影响年青一代的人力资本发展。在中国人口与社会经济发展进入新常态的时代背景下，系统考察当代家庭转变对人力资本发展的影响，有助于全面认识人力资本发展的潜力与现实，科学研判当前人力资本发展态势能否适应人口负增长和社会经济发展新常态的挑战，并为制定人力资本高效积累的干预措施提供参考。

目前，很少有研究系统考察当代中国人口与家庭转变趋势对人力资本发展的影响。此外，现有关于中国人力资本发展前景的研究，大多从宏观层面考察中国教育资本的发展特征，预测教育资本总量的变化趋势及其可能产生的社会经济效应。相对而言，关于人力资本的其他要素或组成部分，现有研究很少系统考察其发展态势或前景。鉴于此，本书拟从当前未成年人的人力资本发展入手，从健康、教育、其他认知及非认知能力等人力资本的多个维度出发，系统考察年青一代人力资本的发展状况与影响机制。

在技术路线上，本书选取青少年、儿童为主要研究对象，着重考察其人力资本特征、发展趋势和影响机制。选择这一研究思路的主要原因在于，首先，在个体层次，儿童和青少年时期是个体人力资本积累的关键时期，这一阶段的人力资本发展特征在很大程度上决定着个体最终的人力资本水平；其次，从社会层次来看，人的世代更迭和社会发展变迁的规律决定了一个社会的人力资本发展态势从根本上取决于一代代年轻人在儿童和青少年期的人力资本投资与积累。因此，考察青少年儿童的人力资本发展状况及影响机制，是理解人力资本总量的发展态势及其社会经济效应的重要途径。考虑到儿童和青少年人力资本发展直接受家庭因素的影响，从当代青少年儿童的人力资本积累状况出发进行研究，也有助于系统检验家庭转变对人力资本发展的影响。

除绪论外，本书共包括十四章。其中，第一章和第二章为背景部分，分别从人力资本和当代家庭转变两个角度出发，介绍与本研究相关的核心概念、理论成果以及经验发现，为本研究核心概念的内涵和理论框架奠定基础；第三章介绍研究设计和主要数据特征，并运用调查数据中收集的家庭特征信息系统分析了考察期间中国城乡家庭的转变进程。第四章到第十三章按照人力资本的不同组成部分、以生命历程的发展为主线，实证考察未成年人在不同成长阶段人力资本各要素的发展状况，检验当代家庭变迁对相应人力资本发展的影响。具体而言，第四章至第六章重点考察健康资本的发展，第七章到第九章考察教育资本的发展，第十章和第十一章分别对认知能力和非认知能力发展状况进行多维度分析；第十二章和第十三章通过构建和拟合综合性统计模型，系统检验青少年儿童人力资本各维度发展状况的影响机制。最后"结语"部分对本研究的主要结论进行了总结，在此基础上，本书提出对推动年青一代人力资本高效、高质量发展的思考与展望。

与以往研究相比，本研究的贡献在于：首先，更新了中国城乡家庭转变最新进展的经验发现。利用2010—2020年的全国家庭追踪抽样调查数据，系统分析了中国城乡家庭转变的主要特征和趋势，研究发现对农村家庭转变进程以及城乡差异的变化提供了新的经验证据，有助于更新相应领域的经验知识；其次，结合新人力资本理论和概念框架，系统检验了当代家庭转变进程对中国未成年人的人力资本发展的影响。本研究从健康资本、教育资本、认知能力和非认知能力等要素出发，考察了未成年人成长历程中各阶段人力资本的主要特征及其发展变化，研究发现为系统理解当前中国年青一代人力资本的发展特征和影响机制提供了科学依据，对家庭及社会进行积极有效的人力资本投资干预、促进中国未来人力资本高质量发展具有参考意义。

第一章

人力资本相关理论与研究综述

人力资本是现代社会经济发展的核心驱动力,对各国提升综合国力、保持国际竞争力和改善国民福祉发挥着不可替代的作用。关于人力资本的系统性论述和研究始于20世纪五六十年代,西方经济学家西奥多·舒尔茨首次明确提出"人力资本"的概念,自此,大量经济学家围绕人力资本的经济价值与可投资性,从不同视角和层次进行阐释,形成了一系列重要的理论成果(Becker,1964;Lucas,1988;Mincer,1958;Romer,1990;Schultz,1981)。在这些理论的指导下,世界范围内关于人力资本的经验研究经久不衰,为人力资本的投资价值与经济效应提供了最为广泛的论证和支持。这些研究表明,从个体层面来看,人力资本有助于改善个人的劳动报酬,促进其社会流动与地位获得,并对代际社会流动具有长期的积极效应。从社会层面来看,人力资本发展状况关系着一个社会的发展状况与发展潜力。现代教育的发展,对提高要素生产率、推动技术进步和创新、促进产业结构升级和经济增长发挥着不可替代的作用(Lucas,1988;Mincer,1958;Romer,1990;Schultz,1981;杜育红、赵冉,2018;闵维方,2017)。

受人力资本理论和经验证据的启发,第二次世界大战后,世界范围内不少国家和地区实施积极的教育扩张政策,大力提升国民健康水平。这些举措为20世纪下半叶世界经济的快速发展奠定了基础,也在客观上促进了世界范围内的文化演变、人口与家庭的转变进程。除此之外,各国人力资本的投资举措为21世纪新一轮的科技革命和国际竞争力的相对变化埋下了伏笔（OECD，2017；李子江、张斌贤，2016）。

进入21世纪以来，人力资本在各国人口与社会经济发展中的作用更加凸显。一方面，伴随着社会经济转型和国际形势变幻带来的不确定性，各国综合实力的对比和国际竞争力越来越依赖于科技创新能力，这对人力资本发展提出了更高要求；另一方面，随着世界范围内越来越多的国家完成第一次人口转变，不少步入后人口转变阶段的国家和地区普遍面临严峻的人口老化态势。在这一形势下，人力资本发展具有刻不容缓的时代意义和使命，已成为各国提振劳动生产率、保持经济增长潜力、维持社会福祉和促进社会发展的关键所在。

在世界社会经济发展模式转变、劳动力因人口转变而呈现新的发展态势的同时，人力资本理论也完成了重要的发展。21世纪初，以詹姆斯·赫克曼为代表的经济学家在吸收自然科学最新研究成果的基础上发展了经典的人力资本理论，提出新人力资本理论（Heckman，2006、2007）。与传统的人力资本理论相比，新人力资本理论明确拓展了人力资本的内涵，提出健康、认知能力与非认知能力是人力资本不可或缺的组成部分，并为这些人力资本要素的投资和发展规律及其收益提供了系统的理论阐释。

在新人力资本理论指导下，关于人力资本发展状况、投资干预的研究面临新的发展机遇和现实需求。一方面，原有关于人力资本的研究论断亟须在新的框架下检验、完善和更新。新人力资本理论将非认知能力等要素纳入研究体系，突出强调了人力资本不同要素之间的相互作用，并指出非认知能力是21世纪的核心胜任力。这些理论拓展要求对新时期人力资本发展开展系统深入的实证研究。另一方面，历史经验表明，人力资本发展状况对各国在科技创新和国际竞争中的相对位置具有重要的长期性影响。在经济和人口发展新常态下，人力资本发展的重要性不仅更加突出，而且其发展路径也必然区别于传统经济形态下的粗放式扩张。因此，当代人力资本发展研究具有全新的特点和要求。本章首先从人力资本的概念内涵和理论成果出发，梳理和总结既有研究发现；在此基础上，结合经验研究对人力资本测量的指标体系和操作化方式的探索，对中国人力资本研究的最新进展进行综述，为本研究的实证分析提供指标框架和测量有效性评估的参考。

第一节 人力资本概念、内涵及理论阐释

一 人力资本的概念内涵及其沿革

关于个人劳动或生产的能力及其经济价值的思想，至少可以追溯到18世纪的古典经济学著作，如《国富论》。不过，"人力资本"概念的提出及系统性论述是在20世纪中期才开始出现的。舒尔茨（Schultz）最早使用"人力资本"的概念，他指出人力资本是个人通过自身投资所获得的有用的能力，是个人作为生产者和消费者的重要能力（Schultz，1961）。"人力资本"的概念一经提出，迅速吸引了经济学界的广泛关注。20世纪六七十年代，以舒尔茨、贝克尔（Becker）、明瑟（Mincer）等为代表的西方经济学家围绕人力资本的投资和收益，从不同层次、不同角度进行理论建构，形成了经典的人力资本理论体系。

概括起来，经典的人力资本理论以传统经济学模型为框架，认为人力资本是个人生产能力的重要指征，能够通过教育、保健、培训等方式进行投资和积累。人力资本的有用性表现为其对个人就业机会、工资回报的决定性作用，以及对整个经济体的劳动生产率或生产力水平的决定作用。经典的人力资本理论隐含了如下观点：人力资本是劳动者从事生产活动的能力或技能。在相应理论框架下，鲜少有学者专门对人力资本内涵进行系统探讨或论述，实证研究大多使用教育、培训等投资活动或结果，来代理测量难以直接观测的

能力或技能，反映人力资本的高低。

随着经济发展模式的演变，传统"瓦尔拉斯"经济学模型的核心假设（包括经济均衡假设、完全合同假设等）与经济现实的矛盾日益凸显。加之，在直接生产能力以外，个体的其他未观测能力对经济活动产生着越来越重要的异质性影响。在这一背景下，经济学家开始致力于修正原有的理论，放松不切实际的假设或限制。传统的"瓦尔拉斯模型"逐步让位于"熊彼特收入决定模型"（放松经济均衡假设，Schumpeterian Model）、"科斯收入决定模型"（进一步放松完全合同假设，Coasean Model）等。这一过程中，个体识别和应对技术变革、生产创新、制度变革等不确定性的能力（即鲍尔斯提出的"获取非均衡租金"的能力）被纳入非均衡经济模型框架，诸如诚信、顺从等特质的非认知能力也在非完全合同情境下受到重视，人力资本的内涵得到全方位的拓展和延伸。

21世纪初，赫克曼等人在修正经济学模型的基础上，通过吸收遗传生物学、认知神经科学和人格心理学等领域的最新研究成果，提出了新人力资本理论（Heckman，2006、2007）。该理论明确指出，人力资本所指代的能力既包括认知能力，也包括内涵丰富的非认知能力。与人力资本其他要素的性质相类似，非认知能力具有可投资性和有用性；其经济价值一方面表现为与非认知能力相关的工资定价和劳动报酬的差异，另一方面非认知能力也通过影响个体认知能力的发展对后者的经济价值产生间接影响。因而，在新人力资本框架中，非认知能力占据突出的位置，被称为21世纪核心能力（乔治·库，2019）。

根据这些理论观点，人力资本的内涵可简单归纳为以下两个特性。第一，人力资本是凝聚在个人身上的、能够带来收益的知识、技术、能力等特质，人力资本具有潜在收益或经济价值；第二，人力资本能够通过先天和后天的投资进行积累或发展，典型的投资方式包括医疗保健、教育活动、培训、信息猎取、迁移流动等；这反映了人力资本的"可投资性"（周金燕，2015）。与相应概念内涵和理论的发展相适应,关于个体认知和非认知能力的研究进入了新的发展阶段,人力资本相关指标和测量体系的建设也因此面临全新的课题(Heckman & Rubinstein,2001;Hanushek,2011;李晓曼、曾湘泉,2012)。

二 核心概念与指标

(一)认知能力

根据新人力资本理论,人力资本包括认知能力、非认知能力和健康等重要组成部分(Heckman,2007)。学界一般认为,认知能力是个人进行学习、记忆、解决问题等智力活动的能力。按照其具体功能,美国心理学家卡特尔(Cattell,1963)将认知能力分为流体智力(fluid intelligence)和晶体智力(crystalized intelligence)。

流体智力是以神经生理发展为基础的认知能力,包括理解、推理和解决问题的能力,如知觉、记忆、运算速度、推理能力等。流体智力主要受个体生物学因素的影响,依赖先天禀赋,并随神经系统的成熟而提高。按照心理学研究成果,流体智力随个体的年龄增长呈先增加、后衰减的一般性变化规律;在20—30岁,个体的流体智力达到峰值。

晶体智力是指个人通过后天的学习、知识和经验积累而获得的技能,如词汇、语言理解、知识、常识、计算等方面的能力。与流体智力相比,晶体智力直接受教育和文化的影响,也与个体早期流体智力(相关的生物学因素)有关。换言之,个体早期的流体智力是晶体智力发展的基础。与流体智力先增长、后衰减的变化规律相区别,心理学新近的研究发现表明,晶体智力随个体年龄增长而呈单调增长趋势。

(二)非认知能力

学界认为,非认知能力是指个体在认知能力以外的、相对稳定的行为特质或能力，也被称为社会情感能力，是人力资本极为重要的组成部分（Bowles & Gintis, 1976）。目前关于非认知能力的概念界定大多以认知能力作为参照，这一界定方式隐含的观点是，非认知能力是（个人能力中）认知能力的余集。由此不难看出，非认知能力的内涵相对丰富和复杂，其指标体系也因此而呈现多元性、多样性和复杂性。

目前，关于非认知能力的测量尚未形成统一的、标准化的指标体系。在实证研究中，用得比较多的指标包括人格（如大五人格量表）、自尊（自尊量表）、自控（控制点量表）、自我效能感等（Bowles, Gintis and Osborne, 2001；Heckman et al., 2006）维度的测量。

大五人格（NEO-PI量表）是目前关于人格的监测和研究中使用最为广泛且发展相对成熟的测量工具（Goldberg, 1993；Heineck & Anger, 2010；McCrae & Costa, 1987、1997；Nyhus & Pons, 2005等），在非认知能力研究中也得到了广泛关注，是目前关于非认知能力测量的重要方式。大五人格由人格心理学家提出，是基于因素分析法和心理学实验反复验证而形成的人格模型（the Five-Factor Model）。该模型将人格特质归纳为五个维度的特质，包括情绪稳定性（Neuroticism, or Emotional Stability）、外向性（Extraversion）、开放性（Openness to experience）、宜人性（Agreeableness-antagonism）和尽责性（Conscientiousness-undirectedness）。其中，情绪稳定性指个体对焦虑、生气、敌意、沮丧、敏感害羞、冲动、脆弱等情绪的控制和调节能力；外向性指个体热情、乐群、支配、忙忙碌碌、寻求刺激、兴高采烈等类型人格特质；开放性衡量个体的想象力、审美、感情丰富、尝新、思辨、不断检验旧观念等特质；宜人性包括信任、直率、利他、温顺、谦虚、慈悲等；尽责性则反映个体的自信、有条理、可依赖、追求成就、自律、深思熟虑等特质。心理学实验和研究表明，大五人格能够对人格特质提供高度有效和可靠的测量。

除大五人格外，自尊、自控、自我效能感等也被视作非认知能力的重要维度。不少学者对这些维度进行研究和探索，形成了一系列具有良好效度和信度的综合指标体系，并在经验研究中广泛应用。其中具有代表性的有：罗森伯格的自尊量表，主要测量个体关于自身价值的综合评价（Rosenberg，1965）；控制点量表，反映个体对其生活决定因素的看法，包括外在因素和内在自身行为等（Rotter，1954；Nowicki & Strickland，1973）；自我效能感量表，反映个体对自身能否成功完成某种行为的确信程度以及进一步付出努力的程度和坚持时间的长短（Bandura，1977）。这些指标为认识和评估个体非认知能力提供了重要的量化工具，在人力资本研究中也得到越来越广泛的应用。

三 认知能力与非认知能力的投资和发展规律

新人力资本理论从个体生命历程发展的视角出发，对人力资本各要素的投资和发展规律进行了系统的理论阐释。根据该理论，首先，人力资本是由先天禀赋和后天环境等因素共同决定的（Rutter，2006；Turkheimer et al.，2003；Cunha，Heckman & Schennach，2010），这些因素的影响相互依赖、交织作用（Heckman，2007）。一方面，先天禀赋对后天人力资本要素的发展轨迹具有长期影响，环境因素的作用效果受制于先天禀赋的差异性影响；另一方面，如认知神经科学和发展心理学的研究结论所示，个体在早期的经历和外部干预可能对神经回路结构产生影响，进而对部分基因遗传特征（如性格等）产生改变。

其次，人力资本各要素具有不同的发展规律。在个人成长的不同阶段，人力资本各要素投资或外部干预的可行性及其实施效果存在重要差异。换言之，人力资本各要素的投资与发展具有不同的"敏感期"或"关键期"。按照发展心理学的观点，"敏感期"意味着人力资本要素的发展处于比较敏感的时期，相应时期外部干预或刺激更容易获得预期的效果，投资效率更高。"关键期"则是对人力资本要素发展/投资机会窗口的标识，强调发展阶段的不可替代性；错失这些阶段往往会带来无法弥补的后果。

新人力资本理论指出，人的认知能力和非认知能力发展具有各自的敏感期（或关键期）。总体来说，认知能力的发展主要集中在个人生命历程的早期，多数认知能力在成年时已基本定型；相比之下，非认知能力的发展在生命历程中持续时期更长，因而其投资敏感期也更长。

最后，能力的发展是多阶段的过程，具有路径依赖性（或自我强化，self‐reinforcing）。早期个体能力的积累状况直接影响后续能力发展轨迹以及投资的效率或回报率。认知能力与非认知能力相互依赖，二者的发展进程相互更迭、动态相依（Cunha & Heckman，2007；Heckman，2006、2007；Heckman & Corbin，2016）。这些论断强调了早期人力资本投资的重要性，幼年和青少年时期的人力资本（特别是认知能力）投资和发展干预不仅回报率更高，而且对后期人力资本的发展空间与干预效率具有持续的重要影响。

第二节　中国人力资本的经验研究进展

在新人力资本理论框架下，大量经验研究对各国人力资本的发展规律及其经济效应进行实证分析。相关领域的研究成果丰硕，国内外已有不少综述性研究。为避免重复，本节将着重梳理中国人力资本发展的经验研究进展。

概括起来，现有关于中国人力资本的经验研究大致可以归纳为以下两大类。第一类研究着重考察人力资本投资或发展的影响机制。这些研究大多以青少年儿童为主要研究对象，从微观层面出发考察其人力资本的发展状况、人群差异和影响机制。第二类研究主要关注人力资本的经济价值。这些研究大多以劳动年龄人口为考察对象，探讨人力资本对劳动报酬、经济收入、社会流动等方面的效应。也有研究延续以往人力资本研究关注的人力资本与经济发展的关系,从宏观层面考察人力资本水平对经济增长的效应。按照既有文献考察的主要问题,本节将依次对人力资本发展的影响机制、各人力资本要素之间的关系,以及人力资本的经济效应这些研究主题的既有发现进行梳理和总结。

一 人力资本发展的影响机制

新人力资本理论指出,人力资本的发展具有敏感期或关键期。儿童和青少年时期是人力资本投资积累的重要阶段,考察这一阶段的人力资本发展状况与规律,对理解其影响机制、预测未来人力资本的发展趋势提供了重要的视窗。

近十余年间,中国社会调查中涌现了一系列关注青少年人力资本发展的专项或综合性调查,具有代表性的有中国教育追踪调查(CEPS)、中国家庭追踪调查(CFPS)等。这些调查项目在新人力资本概念框架下,围绕健康、认知能力和非认知能力等维度收集了丰富的信息。项目的实施和追踪更新,为了解中国年青一代的人力资本发展状况、考察青少年儿童人力资本的影响机制奠定了重要的数据基础。目前,不少研究利用这些调查数据进行实证分析,积累了丰富的研究成果。概括起来,现有关于中国青少年儿童认知能力和非认知能力影响机制的研究,考察的影响因素大致集中在以下几个方面。

(一)家庭社会经济因素

家庭社会经济地位作为家庭特征的重要体现,对家庭资源状况及其主要环境特征具有决定性作用,因而在青少年儿童人力资本发展研究中受到高度重视(李丽、赵文龙,2017;杜屏等,2018)。近年来,不少学者利用专项或综合性社会调查数据,检验了当代中国家庭的社会经济地位对青少年认知能力与非认知能力的影响，论证了家庭社会经济地位以及父母受教育水平等主要社会经济特征对子女人力资本发展的重要作用。

具体来看，王慧敏等（2017）利用 CEPS 基线调查数据，考察了家庭社会经济特征和学前教育经历对青少年认知能力和非认知能力的影响。该研究使用认知测试得分和学业考试成绩来综合测量认知能力，以自我效能和社会交往特征测量非认知能力。研究结果表明，家庭社会经济状况一方面通过学前教育机会间接影响青少年的认知和非认知能力；另一方面，家庭社会经济特征对青少年的认知和非认知能力也具有独立的直接影响，家庭社会经济地位越高，青少年的认知能力和非认知能力越强。类似地，郑磊等（2019）利用 CEPS 基线调查数据，分析了初中生认知能力差异的原因。该研究指出，除学前教育经历的差异外，城乡及家庭社会经济差异是导致青少年认知能力差异的重要原因；这在很大程度上解释了当前农村、西部欠发达地区儿童认知能力平均较低的现状。方光宝和侯艺（2019）同样利用 CEPS 数据，检验了家庭社会经济特征对子女认知能力的影响，初步探讨了家庭社会经济地位对子女认知能力的作用机制。该研究指出，不同社会经济特征的家庭中，家长对子女的日常关怀方式及程度（学习或生活）不同，由此对子女的教育期望产生了不同程度、不同方向的影响，最终导致子女认知能力的差异。

除上述针对家庭社会经济特征综合效应的研究，也有学者考察家庭特征的特定方面对青少年认知能力和非认知能力的影响。例如，李安琪和吴瑞君（2021）使用 CEPS 第二期调查结果，考察了母亲受教育程度和父母教育匹配状况对子女非认知能力的影响。该研究从自我效能感、社会行为、交往能力和集体融入四个维度来测量被访初中生的非认知能力，研究结果显示，母亲的受教育程度越高，子女的自我效能感、社会行为和交往能力越强；印证了母亲在子女成长和人力资本发展过程中的特殊重要性。同时，该研究指出，父母受教育程度相当（也即教育同质婚）时，子女非认知能力的发展较为有利。该研究认为,父母受教育水平相当有助于父母在教养方式、家庭资源分配等方面达成共识,从而提高对子女人力资本投资的效率。

(二)家长的教养方式与行为

如果说家庭社会经济特征主要通过家庭物质资源与环境特征来影响未成年人的人力资本发展,那么,家长的教养方式和行为则更多地通过家庭文化氛围的建构、亲子互动等方式对未成年人的认知能力和非认知能力产生影响。现有关于家长教养方式和行为的研究,主要考察了类型化的家庭教养方式、父母陪伴和参与等行为特征对青少年认知能力和非认知能力的影响(如王慧敏等,2017;张鼎权等,2018;龚欣、李贞义,2018;王春超、钟鹏锦,2018)。

具体来看,黄超(2018)利用2014年CEPS数据,考察了家庭教养方式和社会阶层属性对青少年非认知能力的影响。该研究以自我效能、教育期望、社会行为、交往能力和集体融入五个维度的变量来综合测量青少年的非认知能力,通过对教养方式的类型化分析,论证了家长教养方式对子女非认知能力的显著影响。该研究发现,权威型教养方式对培养子女的非认知能力具有最为显著的积极效应,相比之下,忽视型教养方式具有最为突出的不利效应。该研究还发现,家长教养方式因家庭社会经济特征而呈现重要差异,平均而言,社会经济地位较高的家庭更倾向于采取权威型或宽容型教养方式。不过,从调查结果来看,当前中国家庭教养方式主要为专制型和忽视型,权威型与宽容型教养方式在中国家庭中占比还比较低。类似地,张亚星等(2022)利用CEPS基线调查数据,考察了家庭教养方式对中学生非认知能力的影响。该研究以思维开通、社会交往、自我效能和积极情绪四个维度来反映非认知能力特征,在对家长教养方式类型化的基础上,研究结果同样印证了权威型教养方式对培养子女的非认知能力最为有利、忽视型教养方式最为不利的结论。

梁文艳等(2018)利用CEPS基线数据,考察了父母参与对流动儿童认知能力发展状况的影响。该研究指出，父母参与对儿童认知能力具有显著的正向影响。不过，相应效应主要通过改变儿童自身教育期望来发挥作用。只有能够内化为儿童自身较高教育期望的父母参与行为，才能对儿童认知能力发展产生长期、持续的影响。该研究认为，相对于控制型参与（如监督或检查作业等），家长的自主支持型参与（陪伴、回应性聊天、参与体育活动）更有利于青少年认知能力提高。类似地，李乐敏等（2020）利用CEPS的两期面板数据，从亲子共餐的角度考察了父母陪伴对青少年非认知能力的影响。该研究指出，亲子共餐频率降低，对青少年非认知能力的整体得分以及其中情绪稳定性、宜人性和尽责性等具体维度的发展状况均产生了显著的负向效应。相反，亲子共餐频率提高对青少年非认知能力的综合得分、宜人性得分具有正向效应，但对情绪稳定性和尽责性无显著影响。

利用2016年"北京市义务教育发展状况调查"数据，李波（2018）以学业成绩为认知能力的主要测度，以自尊、自我控制、人际交往、学校适应性、领导力和合作六个维度的指标来综合衡量被访中小学生的非认知能力，在此基础上检验了父母参与对子女认知能力和非认知能力的影响。该研究发现，父母参与对子女的认知能力（学业成绩）和非认知能力具有显著的正向效应。相应影响机制的分解结果显示，父母参与通过影响子女的非认知能力来间接作用于其学业表现。父母参与对子女认知能力和非认知能力的影响，独立于家庭社会经济、文化特征以及个人学业表现等特征的效应而稳健存在；在控制上述因素及相关自选择性偏差后，家长参与的效应仍高度显著。

（三）家庭规模和子女构成特征

受生育率下降和家庭规模小型化的影响，近年来不少学者关注家庭规模变化对中国青少年人力资本发展的影响。不过，到目前为止，这一主题的研究大多关注教育发展，对教育以外的其他人力资本要素的发展状况及其所受影响，现有研究还较少涉猎。

现有关于家庭规模对子女教育发展影响的经验研究，大多采用国际人力资本和社会分层研究中主流的理论假说作为研究框架，如"资源稀释"理论（Blake，1981、1989）、"资源集中"假说（Lafortune & Lee，2014）等（Blau & Duncan，1967；Mare & Chen，1986；Featherman & Hauser，1978）。到目前为止，不少研究为这些理论假说，特别是"资源稀释"理论提供了经验支持。这些研究指出，由于家庭资源客观有限，家庭规模的大小直接决定家庭教育投资水平以及子女在家庭资源利用中面临的竞争和排他关系；因此，家庭规模越大，子女的平均受教育水平越低（张月云、谢宇，2015；Lu & Treiman，2008 等）。具体来看，张月云、谢宇（2015）利用 2010 年 CFPS 数据，考察了家庭规模对教育的经济投入、父母参与和家庭环境三类教育资源的影响。研究发现，尽管当前家庭规模总体较小，不过，不同规模的家庭中儿童在各项教育资源以及学业成绩中仍呈现显著的系统性差异；兄弟姐妹数量越多，教育资源越少，学业成绩越低。该研究总结指出，家庭规模对儿童学业成绩的影响是通过儿童教育资源获得的差异产生作用的，这有效地解释了家庭规模的作用机制。杨菊华（2007）利用 2000 年中国健康与营养调查数据（CHNS），从失学率的角度考察了家庭规模对子女教育发展的影响。该研究指出，家庭规模与个人教育发展呈显著的负相关关系；与非独生子女相比，独生子女在义务教育结束后失学的风险显著较低。

与上述支持资源稀释理论的研究相对照，也有经验研究得出了不同的结论。利用 CFPS 数据，陶东杰等（2017）检验了家庭规模与子女受教育水平的关系。该研究指出，在贫困家庭中，家庭规模越大，子女中最高学历者的受教育水平显著越高。该研究通过将同胞间转移支付纳入家庭教育投资决策模型，指出非独生子女家庭在面临较强的资源约束时，家庭规模及代内同胞间的支持互助可以有效提高子女的教育积累水平；相比之下，贫困家庭在子女数量较少

（或独生子女）时更有可能受到资源约束的制约，导致其子女的人力资本发展状况相对更差。郑磊等（2014）利用中国西部农村地区的调查数据，考察了家庭规模与儿童教育发展的关系。该研究以学业成绩和心理适应性作为教育发展成果的测量，对比了农村地区独生子女和非独生子女的教育发展差异。该研究指出，尽管家庭规模较小有助于提高儿童的学业成绩，但对儿童心理适应性具有显著的不利影响。该研究特别指出，与独生子女相比，农村地区拥有一个同胞（二孩家庭中）的儿童学业成绩并不显著更低，心理适应性却明显更好。

家庭规模对人力资本的影响，也可能因子女的性别、出生次序而呈现差异。叶华和吴晓刚（2011）利用2006年中国综合社会调查数据研究指出，家庭规模越大时，女孩相对于男孩受教育年数平均越低；在有兄弟的情形下，女孩的教育劣势更为突出。随着生育率的下降，家庭规模普遍下降，女孩的教育劣势不断缩小甚至消失。郑磊（2013）利用2008年中国综合社会调查数据研究发现，家庭中兄弟数量对个人的教育获得有不利影响，但同胞中女孩比例则对个人的教育获得具有正向促进作用。该研究强调，兄弟姐妹的性别结构对个人教育的影响具有不对称性，同时，相应影响也因出生队列、家庭社会经济特征等因素而呈现差异。罗凯和周黎安（2010）利用CHNS数据考察了家庭子女数量、出生次序和性别结构对子女教育获得的影响，指出越晚出生的孩子平均受教育程度越高。该研究推断家庭对子女的教育投资存在次序歧视，这一点对农村男孩尤为突出。

（四）家庭结构与变迁等特征

除上述家庭社会经济因素、家庭规模以及家长教养方式外，既有研究还针对家庭结构、变动等因素探讨了青少年人力资本发展的影响机制。

利用2010—2018年CFPS的混合截面数据，崔颖和徐卓君

（2021）使用大五人格作为非认知能力测度，考察了农村地区父母外出务工对留守儿童非认知能力的影响。该研究发现，父母外出务工对留守儿童的自尊和宜人性有积极影响，但对开放性和情绪稳定性则有负面效应。该研究强调了亲子分离和父母教育期望下降在相应作用中的中介机制。类似地，于爱华等（2020）利用CEPS数据考察了随迁对农民工子女非认知能力的影响，发现随迁对农民工子女非认知能力的综合得分具有正向效应，相应正向效应也突出地体现在子女的开放性、严谨性和情绪稳定性等维度。该研究认为，随迁对农民工子女非认知能力的积极效应，主要通过家庭教育期望和成员互动发挥作用。

利用CEPS基线调查数据，邢敏慧和张航（2020）考察了隔代抚养对初中生非认知能力（包括环境适应能力、情绪调节能力、自我规制能力和自我效能感）的影响，发现隔代抚养对初中生非认知能力具有显著的不利影响。具体来说，相应不利影响最为突出地反映在青少年的环境适应能力中，其次是自我效能感，再次为情绪调节能力和自我规制能力。该研究指出，隔代抚养的影响存在人群异质性，在农村、女性青少年中，相应不利影响尤为突出。

吴愈晓等（2018）利用CEPS基线调查数据，考察了家庭结构对初中生教育发展和社会心理特征的影响。该研究使用个人教育期望、认知能力得分、考试成绩和语数外主要课程的接受能力四个指标构建教育发展指数，使用心理健康、自信心、集体融入情况和人际关系四个指标构建社会心理发展指数，在此基础上对比考察了与父母同住、仅与母亲同住、仅与父亲同住、仅与祖辈同住的四类家庭中青少年的教育和社会心理发展状况。研究结论印证了家庭结构对青少年人力资本发展的重要作用：总体而言，与父母双方同住的青少年教育和社会心理发展状况显著更好，父母中任一方的缺位均会对青少年发展产生不利影响。其中，仅与母亲同住的青少年教育发展状况明显较差，仅与父亲同住的青少年社会心理状况显著更差；隔代抚养的青少年在所有发展指标中均表现最差。张帆和吴愈晓

(2020)利用 CEPS 第二期调查数据，检验了三代同住对青少年学业表现的影响，指出三代同住的家庭中青少年学业表现总体更好，优于两代核心家庭。该研究认为，三代同住对青少年个人发展与社会流动的积极效应是通过强化亲子社会资本发挥作用的。

张卓泥（2017）利用 CFPS 2010—2014 年的调查数据，考察了 45 岁以下父母离异对青少年学业表现、心理特质和人际交往等人力资本发展状况的影响。通过对比离异单亲、再婚重组、外出留守及完整家庭中青少年的人力资本差异，该研究认为父母离异对子女的人力资本发展无显著影响，无论离异单亲或离异重组家庭，子女在多数人力资本发展指标中的表现与完整家庭无差异。该研究甚至认为，在个别发展指标中，与母亲同住的离异单亲家庭子女表现平均更好。这一结论与以往国际、国内的多数研究发现并不一致（如 Amato，2000；Amato & Cheadle，2005；Amato & Keith，1991；Kim，2011；Sigle-Rushton，Hobcraft & Kiernan，2005；盖笑松等，2007），相应矛盾的原因以及研究结论的有效性还需要进一步考证。

（五）其他环境因素

除家庭特征外，学校环境也是影响青少年儿童认知能力和非认知能力的重要因素。既有研究主要考察了学校环境、班级环境及同伴特征等因素对在校学生认知能力和非认知能力的影响，也有研究从家校合作的角度考察青少年认知能力与非认知能力的影响机制（于爱华等，2020；张亚星等，2022）。

郑力（2020）利用 CEPS 基期调查数据，考察了班级规模对初中生非认知能力的影响。该研究指出，相对于中等班级规模，小班规模对初中学生的情绪控制具有正向效应，大班规模则对学生的毅力和创造性思维具有积极效应。类似地，王伊雯和叶晓梅（2021）利用 CEPS 调查数据考察了同伴特征对在校初中生非认知能力的影响。该研究使用大五人格来测量非认知能力，以自评好友特征（包括学习努力刻苦或想上大学、逃课、经常上网吧、早恋等）来反映同伴特征。该研究发现，同伴的良好行为特征对个人非认知能力具有显著的正向效应，有助于提升个人的尽责性、宜人性、外倾性和开放性，降低神经质水平；相反，不好的同伴特征对个人非认知能力具有显著的不利影响。吴愈晓和张帆（2020）利用 CEPS 数据，考察了学校中同辈群体的学业表现对个人学业表现和心理健康的影响。该研究发现，同辈群体学业表现的平均水平对个人学业表现具有正向效应，但对心理健康具有不利影响；同辈群体学业表现的差异程度也对个人学业成绩具有显著影响，差异程度越大，个人的学业表现平均更好。

二 人力资本各要素之间互动和相依关系

与新人力资本理论关于非认知能力与认知能力关系的论断相适应，不少经验研究进行了实证检验。这些研究考察的内容包括非认知能力对学业表现、教育成就及其他认知能力发展状况的影响，其研究发现大多支持了非认知能力与认知能力的相依关系。

具体来说，利用 CEPS 数据，方超和黄斌（2019）考察了初中生非认知能力对学业成绩的影响。该研究使用负面情绪的出现频率（K6 量表的一部分，即过去七天内你是否有以下感觉：沮丧、抑郁、不快乐、生活没有意思、悲伤）作为非认知能力测量，分析指出，包含负面情绪的非认知能力对被访初中学生的学业成绩具有显著的不利影响；不过，相应效应在高年级明显下降。类似地，刘中华（2018）也考察了青少年的非认知能力对学业成就的影响。该研究从自控（控制点）和自尊两个维度衡量非认知能力特征，使用 CFPS 数据检验相应维度的非认知能力对学业成就的作用。研究发现，以自尊和自控力为表征的青少年非认知能力对学业成就具有显著的正向效应；且相应效应独立于其他认知能力的作用，效应的强度也明显超过其他认知能力指标。谢永祥（2020）的研究发现，大五人格对青少年的学业表现和教育获得具有显著的正向效应；其中，宜人性、尽责性和开放性的效应尤为突出。不过，这些人格特征的效应（尽责性除外）大多随学龄阶段的上升而明显下降。此外，该研究指出，非认知能力对学业成就的影响也具有阶层差异。

王春超和林俊杰（2021）利用自主设计的农村学校跟踪调查和田野实验收集的数据，考察了农村儿童认知能力和非认知能力的关系。该研究使用大五人格衡量非认知能力，以期中和期末考试成绩分别测量短期认知能力和长期认知能力，分析结果表明，农村儿童的非认知能力对后续认知能力的发展具有显著影响；其中，外倾性和严谨性的效应显著为正。

三　人力资本的经济效应

除上述关于人力资本发展机制的研究外，人力资本的经济效应也是经济学和人力资本研究关注的重心。

大量研究从宏观层次出发，考察人力资本特别是教育资本对经济增长的影响。这类研究大多以生产函数或经济增长模型为框架，将人力资本水平与全要素生产率、潜在经济增长率等因素相联系，分析人力资本的经济增长效应，预测人均或劳均教育水平的预期变化可能产生的经济效应（胡鞍钢、王洪川，2016；胡鞍钢、王洪川、鄢一龙，2015；陆旸、蔡昉，2014、2016；原新等，2017；张同斌，2016；张晓娣，2013；钟水映等，2016 等）。这些研究成果为人力资本的经济效应提供了宏观层次的量化估计和经验支持，重点论证了全社会教育资本对经济发展的积极效应。近年来，受人口年龄结构老化和人口红利下降的影响，不少研究开始探讨教育资本积累对经济发展可能带来的二次红利。这些研究使用不同的表述，包括"第二次人口红利"（蔡昉，2009；Lee & Mason，2006）、"质量型人口红利"（原新等，2017）、"人力资本红利"（张同斌，2016）、"人力资源红利"（胡鞍钢、才利民，2011）、"人口质量红利"（杨成钢，2018）、"教育红利"（胡鞍钢，2015；钟水映等，2016）等。这些研究一致认为，全社会教育资本的积累是促进经济持续发展的有效途径。

除宏观层次的研究成果外，也有不少经验研究从微观层次出发，检验人力资本各要素的经济价值或"有用性"。概括起来，微观层次的研究主要考察了人力资本要素对个体就业机会/就业选择、劳动报酬/工资收入、创业回报以及社会流动的效应。研究的对象以劳动年龄人口为主，包括一般劳动者、城镇非正规就业者、农民工等群体（Glewwe, Huang & Park, 2017；程虹、李唐，2017；黄国英、谢宇，2017；李根丽、尤亮，2022；王春超、张承莎，2019；朱志胜，2021）。这些经验研究发现从微观层次为人力资本的经济价值提供了有力的支持。除此之外，也有研究关注了人力资本的经济价值或回报率的变化。例如，不少研究发现，在中国高等教育大规模扩招背景下，教育资本对应的劳动报酬和就业机会经历了明显的波动和变化（赖德胜，2013；吴要武、赵泉，2010；邢春冰、李实，2011），不同学历劳动者的初职工资（Knight, Deng & Li, 2017）以及社会分层状况（吴愈晓，2013）也呈现重要的变迁。

除上述以教育为核心要素的人力资本研究成果外，近年来，有经验研究使用新人力资本的框架着重考察认知能力和非认知能力的经济效应及其作用途径。例如，有研究指出，非认知能力的经济效应可能通过改善劳动者的健康、增加其社会资本、减少教育与职业不匹配或过度教育的风险发挥作用（如陈博欧、张锦华，2021；李根丽、尤亮，2022）。这些研究发现大多与国外经济学界的主要论断相一致（Atkins et al., 2020；Bowles Gintis and Osborne., 2001；Farkas, 2003；Hampson et al., 2007；Heckman & Corbin, 2016；Heckman et al., 2006；Martin et al., 2007；Roberts et al., 2005），为理解人力资本各要素的经济效应实现机制提供了经验知识。

最后，有研究对不同维度非认知能力的经济效应进行了对比和检验。例如，李根丽和尤亮（2022）以大五人格为例，对非认知能力各维度的收入效应进行对比分析。该研究指出，就个体的人格特质而言，开放性和情绪稳定性具有最为突出的收入效应。

四 既有研究的概要评述

在新人力资本框架下，近年来大量经验研究考察了人力资本各要素，特别是认知能力和非认知能力的影响机制及经济效应。这些研究发现为新人力资本理论提供了经验支持，也为人力资本的发展规律及其投资意义提供了强有力的论证。现有研究中也存在一定的空白与缺憾，需要后续研究进一步深入探讨、交叉检验和完善。概括起来，现有研究的缺憾大致包括以下几个方面。

首先，现有经验研究中关于人力资本，特别是认知能力和非认知能力等要素的测量工具门类众多（详见下一节），尚未形成统一可比的、相对标准化的测量体系。这一研究现状意味着，目前的多数研究成果并不具有严格意义上的可比性，研究结论的有效性和可靠性需要进一步检验与论证。

其次，现有关于人力资本影响机制的研究大多采用静态或比较静态的研究视角，主要基于截面调查数据进行假设检验和推断。这一研究现状不利于全面理解人力资本发展的因果机制及其动态规律。到目前为止，关于认知能力和非认知能力影响机制的研究主要针对特定年龄的儿童或青少年，通过人群差异对比来推断其可能的影响机制；很少有研究从动态发展的视角系统考察人力资本发展的具体轨迹或内在规律。

最后，既有研究普遍认同家庭作为未成年人的生活和社会化的主要场景，其主要特征和环境因素对青少年儿童的人力资本积累具有不可替代的作用；不过，很少有研究关注家庭变迁过程中相应影响的可能差异或演变。在世界范围内家庭转变已成为不可阻挡的社会变迁的背景下，家庭形态、父母价值观念和行为特征、家庭成员及亲子关系均在发生深刻的变化，这些变化不可避免地影响年青一代的人力资本发展状况与轨迹，进而对未来人力资本发展前景产生不可忽视的影响。鉴于此，未来研究需要对家庭转变趋势的可能影响予以必要的关注和重视。

第三节　人力资本的测量和应用现状

上一节回顾了近年来关于中国人力资本的经验研究进展，概括呈现了既有研究的主要发现。由于经验研究以实证数据为基础，测量工具对研究发现和主要结论起着根本性的作用，也在很大程度上决定着研究结论的有效性与可信度。因而，梳理和总结既有研究使用的人力资本测量，对于评估已有研究论断的可靠性极为关键。鉴于此，本节围绕近年来中国人力资本研究中关于认知能力和非认知能力的指标体系和具体测量方式进行分析，以全面认识和评估当前人力资本测量体系的发展情况与应用现状。

在经典的人力资本概念和理论框架下，长期以来，人力资本研究主要使用教育等人力资本投资活动或结果（如受教育程度/年限、健康状况）进行测量。这些测量的内容相对简单、客观，测量工具的标准化程度较高。随着人力资本概念内涵的拓展，近年来关于人力资本的经验研究越来越多地考察认知能力和非认知能力。与以往的人力资本测量相比，新人力资本框架下指标体系和测量工具的标准化程度明显较低，现有社会调查和经验研究对相关信息的收集、使用呈现明显的多样性。这些问题在非认知能力测量和经验研究中尤为突出，其部分原因在于，非认知能力的内涵更为丰富，由此增加了测量的维度和复杂程度。另外，非认知能力的测量涉及多维度的心理或人格特质，测量手段还处于发展之中，尚未形成统一的标准。因此，非认知能力的指标体系和测量手段发展中面临更为突出的挑战。

本节以近十年来中文期刊数据库收录的关于人力资本的学术论文

为分析对象，采用元分析的方法梳理和总结当前中国人力资本研究中关于认知能力和非认知能力的指标体系、测量方式及其存在的问题。

一　认知能力的指标与测量

人力资本研究关于认知能力的探讨，侧重于与生产相关的个人能力，包括进行学习、记忆、解决问题等方面的能力；简言之，认知能力与智力活动有关。与这一概念内涵的界定相适应，认知能力的研究中发展并形成了相对成熟或通用的测量方法和指标体系。

（一）认知能力测试

认知能力测试是目前比较常用的一种收集和测量个人认知能力的方法。近年来一些大型的专项调查或综合性社会调查使用认知能力测试收集信息，相应地，认知测试得分在实证研究中得到较为广泛的应用。例如，不少研究使用CEPS收集的认知测试得分，考察初中学生的认知能力（王慧敏等，2017；姚昊、叶忠，2018）。利用CFPS数据收集的认知能力测试得分，刘中华（2018）考察了青少年的认知能力，刘欣和夏彧（2018）考察了城镇儿童的认知能力，孙旭和郑磊（2018）研究了农村儿童的认知能力。

（二）学业表现

除认知测试外，在校学生的学业表现——包括考试成绩、排名等——也常被作为学生认知能力的指标。例如，基于CEPS数据，王慧敏等（2017）使用被访初中生自报的学业考试成绩作为认知能力的一个测度。刘中华（2018）使用CFPS数据，以学生成绩的年级排名来衡量其学业成就和认知能力。李波（2018）利用"北京市义务教育发展状况调查"数据，以学生的考试成绩测量其认知能力。王春超和林俊杰（2021）在自主设计的调查研究中，使用期中考试和期末考试成绩来测量农村学生的短期认知能力和长期认知能力。

（三）教育水平

除上述指标外，也有研究使用教育水平或最终教育获得来代理测量个体的认知能力。这一测量方式在经典的人力资本理论框架下已得到最为广泛的应用，在新人力资本框架下仍然占据重要位置，国际研究中也不乏类似的应用实例（如 Heckman & Corbin，2016）。

二 非认知能力的指标与测量

与认知能力相比，非认知能力的内涵明显更为复杂。相应地，目前经验研究中使用的指标体系和测量工具比较多样化。

（一）非认知能力测量的具体维度：二级指标

从二级指标来看，目前比较常用的非认知能力测量有大五人格、自尊、自控力、自我效能感等；其中，大五人格在经验研究中应用不断增多。表1-1汇总了近年来以"非认知能力"为研究主题的中文期刊学术论文中关于非认知能力测量的二级指标。这些研究使用的数据既包括大型的抽样调查，如CEPS、CFPS，也包括个别区域性或学者自主设计的调查。

表1-1　经验研究中关于非认知能力测量的二级指标示例

研究	非认知能力测量的二级指标
李根丽、尤亮，2022	大五人格
王春超、林俊杰，2021	大五人格
王伊雯、叶晓梅，2021	大五人格
于爱华等，2020	大五人格
李乐敏等，2020	大五人格中的宜人性、情绪稳定性、尽责性
崔颖、徐卓君，2021	大五人格、自尊、自控力
刘中华，2018	自尊、控制点
张亚星等，2022	思维开通、社会交往、自我效能、积极情绪四类

续表

研究	非认知能力测量的二级指标
李安琪、吴瑞君，2021	自我效能感、社会行为、交往能力、集体融入四类
邢敏慧、张航，2020	环境适应能力、情绪调节能力、自我规划能力、自我效能感四类
黄超，2018	自我效能、教育期望、社会行为、交往能力和集体融入
郑力，2020	情绪稳定性、创造性思维、毅力、社会性、朋友质量
王慧敏等，2017	自我效能、社会交往
陈雨露、秦雪征，2018	人缘关系、自信程度、待人接物水平、受信任程度
方超、黄斌，2019	负面情绪
李波，2018	自尊、自我控制、人际交往、学校适应性、领导力和合作六类
张紫徽等，2021	恒毅力、自制力、投入度、后设认知调整力、自我感知度、学习动机六类指标

由表 1-1 可见，目前关于非认知能力的经验研究中，使用的二级指标大致可以归纳为以下几类：（1）单独使用大五人格量表来测量非认知能力；（2）将人格与其他维度的个人特质并列作为二级指标，综合反映非认知能力；（3）使用大五人格的特定维度或者其他概念框架构建二级指标，衡量个体非认知能力的差异。这些测量指标及构成的差异，客观上揭示了目前关于非认知能力指标体系和概念框架研究中的不足。由于缺乏相对标准化的、统一的测量体系，研究成果的对比和交叉检验受到一定程度的限制。

从经验研究中应用的二级指标的测量方式来看，多数研究使用调查收集的、由被访者自报的非认知能力信息，也有一些研究使用调查过程中调查员观察的信息（如陈雨露、秦雪征，2018；黄国英、谢宇，2017）。前者往往是基于较为成熟的量表，如大五人格模型、自尊量表、自控量表等，这些量表相对标准，在国内外社会调查中经过反复检验和应用。后者由调查设计的数据收集者通过观察来填答，典型的观察项目如调查员对被访者"待人接物水平""理解能力""语言表达能力""配合程度"等的观察和评价。关于这些不同测量方式及相关信息对非认知能力测量的有效性、可比性，需要后续研究进行有针对性的检验。

（二）具体测量及其操作化

非认知能力测量的指标体系有异，具体测量的组织和操作化也明显不同。表1-2以使用同一数据源（CEPS）的经验研究为例，展示了既有研究中不同指标框架对应的变量及其操作化情况。为便于对比，表1-2中使用变量代码来展示，对应变量的具体问项如表1-3所示。

表1-2　使用CEPS数据的经验研究中非认知能力的测量及操作化

研究	二级指标	三级指标、变量及其操作化
于爱华等，2020	大五人格	严谨性：A1、A2、A3；顺同性：E1、E2、E3；外向性：F1、F2、F6；开放性：B4、A8、F3；情绪稳定性：C2、C1
王伊雯、叶晓梅，2021	大五人格	尽责性（严谨性）：A1、A2、A3、A8；宜人性（顺同性）：B1、B3、B5；外倾性（外向性）：B4；开放性：A4、A5、A6、A7、B7；神经质（情绪稳定性）：C1、B6
李乐敏等，2020	大五人格中的宜人性、情绪稳定性、尽责性	尽责性（严谨性）：A1、A2、A3；宜人性（顺同性）：B1、B3、B4、B5；情绪稳定性：C1
李安琪、吴瑞君，2021	自我效能感、社会行为、交往能力、集体融入四类	自我效能感：A1、A2、A3；社会行为：E1、E2、E3、H；交往能力：F3、F4、F5；集体融入：B1、B4、B5
邢敏慧、张航，2020	环境适应能力、情绪调节能力、自我规划能力、自我效能感知四类	环境适应能力：B1、B2、B3、B4、B5；情绪调节能力：C1；自我规划能力：A1、A2、A3；自我效能感知：A4、A5、A6

续表

研究	二级指标	三级指标、变量及其操作化
郑力，2020	情绪稳定性、创造性思维、毅力、社会性、朋友质量	情绪稳定性：C1；创造性思维：A5、A6、A7；毅力：A1、A2、A3；社会性：D1；朋友质量：D2
方超、黄斌，2019	负面情绪	C1
黄超，2018	自我效能、教育期望、社会行为、交往能力和集体融入	自我效能：A1、A2、A3；教育期望；社会行为：E1、E2、E3、H；交往能力：F3、F4、F5；集体融入：B1、B4、B5
王慧敏等，2017	自我效能、社会交往	自我效能：A4、A5、A6、A7；社会交往：B1、B2、B3、B4、B5

注：表中最后一列出现的代码对应的变量测量详见表1-3。

表1-3　　　　CEPS中关于非认知能力的变量操作化方式

	操作化测量
A1	就算身体有点不舒服，或者有其他理由可以留在家里，我仍然会尽量去上学
A2	就算是我不喜欢的功课，我也会尽全力去做
A3	就算功课需要花好长时间才能做完，我仍然会不断地尽力去做
A4	我能够很清楚地表述自己的意见
A5	我的反应能力很迅速
A6	我能够很快学会新知识
A7	我对新鲜事物很好奇
A8	对于自己的兴趣爱好，我能够坚持下去
B1	班里大多数同学对我很友好
B2	我认为自己很容易与人相处
B3	我所在的班级班风良好
B4	我经常参加学校或班级组织的活动
B5	我对这个学校的人感到亲近

续表

	操作化测量
B6	我在这个学校感到无聊
B7	我希望能去另外一个学校
C1	在过去七天内,我感到沮丧、抑郁、不快乐、生活没有意思、悲伤/难过
C2	在过去七天内,我感到紧张、担心过度、预感有不好的事情会发生
C3	消沉得不能集中精力做事、提不起劲儿来做事、精力过于旺盛上课不专心
D1	你有几个最好的朋友
D2	上面提到的几个好朋友有没有以下情况:学习成绩优良;学习努力刻苦;想上大学;逃课、旷课、逃学;违反校纪被批评、处分;打架;抽烟、喝酒;经常上网吧、游戏厅等;谈恋爱;退学了
E1	帮助老人做事情
E2	遵守秩序、自觉排队
E3	待人真诚友善
F1	我常自己一个人坐着,而不愿与别人在一起
F2	与同学或同伴在一起时,我不常讲话,多数时候是听他们说
F3	有一些我尊敬和崇拜的成年人
F4	我能和大人轻松地交谈
F5	当我不小心伤害或得罪人时,我会道歉
F6	对于需要完成的任务,我通常很有信心
G	对自己的未来有信心
H	反社会行为:打架;欺负弱小同学;逃课、旷课、逃学;抄袭作业、考试作弊;抽烟、喝酒;去网吧、游戏厅

由表1-2可见,在二级指标相同的情况下,经验研究对这些指标的进一步细化测量存在明显差异。例如,在使用大五人格测量非认知能力的经验研究中,有学者将A8"对于自己的兴趣爱好,我能够坚持下去"作为大五人格严谨性维度的具体测量(王伊雯、叶晓梅,2021),也有研究将其作为开放性维度的测量(于爱华等,

2020）。类似地，对于宜人性/顺同性维度，不同的经验研究使用的具体测度完全不同。例如，于爱华等（2020）的研究使用 E1、E2、E3，王伊雯和叶晓梅（2021）则使用 B1、B3、B5；李乐敏等（2020）使用 B1、B3、B4 和 B5；其中，B4 在王伊雯和叶晓梅（2021）的研究中是作为外向性维度的测量。在其他研究中，这些变量分别被用作集体融入、环境适应能力、社会交往等非认知能力不同二级指标的测量。

除此之外，不同研究中使用同一组变量反映或衡量不同二级指标的现象也普遍存在。例如，表 1-2 显示，变量 A1、A2 和 A3 在部分研究中被用作人格的严谨性维度的测量（如李乐敏等，2020；王伊雯、叶晓梅，2021；于爱华等，2020），李安琪和吴瑞君（2021）的研究中使用这些变量测量自我效能感，邢敏慧和张航（2020）的研究使用这组变量测量自我规划能力，郑力（2020）的研究则将其用作毅力的测量。这些二级指标的内涵明显不同，使用同一组变量来进行测量和操作化是否满足指标的内容效度要求，相应研究结论如何推断或解读还需要引起学界应有的关注。

如上所述，经验研究中关于非认知能力测量的指标构成与具体测量方式复杂多样。这一现状意味着，不同研究中发现的非认知能力特定维度的效应或各维度效应之间的对比结果（如李根丽、尤亮，2022）可能具有完全不同的意涵。因此，与指标及测量相关，研究发现的实际含义和研究结论的外部有效性需要引起足够的重视。

（三）指标体系的组织方式

非认知能力指标体系中的不一致现状，还表现为指标组织方式和层次的不统一。如上所示，在常用的非认知能力测量中，有研究将自控力、自尊与人格相并列，作为非认知能力测量的二级指标（如崔颖、徐卓君，2021）；也有研究将自控、责任感等指标视作人格指标的次级或第三级测量。例如，祖霁云和 Kyllonen（2019）通过梳理和总结经济合作与发展组织（OECD）在调查中使用的非认知能力概念框架和具体测量，识别指出自我控制、责任感、成就动机和坚持不懈是个体"任务表现"（或称"严谨性"）的次级指标或具体测量维度，而后者又是大五人格测量的次级指标。换言之，在相应指标设计框架下，责任感、自我控制等测量作为人格的第三级指标，仅反映人格特质的特定方面。

在乔治·库（2019）提出的关于非认知能力的测量框架中，将非认知能力操作化为三个维度的特质，具体包括人际互动能力、自我规制能力和神经认知能力（由 Zelazo 等人提出，详见 Zelazo, Blair & Willoughby，2016）。其中，神经认知技能反映个体的可塑性内在能力，由流体智力和晶体智力组成，二者共同监控和调节个体的思维过程和行为活动。由此可见，在这一指标框架中，认知能力测量（流体智力与晶体智力）也被视作非认知能力的组成部分。

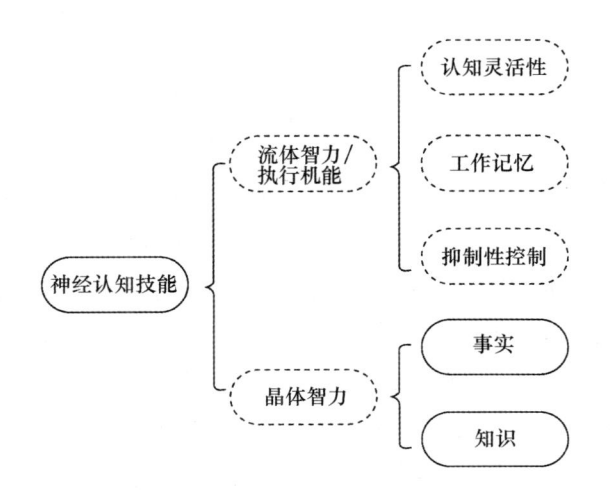

图 1-1 神经认知技能的内在维度

资料来源：乔治·库：《培养面向 21 世纪的核心胜任力》，《北京大学教育评论》2019 年第 3 期。

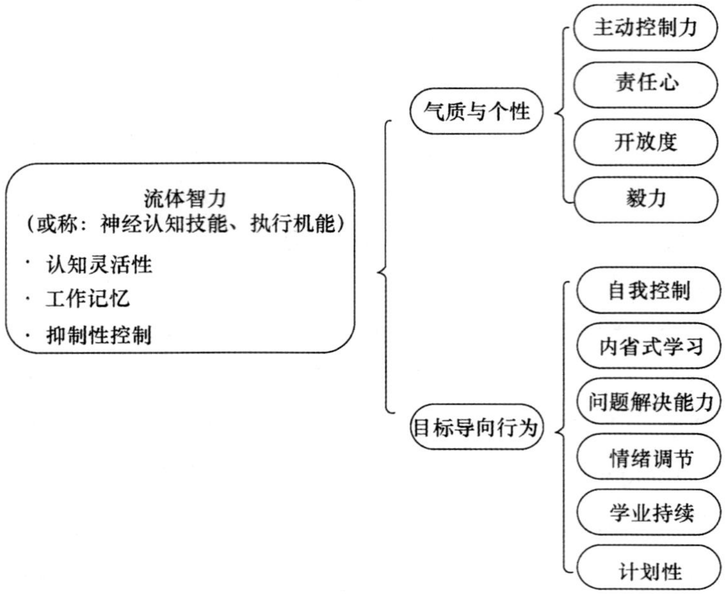

```
                        气质与个性 ┬ 主动控制力
                                 ├ 责任心
                                 ├ 开放度
                                 └ 毅力
流体智力
(或称: 神经认知技能、执行机能)
 · 认知灵活性
 · 工作记忆
 · 抑制性控制
                        目标导向行为 ┬ 自我控制
                                   ├ 内省式学习
                                   ├ 问题解决能力
                                   ├ 情绪调节
                                   ├ 学业持续
                                   └ 计划性
```

图 1−2　流体智力及相关术语的概念框架

资料来源：乔治·库：《培养面向 21 世纪的核心胜任力》，《北京大学教育评论》2019 年第 3 期。

综上所述，目前关于认知能力和非认知能力的界定和操作化测量仍在发展完善过程中。实践中，个体的认知能力和非认知能力存在重要的相依关系，客观上增加了指标设置和测量的复杂性。这一现状已引起学界的关注和讨论（Neisser et al., 1996；Roberts, 2009；李涛、张文韬, 2015；赵宇晗、余林, 2014），这在客观上要求：一方面，学术研究需要重视对指标测量效度和信度的检验，研究成果应当呈现相关调查设计和测量细节，以便于交叉检验并对研究发现进行正确解读；另一方面，后续研究需要在设计和实施过程中不断探索，逐步推动指标体系的发展与完善。

第四节　本章小结

本章通过梳理人力资本的概念内涵及主要理论观点的发展脉络，概括介绍了人力资本研究的范畴和框架，展示了当代人力资本研究的理论重要性。在此基础上，从新人力资本的概念框架出发，对近二十年来中国人力资本发展的经验研究成果进行了回顾与总结，初步呈现了中国人力资本研究关注的主要议题及核心研究发现，并对经验研究中人力资本指标与测量的应用现状进行了分析。本章的内容包括概念体系、理论观点、经验研究进展和测量手段等，为本书考察当代中国未成年人的人力资本发展状况及家庭转变的影响奠定了必要的理论和技术基础。

第 二 章

当代家庭转变理论及中国的实践

20世纪中期以来，随着经济发展、社会文化演变以及避孕技术的革命性突破①，西方发达国家率先出现性别平等化思潮和女权主义运动。在这一背景下，婚姻家庭领域也出现了一系列重要的变革：离婚率开始快速攀升，年轻人进入婚姻的时间不断推迟，结婚率明显下降；非婚同居和婚外生育现象开始增多并越来越被社会所接受。这些变革标志着婚姻与生育、家庭建构之间的联系开始弱化，打破了工业化以来婚姻作为重要的社会组织形式和制度性安排的局面，家庭模式、形态、功能与结构等特征呈现多样性和易变性（Lesthaeghe，2011；Lesthaeghe & Neels，2002；Van de Kaa，1987、2001）。20世纪后半叶，这些家庭领域的变化趋势在不同社会快速扩散；到目前为止，其影响已波及多数发达国家和不少欠发达国家，成为当代世界范围内人口与家庭领域影响最广、最为深刻的现实。

与工业化和现代化过程中家庭的演变趋势相区别，当代家庭转变包含了个人主义和后现代文化思潮的影响，与社会生活各领域的不确定性（"风险社会"）相交织，突出表现为家庭形态的易变性、家庭类型的多样性以及家庭发展轨迹的多元性。个人及家庭生命史事件（如离家、工作、结婚、生育等）的逻辑联系和确定性下降，家庭建构行为不仅多样化，而且呈现明显的延迟趋势。这些重要变

---

① 大量研究表明，20世纪50年代末口服避孕药的发明，对女性避孕及生育自主性的提高产生了革命性的影响。口服避孕药也被称为20世纪最伟大的发明之一。

迁对微观个人的发展、家庭维系以及社会发展等方面产生着深刻的影响。值得强调的是，在几乎所有社会中家庭是儿童和青少年成长的重要场所，当代家庭仍然对未成年人的成长发挥着不可替代的重要作用。因而，家庭变迁如何影响未成年人的成长，年青一代的人力资本投资和积累如何受家庭变迁进程的影响，这些问题不仅是人力资本研究不可回避的现实议题，也是家庭研究的重要领域。科学解答这些问题，需要结合当代家庭转变的特征和趋势进行深入系统的研究。

围绕当代家庭转变的特征与趋势，国内外学术界已有大量理论探讨和经验分析。本章从这些既有的研究成果出发，通过梳理当代家庭变迁的理论成果，回顾和总结中国家庭转变实践的研究发现，为本研究考察当代家庭转变对人力资本发展的影响提供背景性知识和必要的基础。

第一节　当代家庭转变的相关理论

20世纪80年代以来，学术界积累了大量关于当代家庭转变的理论探讨。其中，最具代表性的有第二次人口转变理论、家庭现代化理论及其修正、后现代家庭理论等。本节对这些理论的主要观点进行梳理和简要概括，以期为理解和把握当代中国家庭转变的特征与影响提供理论框架。

一　第二次人口转变理论的相关论述

20世纪60年代起，最早完成人口转变的欧洲发达国家在经历短暂的战后"婴儿潮"后，生育率重新进入下降轨道，历史性地跌破更替水平并长时期维持在更替水平以下。与超低生育率相伴而生的是，这一时期婚姻家庭领域也经历了重要变革，打破了工业化以来家庭相对稳定、婚姻和家庭呈现制度化特征的局面。这些变化趋势难以用既有的理论进行解释，且其影响深入到人口与社会发展的方方面面。为此，不少学者针对这些人口与家庭变迁开展了经验分析和理论探讨。

在众多学术探讨中，欧洲人口学家 Ron Lesthaeghe 和 Dirk Van de Kaa 从发生相应转变的地理和文化范围及其连续性（geographical and cultural continuity）的角度出发，剖析了欧洲不同国家和地区婚姻家庭变迁的特征与规律，在此基础上创造性地提出了第二次人口转变理论（Lesthaeghe & Van de Kaa，1986）。在此后的研究中，这些学者对该理论进行了反复检验、发展和完善（Van de Kaa，1987、1994、1997、1999、2001；Lesthaeghe，1995）。到目前为止，第二次人口转变理论已成为人口学界最为广受关注的理论观点（Zaidi & Morgan，2017），为理解 20 世纪后半叶以来西方发达国家和越来越多的欠发达国家所经历的人口与家庭领域的新变化提供了重要的解释框架和指导。

第二次人口转变理论的初衷，部分在于解释后人口转变阶段生育率进一步下跌并长期处于超低水平的现象。不过，该理论的核心观点主要是围绕婚姻和家庭领域的新变化展开的，包括婚姻去制度化，家庭模式、形态、结构等方面的变迁。因而，第二次人口转变理论有时也被概括为"家庭转变"理论（Raymo et al.，2015；於嘉、谢宇，2019）。

该理论认为，20 世纪后半叶世界各国婚姻家庭领域的新变迁独立于经典意义上的人口转变过程，是又一世界性的重大人口转变。这一转变过程的典型内容或表现形式包括：婚姻的稳定性下降、离婚率上升；晚婚晚育和不婚不育现象增多；家庭形态多样化且呈现易变性；家庭生命历程的风险和不确定性上升等。第二次人口转变的根本动力在于，社会文化观念变迁和重大的社会变革。其中，社会文化观念的变迁主要表现为个人主义的兴起，后物质主义和后现代文化的盛行等（Van de Kaa，1994、2001）；主要的社会变革则包括20世纪中期以来大规模的性解放运动、避孕革命和政治领域的运动等（"三大革命"，参见 Lesthaeghe & Neels，2002）。根据该理论，文化的演变，特别是个人主义、性别平等、女性自我发展和自我实现等趋势在第二次人口转变过程中扮演着特殊重要的角色。如果说第一次人口转变是现代化进程取得的成就，那么，第二次人口转变无疑可以视作后现代化的产物。

"第二次人口转变"理论提出以来，学术界围绕该理论及其所关注/阐释的变迁开展了热烈讨论。尽管也有不少争议，例如，不少学者对"第二次人口转变"是否独立于经典的人口转变过程、婚姻家庭领域的变迁是否具有不可逆性等（Zaidi & Morgan，2017），不可否认的是，该理论所阐释的婚姻家庭变迁在越来越多的社会中出现，并对各国的人口与社会发展产生了深刻的影响（Van de Kaa，1994，2001；Zaidi & Morgan，2017），这些事实无疑为相应转变的非偶然性提供了有力论证。概括而言，第二次人口转变理论的建构、发展及相关学术讨论，为理解世界不少国家出现的婚姻家庭变迁提供了重要的框架（Zaidi & Morgan，2017；蒋耒文，2002；吴帆，2012；於嘉、谢宇，2019）。

二 家庭现代化理论及其修正

除人口学界关于婚姻家庭变迁的理论探讨外，社会学领域也对相应现象进行了理论建构与阐释。其中，经典的家庭社会化理论以及在此基础上修正和发展而成的家庭现代化理论体系是最具影响力的理论成果。

经典的家庭社会化理论基于进化论和功能结构主义建构而成，旨在解释现代化进程中家庭模式转变的特征、规律及其影响机制（Goode，1963）。根据功能结构主义的核心观点，家庭的结构与功能相辅相成。在工业化和现代化过程中，传统家庭的不少功能（包括生产、教育、保障等）实现社会化转移；与之相适应，核心家庭逐渐取代扩展大家庭成为重要的家庭形态和模式。这一家庭形态的转变是满足社会变迁带来的职业流动和地域流动需求的，有利于社会成员在充分利用就业机会的同时促进自身及社会的发展（Parsons，1943）。经典的家庭现代化理论认为，在现代化过程中家庭呈核心化趋势；核心家庭与传统的亲属关系相对独立或疏离（即"孤立性"）；家庭变迁路径呈单线演进模式；技术进步是推动家庭变迁的根本原因（古德，1986；马春华等，2011；唐灿，2010）。这些理论观点作为现代化转变理论体系的组成部分，在20世纪60年代前后的家庭研究中占据重要的学术地位。

20世纪60年代开始，随着后现代主义思潮①的兴起，家庭领域出现的一系列巨大变迁突破了经典的家庭现代化理论的解释范畴，由此也引发了学术界对经典家庭现代化理论的质疑、批判和修正。其中，批评的声音指出，第一，核心家庭并非工业化或现代化的产物，在前工业化阶段，核心家庭已在多数社会占据主体；第二，现代与传统并不一定对立或冲突，在不少社会（或发展阶段）传统与现代性相互依存、不可分离；第三，经验证据表明，家庭变迁的轨迹并非整齐划一，家庭类型呈现多样化特征。针对这些质疑，古德等学者对家庭现代化理论提出了重要修正和发展。

修正的家庭现代化理论承认核心家庭的非孤立性和家庭形态的多样性，并从发展的角度指出，在特定社会情境下传统与现代具有可兼容性，家庭变迁的路径客观多样。与第二次人口转变理论相类似，修正的家庭现代化理论也强调，家庭变迁是社会及个人观念变化的结果，文化、意识形态等因素对家庭变迁具有特殊重要的作用（古德，1986）。

三　后现代家庭理论的主要观点

除修正的家庭现代化理论外，20世纪末，后现代的文化思潮和

---

① 后现代主义思潮以反正统性、多元性和不确定性为典型特征。

学术研究也带动了关于后现代家庭转变的理论探讨与思辨。

其中,具有代表性的学术观点有,乌尔里希·贝克(Ulrich Beck)提出的风险社会理论认为,现代社会在经由个体化过程向风险社会过渡的过程中,个体对自由和自我实现的需求与对稳定亲密关系所带来的安全感的需求之间形成巨大的张力。受此影响,婚姻家庭领域发生重要变迁,婚姻家庭成为社会成员的个人选择,而非社会制度安排;婚姻家庭关系的稳定性也充满了不确定性和易变性(Beck,1992、1999)。

类似地,安东吉·吉登斯(Anthony Giddens)提出"亲密关系转型"(transformation of intimacy)的观点,认为在后现代社会,亲密关系的特征及其延续性由关系双方相互磋商和互动决定。结婚和离婚均是个人意愿的体现,在后现代社会呈现不确定性和多变性(Giddens,1992)。

朱迪斯·斯泰西(Judith Stacey)提出"后现代家庭"的理念,认为后现代家庭是对后现代社会文化中家庭形态的一种概括,以流动性、不确定性、重组性等特征为突出标志,与现代家庭特征形成鲜明的对比。Stacey(1996)指出,在后现代社会,家庭未必由双亲组成,可能有多种不同的形式。

四 既有理论成果的简要评述

综上所述,既有研究从不同学科视角为当代家庭转变提供了理论阐释,强调了家庭变迁的文化及社会根源,也隐含强调了相应变迁趋势的非偶然性和不可逆性。到目前为止,尽管关于家庭变迁趋势的不可逆性仍存在不少争论和质疑,多数学者认同这些理论所强调的家庭变迁绝非偶然或随机发生,具有深刻的文化根源和社会经济意涵,并将在越来越多的社会中扩散。

概括起来,现有关于当代家庭变迁的理论既有相通之处,也存在客观差异。具体来说,这些理论的一致性表现在:(1)阐释的婚姻家庭变迁趋势和规律具有一致性，包括婚姻现象（结婚时间推迟、结婚率下降、婚姻解体风险上升）与家庭形态（规模、结构、关系等）的变迁。（2）对婚姻家庭变迁的驱动力持一致的观点。第二次人口转变理论和修正的家庭转变理论均强调，社会文化演变是家庭变迁的根本驱动力。其中，典型的文化因素包括后现代化文化思潮、个人主义和后物质主义价值观等。（3）隐含了家庭变迁的历史必然性和转变趋势不可逆的推断，尽管这些论断在学术界仍有不同的声音。

从上述理论的差异来看，最为突出的是，家庭现代化理论的主要观点与其他理论存在明显区别。究其原因，经典的家庭现代化理论主要考察工业化以来的家庭变迁，涵盖了西方发达国家自工业化以来数百年的家庭变迁历程；但20世纪60年代以来婚姻家庭领域出现的新变迁明显区别于工业化进程中的转变趋势。由此不难理解，20世纪60年代经典的家庭现代化理论开始受到越来越多的质疑和批判。相比之下，第二次人口转变理论和后现代家庭理论是针对20世纪后半叶以来，特别是80年代开始广受关注的婚姻家庭新变迁而提出的。

这些差异印证了婚姻家庭变迁的历史性。陈璇（2008）通过回顾美国家庭后现代转变的经验研究成果指出，美国社会中婚姻家庭首先随现代化发展经历了规模下降、结构核心化和功能外移的现代化过程；随后，受社会转型和文化演变的影响，在后现代风险社会中家庭形式进一步多元化，亲密关系的重要性上升，稳定性却明显下降。后现代的文化和制度转变意味着，当离婚日益普遍和多发时，合法婚姻不再能给人们提供稳定的、实质性的保护，婚姻及家庭制度发生了根本性转变。

第二节　中国家庭转变的经验发现

20世纪后半叶，伴随着社会转型、经济体制和制度转变，中国家庭领域也经历了与世界家庭转变趋势相类似的、重要的历史性变迁。

到目前为止，有不少研究利用家庭现代化理论及其修正形式，考察中国改革开放以来家庭和婚姻领域的变迁（林晓珊，2018；马春华等，2011；杨善华，1994、2011），也有一些研究借鉴第二次人口转变理论进行经验分析（吴帆、林川，2013；於嘉、谢宇，2019）。这些研究展现了中国家庭变迁在多个维度的表现形式和发展趋势，包括家庭规模、家庭结构、家庭功能、家庭关系等。从研究结论来看，现有的研究发现中既有对西方主流的家庭转变理论（如上一节所介绍）所揭示的一般规律的经验支持，也从一些侧面展现中国家庭变迁进程的独特表现形态。

本节主要通过文献梳理，回顾和总结关于近半个世纪以来，特别是20世纪八九十年代以来中国家庭变迁的研究发现。为便于分析，以下部分将按照研究发现的内容，依次介绍中国家庭变迁与世界家庭转变一般规律的共性特征以及中国家庭变迁中特有的表现形态和趋势。

一　家庭变迁一般趋势的中国证据

新中国成立以来，特别是改革开放后的数十年间，社会经济的转型与快速发展带动了中国家庭领域重大而深刻的变迁。大量学者围绕这一时期的家庭变迁开展经验分析或理论探讨。其中，不少经验发现与现代以来世界范围内其他国家的家庭转变趋势相类似，为上一节所介绍的家庭转变理论提供了一定的经验支持。

概括起来，中国家庭转变与世界其他国家的家庭转变趋势共有的特征主要表现在以下几个方面。

（一）婚育年龄推迟

初婚和初育年龄的推迟是当代家庭转变的重要特征，对家庭生命历程和生命周期产生了系统性的影响（杨菊华，2017）。大量研究发现，20世纪90年代以来，中国居民的初婚年龄呈稳步推迟的趋势，这与当代世界婚姻家庭转变的一般趋势相吻合（和红、谈甜，2021；李建新、王小龙，2014；陆杰华、王笑非，2013；於嘉、谢宇，2013、2019）。

具体来说，林晓珊（2018）利用1982年以来的全国人口普查数据和历年《中国统计年鉴》分析指出，近三十年间，中国男性的平均初婚年龄由1990年的23.57岁上升到2000年的25.27岁，2010年进一步上升到25.86岁；同一时期女性平均初婚年龄由22.02岁上升到2000年的23.44岁和2010年的23.89岁。和红、谈甜（2021）利用人口普查数据估算了基于生命表的平均初婚年龄，发现2010年全国男性平均初婚年龄已达到26.48岁，其中，最低学历和最高学历（分别对应"未上过学"和"研究生"学历）的男性平均初婚年龄已明显超过29岁；同一时期，女性最高学历者的平均初婚年龄也超过29岁。郭志刚、田思钰（2017）使用1991—2016年的《中国人口（与就业）统计年鉴》数据估计得出，1990—2016年，中国女性初婚年龄推迟了3岁以上。於嘉和谢宇（2019）对中国第二次人口转变进程的考察结果显示，目前在年轻（20世纪70年代及以后出生）队列中早婚和普遍婚的现象已不复存在。

与初婚年龄的推迟相类似，20世纪90年代以来，中国居民的初育年龄也呈现稳步推迟的趋势。赵梦晗（2016）整理了以往经验研究中关于女性初育年龄的研究发现，结果显示，20世纪90年代以前，女性的初育年龄呈现波动态势，尚未出现明显的推迟趋势；不过，90年代开始，女性初育年龄呈稳步推迟态势。该研究进一步利用历次全国人口普查数据估算得出，2000年中国女性平均初育年龄为24岁，到2010年相应年龄已提高到26.65岁；分孩次的生育年龄变化显示，2000—2010年二孩生育的平均年龄从28.8岁提高至30.8岁。

（二）家庭规模下降

家庭规模小型化是工业化和现代化以来家庭转变的重要表现，

在经验研究中得到了最为广泛的支持。

家庭规模小型化最为直接和根本的原因是生育转变（或经典的人口转变），在相应形势下，微观家庭的子女数量普遍减少。在中国，自20世纪七八十年代起，家庭子女数量经历了普遍性下降。同时，生育水平的下降也通过年龄结构对家庭规模产生直接而灵敏的影响（杨胜慧、陈卫，2015）。

近年来，家庭结构和类型的变化与家庭子女数量下降的趋势相叠加，导致全社会家庭户平均规模大幅下降（王广州、周玉娇，2021）。王广州、周玉娇（2021）利用历次全国人口普查数据分析指出，1982年以来，中国家庭户平均规模稳步下降：由1982年的4.41人/户下降到1990年的3.96人/户、2000年的3.44人/户和2010年的3.10人/户；到2020年进一步跌破3人/户，降至2.62人/户。该研究指出，家庭户规模的下降速度在2000—2015年有所减缓，但此后重新加速。该研究认为，鉴于当前中国家庭的子女数量已降到相当低的水平，最近的家庭户规模快速下降趋势更多地反映了家庭结构和类型转变对家庭形态的影响。

（三）家庭结构的代际扁平化和类型多样化趋势

家庭结构具有多维性，因而其变迁具有丰富的意涵。关于近几十年中国家庭结构变迁的研究，大多得出了以下结论。从代际结构看，中国城乡家庭结构呈现扁平化趋势。核心家庭持续占绝对多数，同时三代直系家庭也占据一定的比例，并且各时期保持相对稳定（李婷等，2020；王跃生，2006、2013、2014、2020；杨菊华，2017；杨菊华、何炤华，2014）。从家庭类型来看，中国家庭结构的变迁呈现明显的多样化趋势。近年来，单人家庭、隔代家庭、单亲家庭、离异重组家庭等不同类型的家庭涌现，已成为当代社会中家庭形态的重要组成部分（郭方涛，2017；李婷、郑叶昕，2021；陆杰华、汤澄，2016；童辉杰、黄成毅，2015；杨菊华、何炤华，2014；吴帆、林川，2013；庄楹，2015）。

谷俞辰等（2019）总结了新中国成立以来中国家庭结构的变迁规律与趋势，概括指出，改革开放以来中国家庭结构变迁呈现简化和核心化趋势，代际结构以一代户和二代户为主。与此同时，随着家庭老龄化与居住模式的变化，老年人独居现象日益普遍，非传统家庭类型（包括单亲家庭、重组家庭、留守家庭与流动家庭、隔代家庭等）大量涌现。不过，从宏观家庭结构模式来看，核心家庭和主干家庭依然是中国最基本的家庭类型。

（四）核心家庭功能弱化

随着家庭规模小型化和结构扁平化（核心化），家庭功能发生了重要的变化。与主流的家庭变迁理论的基本论断相一致，当代家庭转变过程中，核心家庭的功能明显弱化，传统的养老、抚幼等功能给家庭带来了现实挑战。受这些转变的影响，家庭亲属网络关系为弱化的家庭功能提供了支持，表现为家庭功能网络化趋势；这也体现了家庭转变过程中现代性和传统力量的交织作用（彭希哲、胡湛，2015；宋健、张晓倩，2021；杨菊华，2017）。

与家庭结构核心化和功能网络化趋势相联系，传统和现代力量的交织作用也引发了学术界关于家庭变迁性质与趋势的不同论断。例如，彭希哲和胡湛（2015）指出，当前中国家庭的核心化主要表现为形式核心化，有其"形"而欠其"实"。通过对比中国与西方发达国家的家庭转变特征，该研究指出，由于中国家庭变迁过程中相关社会福利和保障体系发展滞后、相对缺失，导致家庭功能呈现网络化趋势。改革开放以来，原有计划经济体制下以单位、公社/合作社为依托的社会保障体系退出历史舞台，与此同时，市场化的服务体系尚未形成完善的制度规范和有效监管，亲属网络为养老、抚幼等家庭功能的实现提供了重要支持。

针对家庭功能网络化趋势，有学者强调传统的扩展家庭在当代社会的重要性，提出"再家庭化"假设（如马春华，2014；朱浩，2014）。不过，也有学者强调家庭功能网络化可能反映了家庭转变进程中的一个过渡阶段（潘允康，1988、1990；谷俞辰等，2019）。彭希哲和胡湛（2015）指出，中国家庭变迁在"再家庭化"的同时，"去家庭化"也在同步进行。谷俞辰等（2019）从家庭转变过程的渐进性出发，认为从长期发展趋势来看，随着中国社会转型和现代化的深入发展，以及西方文化价值的扩散，传统力量将逐步瓦解，家庭结构变动的趋势将不断强化。谷俞辰等（2019）也指出，家庭结构的转变有可能出现异化，走向多样化与复杂化。这些复杂趋势印证了当代家庭变迁过程中传统与现代力量同时存在、交织影响的现实，与修正的家庭现代化理论相吻合（胡湛、彭希哲，2014；马春华等，2011）。

（五）家庭关系的重心及其稳定性的变化

与家庭规模和结构的变迁相适应，家庭关系特征也在发生深刻的变化。这些变化趋势突出地表现为：一方面，家庭关系的重心由亲子关系移向夫妻关系；另一方面，家庭关系，特别是婚姻关系的稳定性下降。

与上一节介绍的主流家庭转变理论的观点相一致，不少经验研究指出，当代中国家庭变迁过程中，夫妻关系开始成为家庭关系的核心（宋健、张晓倩，2021；吴帆，2012）。杨善华（1994）指出，在工业化和现代化过程中，家庭由传统社会的生产性单位转变为与社会生产/生活相分离的生活场所，相应地，家庭关系也由生产关系转变为以夫妻关系为主轴、以夫妻平权和亲子平等为典型特征的家庭关系。

除家庭关系的重心与性质变化外，家庭关系的结构和稳定性也出现重要的变迁。杨菊华（2017）指出，中国家庭在小型化、核心化的过程中，家庭关系的类型单一化，多轴多系的关系简化为双轴少系甚至单轴（如丁克家庭的夫妻轴、一孩单亲家庭的亲子轴）单系结构；代际关系呈现多样性、矛盾性和复杂性（石金群，2015），夫妻关系趋于平等，但稳定性下降。杨菊华和何炤华（2014）认为，家庭结构变迁使得家庭关系简单化，亲子关系亲密化和疏离化、弱化并存，夫妻关系独立化，家庭稳定性明显下降。该研究强调，家庭结构和关系的转变，伴随着家庭抚幼、养老以及教化功能的弱化。

杨善华（2011）通过分析中国离婚率随时间变化的趋势指出，由于功利主义文化盛行、社会流动加剧，维系婚姻的（伦理、责任、经济）纽带日益松弛；受此影响，20世纪末开始，中国离婚率呈现稳中有升的态势。杨菊华和孙超（2021）使用多个来源的权威性统计数据，分析了过去四十余年间中国离婚现象的变化趋势，考察了处于离婚状态的人群特征及其变化。该研究指出，改革开放以来，中国居民的离婚风险持续加大，这一趋势在离婚率、离结比和离婚态占比等指标中均有稳健、一致的体现。1982年以来，中国离婚率快速攀升，各时期处于离婚状态的成年人口占比由1982年的6‰以下，上升到2015年的17.2‰。随着时间的推移，处于离婚状态的人群呈低龄化趋势，离婚态占比的峰值年龄由1982年的45岁以上下降到2015年的35—39岁。与女性相比，各时期男性处于离婚状态的比例更高，不过近年来女性的相应比例上升速度更快；相对于农村户籍人口，城市户籍人口处于离婚状态的占比更高，且城乡差异随时间不断扩大。

二 中国家庭变迁中特有的现象或趋势

除上述家庭转变的一般性趋势外，中国家庭转变也因制度、社会结构和文化等因素而呈现独特的形态与轨迹。归纳起来，这些独特的转变现象和趋势至少表现在以下四方面。

第一，中国家庭变迁过程包含了生育政策及其调整变化的影响。20世纪七八十年代起，受严格的计划生育政策的影响，独生子女家庭在较长一段时期内成为重要的家庭类型，城镇地区尤为如此。这一家庭构成特征对当代中国家庭变迁产生了深刻的影响，体现在家庭规模、结构、功能、风险等多个方面（林晓珊，2018；陆杰华、汤澄，2016；吴帆，2012）。2013 年以来，中国生育政策经历了一系列重大调整，先后实施了单独两孩政策、全面两孩政策和三孩政策。这些政策调整对家庭规模、结构、类型的变化产生了直接影响（郭志刚，2017），也为家庭关系的变化增加了新的维度和客观挑战（刘婷婷，2017）。例如，刘婷婷（2017）通过考察生育政策放松后"二孩"生育现象对原独生子女家庭系统带来的影响，指出"二孩"生育增加了家庭关系的复杂程度，由此可能引发婚姻关系质量下降，并对家庭亲子关系、同胞关系、代际关系带来不同程度的冲击。杨菊华（2017）通过回顾改革开放以来中国生育政策和家庭变迁历程，指出中国家庭变迁区别于西方社会家庭转变自然演进的特点，带有明显的国家干预痕迹。由此，其变迁轨迹呈现过程短、速度快、外生性强的特点，家庭的年龄和性别结构以及生命周期重心的变化因此而呈现与西方社会不同的特点。

第二，中国市场转型路径和相关制度安排对家庭转变轨迹产生了深刻影响。

利用 1982—2010 年全国人口普查数据，王跃生（2020）分析了 20 世纪 80 年代以来中国城市家庭结构的变化轨迹，从制度因素出发剖析了家庭结构转变的根源。该研究指出，由于中国户籍管理、城市住房分配和职工家属迁移等制度安排及其沿革的影响，城市家庭变迁进程呈现重要的内部异质性和梯度差异。截至 2000 年，中国城市非农业户口的家庭中，核心家庭为主要的家庭类型。其中，购买商品房的家庭核心化程度最高；购买原公有住房的家庭中，家庭结构以核心和直系双高为典型特征；本地自建房的农业户口家庭中，直系家庭比例超过 1/4；在外来农业户口家庭中，单人户比例则明显更高。该研究指出，城市家庭的核心化进程因户口性质、住房类型等社会及制度原因而呈现分层现象和梯度差异，反映了制度因素对中国家庭变迁路径和进程的独特作用。

第三，城乡二元结构与户籍制度对家庭形态及变迁具有不可低估的影响。

受户籍管理制度的限制，中国人口流动多数并不涉及户籍迁移；由此导致人口流动现象往往伴随着家庭成员不同时长、不同距离的分离，对家庭类型、功能、结构的变动产生了深刻影响。近三十年来，大规模的人口流动过程中衍生了为数众多的特殊类型家庭，包括留守家庭、随迁家庭以及其他类型的不完整家庭。这些类型的家庭在实现其养老、抚幼、教养等功能时可能面临特殊困境，进一步增加了伴随当代家庭转变而上升的家庭风险和脆弱性（谷俞辰等，2019；杨菊华，2017；郑素侠，2015）。

第四，传统文化因素在中国当代家庭转变中依然扮演着重要角色。

与传统文化等因素有关，到目前为止，中国家庭变迁过程中不婚不育、非婚生育的现象还相对少见。有研究对比了中国与西方发达国家以及东亚其他国家的家庭变迁进程，指出与西方发达国家相比，中国和日韩等国的离婚率明显较低，同居和非婚生育比例也相对较低；这些研究认为，相应差异极有可能反映了东西方文化的不同影响（谷俞辰等，2019；吴帆，2012；吴帆、林川，2013）。

既有关于中国家庭转变的研究认为，中国家庭变迁的驱动力不仅包括社会转型和文化观念的演变，而且在很大程度上与制度因素以及中国现代化路径有关（李婷等，2020；李婷、郑叶昕，2021；谷俞辰等，2019；杨菊华，2017）。在当代家庭转变进程中，中国社会保障、公共服务和支持体系的发展明显滞后于文化观念转变以及经济发展，其影响突出地反映在托育、教育、养老等多个方面。由此导致，近年来中国生育率在更替水平以下持续低迷，家庭形态、类型与结构、家庭关系等方面呈现独特的转变轨迹。

三 既有研究发现的简要评述

概括起来，现有关于中国婚姻家庭变迁的研究大多关注20世纪80年代以来婚姻家庭领域的变化，侧重于与传统社会的家庭特征进行比较。这些研究在家庭现代化理论及其修正框架下，主要探讨了现代社会变迁、城镇化和市场经济体制改革带来的家庭各领域的变迁，研究成果为理解中国改革开放数十年来的家庭变迁提供了丰富的经验知识。

不过，现有研究中也存在一定的空缺或局限。首先，到目前为止，多数研究考察改革开放以来中国家庭的变迁，将此视为一个统一的、同质性过程。这一研究定位掩盖了近二十年来婚姻家庭领域变迁的特殊性及其现实含义，不利于全面理解和准确预测中国当代家庭转变的发展趋势及其影响。正如西方一些社会的家庭转变历程所揭示的（陈璇，2008），工业化进程中的家庭转变与后工业化时期的家庭转变在趋势、规律和驱动力等方面存在根本性差异，尽管其部分转变特征具有相似性，如家庭结构核心化和规模小型化等。在后工业化时期，世界范围内文化价值观念发生了新的演变，包括个人主义的兴起、后物质主义价值观、后现代思潮等，这些因素对人口、家庭及社会经济的变迁产生着广泛而深刻的影响。鉴于此，研究当代家庭转变，需要重视当代社会文化的新特征和新动向，从历史的、发展的视角深入理解家庭变迁在不同阶段的差异和规律。

其次，现有研究，特别是较早的研究成果中，大多关注城市家庭的变迁，相对缺乏关于城乡家庭转变进程的对比或联系性研究视野。这一研究现状的主要原因在于，城乡现代化进程不同。由于城市社会经济和文化现代化进程更快，家庭转变出现得更早、转变进程更为明显；相比之下，农村家庭受传统文化观念的影响深刻，生活方式和经济活动的现代化进程缓慢，因此推测，农村家庭变迁开始得较晚，早期的转变迹象可能并不明显。不过，随着人口流动与城乡文化交流，家庭变迁势必在城乡和地区之间进行扩散。鉴于此，了解当代家庭转变进程，需要关注其城乡和地区差异，这对理解中国当代家庭变迁的规律与趋势具有重要的现实意义。

综上所述，20世纪中期以来，世界不少国家在婚姻家庭领域经历了重要的历史性转变。这些变迁既是对以往工业化、现代化社会转型和文化演变的承续，也具有其独特的时代特征。后现代化文化、个人主义与后物质主义等文化演变代表了新的发展阶段社会经济转型与全球化在文化意识领域的影响，这些因素为新的家庭变迁特征和趋向提供了动因与扩散机制。因此，考察当代家庭变迁及其对社会成员个体以及整个社会稳定和发展的影响，具有重要的现实意义和必要性。

第三节　本章小结

　　本章围绕当代家庭转变，系统梳理了现有理论成果的主要论断，在此基础上整理回顾了近二三十年来中国家庭领域变迁的经验发现。研究指出，当前中国家庭领域正在经历重大的历史性转变，相应转变趋势与近几十年间世界不少国家的婚姻家庭变迁趋势呈现高度的相似性，中国实践为西方主流家庭转变理论贡献了新的经验支持。与此同时，由于中国传统文化、社会制度及现代化进程轨迹的特殊性，当前中国婚姻家庭领域的变迁也呈现一定程度的独特性，为家庭变迁研究增添了现实议题。

　　归纳起来，现有研究表明，当代家庭转变是后工业化时期世界范围内的又一重要转变，具有历史性和世界性意义，对全球人口、家庭和社会经济发展有着深刻的影响。鉴于此，考察当代中国家庭转变对年青一代，特别是未成年人人力资本发展的影响具有重要的现实意义。

第 三 章

当代中国家庭转变的特征与趋向：
基于 CFPS 数据的发现

到目前为止，不少实证研究关注了 20 世纪后半期以来中国家庭领域发生的重要变迁。既有的研究发现论证了中国家庭转变的历史性和必然性，并从不同角度展示了相应转变进程对人口发展和社会经济生活产生的深刻影响。概括而言，当前中国家庭领域发生的一系列重要变迁既是中国社会转变的结果，也是世界家庭转变的重要组成部分；受中国社会结构、制度与文化等因素的影响，当前中国家庭转变既具有世界家庭转变的一般性，也有其独特的表现。鉴于此，深入理解中国家庭转变的趋向及其影响，需要从动态发展的视角跟踪研究其特征与发展变化。

既有关于中国家庭变迁的经验研究大多以 20 世纪中后期以来，特别是改革开放以来家庭领域的变化为考察内容，较少有研究重点关注后人口转变阶段家庭领域的新特点或动向。此外，与城乡家庭转变进程的客观差异相联系，以往的研究大多重点关注城镇家庭的转变，鲜少对农村家庭转变进程进行系统分析。为了更全面、及时地了解当代家庭转变进程，探讨其对未成年人成长和发展的可能影响，本章利用 CFPS 项目已完成的历次调查数据，系统分析并对比展示中国城乡家庭转变的主要特征和最新进展。

具体而言，本章主要从以下四个方面对比分析当前中国城乡家庭特征：（1）家庭规模、结构特征及变化趋势；（2）晚婚晚育现象及其发展趋向;(3)家庭关系质量;(4)婚姻关系的解体风险。本章首先对本研究使用的调查数据进行简要介绍(第一节),在此基础上围绕上述家庭特征逐一进行分析,展示当代家庭转变的进程;其次探讨城乡家庭转变的差异和趋势(第二节至第四节);最后对本章的主要研究发现进行总结(本章小结)。本章的研究发现旨在为当代中国家庭转变进程的经验发现提供检验和信息更新,同时为后续章节关于年青一代人力资本发展的家庭影响提供必要的背景知识。

第一节 数据简介:CFPS

本研究主要使用 CFPS 项目收集的数据信息进行实证分析,考察当代城乡家庭的特征及其转变进程,检验并深入剖析家庭转变对年青一代人力资本积累的影响。本研究选用该数据的原因,与该项目的设计及调查特征有关。

首先,CFPS 是针对中国城乡家庭户开展的一项大规模的全国代表性概率抽样调查。该项目于 2010 年启动,调查样本由从 25 个省份抽取的约 15000 个家庭户组成。在家庭层面,调查数据能够为反映全国家庭的主要特征提供代表性数据。

其次,CFPS 为综合性调查项目。调查涉及社会、经济、人口、教育与健康等多个方面的信息;除针对样本家庭户内所有成员的个人问卷调查外,项目还对样本家庭及其所在社区分别开展了问卷调查,形成包含个人、家庭和社区三个层面丰富信息的数据库。

再次,到目前为止,CFPS 为同类调查中更新最新且追踪周期较长的调查。自 2010 年初次调查以来,该项目每两年对被访个人、家庭及社区开展一次追访,目前已发布共六期调查结果,追踪时长为十年(2010—2020 年)。这些数据为系统研究中国当代家庭转变特征和趋势提供了高质量且最新的数据资源。

最后,CFPS 具有较高的数据质量。自 CFPS 数据发布以来,已有大量的学者利用该项目不同年份、不同方面的调查信息开展数据质量检验和实证研究,这些研究为主要测量结果的有效性与可靠性提供了支持。

关于该项目的调查设计和实施情况、数据特征以及以往研究对测量的检验和应用,项目官方网站[①]已提供了详细的介绍和链接,在此将不再赘述。

第二节　中国城乡家庭的规模和结构特征及其变化

利用 CFPS 已发布的调查结果,本节首先从家庭户层面出发,分析当前中国家庭转变进程在规模、结构等特征中的表现,探讨城乡差异及其变动趋势。

具体来看,目前家庭层面的调查结果已公布五期数据,具体包括 2010—2018 年的家庭户调查结果。其中,2010 年公布的家庭数据中包含了家庭规模、户内世代数、户内家庭成员的最大年龄和最小年龄等信息,这些信息为了解调查当年城乡家庭的规模、结构等特征提供了重要资源。自 2012 年起,家庭数据中不再统一公布户内成员的最大年龄;2014 年开始家庭成员的最小年龄也不再公布;此后的家庭户调查结果中户内世代总数的信息不再提供。

尽管从理论上来说,上述信息均可以通过对家庭成员调查表的统计和分析生成;不过,由于实际调查结果中部分家庭成员的基本信息缺漏,加之,家庭成员的统计口径并不唯一,CFPS 对核心成员和基因成员使用不同的追踪规则。鉴于此,为避免汇总统计过程中由于信息缺漏或统计口径可比性问题而产生次生性统计偏差,本章的分析主要使用项目组公开发布的变量信息。

---

① http://www.isss.pku.edu.cn/cfps/gycfps/cfpsjj/index.htm.

一 家庭户规模与世代结构的变化趋势

（一）户规模和户内世代数均值

利用2010—2018年家庭户调查信息，本节首先以统计均值为参考，对比中国城乡家庭在考察时期内户规模和户内世代数的总体特征及其变化趋势（分析结果如图3-1所示）。

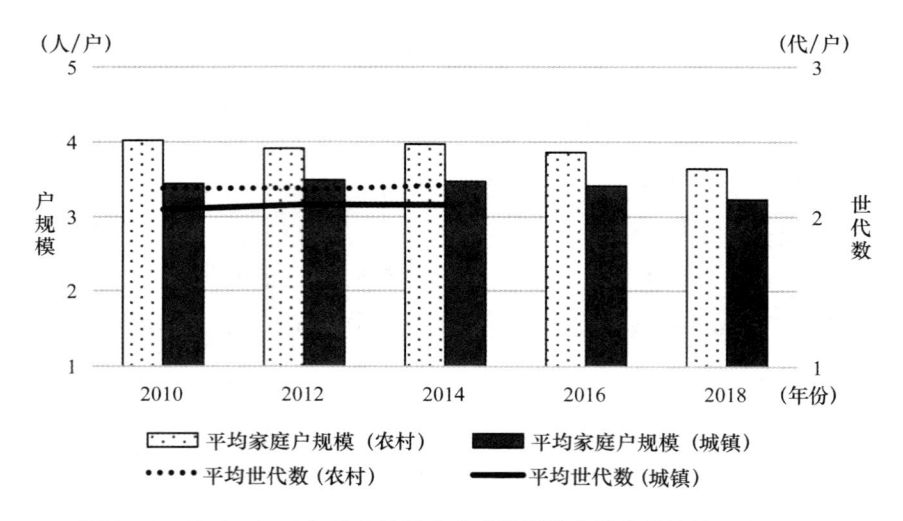

图3-1 2010—2018年城乡被访家庭户的规模和世代数均值（已加权）

由图3-1可见，考察期间，中国城镇和农村家庭的平均户规模均经历了明显的下降。2010年，CFPS中城镇和农村家庭户的平均规模分别为3.44人/户和4.02人/户。到2018年，城镇和农村家庭户规模的均值分别为3.23人/户和3.64人/户，比八年前分别下降6.1%和9.5%。

不过，与同一时期全国人口普查结果相比，CFPS的家庭户规模偏大。例如，2010年全国人口普查统计结果显示，普查时全国家庭户平均规模为3.09人/户，其中城市、镇和农村家庭户的平均规模分别为2.71人/户、3.08人/户和3.34人/户。2020年全国人口普查的结果显示,家庭户平均规模已下降到3人/户以下。参照这些统计结果,一种可能的推断是,与抽样设计和实施有关,CFPS对家庭户规模存在一定程度的高估;另一种可能是两个调查系统中关于家庭成员的统计口径不同。鉴于普查结果也可能存在一定的偏差,具体的高估幅度还有待进一步考证。考虑到2015年全国1%抽样调查统计的户规模并不明显低于2010年的普查结果,① 综合这些信息进行推断,CFPS对家庭户规模的高估幅度应当相对较小。

值得肯定的是,考察期间全国城乡家庭户的平均规模已下降到4人/户以下。随着时间的推移,家庭户规模呈稳步小型化的态势;同时,这一过程也伴随着城乡家庭户规模差距的不断缩小。截至2018年,城镇与农村家庭的户规模平均差距已不足0.5人/户(约0.4人/户)。这从家庭规模的角度,为农村家庭转变提供了有力的论证。随着文化传播和人口流动,当代家庭转变已突破城镇地区、快速向农村地区扩散;近年来,中国农村家庭转变进程不断加快。

图3-1显示,考察期间城乡家庭户内世代数基本稳定。从户内世代数均值来看,2010—2014年,城乡家庭户内世代数的平均值基本保持在略高于两代的水平。其中,农村家庭户的世代数均值约2.2代/户,城镇家庭户相应均值不足2.1代/户。由此可见,从平均水平来看,当代城乡家庭户的世代结构基本稳定,两代户是家庭代际构成中最主要的类型;这与以往研究发现的家庭世代结构扁平化相吻合。

(二) 户规模与户内世代数的具体分布

为了更加全面地了解城乡家庭特征的具体分布状况,图3-2和图3-3分别针对家庭户规模和户内世代数,运用箱线图展示了考察期间各年份相应特征的取值范围和四分位值的统计结果。

---

① 2015年全国1%抽样调查数据显示,全国家庭户平均规模为3.10人/户;其中,市、镇、乡村家庭户规模平均值分别为2.77人/户、3.17人/户和3.33人/户。这些数据中除乡村家庭户规模略低于2010年外,市、镇和全国平均家庭户规模均不低于2010年的水平。

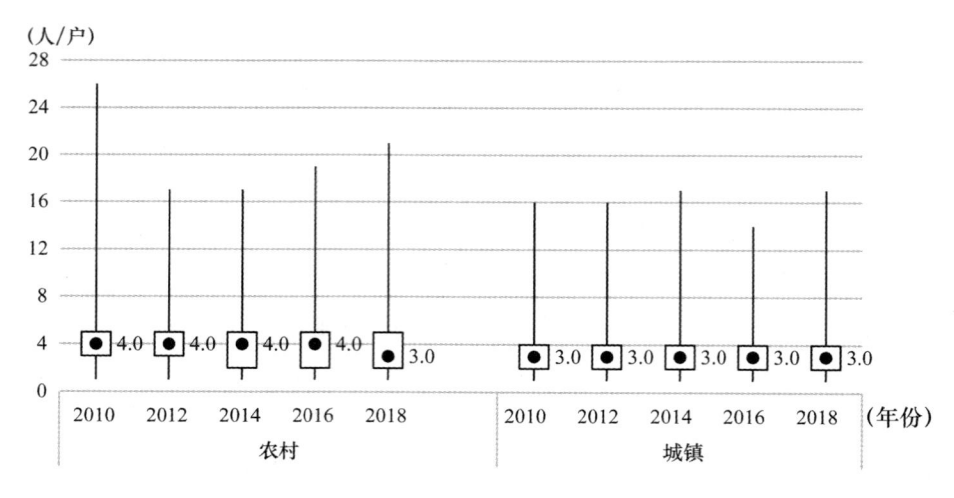

58 当代中国家庭转变对人力资本发展的影响

图 3-2 2010—2018 年城乡被访家庭户的规模分布（已加权）

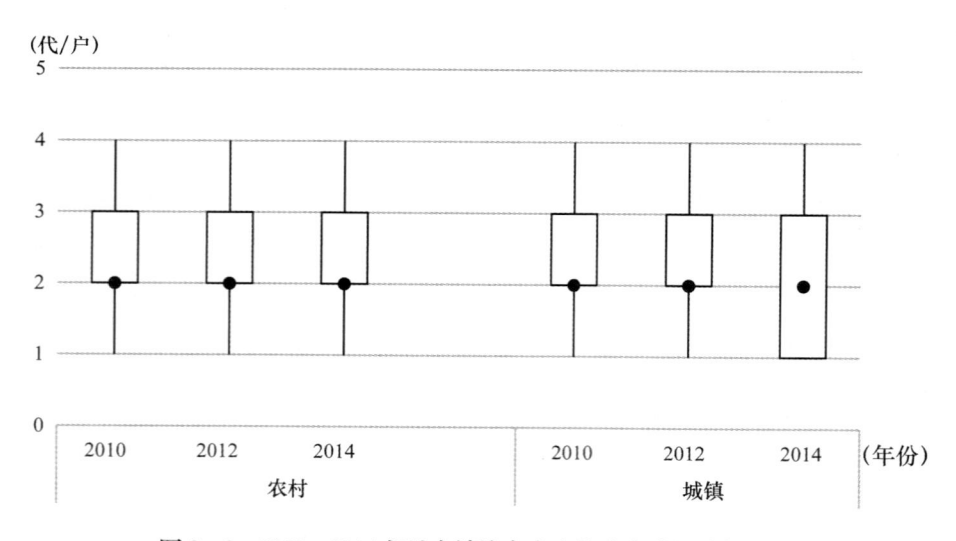

图 3-3 2010—2014 年城乡被访家庭户的户内世代总数分布

由图 3-2 可见，考察期间，农村地区家庭户的规模分布呈现向低水平聚拢的总体发展趋势。与 2010 年相比，2018 年农村家庭户规模的极差已大幅下降，其中位数和下四分位值也出现了明显的下降。具体而言，2010—2018 年，农村家庭户规模的中位数由 4 人/户下降为3人/户，下四分位值由3人/户下降为2人/户。也即，截至2018年农村地区一半左右的家庭户规模不超过3人/户，四分之一左右的家庭户规模不超过2人/户。与同一时期城镇地区家庭相比，农村家庭的上述统计指标已与城镇高度一致。这些结果表明，从家庭户规模小型化的趋势来看，近年来中国农村地区经历了快速的家庭转变，这一过程中农村与城镇的差距已大幅下降。

从户内世代构成特征来看，图3-3显示，考察时期内城乡家庭户的代际构成差异不大。2010—2014年，绝大多数家庭户由两代人组成，相应比例接近一半；除此之外，三代户也占一定的比例。这些类型的家庭户可能主要对应核心家庭①和三代直系家庭；由此，图3-3印证了以往研究发现的中国家庭结构变化特征，即以核心家庭为主、三代直系家庭占据相当比例（王跃生，2006、2013）。

除二代户和三代户外，图3-3显示，考察时期内城乡多代户家庭占比很低，三代以上家庭户的占比合计不足1/4。2014年城镇地区一代户的占比有明显上升，达1/4；这可能与城镇地区年轻人推迟婚育的现象有关，也可能在一定程度上反映了城镇地区人口年龄结构快速老化导致的空巢老年家庭占比上升的事实。

概言之，上述分析结果印证了当前中国家庭规模小型化和世代结构扁平化的总体发展趋势。

（三）不同世代结构的家庭户的户规模分布

为了进一步了解不同世代结构的家庭在户规模特征中的具体分布和差异，本节区分家庭世代结构，进一步对比分析城乡家庭户规模的分布状况（如图3-4所示）。

---

① 本节分析中的"世代数"仅统计户内世代总数，未标识是否为相邻世代或隔代。在CFPS公布的家庭数据中，世代数的初始取值可能超过户内人数，这些家庭户极有可能是隔代家庭户。不过，由于相应样本较少，且比较分散——包括三代隔代、四代隔代、五代隔代等；为便于分析，本章将仅有两人的三代隔代家庭（祖孙）视作二代户，仅有三人的四代隔代家庭视作三代户，依此类推。简言之，本章的分析暂不考虑是否隔代或详细区分代际距离，仅统计世代总数。

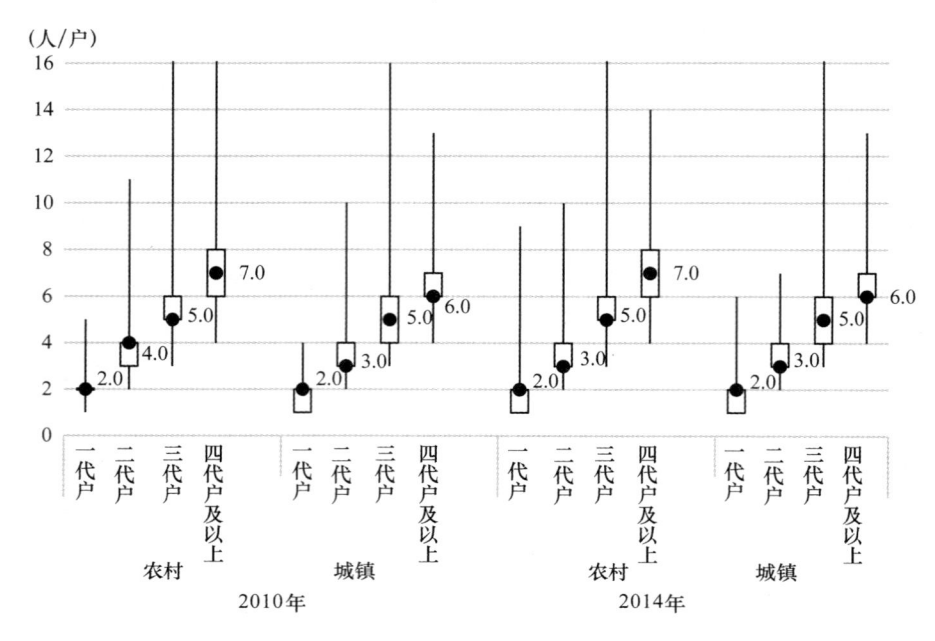

图 3-4　2010 年和 2014 年城乡不同世代数的家庭户的规模分布

由图 3-4 可见，总体而言，户内世代数越多，家庭户规模越大。从 2010 年和 2014 年两次调查时不同世代类型的家庭特征来看，一代户家庭的户规模差异较小；不论城乡，两次调查时一代户家庭的户规模中位数和上四分位值均为 2 人/户。这意味着多数一代户家庭由 2 人组成，其中，2010 年农村地区一代户家庭中超过 50% 的（上下四分位值均为 2）家庭由 2 人组成。这些家庭可能主要为夫妻家庭户，包括年轻的无子女夫妇以及年龄较大的空巢夫妇家庭。尽管其他类型的 2 人一代户也可能客观存在，不过，结合以往研究发现推断，相应家庭的占比预期不高。

与一代户家庭相比，二代户家庭的户规模城乡差异较大，且随时间变化明显。2010 年，农村地区二代户的家庭户规模中位数和上四分位值均为 4 人/户，同一时期城镇地区二代户家庭的户规模中位数较低，为 3 人/户。到 2014 年，城乡二代户家庭的户规模中位数均为 3 人/户。这些结果为农村地区家庭规模小型化的进程提供了进一步的例证。

此外，三代户家庭的户规模中位数均为 5 人/户。其中，农村地区三代户家庭中户规模为 5 人/户的比例更高，其下四分位值和中位数均为 5 人/户，四分位距为 1；相比之下，城镇地区三代户家庭的户规模变异程度较大，两次调查时相应类型的家庭户规模的四分位距均为 2。城镇和农村地区四代户家庭的户规模中位数分别为 6 人/户和 7 人/户。这些结果展现了当前中国家庭世代结构安排的客观多样性，也为家庭转变进程，特别是农村家庭转变进程与城镇趋同的趋势提供了有力的证据。

二 特殊类型家庭的户规模及世代分布特征

考虑到家庭形态的客观多样性，在上述一般性分析的基础上，本部分着重选择两类特殊的家庭，即有未成年人的家庭和纯老人户的家庭，聚焦分析其家庭户规模和世代构成特征的变动趋势。结合信息的可得性，本部分的分析主要利用 CFPS 2010 年调查收集的家庭数据，以其中户内成员的最小年龄和最大年龄为依据划分家庭类型。具体来说，将家庭成员的最小年龄在 18 岁以下的划分为一类，即有未成年人的家庭户；家庭成员的最小年龄在 65 岁以上的为另一类，即纯老人户家庭。这两类家庭对应家庭生命历程中的两个极为重要又完全不同的阶段。前者为发展型家庭，即家庭正处于发展或（规模）扩张阶段，这一阶段家庭活动在很大程度上围绕未成年人的成长或发展而展开。后者为典型的收缩型家庭，通常为空巢后不断收缩的家庭，在这一类型的家庭中养老相关的需求高度集中。因而，了解这两类家庭的规模和结构特征有助于全面把握当代家庭的特征及其发展变化。

（一）有未成年人的家庭中户规模及世代结构特征

图 3-5 针对成员最小年龄在 18 岁以下的家庭户样本，展示了

2010年城乡不同世代结构的家庭的户规模分布状况,兼与一般家庭的户规模特征进行比较。

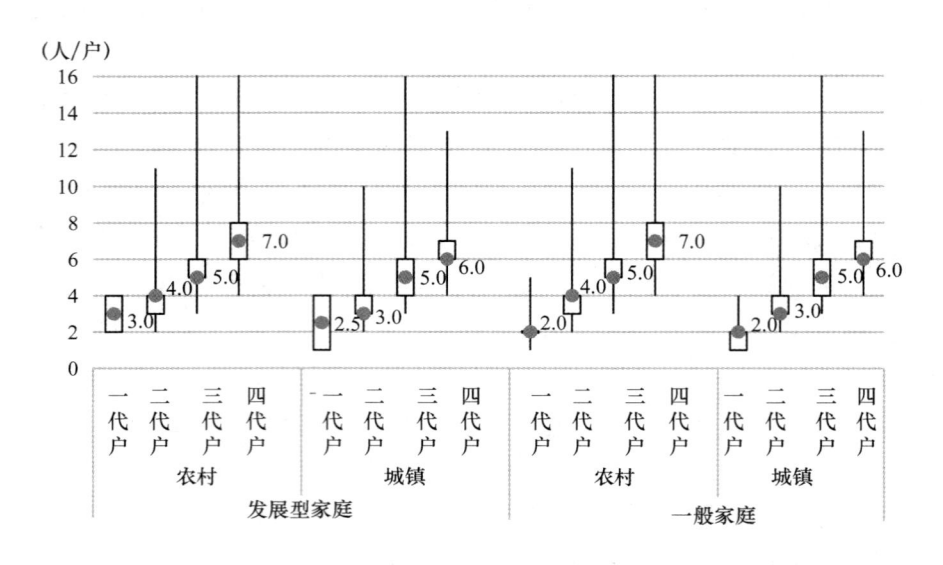

图3-5 2010年按世代数划分的发展型家庭与一般家庭的户规模分布

图3-5显示,除一代户外,在其他世代结构的家庭户中,有未成年人的(发展型)家庭与一般家庭户在户规模分布特征中保持一致。不过,需要强调的是,一代户家庭中,有未成年人的家庭户规模更大。例如,农村地区,有未成年人的一代户家庭规模中位数为3人/户,高于同类(一代户)家庭的平均水平。类似地,城镇地区一代户家庭规模中位数(2.5人/户)也高于同类家庭的平均水平。鉴于这类家庭仅由同辈人组成,户内有未成年人也意味着这些未成年人的监护人可能缺失。在当代家庭转变过程中,由于婚姻家庭稳定性的下降,这类家庭现象可能逐渐增多。鉴于此,从未成年人健康发展出发,关注这类家庭面临的特殊风险或困境具有现实必要性。

(二)纯老人户的家庭规模和世代结构特征

图3-6展示了2010年城乡纯老人户的家庭规模分布,兼与同

一时期所有有老年人的家庭户进行对比。

整体来看，城乡有老年人（65岁及以上）的家庭户的户规模分布特征与一般家庭户（如图3-4所示）无明显差异。不同的是，与这些有老年人的家庭户相比，纯老人户的家庭规模和世代结构呈现鲜明的差异。目前，单纯由老年人组成的家庭户主要为一代户和二代户。

分析结果显示，2010年，在单纯由老年人组成的家庭户中，一代户的家庭规模有1人或2人两种情况；前者（即独居老人）的占比略高于1/3，后者（通常为空巢老人）占比接近2/3。

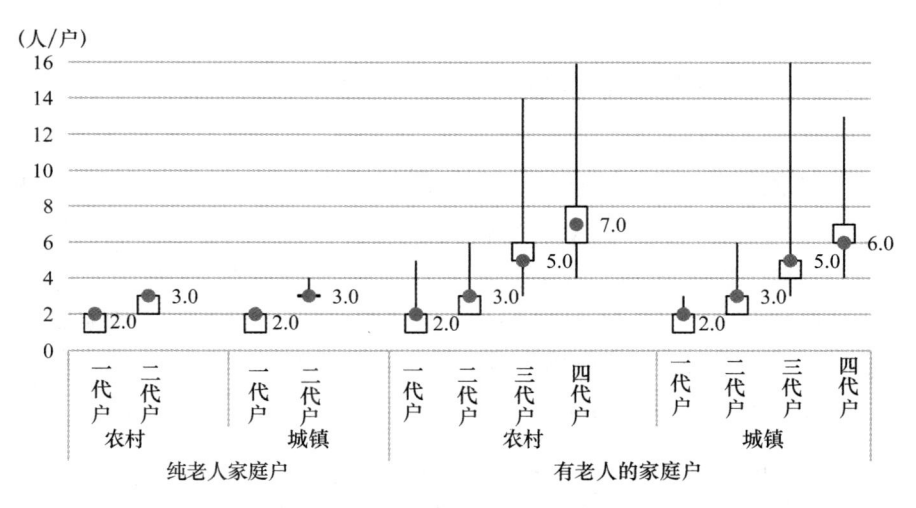

图3-6　2010年按世代数划分的有老人的家庭户与纯老人家庭户规模对比

除一代户外，也有一定比例的二代纯老人家庭户，户内所有成员年龄均在65岁及以上。不论城乡，这类家庭的户规模中位数均为3人/户。其中，农村地区二代户纯老人家庭的户规模主要为2人/户或3人/户，城镇地区为3人/户或4人/户。这些家庭的成员为已步入老年的亲子两代人。在人口平均预期寿命不断延长的现实背景下，这些类型的纯老人家庭户在一定程度上将持续存在，甚至呈扩大趋势。由于这些家庭代表了老年照料和养老需求最为集中的家庭类型，在家庭及养老研究中需要引起足够的关注。

第三节 晚婚晚育的趋势与人群差异

在当代家庭转变过程中,最典型的转变趋势之一是年轻人不断推迟进入婚育的时间。本节利用 CFPS 数据考察过去几十年来中国城乡居民的初婚和初育年龄特征,在此基础上分析婚育现象的相应比例随时间变化的趋势,进而从婚育行为变化的角度为中国家庭转变进程提供实证依据。

一 晚婚现象及其历时变化趋势

考察婚姻推迟/晚婚现象,常用的方法有:(1)根据特定时期目标人群的年龄别婚姻状态推断其婚姻进度。例如,女性在 35—39 岁时仍保持单身/未婚的比例常被用来反映晚婚现象的普遍程度,45—49 岁时仍保持单身的比例则被用来反映终身不婚现象的普遍程度(郭志刚、田思钰,2017)。(2)利用时期年龄别婚姻状态估计假想队列的初婚概率,在此基础上计算(标准化的)平均初婚年龄(Singulate Mean Age at Marriage,SMAM)[①]。在假定婚姻模式稳定的前提下,该方法计算的平均生育年龄能够较为有效地反映目标人群的初婚进程和晚婚现象的普遍程度。(3)利用调查收集的已婚被访者的初婚年龄信息,从时期或队列角度估算已婚者的平均初婚年龄(如和红、谈甜,2021)、初婚年龄中位数(於嘉、谢宇,2019)等。

---

① 这一计算方法也可以看作将特定时期的年龄别未婚比例直接作为假想队列的年龄别未婚概率,计算所得的 SMAM 意指假想队列按照观察的年龄别未婚比例完成其队列的初婚过程,最终结婚的人口在历险时期内保持单身的平均年数。该指标用来衡量人口年龄结构、终身不婚现象对平均初婚年龄的影响,也被称作标准化平均初婚年龄(郭志刚、田思钰,2017)。

(一) 各年龄的未婚比例及其变化

利用 CFPS 数据中各年龄被访者的婚姻状态信息,表 3-1 对比展示了首末两次 (2010 年和 2020 年) 调查时城乡不同出生队列的男女被访者从未结婚的比例。

表 3-1 左、右两半部分所示分别为农村和城镇样本的分析结果。由表 3-1 可见,在农村地区,2010 年 35—39 岁 (1971—1975 年出生队列) 的被访者中,女性未婚比例低于 1% (为 0.5%),男性未婚比例为 6.3%;到 2020 年,同一年龄段 (1981—1985 年出生队列) 的被访者中,女性未婚比例为 1.2%,男性未婚比例为 7.2%,分别比十年前同一年龄段被访者的未婚比例高出 0.7 个百分点和 0.9 个百分点。若以 40—44 岁时的未婚比例来看,2010 年该年龄段 (对应于 1966—1970 年出生队列) 女性未婚比例为 0.0%,男性为 3.8%;到 2020 年,同一年龄段 (对应 1976—1980 年出生队列) 的女性和男性未婚比例分别为 0.4% 和 7.2%,比十年前分别上升 0.4 个百分点和 3.4 个百分点。这表明,随着时间的推移,农村地区年轻队列中男女两性的初婚行为均明显推迟。

表 3-1　　2010 年和 2020 年被访者中分城乡、
性别和出生队列的未婚比例　　（单位：%）

出生队列	农村 女 2010 年	农村 女 2020 年	农村 男 2010 年	农村 男 2020 年	城镇 女 2010 年	城镇 女 2020 年	城镇 男 2010 年	城镇 男 2020 年
1961—1965 年	0.0	0.0	2.0	1.9	0.1	0.2	1.1	0.9
1966—1970 年	**0.0**	0.0	**3.8**	2.8	**0.6**	1.2	**2.0**	0.6
1971—1975 年	0.5	0.3	6.3	3.3	0.4	0.0	3.4	1.2
1976—1980 年	0.9	**0.4**	10.8	**7.2**	4.6	**1.4**	9.1	**3.8**
1981—1985 年	6.9	1.2	24.7	7.2	14.2	1.9	32.5	4.3
1986—1990 年	44.2	3.3	68.1	14.1	65.1	5.1	82.4	14.8
1991—1995 年	94.2	26.3	97.6	49.6	97.8	24.9	99.6	49.5

在城镇地区，35—39 岁女性尚未结婚的比例由 2010 年的 0.4%上升到 2020 年的 1.9%，同期该年龄段男性未婚的比例由 3.4%上升为 4.3%；十年间该年龄段女性和男性的未婚比例上升幅度分别为 1.5 个百分点和 0.9 个百分点。若以 40—44 岁时仍保持未婚的比例为例，女性由 2010 年的 0.6%上升到 2020 年的 1.4%，男性由 2.0%上升到 3.8%，二者的上升幅度分别为 0.8 个百分点和 1.8 个百分点。这些数值同样印证了考察期间较年轻队列中推迟结婚的比例逐步上升的趋势。

与农村地区相比，城镇地区女性晚婚的现象相对更为普遍。同一时期各出生队列城镇女性的未婚比例总体上高于农村女性；不过，随着时间的推移，农村女性推迟初婚的比例也快速上升，反映了近年来中国家庭转变进程在农村地区快速扩散的事实。与女性初婚现象的城乡差异不同，对男性来说，农村地区晚婚的比例相对更高，终身不婚的现象也比城镇地区更为多见。这与以往研究结论相一致（参见上一章的综述），反映了在女性向上婚的婚配文化和性别比偏高的人口结构共同作用下，农村男性更有可能在婚姻市场上受到挤压的客观现实。

（二）SMAM

利用历次调查时 15—50 岁被访者的年龄别未婚比例构造假想队列的年龄别初婚概率，在此基础上，本研究估算了各调查年份城乡男女两性的 SMAM。图 3-7 展示了 2010—2018 年城乡男女两性的加权 SMAM 统计结果[①]。由图 3-7 可见，随着时间的推移，城乡男女两性的 SMAM 经历了明显的上升趋势。换言之，在考察期间城乡居民的初婚年龄普遍推迟，家庭转变进程在城乡不断推进。

具体来看，2010—2018 年农村女性的 SMAM 由 22.3 岁上升到 25 岁左右；其中，2016 年农村女性 SMAM 略高于 25 岁（25.3 岁），

---

① 由于 2020 年的调查数据尚未公布抽样权重，这一节的分析仅展示 2010—2018 年的变化特征。

2018年略低于25岁。类似地，同一时期内城镇地区女性的SMAM由23.8岁上升到26岁左右；2016年城镇女性相应SMAM略高于26岁（26.1岁），2018年的统计结果（25.7岁）略低于26岁。在考虑抽样及统计误差的可能影响后，图3-7仍为城乡女性初婚年龄推迟的整体趋势提供了有力证据。

上述结果也与以往基于全国人口普查、全国1%人口抽样调查以及年度人口变动抽样调查的估计结果较为接近。例如，郭志刚、田思钰（2017）估计的2015年全国女性SMAM为25.1岁，2010—2015年相应SMAM为24—25岁；和红、谈甜（2021）的估计结果显示，2010年农村女性SMAM为22.89岁，镇和城市女性的SMAM分别为23.73岁和25.11岁。

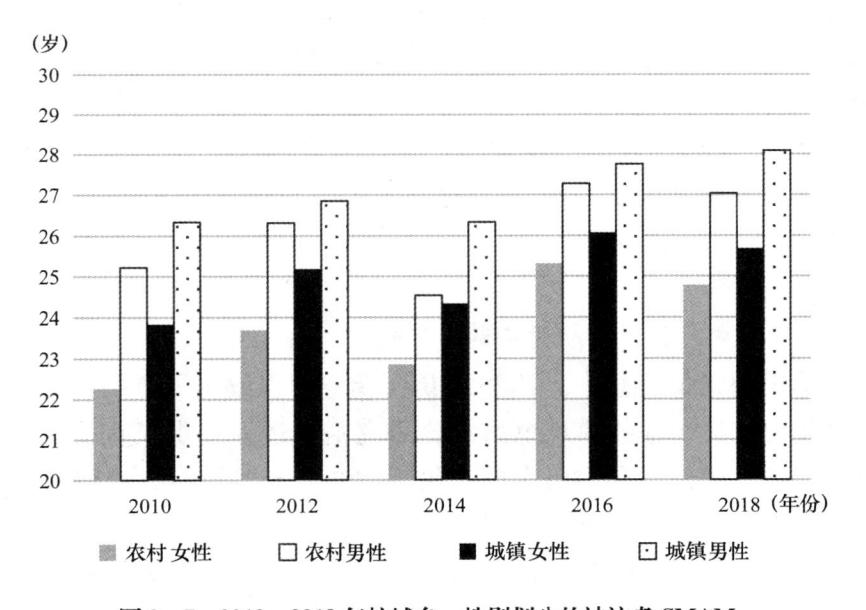

图3-7 2010—2018年按城乡、性别划分的被访者SMAM

此外，图3-7还显示，考察期间城乡男性的初婚年龄也经历了与女性相类似的推迟趋势。2010年，农村男性SMAM为25.2岁[1]，

---

[1] 这与和红、谈甜（2021）基于普查数据的估计结果接近，参见该文表3的结果。

到 2016 年以后，相应 SMAM 已超过 27 岁。在城镇地区，2010 年 SMAM 为 26.3 岁[①]，到 2018 年该数值已超过 28 岁。

综上所述，基于假想出生队列和各调查年份年龄别未婚比例估算的结果，同样印证了考察时期内城乡居民初婚行为不断推迟的趋势。如果以 50 岁时的未婚比例作为终身不婚的测量，本研究的分析结果显示，目前中国居民的终身不婚现象还比较少见；除农村男性相应比例较高外，在考察期间所有调查年份，其他城乡居民的终身不婚比例均低于 2%。

与家庭转变进程扩散的一般规律相适应，城乡居民初婚年龄的差距随时间明显收缩。本研究的分析结果显示，就女性 SMAM 来看，2010 年城乡差距为 1.57 年，到 2016 年和 2018 年，相应差距均已下降到 1 年以内；换言之，城镇女性比农村女性初婚年龄平均晚不到 1 年。类似的趋势也体现在男性初婚年龄差异的变化中：2010 年，城镇男性比农村男性的平均初婚年龄晚 1.12 年，到 2016 年和 2018 年相应差距明显缩小。这些结果印证了近年来中国农村地区家庭转变进程正在快速推进，城乡家庭转变进程的差距日益缩小。

（三）真实队列的初婚年龄递变趋势：中位数

除婚姻状态信息外，CFPS 在历次调查中也收集了已婚被访者的初婚年份信息；这些信息也为对比研究婚姻过程提供了直接的数据资源和参考依据。利用历次调查收集的初婚年龄信息，本研究区分城乡和性别，对不同出生队列的被访者估计了初婚生命表以矫正因初婚过程的不完整观察（部分被访者在末次调查时尚未结婚，故而初婚年龄信息缺失）导致的右删失偏差。图 3-8 展示了基于初婚生命表技术估计的各队列初婚年龄中位数，也即队列中一半成员完成初婚时的年龄。

[①] 和红、谈甜的估计结果中，城市和镇男性 SMAM 分别为 26.91 岁和 25.5 岁，参见和红、谈甜（2021）一文中表 2。

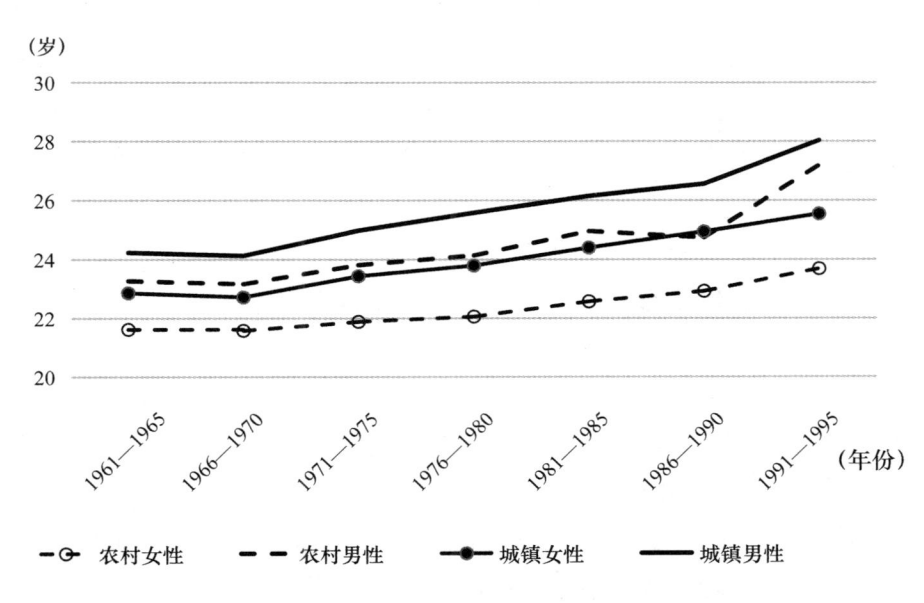

图 3-8 按城乡、性别划分的不同出生队列被访者的生命表初婚年龄中位数

由图 3-8 可见，无论城乡及男女，20 世纪 60 年代以来出生的各队列中，初婚年龄中位数随队列推移而不断延迟。以农村女性为例，1961—1965 年出生队列在满 21.6 岁时队列成员中一半左右的人进入婚姻，十年后的（1971—1975 年）出生队列在满 21.9 岁时队列成员中一半左右的人进入婚姻；与之相比，二十年后、三十年后的出生队列中半数左右的成员进入婚姻对应的年龄分别为 22.6 岁和 23.7 岁。三十年间，初婚年龄中位数推迟 2.1 岁。

类似地，城镇女性队列的初婚年龄中位数由 1961—1965 年出生队列的 22.9 岁上升到 1991—1995 年出生队列的 25.5 岁；三十年间初婚年龄中位数推迟了 2.6 岁。对男性来说，在农村地区，初婚年龄中位数由 1961—1965 年出生队列的 23.3 岁上升到 1991—1995 年出生队列的 27.2 岁，三十年间推迟了近 4 岁；城镇地区男性的相应出生队列初婚年龄中位数由 24.2 岁推迟到 28.0 岁，三十年间推迟幅度也接近 4 岁。

综上所述，过去几十年间，中国年轻队列推迟结婚的现象普遍存在。与较早的出生队列相比，城镇居民和农村居民、男性和女性均越来越倾向于较晚结婚，且相应推迟幅度近年来有不断加大的迹象。这些结果为当代中国家庭转变进程提供了直观、真实的经验证据，也为家庭生命历程变化及其对子代成长的影响提出了重要的研究课题。

二 生育年龄分布与晚育现象的变化趋势

与上一部分关于初婚年龄推迟的分析相类似，本部分着重考察当前中国城乡居民推迟初育年龄的现象及其人群差异。具体而言，这一部分的分析将从两个方面入手，一是分析历次调查时处于不同育龄阶段的男女被访者已生育（或尚未开始生育）的比例，二是根据历次调查收集的家庭成员关系数据库，以成年被访者自报的子女信息为基础重构其初育年龄信息。以下将分别采用这两种思路，分析现阶段中国城乡居民初育年龄的特征及其变化趋势。

（一）不同育龄阶段的男女被访者已生育的比例

图3-9（a）和图3-9（b）分别针对成年女性和男性被访者，对比展示了首末两次调查时（2010年和2018年）处于不同育龄阶段（年龄）的城乡被访者已生育的比例。由图中曲线可见，在较低年龄段（如35—39岁以前），被访者中已生育的比例存在明显的城乡及时期差异。

以女性为例，2010年调查时，农村地区20—24岁女性中已有生育的占比为36.5%，城镇地区该年龄段女性中已生育的比例为18.9%；城乡差距接近18个百分点。同一时期，25—29岁的农村女性已生育的比例（83.3%）比城镇同龄女性（67.1%）高16.2个百分点；相应差距随着育龄周期的推移逐步缩小。到35—39岁组，城

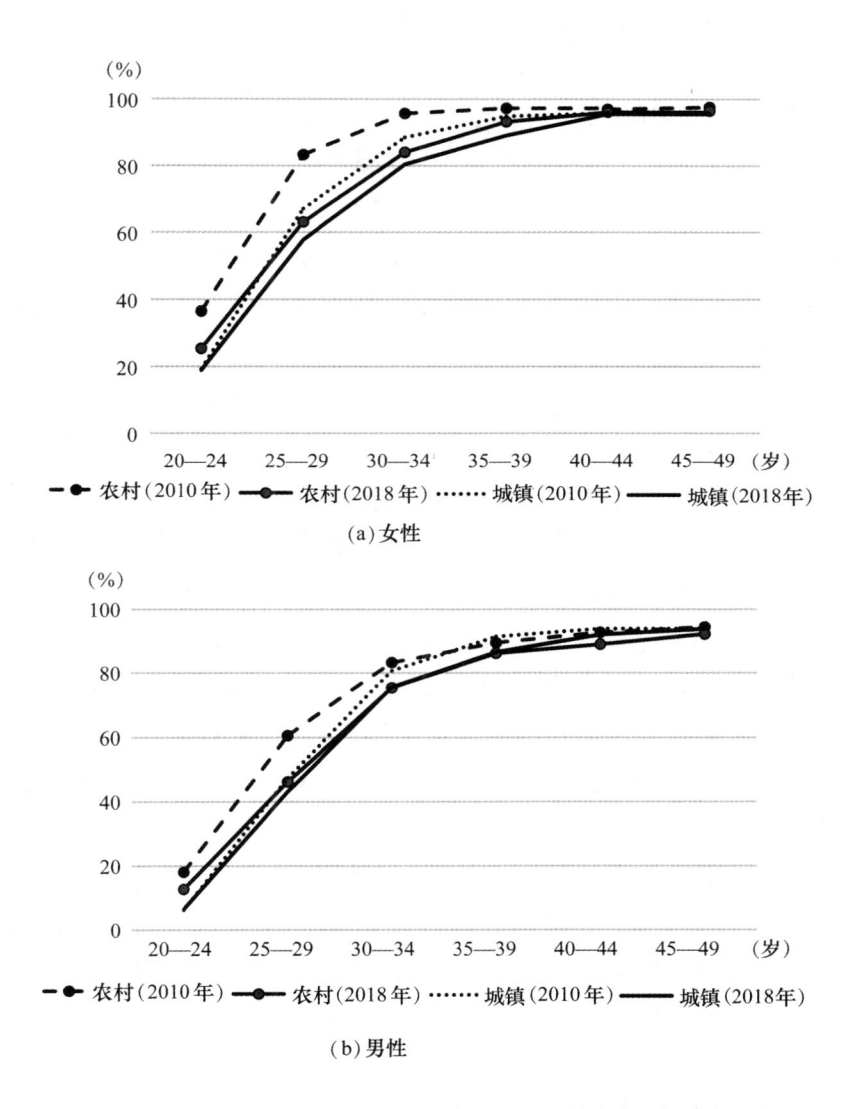

图 3-9 2010 年和 2018 年城乡不同育龄阶段的被访者已生育的比例

乡女性已生育的比例差距已下降到 2.4 个百分点；在生育期末，城乡女性已生育的比例无明显差异。这些结果表明，现阶段中国城乡女性终身不育的现象比较少见，但开始生育的年龄却早晚有别，城乡差异明显。

对比两次调查的结果，除接近生育期末的女性外，2018年各年龄组女性已生育的比例均低于2010年的同龄女性。具体来说，与2010年相比，2018年农村地区20—24岁女性中已生育的比例（25.4%）下降11.1个百分点，25—29岁女性的相应比例（63.1%）下降20.2个百分点，30—34岁女性的相应比例（84.0%）下降11.7个百分点。在城镇地区，2018年20—24岁女性被访者中已生育的比例比2010年低0.4个百分点，25—29岁、30—34岁和35—39岁女性的相应比例比2010年的同龄人分别下降9.4个百分点、8.1个百分点和5.8个百分点。这些数据表明，近年来年轻女性推迟生育的现象日益普遍。由于农村女性推迟生育的比例上升速度更快，城乡差距随时间收缩。

对男性而言，其生育进度的城乡差异在不同育龄阶段表现不同。在生育期初，农村地区男性已生育的比例高于城镇同龄男性，相应差异模式持续到30—34岁；此后，城乡差异的方向发生逆转。在35—39岁及以后，城镇地区男性已生育的比例开始超过农村男性。导致这一差异模式逆转的主要原因在于，农村男性在婚姻市场上面临较强的选择性和被挤压风险；在30—34岁以后尚未开始生育的农村男性极有可能是个人资本或社会经济地位较差、婚姻受到挤压者，这些男性在正常生育年龄结束前（如50岁前）进入婚育的可能性较低。与之相比，由于城镇地区男性在婚姻市场上受挤压的可能性较小，晚育更多是自主推迟婚育的结果；因而，在生育周期的后半段，城镇男性已生育的比例反超农村男性。

（二）初育年龄分布

利用2018年家庭关系数据库中子女出生年份信息，本研究对所有成年被访者计算了其初育年龄[①]。图3-10区分城乡和性别，展示

[①] 为避免末次调查时样本中尚未初育的被访者由于初育年龄缺失而导致的选择性偏差，计算过程按照右删失事件的处理逻辑将尚未生育的被访者的初育年龄统一设为99岁，由此，本部分关于各生育进度节点（10%、25%、50%）的估计具有无偏性。

了不同出生队列在10%、25%、50%的成员完成初育时的年龄。这些统计结果为对比初育事件随出生队列递变的趋势提供了简洁、直观的依据。

由图3-10可见，图中曲线大多呈向上倾斜的态势。这表明，较年轻的出生队列达到生育进度各节点（10%、25%和50%）的年龄相对较大，为年轻出生队列推迟生育（初育）的现象提供了有力证据。

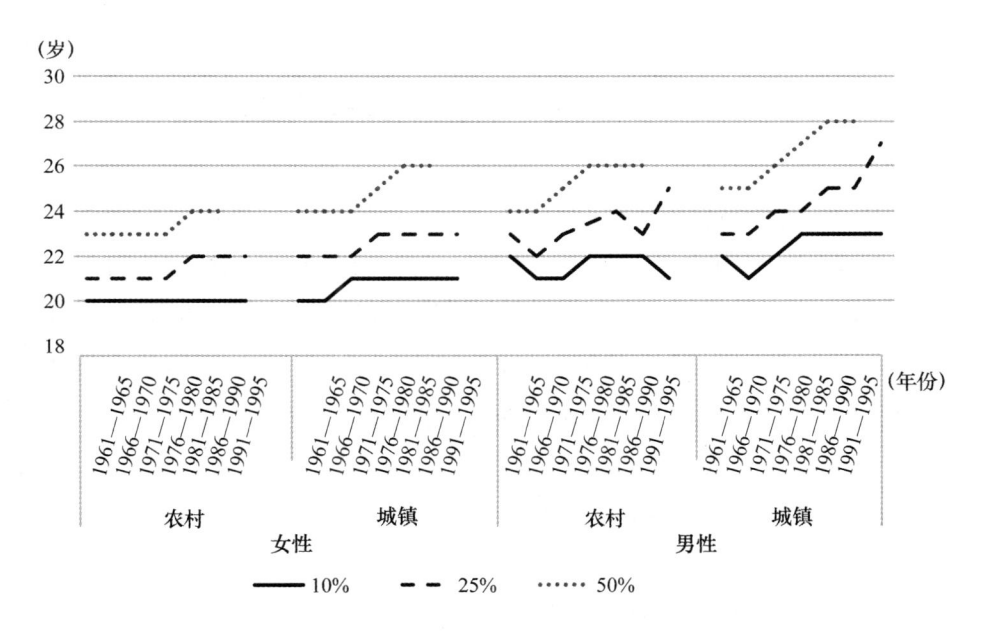

图3-10 按城乡和性别划分的不同出生队列达到特定生育进度时的年龄

注：数据来源为CFPS 2018年家庭关系数据库，图中10%、25%和50%为队列成员的生育进度，分别指10%、25%和50%的队列成员已完成初育时的年龄。

具体来看，在生育进度的较早阶段（如最早10%的生育），各出生队列的生育年龄差异较小。例如，在农村地区，各出生队列女性中最早10%的初育完成年龄均为20岁。城镇地区1970年以前出生的女性队列中，最早10%的人完成初育时的年龄不晚于20岁；此后（1971—1975年及以后）的出生队列中，相应生育进度（10%）达成年龄推迟了1岁（即21岁）。与女性相比，各出生队列男性完成相应生育进度的年龄大1—2岁，这可能与男女两性的平均婚龄差有关。

与农村被访者相比，各出生队列的城镇被访者在达成生育进度各节点的年龄大致晚1—2岁。这与现实中城镇地区晚育程度更高、晚育现象更为普遍的事实相吻合，也印证了农村地区家庭转变快速扩散的事实。受此影响，农村地区年轻出生队列的男女被访者初育年龄不断推迟。

第四节 家庭关系质量及婚姻解体风险

随着城乡家庭转变进程的不断推进，家庭关系也在发生深刻的变化。如上一章所回顾的，离婚风险作为当代社会的重大现实问题，已引起了学术界的广泛关注和担忧。与之相联系，婚姻关系的质量及其稳定性不仅影响家庭及社会的和谐稳定，而且也是微观个体生活和发展不可忽视的方面，对未成年人的成长尤为关键。

一 婚姻关系的稳定性

婚姻关系的稳定性既表现为初始的婚姻关系完好维持，也可以通过婚姻主体的主观满意度和他人（如子女）的观察来间接反映。本节主要使用 CFPS 收集的婚姻状态信息、已婚被访者的自评婚姻满意度，以及子女填答的父母关系质量（在过去一个月激烈争吵频率），综合反映当前中国城乡家庭的婚姻关系质量。

（一）各时期现存婚姻关系中的初婚占比

利用 CFPS 历次调查收集的婚姻状态和婚姻史信息，本节首先分析历次调查时现存婚姻关系中初婚的占比情况。图 3-11 展示了2010—2020 年调查时城乡不同出生队列的已婚男女被访者中初婚的比例。

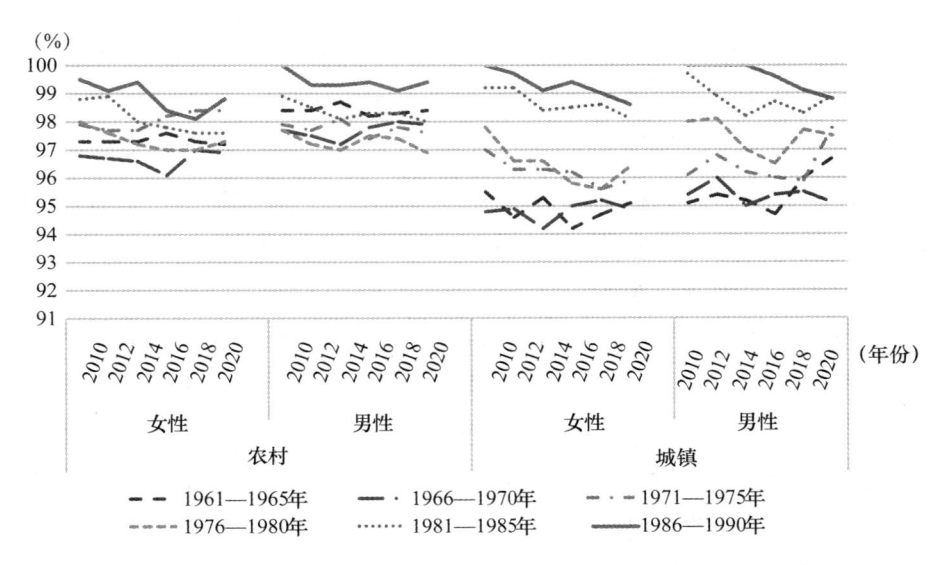

图 3-11 按城乡、性别和出生队列划分的各年份在婚被访者中初婚比例

总体来看,当前中国城乡婚姻关系中初婚现象仍占据很高的比例。在考察期间各年份,各出生队列的现存婚姻关系中再婚现象占比均不超过6%。

不过,各时期的婚姻关系构成特征存在显著的城乡差异。具体来看,历次调查时农村地区各出生队列处于已婚状态的被访者中,96%以上为初婚。与农村地区相比,城镇地区相对年长者的初婚比例明显较低,但年龄较轻的被访者中初婚比例则相对较高。图中数值显示,在1961—1965年和1966—1970年出生队列中,历次调查时城镇已婚被访者中初婚比例为95%左右,比农村同龄被访者大约低2个百分点。不过,在最年轻(1981—1985年和1986—1990年出生)的出生队列中,城镇地区已婚被访者的初婚比例高于农村地区。这一方面与城乡社会结构、文化以及家庭转变进程的差异有关,与农村地区相比,城镇当前家庭转变开始更早,因而较早出生队列的成员离婚和再婚的实践相对更多。另一方面,城乡居民的初婚年龄早晚不同，客观上导致年轻队列被访者在观察时点实际婚姻持续时长尚短，由此可能部分解释其再婚比例明显更低的现象。

从各队列被访者婚姻关系构成的变化趋势来看，除个别情况外，已婚人群中处于初婚状态的比例随时间明显下降。在本研究考察的十年期内，不少出生队列的婚姻关系构成中初婚占比下降 2 个百分点左右。相对而言，农村地区最年长（如 1961—1965 年出生）的被访者相应比例随时间保持相对稳定。这可能与农村地区较早出生队列受家庭转变影响较小有关。

需要说明的是，由于各出生队列的被访者在初婚解体后并不必然（很快）再婚，这就导致各时期"已婚"被访者的总量（即图 3-11 各数值的分母）可能减少；加之，出生队列中从未结婚者也可能在较晚年龄进入婚姻；由此可能导致个别年份的现存婚姻关系中初婚占比出现短暂上升。

（二）自评婚姻满意度

CFPS 在 2018 年和 2020 年调查时针对已婚被访者收集了婚姻满意度信息。相应变量采用 1—5 的等级评分方式，分值越高意味着被访者的自评婚姻满意度越高。该变量信息为衡量婚姻关系质量提供了另一个重要的视角。

本研究利用最新的（2020 年）调查结果，在区分初婚和再婚关系的基础上，对已婚被访者的婚姻满意度进行了分析和对比。图 3-12（a）和图 3-12（b）分别展示了不同出生队列的女性和男性被访者的自评婚姻满意度得分均值。

总体来看，不论男女，再婚者的自评婚姻满意度同质性较高，城乡及出生队列差异很小。图 3-12 显示，2020 年调查时处于再婚状态的女性自评婚姻满意度得分均值在 4.0—4.5 分，男性相应均值略高于 4.5 分；不同出生队列之间差异很小，基本不超过 0.2 分。

与之相比，初婚被访者的自评婚姻满意度存在重要的城乡、性别及出生队列差异。具体而言，就女性而言，在农村地区 1966—

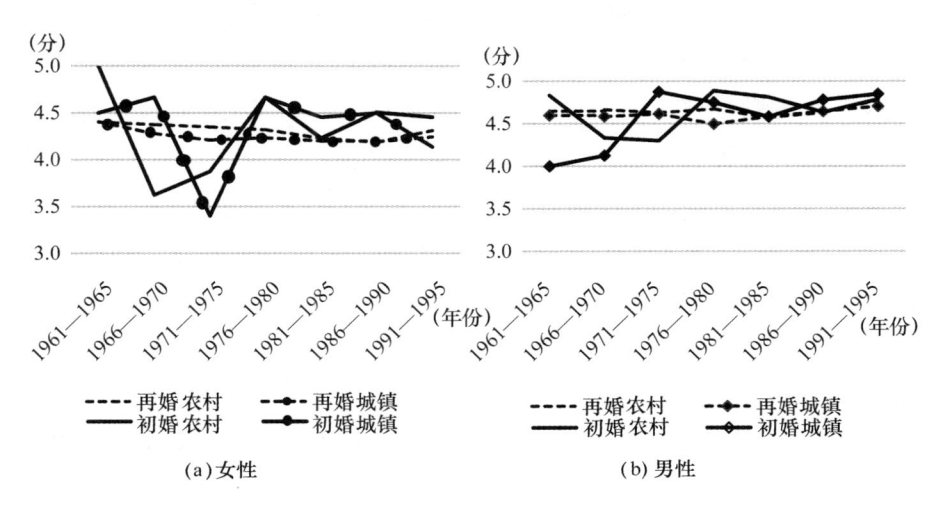

图 3-12　2020 年不同出生队列的城乡已婚被访者自评婚姻满意度得分均值

1970 年和 1971—1975 年出生的、处于初婚状态的被访者，其自评婚姻满意度平均最低；在城镇地区，1971—1975 年出生的、处于初婚状态的被访者自评婚姻满意度平均水平也明显低于相邻队列。鉴于 2020 年调查时这些出生队列的女性处于生育期末（45 岁以后），不少可能面临子女上大学、婚嫁、孙辈照料等个人及家庭角色转变期，这些生命周期的事件或经历可能影响其婚姻满意度的感受或评价行为。与初婚者相比，这一年龄段再婚女性的自评婚姻满意度未出现类似的下降，极有可能反映了再婚者对婚姻关系的评价和表达更为保守或谨慎的行为特征。由于再婚者有过婚姻解体或失败的经历，出于维系婚姻关系、减少潜在的猜疑或冲突的考虑，再婚女性有可能在调查中选择更为正面的表述或评价。当然，关于这一解释的合理性，还需要后续研究进一步考证和探讨。除此之外，近年来婚姻文化观念的演变和家庭转变的扩散，可能在一定程度上推动这些较早出生队列的女性重新审视其婚姻关系质量，进而影响其对婚姻满意度的评价。

与女性相类似，2020 年调查时仍处于初婚状态的男性中，自评婚姻满意度也存在较大的年龄（或出生队列）差异。图 3-12（b）

显示，农村地区 1966—1970 年和 1971—1975 年出生队列的男性初婚被访者的自评婚姻满意度明显较低；这与农村女性的差异模式相一致。在城镇地区，1961—1965 年和 1966—1970 年出生队列的男性初婚被访者自评婚姻满意度明显低于相邻队列。如上文所讨论，这些差异可能与相应年龄段被访者在工作、生活以及自身生理等方面的变化有关（即年龄效应），也可能反映了这些较早结婚的被访者在婚姻文化转变背景下重新审视自身婚姻关系的现象（队列效应）。

最后，在较年轻的出生队列中，初婚被访者的婚姻满意度平均较高。这一方面与较年轻出生队列的结婚时间较晚、婚姻持续时间较短有关；另一方面，年轻出生队列推迟结婚、在婚姻市场上更长的搜寻时间和匹配过程，也可能在客观上提高其对婚配结果的满意度。这些研究结论从侧面印证了在当代家庭转变过程中，夫妻关系质量的重要性不断上升；婚姻关系质量不仅受到当事人重视，而且更有可能通过夫妻共建或选择性退出而改变。

（三）夫妻争吵频率

在 CFPS 的历次调查中，针对 10—15 岁的青少年询问了过去一个月父母发生激烈争吵的频率。这一信息从子女的视角为夫妻关系质量提供了重要的测量维度。利用相应信息，表 3-2 展示了历次调查时城乡 10—15 岁青少年汇报的父母在过去一个月争吵情况。

表 3-2　历次调查时 10—15 岁青少年汇报的父母在过去一个月争吵情况

调查年份	曾发生激烈争吵（%）		曾争吵者的争吵频率均值（次）	
	农村	城镇	农村	城镇
2010	14.12	18.23	2.17	2.42
2012	22.29	24.77	2.42	2.45
2014	25.31	28.66	2.61	3.11
2016	24.96	28.69	2.82	3.10
2018	25.93	27.94	2.72	3.03
2020	30.36	34.68	2.88	3.40

由表3-2可见，目标人群中夫妻发生激烈争吵的可能性随时间快速上升。2010年调查时，农村地区10—15岁青少年填答的父母在过去一个月有过激烈争吵的比例为14.12%，城镇相应比例略高，为18.23%；到2020年，城乡家庭的相应比例均明显上升，上升幅度超过16个百分点。

与此同时，夫妻激烈争吵的发生次数也随时间大幅上升。2010—2020年，农村地区曾在过去一个月发生过激烈争吵的夫妻中，平均争吵次数由2.17次上升到2.88次，增幅达32.7%，城镇地区相应上升幅度在四成以上。这些数据为近年来婚姻家庭关系的激烈变化提供了佐证，也对当前家庭环境和氛围对其成员，特别是未成年子女可能产生的影响提出了警示。相关内容的具体分析将留待后续章节逐步展开。

二 离婚风险

利用调查收集的已婚被访者的具体初婚经历，包括结婚时间、(离婚/丧偶者的)离婚/丧偶时间等信息，本研究运用生命表技术估计了不同队列被访者在初婚历程中的离婚风险。

具体来说，关于初婚历程中离婚风险的分析，以初婚经历的开始作为历险的起点、初婚持续年数为历险时间、离婚事件为主要的风险事件。分析过程中，将丧偶作为与离婚风险相独立的竞争性风险，观察期内初婚历程以丧偶结束的被访者作右删失处理。为了较为直观地对比离婚风险的差异与变动，本部分在构建离婚生命表的基础上，选取了初婚十年期、二十年期两个节点对比展示不同出生队列被访者的生命表累计离婚概率，结果如图3-13（a）和图3-13（b）所示。

总体而言，城镇居民的（初婚）离婚风险高于农村居民，这一城乡差异对男女两性均成立。具体来看，在较早出生队列中，农村

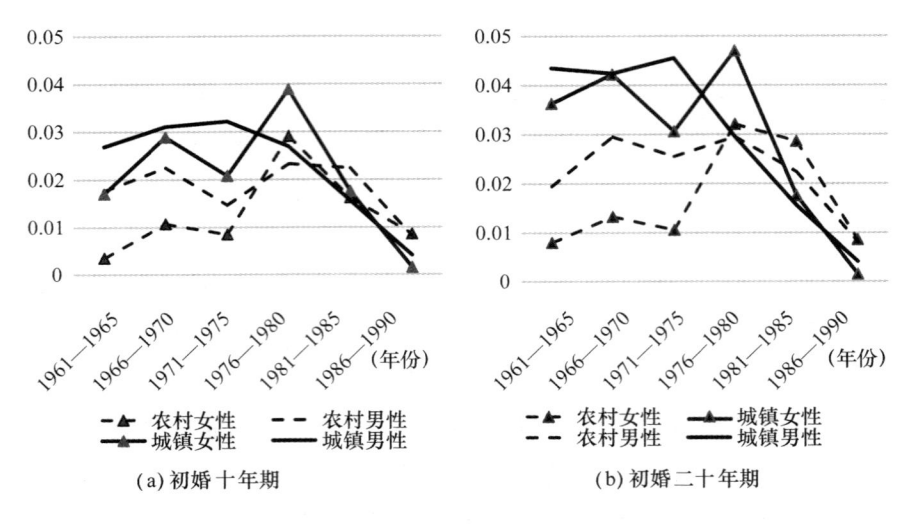

80　当代中国家庭转变对人力资本发展的影响

(a) 初婚十年期

(b) 初婚二十年期

图 3-13　各出生队列已婚被访者中初婚十年、二十年时的累计离婚概率

居民的离婚风险显著较低，女性尤为如此。这可能与农村地区传统（从一而终的）婚姻文化观念的影响更为深刻、家庭转变出现较晚有关；除此之外，在较早出生队列中农村女性受教育程度普遍较低，这也可能为其相对较低的离婚风险提供了部分解释。

　　随着出生队列的推移，城乡女性的离婚风险快速上升，并开始超过同龄男性的离婚风险。1976—1980 年出生队列的女性离婚风险大幅上升；该出生队列的农村女性在初婚十年内累计离婚概率达 3%，比较早出生队列的农村女性高 2 倍以上；城镇地区这一出生队列女性的离婚概率也远高于相邻队列，在初婚十年内累计离婚概率接近 4%，初婚二十年的累计离婚概率甚至接近 5%，在各出生队列城乡居民中处于最高。这些出生队列差异可能部分反映了这一出生队列女性成长的时代背景的特殊性。与较早出生队列相比，1976—1980 年出生队列的被访者成长过程适逢改革开放、市场化和全球化快速发展时期；同时，这一出生队列的女性受教育扩张的影响较大，其平均受教育程度开始反超同龄男性。这些成长环境和个人教育等特征的变化，在一定程度上为该出生队列女性价值观念和婚姻行为的变化提供了注脚。

在更年轻（如1981年及以后）的出生队列中，累计离婚风险单调下降，这可能与这些出生队列的婚姻历程观察不完整有关。由于在考察期末（2020年），这些出生队列中不少被访者的婚姻历程尚未达到十年或二十年，由此导致相应离婚风险未能完整估计。不过，这些数据已为中国当代社会婚姻家庭领域的重大转变提供了有力的例证。

第五节　本章小结

本章首先对本研究拟使用的调查数据进行了简要介绍，在此基础上利用该调查项目在2010—2020年的追踪数据系统分析了中国家庭转变的主要特征和趋向。通过城乡对比，较为完整地检验和展示了当前中国城乡家庭转变进程的差异及其变化。

通过考察当代家庭规模与世代结构的变化、男女两性晚婚晚育的倾向，以及婚姻关系的稳定性、完好性和离婚风险，本章的主要研究发现一方面为中国当前家庭转变进程提供了更新的经验知识；另一方面，为后续章节的分析提供了必要的背景和铺垫。主要研究结论包括：首先，当前中国城镇和农村地区均在经历重要的家庭转变，近年来农村地区的家庭转变进程明显加快，不少转变特征向城镇地区靠拢和趋同。其次，中国当代家庭转变进程体现在婚姻家庭的各个方面，对家庭环境、氛围、功能及具体生活实践产生着深刻的影响。为此，考察家庭转变对未成年人的成长及人力资本发展可能产生的影响，不仅具有理论价值，而且对当代社会发展和人力资本的高效积累具有重要的现实意义。

第 四 章

健康禀赋与早期健康资本

当代家庭转变通过改变家庭生命历程中重要事件（如婚育行为）的发生与发展轨迹，对家庭结构、形态和稳定性等特征产生重要影响，进而作用于家庭成员，特别是未成年人的健康发展。国外不少研究发现，父母过早或过晚生育极有可能增加婴幼儿罹患先天性疾病、儿童癌症等重大疾患的风险，对子女的长期健康发展具有不利效应（Armstrong, 2001; Bray, Gunnell & Smith, 2006; Cannon, 2009; Croen et al., 2007; Durkin et al., 2008; Johnson et al., 2009; Myrskyla & Fenelon, 2012; Andersen & Urhoj, 2017; Yip et al., 2006）。这些结果意味着，以婚育行为推迟、婚姻稳定性下降为典型特征的当代家庭转变，对子女健康发展具有重要的意涵。因此，在全民健康促进的当代社会，家庭转变对子代健康的效应需要引起特别的重视。

到目前为止，关于中国家庭转变对儿童早期健康影响的研究还非常少见。本章利用 CFPS 数据，考察当代城乡家庭中未成年人的早期健康特征，探讨家庭转变对新生儿的初始健康禀赋和婴幼儿期健康状况的可能影响。具体来说，本章利用 CFPS 收集的被访者出生时的胎龄、出生体重，以及 1 周岁以内的患病情况信息，依次构建了"是否为早产（1 = 是，0 = 否）""出生体重是否偏低（参照通用的公共卫生标准，1 = 低出生体重，即 2.5 千克以下；0 = 其他）"和"1 周岁以内患大病的次数是否超过 2 次（1 = 是，0 = 否）"三个变量。按照该调查中变量设计和实际收集情况，上述三个变量中，早产及 1 周岁以内患病情况主要针对基期调查时 15 岁及以下被访者收集，并在后续追踪调查中对新（出生）增加的幼儿样本进行了补充收集；低出生体重的信息收集范围较广，包含了各个年龄的被访者。为统一研究对象的范围，增加各变量分析结果之间的联系和对比，本章将分析对象统一限定为 1995 年及以后出生的被访者中，即基期调查时 0—15 岁的被访者及后续调查时新进入的婴幼儿被访者组成的样本。

本章的主要内容安排如下：第一节和第二节首先考察个体在生命初期的健康禀赋差异。结合调查数据中相关变量的收集情况，使用被访者"是否为早产"和"出生体重是否偏低"来代理测量，从而检验分析样本中家庭转变进程的主要特征与被访者初始健康禀赋的相关关系。第三节针对分析样本中被访者在婴儿期的健康情况进行考察，主要使用 1 周岁以内患病情况来衡量。这一研究设计既是基于数据可得性和可行性考虑的选择，也观照了个体生命历程中健康风险差异的一般规律。在个体早期健康发展中，1 周岁以前是死亡风险最高的阶段，因而考察 1 周岁以前的患病情况具有理论重要性。本章最后一小节对整章内容进行小结。

第一节 出生时的健康禀赋

个体出生时的健康特征反映其生命初期的健康禀赋，是由父母的基因等遗传性物质、社会行为特征（如生育年龄选择，孕期抽烟、酗酒、滥/误用药物等）等因素共同决定的。出生时的健康禀赋对个人一生的健康发展具有持续的影响。例如，生物医学研究表明，早产婴儿（胎龄在 37 周及以下）的（心肺等）脏器、系统功能等发育不完善的风险更高，由此可能增加婴幼儿期的多种疾患风险，体格发育也相对更为迟缓（Cnattingius et al., 1992）。类似地，低出生体重往往与先天发育状况有关，是生命初期健康禀赋的重要方面，对长期健康发展可能产生不可低估的影响。

随着中国家庭转变，年青一代中男女两性的婚育时间明显推迟，由此可能影响子代的先天发育状况及出生时的健康特征。加之，在文化价值观念演变和医药卫生技术快速变革的当代社会，妊娠/生育过程的人为干预[①]不仅具备了技术上的可行性，而且越来越被公众所接受。受这些观念、技术和行为转变的影响，近年来一些临床统计数据显示，新生儿中早产及低出生体重的发生率随时间明显上升（蒋芳等，2016；仲秀丽等，2018）。由此可见，在年轻出生队列中考察家庭特征与早产风险以及低出生体重的关系，对于理解当代家庭转变对年青一代初始健康禀赋的影响具有重要参考意义。

本节利用 CFPS 2010—2020 年的调查结果，首先对分析样本中被访者的早产发生情况进行分析，检验其与主要家庭特征特别是家庭转变进程的关系。[②]

一 早产现象及其变化趋势

利用 CFPS 中 1995 年及以后出生的所有被访者的调查信息，表 4-1 展示了城乡各出生队列被访者中早产儿的占比情况。表中数值显示，分析样本中被访者的早产发生情况存在重要的队列差异：较晚出生队列中早产（不足 38 周）的比例显著更高、早产程度也相对更高，中早产（不足 35 周）和极早早产（不足 28 周）的比例均明显更高。这与以往基于临床医学统计的研究发现相一致（蒋芳等，2016；仲秀丽等，2018），从非临床的、社会统计的角度，为近年来

---

① 例如出于医学或其他原因，人为选择或提前生产日期，也被称为"择日生产"现象。

② 受数据信息回顾性特征的限制，本章的分析结果仅反映调查时各出生队列实际存活人群中的早产儿、低出生体重和婴儿期的患病情况。由于各出生队列成员的初始健康禀赋与存活概率相关，使用调查数据无法排除相应存活概率的累积性影响。关于后者影响程度的考察，需要结合完整的追踪观察和死亡风险记录进行系统估计。囿于 CFPS 对追踪期间各年龄样本流失原因缺乏详细的信息收集，现有数据不足以支持不同初期健康禀赋的新生儿存活概率及其家庭差异的分析，这些议题将留待后续研究专门探讨。

中国新生人口中早产风险（或发生比例）随时间上升的趋势提供了有力的支持。

具体来说，在农村地区，分析样本中早产儿的比例随出生队列推移上升很快，且相应趋势对不同程度/类型的早产现象均成立。例如，2010—2014年出生的农村被访者中早产儿比例为6.97%，与此前5年、10年、15年出生的被访者相比，相应比例分别高出2.84个、3.07个和4.54个百分点。从中早产的发生情况来看，2010—2014年出生的农村被访者中，中早产儿占比为5.97%，比此前5年、10年和15年出生的队列分别高2.03个、2.12个和3.54个百分点。年轻队列中早产儿比例显著更高，这可能反映了随着技术进步和医疗卫生服务水平的提高，早产对应的活产率和早产儿在各年龄段的存活概率提高的现象。除此之外，近年来生育年龄普遍推迟、晚育现象增多，以及随着医学技术进步出现的妊娠人为干预等现象，也可能在一定程度上解释了早产比例随出生队列上升的趋势。在最年轻（2015年及以后出生）的队列中，农村各类早产儿的占比略有下降。

表4-1　分析样本中按出生年份划分的被访者中早产儿的比例　　（单位：%）

出生年份	农村				城镇			
	<38周	<35周	<28周	N	<38周	<35周	<28周	N
1995—1999	2.43	2.43	0.11	1807	2.78	2.69	0.09	1116
2000—2004	3.90	3.85	0.00	1794	2.79	2.79	0.10	1005
2005—2009	4.13	3.94	0.00	2080	6.44	6.27	0.08	1212
2010—2014	6.97	5.97	1.47	2109	5.96	5.31	1.36	1393
2015+	6.92	5.58	0.92	1200	4.99	3.47	0.59	1182

注：表中使用不同早产分类标准的分析结果均存在队列差异，卡方检验高度显著。

与农村地区相比，城镇样本中各队列的早产比例呈现更加明显的先增加、后减少的变化趋势；不过，与前期增加的趋势相比，后期的下降幅度明显较小。具体来看，分析样本中城镇地区 2005—2009 年出生的被访者中早产儿比例达 6.44%，中早产的比例也超过 6%（为 6.27%）；与 10 年前的出生队列（1995—1999 年出生）相比，二者均提高 1 倍以上。在此后的出生队列中，早产发生情况开始有所下降。2010—2014 年、2015 年及以后出生的被访者中，早产、中早产和极早早产的比例均明显低于 2005—2009 年出生队列。其中，最年轻队列（2015 年及以后出生）的早产和中早产比例比 2005—2009 年出生队列分别下降 1.45 个百分点和 2.8 个百分点。不过，相对于 20 年前的出生队列（1995—1999 年）来说，最年轻的出生队列中各类早产发生比例仍明显更高。

综上所述，就本研究考察的 1995 年以来出生的被访者中，不论城乡，年轻队列的早产比例相对较高，这为以往临床医学研究发现的早产风险随时间上升的趋势提供了一定的支持。由于早产儿在成长过程中往往面临更为突出的健康问题和疾病风险，因而这一结果也意味着，早产风险应当引起全社会的关注与重视。围绕其可能的影响机制开展科学研究，为公共卫生干预提供决策参考，以期有效提高未来新生人口的初始健康水平、促进全民健康发展。

本节以下部分将结合近年来的家庭转变趋势，从父母的生育年龄、母亲受教育程度、家庭规模及出生次序等视角出发，初步检验家庭特征与早产发生情况的关系，为理解当代家庭转变背景下早产的发生情况及其风险因素提供必要的基础信息。

二 家庭特征与早产发生情况的关系

（一）父母生育年龄推迟与子代的早产发生情况

基于前述 1995 年及以后出生队列的样本信息，表 4-2 对比展示了被访者出生时母亲的年龄与其早产发生情况的关系。总体来说，母亲生育年龄较大的被访者早产比例明显更高。具体而言，在农村地区，母亲生育年龄在 30—34 岁的被访者早产比例最高，达

5.36%；母亲生育年龄在 35 岁及以上的被访者中，早产比例也较高（4.83%），仅次于母亲生育年龄为 30—34 岁的被访者。与之相类似，在城镇地区，母亲生育年龄在 15—24 岁和 35 岁及以上的被访者中，早产比例明显更高；其中母亲生育年龄最晚（在 35 岁及以上）的被访者早产比例最高，达 7.46%。由此可见，平均而言，母亲的生育年龄较大时，胎儿早产的风险明显提高。

表 4-2　按母亲生育年龄和生育次序划分的被访者中早产儿比例　　（单位：%）

母亲生育年龄（岁）	农村 合计	农村 第一孩	农村 后续孩次	城镇 合计	城镇 第一孩	城镇 后续孩次
15—24	4.42 (3390)	3.93 (1805)	6.54 (520)	4.97 (1690)	4.24 (1109)	8.89 (180)
25—29	4.67 (2785)	5.56 (792)	4.13 (1307)	3.88 (2165)	3.54 (1242)	4.37 (503)
30—34	5.36 (1232)	11.32 (106)	4.79 (877)	4.75 (884)	6.36 (236)	4.87 (513)
35+	4.83 (538)	0.00 (40)	5.41 (388)	7.46 (389)	1.64 (61)	9.69 (258)

注：括号内数值为各组样本量；母亲生育年龄不同的被访者中早产比例的差异均显著，$p<0.05$。

母亲生育年龄较大既有可能是推迟生育的结果，也有可能与较高孩次的生育行为有关。为了检验首胎晚育与新生儿早产的关系，本研究进一步区分孩次（第一孩和后续孩次）分析了母亲生育年龄与早产发生情况的关系。结果显示，不论城乡，母亲初育（第一孩生育）[①] 年龄较大的情况下，新生儿早产的比例显著更高。在农村地区，母亲初育年龄在 30—34 岁的，早产比例高达 11.32%，比正常

[①] 囿于调查数据未对有生育史的被访者收集完整的生育史信息，本研究无法区分现有子女与曾生子女的可能差异。出于表述方便性的考虑，本研究使用"第一孩"指代"初育"，二者均对应现有子女中的第一孩。这一处理可能产生一定的偏误，不过，鉴于本研究的考察对象限定在相对年轻队列中；这些队列在各年龄的死亡率相对较低，因而，相应死亡风险带来的偏误预期较小。

生育年龄对应的早产风险高一倍以上。类似地，在城镇地区，母亲初育年龄在30—34岁的，早产比例高达6.36%，远高于初育年龄较低时的早产比例。目前，中国育龄妇女初育年龄在35岁及以上的比例很低，分析样本中相应样本量过小，导致表4-2中对应的结果未呈现预期的差异。考虑到抽样及调查误差的影响，表4-2中相应数值不应过度解读。

在"后续孩次"的分析样本中，母亲过早或过晚生育均伴随更高比例的早产发生情况。具体来看，在农村地区，母亲在25岁以前或35岁及以后生育的二孩或更高孩次，早产比例（分别为6.54%和5.41%）均比25—29岁生育的情况高1个百分点以上。在城镇地区，后续孩次的早育或晚育伴随着早产风险的提高幅度更大，25岁以前或35岁及以后生育的孩子早产比例约相当于正常生育年龄（母亲25—34岁）的2倍以上。由此可见，伴随家庭转变出现的首胎晚育行为对新生儿的早产风险有明显提升效应，同时，后续孩次中母亲生育年龄超过35岁也不利于降低早产风险。

表4-3区分不同孩次，展示了分析样本中早产比例与父亲生育年龄的关系。表中数据表明，父亲生育年龄过早或过晚同样不利于新生儿的健康。具体而言，在农村地区，对第一孩而言，父亲生育年龄越高，早产比例越高。首胎生育时父亲年龄在30—34岁、35岁及以上的，新生儿早产的比例分别高达5.66%和7.06%。从"后续孩次"的情况来看，父亲生育年龄过低时新生儿的早产风险显著更高。例如，父亲在25岁以下完成非首胎（"后续孩次"）生育的，早产比例达6.35%，高于其他生育年龄组的早产发生情况。值得注意的是，非首胎生育时父亲年龄在35岁及以上的，新生儿早产比例（4.22%）并不显著更高。由此可见，考察时期内农村地区男性生育年龄对子代早产风险的影响更多地表现为过早或过晚开始第一孩生育，而非随孩次递进而提高的生育年龄。这些结果的可能解释在于，现阶段农村地区男性过早或过晚开始生育的现象往往伴随着其社会经济特征、健康状况等方面的负向选择性：过晚开始生育的男性极有可

能是社会经济特征和健康状况较差者,由此在婚姻市场上处于竞争劣势,较晚进入婚育;过早开始生育的男性则可能生活在落后、偏僻的农村地区,知识匮乏、观念落后,由此不利于提高子代健康禀赋。

表4-3　　按父亲生育年龄和生育次序划分的被访者早产比例　　（单位:%）

父亲生育年龄（岁）	农村 合计	农村 第一孩	农村 后续孩次	城镇 合计	城镇 第一孩	城镇 后续孩次
15—24	4.08 (2304)	3.44 (1162)	6.35 (252)	4.79 (1024)	4.59 (632)	9.59 (73)
25—29	4.65 (3442)	5.21 (1170)	4.41 (1089)	3.91 (2427)	3.24 (1327)	6.16 (406)
30—34	5.27 (1860)	5.66 (265)	5.44 (1066)	5.05 (1367)	5.63 (480)	4.19 (549)
35+	4.90 (999)	7.06 (85)	4.22 (663)	5.56 (702)	4.03 (149)	7.35 (408)

注:括号内数值为样本量。

在城镇地区,对第一孩来说,父亲生育年龄在25—29岁的被访者中,早产比例最低(3.24%);与之相比,父亲生育年龄较早或较晚的,早产风险明显较高。其中,父亲在30—34岁开始(首胎)生育的被访者中,早产比例最高(5.63%)。这一模式与农村样本的分析结果相类似,印证了首胎晚育对新生儿早产风险具有明显的不利影响。与农村地区父亲初育年龄过晚的情况相比,城镇男性在35岁及以上初育对新生儿早产风险提高的幅度相对较小。究其原因,受城乡社会经济梯度差异和婚配文化的影响,在农村地区,男性推迟初育年龄极有可能是婚姻市场挤压的后果;而城镇地区男性推迟初育年龄的现象则不能排除社会经济地位较高的男性主动选择推迟生育的现象。由此推断,城镇男性在35岁及以上开始生育对新生儿早产风险提高的幅度相对较小,可能包含了其相对较好的社会经济资源对子代健康禀赋的投资和补偿效应。

在后续孩次中,城镇父亲生育年龄过早——意味着父亲开始生育的年龄更早——或过晚,均对被访者的早产风险具有明显的不利效应。其中,父亲在25岁以前生育非首胎的情况下,新生儿早产的比例高达9.59%;父亲非首胎生育年龄在35岁及以上的,新生儿早产的比例也高达7.35%。

(二) 母亲受教育程度与早产发生情况

表4-4从母亲受教育程度的角度,对比考察了不同家庭特征的被访者中早产发生情况的差异。整体来看,母亲受教育程度越高,被访者中早产比例显著更高,且这一差异模式在城乡被访者中均成立。

表4-4 按母亲受教育程度和生育次序划分的被访者早产比例 (单位:%)

母亲学历	农村			城镇		
	合计	第一孩	后续孩次	合计	第一孩	后续孩次
初中及以下	4.40 (7552)	4.49 (2339)	4.70 (2872)	4.27 (3278)	3.25 (1355)	5.82 (1065)
高中	5.78 (657)	5.24 (248)	6.83 (161)	4.95 (1092)	5.47 (585)	6.14 (228)
大专及以上	7.58 (356)	5.26 (152)	8.77 (57)	5.10 (1197)	4.38 (707)	7.50 (160)

注:括号内数值为样本量。

具体而言,在农村地区,母亲受教育程度为高中的被访者,早产比例为5.78%,比母亲受教育程度为初中及以下的情况高1.38个百分点;母亲受教育程度为大专及以上的被访者,早产比例高达7.58%,比母亲受教育程度为初中及以下的情况高3.18个百分点。类似地,在城镇地区,母亲受教育程度为初中及以下、高中、大专及以上的被访者中,早产比例分别为4.27%、4.95%和5.10%。这些差异可能包含了出生时期(队列效应)、家庭社会经济地位等因素的综合效应：一方面，由于女性受教育程度随时间不断提高，农村地区母亲学历较高的被访者更有可能属于较晚的出生队列。这与本章开头部分提到的早产比例随时间上升的趋势相一致，在较晚出生队列中早产比例更高。另一方面，母亲受教育程度较高的被访者，家庭社会地位和经济状况平均更好；这些家庭资源有助于降低早产可能带来的健康风险，提高早产儿的存活概率。

分孩次的分析结果显示，在区分第一孩和后续孩次后，母亲受教育程度与被访者中早产比例的正相关关系依然存在，且相应关系对非首胎的被访者尤为明显。如表 4-4 所示，不论城乡，分析样本中非首胎生育的被访者早产的比例随母亲学历提高而快速递增。其中，农村地区母亲高学历（大专及以上）与低学历（初中及以下）对应的被访者中早产比例相差 4.07 个百分点，前者接近于后者的两倍；城镇地区的相应差距略小，母亲高学历比低学历的情况对应的早产比例高 1.68 个百分点。

就在家中是"第一孩"的被访者而言，农村地区母亲高学历的情况对应的早产比例最高（5.26%），不过，母亲学历不同的被访者之间差异不大。与之相对，在城镇地区，母亲中等学历的被访者中，早产比例最高（5.47%），比母亲低学历的被访者中相应比例高 2.22 个百分点。值得一提的是，城镇地区母亲高学历的被访者中一孩早产的比例并不比母亲中等学历的情况更高；这可能与这些家庭的社会经济及其他健康资源的差异有关。一般而言，母亲高学历的家庭经济资源、健康知识更为丰富，更有可能通过健康投资与风险防护降低早产儿的健康风险、提高其生存概率。

综上所述，母亲受教育程度的高低与分析样本中早产比例具有显著的相关关系：总体来看，母亲受教育程度越高，被访者中早产比例显著更高。这一结果的可能解释包括，其一，母亲学历不同往往意味着家庭社会经济资源不同，由此影响早产儿活产和存活的概率。与母亲低学历的家庭相比，母亲高学历的家庭在社会经济资源、知识和信息等方面的比较优势使得这些家庭可能通过健康投资降低早产儿的健康风险,由此导致分析样本中高学历母亲对应的被访者早产比例较高。其二,高学历的母亲在妊娠过程中更有可能通过定期产检及时了解胎儿发育情况,在必要时采取妊娠干预措施,包括(出于医学目的或其他原因)提早生产。考虑到高学历的母亲的生育年龄平均较晚,由此可能增加妊高征等妊娠并发症风险以及早产的可能性。如表4-5所示,在生育年龄可比的情况下,母亲高学历对应的被访者早产比例往往最高。其三,不同学历的母亲对孩子胎龄的关注程度和汇报行为可能存在差异,特别是对回顾性信息的汇报行为。鉴于既有研究中关于早产的研究发现主要集中在临床医学统计领域,鲜少关注个体行为、资源等方面差异的影响,本研究探讨的可能解释还需要后续研究进一步检验和论证。

表4-5 按母亲受教育程度和生育年龄划分的被访者早产比例 (单位:%)

生育年龄	农村			城镇		
(岁)	初中及以下	高中	大专及以上	初中及以下	高中	大专及以上
25—29	4.14	6.93	7.78	3.75	3.56	3.88
30—34	5.06	7.69	10.81	4.18	3.57	7.18

第二节 低出生体重的发生情况

出生时的体重是个体在生命期初健康禀赋的重要维度,为新生儿的先天发育状况提供了较为有效的测量,也直接关系着个体在婴幼儿期的成长发育。临床医学和公共卫生研究表明,出生时的体重过低对新生儿的呼吸及免疫系统、神经功能以及体格发育等健康指标具有显著的不利影响。社会科学研究也发现,低出生体重对认知和非认知能力的发育具有负向效应。在医学和公共卫生领域,通常将新生儿出生时的体重低于2500克视作低出生体重。与上一节的内容相联系,早产是低出生体重的重要风险因素;不过在足月生产的情形下,新生儿也可能因母体健康、行为以及其他家庭特征而具有不同的低出生体重风险（如周峰等，2018）。本节结合家庭转变的主要趋势，从父母的生育年龄、生育次序及主要社会经济特征出发，分析现阶段中国城乡家庭特征与子女低出生体重的关系。

本节使用的数据来自 CFPS 2010—2020 年的调查。与上一节的分析样本相一致，本节主要针对 1995 年及以后出生的被访者进行分析。利用调查收集的被访者的出生体重信息，对比展示父母及家庭特征不同的被访者中低出生体重发生情况的差异。

一 低出生体重发生情况及其与早产的关系

利用 CFPS 数据中 1995 年及以后出生队列的调查结果，表 4-6 展示了各出生队列被访者的低出生体重占比。在分析样本中，低出生体重的被访者总数占 6.19%，各出生队列之间相应比例存在明显的差异，年轻队列的低出生体重占比显著较低。其中，最早（1995—1999 年）出生队列中低出生体重的被访者占比为 7.37%，在最晚（2015 年及以后）出生队列中，相应比例下降为 5.03%，降幅超过 2 个百分点。

表 4-6　　　分析样本中不同出生队列被访者的低出生体重比例及其样本构成

出生年份	合计(%)	农村 女性(%)	N	农村 男性(%)	N	城镇 女性(%)	N	城镇 男性(%)	N
1995—1999	7.37	9.00	689	6.51	707	7.07	509	6.77	561
2000—2004	6.89	10.55	730	7.17	851	5.27	474	3.14	509
2005—2009	6.61	8.25	921	6.94	1081	6.62	559	3.96	656
2010—2014	5.53	6.33	979	6.48	1157	4.79	668	3.17	726
2015+	5.03	7.70	740	5.30	792	4.44	675	3.26	798
合计	6.19	8.23	4059	6.52	4588	5.55	2885	3.97	3250

表 4-6 显示，不论城乡，相对于女性被访者而言，各出生队列的男性被访者中早产比例总体更低；与农村被访者相比，城镇被访者中早产的比例也总体较低。这些差异模式与以往基于临床医学统计或公共卫生调查的研究结论保持一致（如于冬梅等，2007），突出强调了低出生体重发生情况的性别差异以及社会经济因素的可能影响。

与以往研究发现相一致，低出生体重的发生情况与出生时的胎龄直接相关；早产是导致出生体重过低的重要风险因素之一。图 4-1 以 CFPS 中 1995 年及以后出生队列的样本为基础，对比展示了不同胎龄区间出生的被访者的低出生体重比例。总体来看，出生时的胎龄越小、早产程度越高，低出生体重的比例显著更高。在早早产的被访者中，农村地区男性低出生体重的比例高达 52.9%，女性的相应比例也超过四成（45.9%）；城镇地区早产对应的低出生体重比例略低，不过，早早产者中低出生体重的比例也在三成以上。

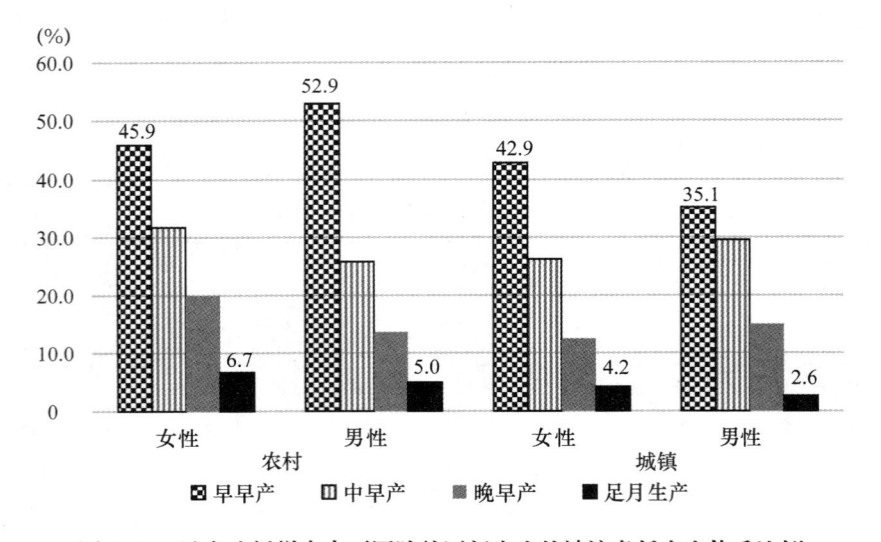

图 4-1　城乡分析样本中不同胎龄区间出生的被访者低出生体重比例

注：早早产、中早产、晚早产对应的胎龄依次为不足 32 周、32—35（不含）周、35—38（不含）周，足月生产指胎龄满 38 周。

此外，图 4-1 还显示，在足月生产的被访者中，也有一定比例的人出生体重偏低。从分析样本的情况来看，农村地区足月生产的女性被访者中，低出生体重的占比为 6.7%，超过分析样本中低出生体重的总体比例（6.19%）；足月生产的男性被访者中，低出生体重占比也高达 5.0%。在城镇地区，足月生产的被访者中低出生体重的占比明显较低，城乡相差 2.5 个百分点左右。

综上，图 4-1 直观印证了早产情况与出生体重的重要相关关系；同时，早产的发生情况与家庭特征有关（如上一节所展示）。为了更好地检验低出生体重与家庭特征的关系，剔除与早产发生情况相关的混淆效应，本节以下部分的分析将样本限定为足月生产的被访者。

二 父母生育年龄推迟与子女的低出生体重风险

基于分析样本中足月生产的被访者信息，本部分首先检验父母生育年龄与被访者出生体重的关系。表 4-7 和表 4-8 分别展示了母亲生育年龄、父亲生育年龄与城乡被访者中低出生体重发生情况的关系。总体而言，父母生育年龄适中的情况下，被访者中的低出生体重比例显著较低。

具体来看，表 4-7 显示，在农村地区，母亲生育年龄在 35 岁及以上的足月生产（下同）的被访者中，低出生体重比例高达 8.33%，比母亲生育年龄在 25—29 岁的被访者高出 2.9 个百分点。类似地，在城镇地区，母亲生育年龄在 35 岁及以上的被访者中，低出生体重比例达 4.03%，高于母亲生育年龄在 35 岁以下的所有被访者。相对而言，母亲在 25—29 岁和 30—34 岁生育的被访者中，低出生体重发生比例最低。这些结果与以往研究发现的过早或过晚生育不利于子代健康的结论相一致。

表4-7　　　按母亲生育年龄划分的城乡足月生产被访者中
低出生体重的比例　　　　　　　　　（单位：%）

母亲生育年龄（岁）	农村 合计	农村 第一孩	农村 后续孩次	城镇 合计	城镇 第一孩	城镇 后续孩次
15—24	5.64 (2017)	4.62 (1581)	7.11 (436)	3.52 (1193)	2.99 (1036)	4.46 (157)
25—29	5.43 (1762)	4.49 (691)	5.79 (1071)	3.26 (1638)	2.70 (1186)	4.20 (452)
30—34	5.37 (830)	9.41 (85)	4.56 (745)	2.79 (692)	3.72 (215)	2.31 (477)
35+	8.33 (363)	2.78 (36)	7.03 (327)	4.03 (283)	3.33 (60)	4.04 (223)

注：括号中数值为分析样本中各组被访者的样本规模。

表4-8的结果与上述结论基本一致。表4-8显示，农村地区父亲生育年龄在35岁及以上的被访者，低出生体重比例（8.02%）显著高于父亲生育年龄在35岁以下的；在城镇地区，父亲生育年龄较早（15—24岁）或较晚（35岁及以上），均有可能增加被访者的低出生体重风险。相对而言，父亲生育年龄在30—34岁的被访者中，低出生体重的发生情况最少。这一点对城乡分析样本均成立。

表4-8　　　按父亲生育年龄划分的城乡足月
生产被访者中低出生体重的比例　　　　（单位：%）

父亲生育年龄（岁）	农村 合计	农村 第一孩	农村 后续孩次	城镇 合计	城镇 第一孩	城镇 后续孩次
15—24	5.36 (1216)	4.53 (1015)	8.46 (201)	4.34 (650)	3.40 (588)	4.84 (62)
25—29	5.83 (1914)	5.21 (1017)	6.58 (897)	3.27 (1624)	2.76 (1267)	4.76 (357)

续表

父亲生育年龄（岁）	农村			城镇		
	合计	第一孩	后续孩次	合计	第一孩	后续孩次
30—34	5.21 (1121)	4.70 (234)	4.06 (887)	2.86 (951)	2.71 (442)	2.55 (509)
35+	8.02 (644)	2.78 (72)	6.12 (572)	3.72 (509)	2.82 (142)	3.27 (367)

注：括号中数值为分析样本中各组被访者的样本规模。

由于父母亲生育年龄与开始进入生育的时间以及孩次顺序、生育规模有关，为了探讨家庭转变过程中晚育（推迟初育）行为对子代低出生体重风险的影响，表4-7和表4-8也区分第一孩和后续孩次展示了母亲生育年龄、父亲生育年龄与子女低出生体重的相关关系。

表4-7显示，对分析样本中"第一孩"的被访者来说，母亲生育年龄在30—34岁时对应的低出生体重比例最高，农村和城镇相应比例分别为9.41%和3.72%。母亲生育年龄在35岁及以上的被访者，低出生体重比例相对较低，这一结果可能与初育年龄极晚（不低于35岁）的女性在社会经济等特征中具有较强的选择性有关。现阶段，中国城乡女性初育年龄不低于35岁的比例仍相对较低，且主要由高学历者组成；由于相应人群在调查数据中样本规模很小（城乡均不超过60人），其样本估计结果受抽样及调查误差的影响有可能比较突出。因此，本研究对相应类别的估计结果不宜被过分解读。

在后续胎次的被访者中，母亲生育年龄过低（15—24岁）或过高（35岁及以上）对应的被访者中低出生体重比例均更高。表4-7显示，农村地区母亲生育年龄过低和过高的被访者中，低出生体重比例均超过7%；在城镇地区，相应比例也在4%以上，且母亲在15—24岁生育非首胎的情况对应的被访者低出生体重比例最高（4.46%）。

此外，关于父亲生育年龄的分孩次分析结果显示，父亲早育对子代低出生体重风险的影响更为突出。父亲在非首胎生育时年龄为15—24岁的，被访者中低出生体重比例最高，农村和城镇相应比例分别高达8.46%和4.84%。不过，在足月生产的被访者中，父亲生育年龄较晚（35岁及以上）对应的子女的低出生体重风险并不显著更高；这一点对第一孩和后续孩次均适用。

三 母亲受教育程度与子女低出生体重风险

在足月生产的样本中，被访者出生时的体重分布也与母亲受教育程度显著相关。图4-2在区分居住地类型和性别的基础上，对比呈现了母亲受教育程度不同的被访者中低出生体重的比例。

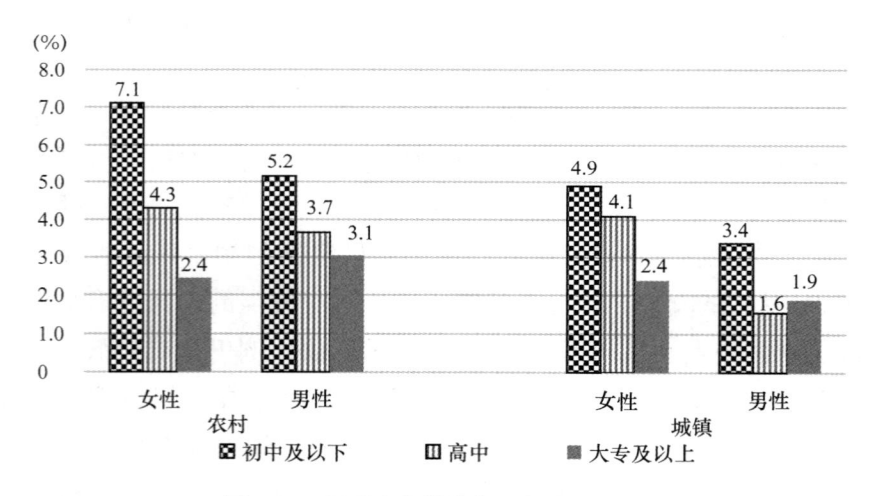

图4-2 足月生产样本中母亲受教育程度不同的被访者中低出生体重的比例

图4-2显示，母亲受教育程度越高，足月生产的子女出生时体重偏低的可能性越低。具体来看，在农村地区，母亲受教育程度在初中及以下的被访者中，足月生产情况下出现低出生体重的比例不低于5%。其中，男性被访者低出生体重的比例为5.2%，比母亲受教育程度为高中、大专及以上的被访者分别高1.5个百分点和2.1

个百分点；女性被访者低出生体重的比例高达 7.1%，比母亲中、高学历的被访者中相应比例分别高 2.8 个百分点和 4.7 个百分点。类似地，城镇地区分析样本中，母亲受教育程度较低（初中及以下）的男性和女性被访者中低出生体重的比例分别为 3.4% 和 4.9%，比母亲中、高学历的情况高 0.8—2.5 个百分点。其中，男性被访者中母亲低学历对应的低出生体重比例比母亲中、高学历情况分别高 1.8 个百分点和 1.5 个百分点，女性被访者中相应差距分别为 0.8 个百分点和 2.5 个百分点。

不论城乡、性别，母亲受教育程度与子女低出生体重风险呈显著的负相关关系。这可能反映不同学历的母亲在健康知识、态度和行为等方面的差异，高学历的母亲通常拥有更多的健康知识，更有可能接受和践行科学的妊娠及生育知识，定期产检、及时关注胎儿发育情况等；这些知识和行为的差异可能直接影响胎儿的先天发育情况和健康禀赋。除此之外，母亲受教育程度的不同也隐含了家庭社会经济资源的差异，并通过家庭健康投资行为进一步对子代健康禀赋和发展路径产生影响。

联系本章上一节关于母亲受教育程度和被访者早产风险关系的研究发现，可以推断，母亲高学历的被访者中，早产儿的占比相对较高；不过，在足月生产的情况下，母亲高学历的被访者出生时的体重偏低的风险明显较低。综合这些结果推断，女性高学历对子女初始健康禀赋的影响既包括积极效应，即通过其健康知识、资源等方面的相对优势而产生的健康效应；也可能因其普遍更晚生育的行为特征而产生不利的健康效应。考虑到当代家庭转变背景下女性推迟生育的行为日渐普遍，高学历带来的正向健康效应有可能在一定程度上被晚育带来的不利影响所抵消。基于此，关注家庭转变不同维度的特征对子代健康的潜在效应，系统分析和分解这些效应的作用机制与影响强度，对于促进中国当前及未来健康资本的高效积累具有重要的意义。

第三节　婴儿期的患病情况

在生命早期，个体健康的差异突出地反映在患病风险和病患频率等特征中。在婴儿期，个体健康状况的差异一方面与先天营养和发育状况有关；另一方面，家人的抚育照料、家庭健康投资等行为也在很大程度上影响其健康结果。随着世界范围内人口和家庭的转变，婴儿死亡率已大幅下降，越来越多的新生儿能够存活到较大的年龄。这一背景下，婴儿期个人患病经历成为反映个体早期健康特征的重要指标，研究相应患病情况的差异对理解早期健康状况及家庭影响具有重要的理论意义。

CFPS在2010年和2012年均针对不同年龄的被访者收集了1周岁以前患病次数，特指"出现身体不适，并采用了药物或其他方式进行治疗"的情况。对于低龄被访者而言，相应信息由家长（主要监护人）代答。在家庭规模小型化的背景下，家庭对新生儿的健康高度关注，因而家长对孩子在婴儿期患病情况，特别是对健康影响较大的主要疾患的记忆往往比较深刻，相应信息应当较为可靠。

为保持与本章前面两节研究对象的一致性，本节仍将分析样本限定为1995年及以后出生的被访者。由于2012年以后CFPS未对新出生的被访者收集1周岁以内的患病情况，本节的有效分析样本包括1995—2012年出生队列的被访者。利用这些被访者的信息，本节主要从1周岁以内患病比例、患病次数的均值和中位数等统计指标出发，展示不同家庭特征的被访者在婴儿期患病经历的差异。

一　婴儿期患病情况分布

图4-3展示了不同出生队列的男女被访者中1周岁以内曾患病

的比例。图4-3显示，分析样本中，较早出生队列的被访者汇报的1周岁以内曾生病的比例明显更低。这可能与不同出生队列被访者（或代答家长）对相应信息需要回顾的时长不同、由此产生的记忆偏差有关；随着回忆时长的延长，填答者低报患病发生情况的可能性增加。另外，年轻队列的被访者在婴儿期曾生病的比例较高的现象，也可能反映了家庭对新生儿健康的重视程度随时间不断上升的趋势，由此增加了婴儿出现身体不适时及时进行治疗的可能性。概言之，图4-3所展示的出生队列差异既有可能是与信息回顾以及填答行为相关的统计假象，也有可能反映不同出生队列的被访者所受的家庭关注程度的差异。鉴于此，分析婴儿期患病情况应当对出生队列差异进行必要的控制。图4-3显示，最早（1995—1999年）出生的被访者在1周岁以内曾生病的比例在六成左右，最年轻的出生队列（2010—2012年出生）中相应比例基本上超过八成。鉴于此，关注婴儿期的患病情况具有重要的现实意义。

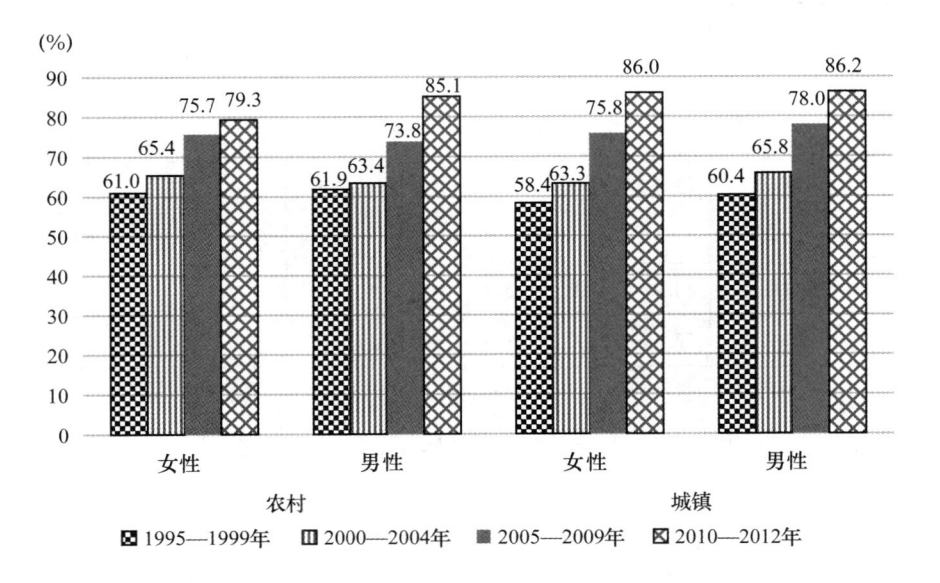

图4-3 城乡不同出生队列的被访者在1周岁以内曾生病的比例

地区	性别	1995—1999年	2000—2004年	2005—2009年	2010—2012年
农村	女性	61.0	65.4	75.7	79.3
农村	男性	61.9	63.4	73.8	85.1
城镇	女性	58.4	63.3	75.8	86.0
城镇	男性	60.4	65.8	78.0	86.2

表 4-9 关于生病次数均值的统计结果同样显示，年轻队列的被访者汇报的 1 周岁以内生病的次数平均更多。不过，与图 4-3 所展示的曾生病比例随出生队列单调递变的趋势相区别，生病次数的均值并不随出生队列单调递增。分析样本中，多数出生队列的被访者在 1 周岁以内生病次数的均值在 3 次左右。类似地，中位数统计结果显示，年轻队列的被访者汇报的 1 周岁以内生病次数总体更多，不过在多数出生队列中，相应生病次数的中位数为 2 次，也即这些队列的被访者中 1 周岁以内生病次数超过和不足 2 次的人数各占一半左右。不论城乡和性别，最早（1995—1999 年）出生队列的被访者在 1 周岁以内生病次数的中位数为 1 次；在最年轻的被访者中，婴儿期生病次数的中位数相对较高，其中以城镇地区男性为最高（3 次）。

表 4-9　　不同出生队列的被访者汇报的 1 周岁以内生病次数的均值和中位数　　（单位：次）

出生年份	农村				城镇			
	女性		男性		女性		男性	
	均值	中位数	均值	中位数	均值	中位数	均值	中位数
1995—1999	3.2	1.0	3.0	1.0	2.8	1.0	3.2	1.0
2000—2004	2.9	2.0	3.2	2.0	2.6	1.0	3.1	2.0
2005—2009	3.4	2.0	3.7	2.0	3.2	2.0	3.4	2.0
2010—2012	3.5	2.0	3.6	2.0	3.3	2.0	3.9	3.0

二　出生时的健康禀赋与婴儿期生病情况

出生时的健康禀赋与婴儿期的健康状况以及后续成长轨迹及健康特征具有重要的影响。图 4-4 以出生时的胎龄和体重特征来代理反映出生时的健康禀赋，展示了这些初始健康禀赋特征与被访者在婴儿期患病情况的关系。

(a) 出生时的胎龄　　(b) 出生时的体重

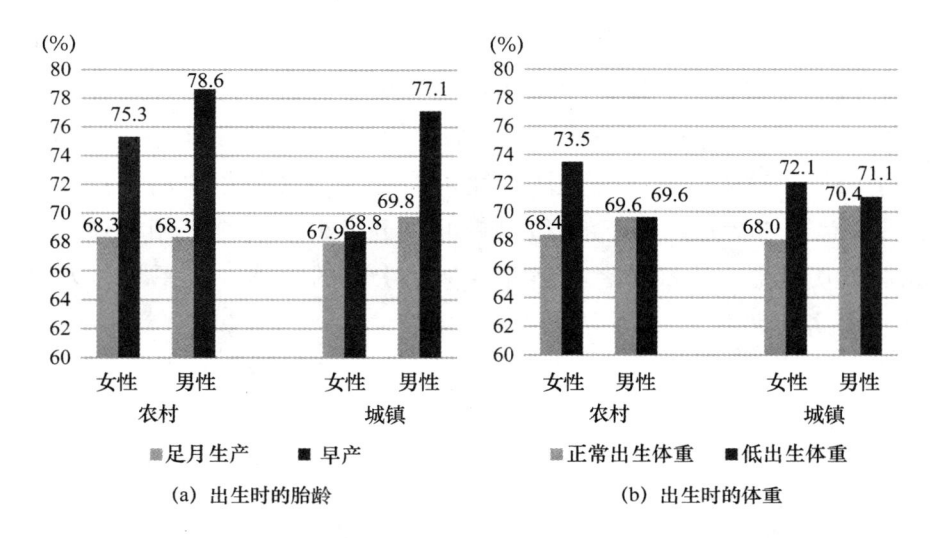

图 4-4　按照出生时的健康禀赋划分的被访者在 1 周岁以内曾生病的比例

与足月生产的情况相比，早产者在婴儿期生病的比例显著更高。如图 4-4（a）所示，在农村地区，早产的女性在 1 周岁以内曾生病的比例为 75.3%，比足月生产的女性（68.3%）高 7 个百分点；早产的男性在婴儿期患病的比例（78.6%）比足月生产的男性（68.3%）高 10.3 个百分点。在城镇地区，早产的女性在 1 周岁以内曾生病的比例（68.8%）比足月生产的女性（67.9%）高 0.9 个百分点，男性的相应差异则高达 7.3 个百分点。

类似地，图 4-4（b）显示，低出生体重的被访者比出生体重正常者在婴儿期生病的可能性更高。例如，在农村地区，低出生体重的女性比出生体重正常者 1 周岁以内患病比例高 5.1 个百分点；城镇地区女性的相应差距为 4.1 个百分点。男性被访者中相应差距较小，不过，低出生体重与婴儿期患病风险的正相关关系依然成立。

三　家庭特征与婴儿期患病情况

图 4-5 从母亲受教育程度的角度展示了被访者在婴儿期生病情况的差异。结果显示，不论城乡，母亲受教育程度越高，被访者在

婴儿期生病的风险（比例）显著较高。不过，从生病次数的均值来看，高学历的母亲对应的生病次数平均更低。这可能在一定程度上反映了不同学历的母亲对婴儿生病的关注程度或汇报行为的差异，高学历母亲对婴儿健康的关注程度可能更高，对婴儿"出现身体不适"、需要"治疗"的感知和判断可能更为细致。与之相联系，母亲高学历情形下，被访者在婴儿期患病次数的总体（或平均）水平并不更高。

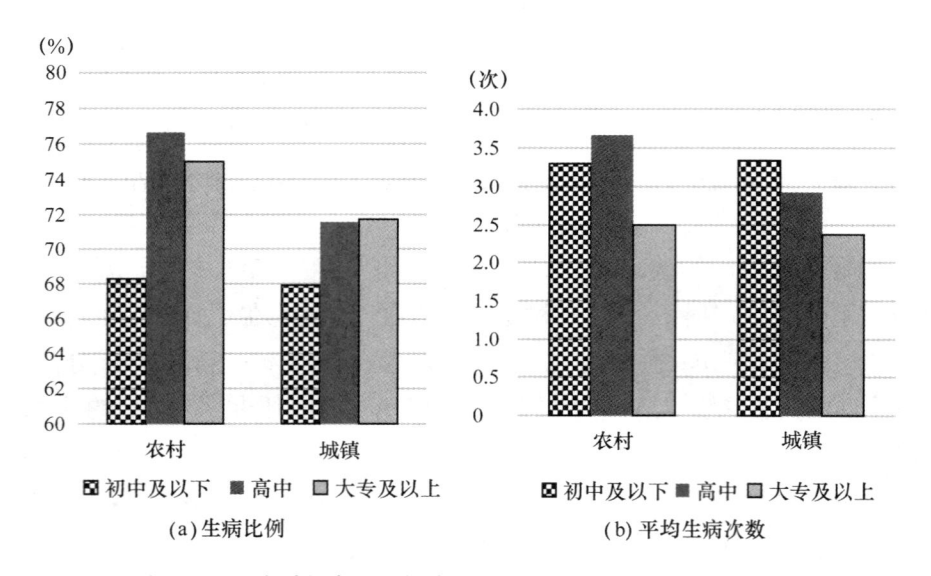

(a) 生病比例

(b) 平均生病次数

图 4-5　母亲受教育程度与被访者在 1 周岁以内生病情况的关系

由于被访者在婴儿期的生病情况与出生队列、初始的健康禀赋在统计上存在重要的相关关系，为减少样本构成异质性产生的混淆效应，我们进一步将分析样本限定为足月生产的被访者中，并尝试仅考虑 5 岁及以下低龄被访者的情况。

分析结果与图 4-5 的主要发现相一致，即母亲高学历的被访者在婴儿期生病的可能性显著较高，但多次生病的可能性则较低。这些结果的可能解释需要结合婴儿期家庭抚养照料等情况来深入分析，本节暂不对此进行考察。

第四节 本章小结

本章主要针对 1995 年及以后出生的年轻队列被访者，考察了其出生时的健康禀赋和婴儿期的生病情况；并从父母晚育行为、母亲受教育程度、出生次序等家庭特征出发，对比了被访者早期健康状况的差异与家庭特征的关系。本章的主要研究发现包括以下三个方面。

首先，在考察对象中，年轻队列的早产比例相对更高，早产的程度也更深；中早产（不足 35 周）和极早早产（不足 28 周）的比例也随出生队列呈明显上升趋势。早产发生情况随出生队列上升的趋势，可能与调查数据中较早出生队列的早产者存活概率的选择性影响有关，即与死亡选择性相关的统计假象。不过，这些结果与近年来基于临床医学统计发现的趋势相吻合。因而，其可能的解释也包括：一是由于医疗技术革新和卫生服务改善，早产儿存活概率随时间提升；二是随着社会文化和家庭转变，晚育现象、妊娠干预和选择现象更为多见，客观上增加了早产的发生概率。本章的分析结果表明，父母的生育年龄越晚，新生儿早产的风险越高；其中，伴随家庭转变出现的首胎晚育行为对新生儿的早产风险具有最为明显和稳健的效应。同时，母亲受教育程度较高的被访者中，早产的比例也明显更高。其可能的影响机制包括与母亲受教育程度相关的婚育行为（如晚育）的风险效应，以及家庭资源通过改善早产儿存活概率带来的选择性效应。

其次，新生儿低出生体重的发生情况随出生队列明显下降。在年轻队列的被访者中，出生体重偏低的情况明显更少；同时，城镇地区被访者的低出生体重风险低于农村，男性低于女性。这些结果印证了社会及性别因素对新生儿初始健康禀赋的影响。此外，早产是低出生体重的重要风险因素之一，家庭特征也在相当程度上影响新生儿的低出生体重风险。本章研究发现，在足月生产的被访者中，父母生育年龄适中时，新生儿出生体重偏低的可能性显著较低，父母过早或过晚（主要为母亲）生育则会增加新生儿低出生体重的风险。母亲受教育程度越高，足月生产的新生儿低出生体重风险也显著更低。

最后，出生时的健康禀赋对婴儿期的患病情况具有显著的影响。早产、低出生体重的新生儿在婴儿期患病的风险更高，患病频率也平均更高。除初始健康禀赋差异的影响外，家庭特征也对婴儿期患病情况具有重要的理论意义。关于这些健康差异的形成机制，还需要结合多元分析模型进一步检验和探讨。

第五章

成长过程中的健康差异及家庭因素的影响

成长过程中，个体的发育状况和健康特征存在重要差异，这一方面与先天健康禀赋有关；另一方面，成长环境，特别是家庭因素对未成年人的健康发展具有不可低估的作用。为了系统了解当代青少年儿童在成长过程中健康资本的积累状况与变化轨迹，本章仍以 CFPS 中 1995 年及以后出生的被访者为主要研究对象，综合利用调查收集的身高和体重信息，展示当代青少年和儿童的体格发育健康特征及人群差异，初步探讨家庭转变特征对未成年人健康发展状况的影响。

第一节 体格生长指数

在历次 CFPS 中，针对不同年龄的被访者收集了调查当时的身高和体重信息。这些信息反映了被访者在动态追踪的各个时点最基本的体格健康特征，是计算标准化的身体质量指数（Body Mass Index, BMI）的数据基础。更为重要的是，对处于成长发育过程中的儿童及青少年来说，追踪调查中收集的年龄、身高和体重信息，能够为其成长发育状况提供动态监测与较为完整的刻画。

个体在各年龄的身高和体重信息与性别、年龄高度相关，因而难以直接用于比较研究；对于快速成长期的儿童和青少年来说，其身高和体重随年龄变化尤为明显。为了便于分析、提高人群比较研究的效率，本研究借鉴 Vidmar 等（2013）的方法，使用世界卫生组织的儿童体格发育标准（以下简称为"WHO 标准"，包括下文介绍的"WHO 儿童生长标准"和"2007 版 WHO 生长发育参考标准"，前者针对 0—5 岁，后者覆盖 5—19 岁）和包含了英国数据的修订标准（以下简称"UK – WHO 标准"），对分析样本中不同性别和年龄被访者的身高与体重信息进行标准化。在此基础上，分析当代中国未成年人的体格生长状况，检验家庭特征对未成年人体格发育健康的影响。

一　标准化方案的简要介绍

为了有效对比和监测青少年儿童的身高和体重发育状况，一些国际组织综合选择了不同时期、不同国家儿童发育状况的调查数据，在此基础上构建了综合性的儿童生长发育标准，为世界各国监测和评估儿童发育状况提供了重要的参照。使用这些标准，可以在对比研究中将研究对象的身高、体重等初始信息与参照标准中同一性别、年龄的体格发育标准分布相比较，转化为无量纲的、可直接对比的生长发育状况指数。相应指数通常使用标准差或百分位进行赋值，以反映研究对象在标准体格生长分布中的相对位置。

目前，世界范围内常用的儿童体格发育标准包括世界卫生组织儿童发育标准（the WHO Child Growth Standards，以下简称 WHO 儿童生长标准）、2007 版世界卫生组织生长发育参考标准（the WHO Reference 2007，以下简称 2007 版 WHO 标准）、英国—世界卫生组织早产儿发育参考标准（the UK – WHO Preterm Growth Reference）、英国—世界卫生组织足月产儿发育参考指数标准（the UK – WHO Term Growth Reference）等。本研究主要参考 WHO 儿童生长标准、2007 版 WHO 标准和 UK – WHO 标准，以下将对这些标准进行概要的介绍。

（一）WHO 儿童生长标准

WHO 儿童生长标准（World Health Organization，2006、2007）是基于世界卫生组织 1997—2003 年开展的多中心生长参考研究

(Multicenter Growth Reference Study，MGRS) 项目而形成的成果。该项目在6个不同的国家和地区（具体包括巴西、加纳、印度、挪威、阿曼和美国），选取了8440名健康儿童追踪收集其基础的生长发育数据。通过对这些健康并且采用母乳喂养的新生儿0—24个月生长信息的逐月追踪记录，以及对18—71月龄儿童进行截面调查收集其生长信息，该项目构建了旨在反映健康儿童最大生长潜能的生长标准。这一生长标准的主要用途在于，通过对比同龄、同性别健康儿童的生长潜能，有助于评估0—5岁儿童的实际生长发育状况。

这一生长标准对此前通用的、由美国卫生统计中心和世界卫生组织联合提出的1977版生长发育标准进行了数据更新和修正。修正的具体内容包括：与1977版生长标准相比，新的标准使用的基础数据不再局限于中产白人家庭的婴儿；对儿童生长信息的收集使用逐月追踪的详细数据替代原来的季度追踪数据，提高了生长数据，特别是0—6个月婴儿期生长信息的精确性；样本的构成不再是以非母乳喂养者为主。基于项目研究设计，新的样本选择和数据收集方案能够更好地反映儿童生长潜能，提高生长标准的统计精度。不过，该标准仅对0—5岁儿童的生长指标提供了标准化的参照。

（二）2007版WHO标准

该标准是针对5—19岁儿童和青少年的生长状况构建的，其原型是1977年美国卫生统计中心和世界卫生组织提出的针对5—19岁青少年儿童的生长标准，在此基础上进行了必要的基础数据更新和修正。2007版WHO标准与上述WHO儿童生长标准相配套，提供了涵盖0—19岁的生长发育参考标准。

本研究结合WHO儿童生长标准和2007版WHO标准，对分析样本中被访者在19岁及以前调查时汇报的身高和体重信息进行标准化处理，转化为相对的生长发育指数。为便于与下文介绍的UK－WHO标准相区别，本章其他部分将该标准化方案简称为WHO标准。

(三) UK-WHO 生长标准

该标准是结合 1990 年英国生长标准和 WHO 儿童生长标准提出的修正版生长发育标准。其中，出生后 2 周到 4 岁使用 WHO 儿童生长标准，其余年龄段（包括从出生到 2 周、4—20 岁）的生长标准仍保留 1990 年英国生长标准（the British 1990 Growth Reference）。这一修正版的生长标准是针对英国儿童生长状况的应用需求而提出的，不过，该标准涵盖的年龄范围（0—20 岁）较广，综合利用了更广泛的基础数据。因而，在其他国家儿童发育状况比较研究中，也不失为一种重要的标准化选择。本章以下部分的分析中也使用了该标准对分析样本的身高、体重信息进行标准化。为便于区分，以下简称 UK-WHO 标准。

二 中国青少年儿童的生长指数分布状况

使用上述 WHO 标准和 UK-WHO 标准，本研究首先对 CFPS 中 1995 年及以后出生的被访者在历次调查时的身高和体重信息进行了标准化处理。在 CFPS 追踪调查期间，这些出生队列的被访者正处于快速成长发育期，其身高和体重的相对发育状况（标准化得分）可能随时间（调查时点）发生变化。本部分旨在从整体上展示分析样本中青少年的体格发育情况，因而主要使用被访者在首次观察时的体格指标为基础，考察这些未成年人的身高和体重标准化特征及其分布状况，暂不考虑被访者在追踪期间体格指数的具体变动。关于被访未成年人在整个追踪调查期间体格指数的特征与变动轨迹，将留待后续章节（参见第十二章）具体分析。

表 5-1 和表 5-2 分别展示了分析样本中青少年儿童首次被访时的身高和体重的标准化结果。表中数值的具体含义是，与给定标准（WHO 标准或 UK-WHO 标准）相比较，被访者的身高或体重发育状况的相对水平或在标准分布曲线上的相对位置，以标准差为单位计量。例如，指数取值为 0 表示被访者的体格发育水平与标准分布的均

值相当，取值为 1 表示被访者的体格发育水平相当于标准分布均值以上 1 个标准差的位置，-1 则表示在标准分布均值以下 1 个标准差的位置。

（一）身高指数分布特征

由表 5-1 可见，分析样本中，被访者在首次进入观察时的身高均值与两个参照标准（WHO 标准和 UK-WHO 标准）的均值水平均比较接近，比这些参照标准的均值低不到 0.5 个标准差。

表 5-1　1995 年及以后出生的被访者的身高标准化结果（标准差得分）

			均值	最小值	最大值	中位数	样本量
WHO 标准		合计	-0.489	-4.992	4.881	-0.415	9357
	出生年份	1995—1999	-0.671	-4.992	3.252	-0.473	2727
		2000—2004	-0.930	-4.918	4.881	-1.001	2396
		2005—2009	-0.759	-4.956	4.872	-0.793	1998
		2010—2014	0.418	-4.944	4.815	0.458	1001
		2015+	0.473	-4.911	4.815	0.458	1235
	性别	女	-0.478	-4.964	4.752	-0.473	4479
		男	-0.499	-4.992	4.881	-0.414	4878
	居住地类型	农村	-0.829	-4.992	4.815	-0.804	5372
		城镇	-0.044	-4.911	4.881	0.008	3926
UK-WHO 标准		合计	-0.384	-4.845	4.998	-0.382	9527
	出生年份	1995—1999	-0.601	-4.948	3.287	-0.467	2729
		2000—2004	-0.952	-4.995	4.955	-1.083	2353
		2005—2009	-0.700	-4.990	4.950	-0.606	1998
		2010—2014	0.651	-4.944	4.782	0.383	1119
		2015+	0.674	-4.782	4.782	0.870	1328
	性别	女	-0.460	-4.995	4.948	-0.382	4465
		男	-0.317	-4.990	4.955	-0.368	5062
	居住地类型	农村	-0.731	-4.995	4.950	-0.697	5449
		城镇	0.067	-4.995	4.955	0.091	4017

具体来看，若以 WHO 标准为参照，则分析样本中被访者在首次被访时的身高分布在 WHO 标准身高分布的 -4.992—+4.881 个标准差之间；样本均值比 WHO 标准分布的均值水平低 0.489 个标准

差。从标准化的中位数统计来看，分析样本中一半左右的被访者身高在 WHO 标准分布的 -0.415 标准差水平（也即均值以下 0.415 个标准差）以下，另一半在此之上。使用 UK-WHO 标准为参照的结果与上述使用 WHO 标准的结果基本一致。

标准化的身高指数显示，分析样本中青少年儿童的身高发育状况呈现重要的人群差异。首先，不同出生队列的被访者，标准化身高指数差异明显。与较早出生队列相比，年轻队列的被访者标准化身高均值和中位数明显更高。这一队列差异在两种标准化结果中均有明显的体现。例如，以 WHO 标准为参照，2010—2014 年出生的被访者的身高均值比 2000—2004 年出生的被访者平均高出 1.348 个标准差；若以 UK-WHO 标准为参考，则相应差距约相当于 1.603 个标准差。这些队列差异可能反映了随着社会经济发展，人类营养条件和发育状况普遍改善带来的体格生长效应；与较早出生队列相比，年轻队列的平均身高呈现逐步提高的趋势（Komlos & Lauderdale, 2007）。这一结果意味着，年轻队列的身高发育状况更接近 WHO 标准所反映的生长潜能；随着出生队列的推移，年青一代的身高发育潜能可能进一步拓展。

其次，城乡被访者的身高发育状况存在显著的差异。与城镇被访者相比，目前中国农村地区的青少年儿童身高发育状况较差，其标准化得分不仅明显低于城镇被访者，而且低于标准参照系的平均水平。这一城乡差异与多数社会调查和卫生统计的研究发现相一致，可能反映了中国城乡居民在营养状况、健康资源和行为等方面差异的综合效应。

最后，从标准化结果来看，被访青少年儿童相对身高发育状况的性别差异很小。无论使用哪一个参照标准，男女两性被访者的标准化身高的取值范围、中位数等统计指标均相当接近。这一结果的可能解释在于，包括 WHO 标准和 UK-WHO 标准在内的标准化方案考虑了体格发育的性别差异，均针对男女两性分别设立，因而标准化的结果不再存在显著的性别差异。这也为上述标准化方案的有效性提供了间接论证和有力支持。

（二）体重指数分布特征

表 5-2 展示了使用上述两种标准化方案计算的被访者的体重标准化结果。总体来看，分析样本中青少年儿童的体重发育情况与 WHO 标准、UK-WHO 标准均比较接近。从平均水平来看，被访青少年儿童的体重均值比 WHO 标准分布的均值略高，但比 UK-WHO 标准的体重均值略低。换言之，当前中国青少年儿童的体重发育状况介于 WHO 标准和 UK-WHO 标准所反映的健康儿童体重均值之间，比前者高 0.213 个标准差，比后者低 0.150 个标准差。

表 5-2 1995 年及以后出生的被访者的体重标准化结果（标准差得分）

			均值	最小值	最大值	中位数	样本量
WHO 标准	合计		0.213	-4.917	4.998	0.262	8850
	出生年份	2000—2004	-0.560	-4.917	4.499	-0.451	2583
		2005—2009	-0.075	-4.697	4.929	0.016	2916
		2010—2014	1.114	-4.282	4.983	0.896	1591
		2015+	1.012	-4.793	4.998	0.896	1760
	性别	女	0.178	-4.752	4.929	0.047	4138
		男	0.244	-4.917	4.998	0.328	4712
	居住地类型	农村	0.035	-4.752	4.998	0.016	5210
		城镇	0.454	-4.917	4.998	0.340	3558
UK-WHO 标准	合计		-0.150	-4.995	4.998	-0.154	11398
	出生年份	1995—1999	-0.822	-4.939	3.131	-0.743	2731
		2000—2004	-0.718	-4.995	4.126	-0.612	2576
		2005—2009	-0.125	-4.952	4.929	-0.027	2907
		2010—2014	0.866	-4.282	4.946	0.896	1494
		2015+	0.858	-4.282	4.998	0.896	1690
	性别	女	-0.235	-4.975	4.946	-0.242	5381
		男	-0.074	-4.995	4.998	-0.037	6017
	居住地类型	农村	-0.350	-4.975	4.998	-0.402	6766
		城镇	0.127	-4.995	4.998	0.127	4553

注：WHO 标准对儿童体重标准化仅适用于 0—10 岁儿童（Vidmar 等，2013），由于 1995—1999 年出生的被访者在首次调查时已超过 10 岁，故 "WHO 标准" 部分未展示相应出生队列的体重标准化结果。

不同特征的青少年儿童标准化体重指数呈现重要差异。表5-2显示，无论使用哪一个标准方案作为参照，被访青少年儿童的体重指数随出生队列推移均呈明显的递增趋势。与较早出生队列相比，年轻队列中被访者的体重发育水平相对更高。若以WHO标准为参考，则分析样本中最年轻队列（2015年及以后出生）的体重指数均值比WHO标准的均值高1.012个标准差；十年前出生队列的体重指数均值则低于WHO标准。其中，2005—2009年出生队列的体重指数均值比WHO标准低0.075个标准差。与上文关于身高发育状况的分析结论相类似，表5-2所展示的出生队列差异可能反映了二十余年间中国未成年人体格发育状况随出生队列逐步改善的趋势，映射了社会经济发展和医疗卫生事业进步为人类体格发育带来的积极效应。

标准化的体重指数显示，被访青少年儿童中，男女两性的体重分布状况仍存在明显差异。与女性相比，男性被访者的体重指数均值、中位数均明显更高。以WHO标准为参考，分析样本中女性被访者的体重均值比WHO标准的体重均值高0.178个标准差，中位数高0.047个标准差；男性被访者的体重均值和中位数分别比WHO标准高0.244个和0.328个标准差。类似地，使用UK-WHO标准的结果也印证了这一性别差异模式，尽管与UK-WHO标准相比男女两性被访者的体重均值和中位数均略低。由此可见，当前中国青少年儿童的体重发育水平偏高于WHO标准，且男性偏高的程度更大。这一结果与近年来社会关切的男孩超重较为多发的现象相呼应，需要引起足够的重视。

与城镇被访者相比，农村地区青少年儿童的体重发育水平总体较低，但其均值和中位数均不低于WHO标准。不过，若以UK-WHO标准为参考，则分析样本中城乡、男女两性青少年儿童的体重发育水平均在其标准分布的均值附近；农村被访者的体重均值略低于UK-WHO标准，城镇地区被访者则略高。

综上所述，按照世界卫生组织提出的健康儿童生长发育标准以及其他国际常用的青少年儿童生长标准（如 UK-WHO 标准），当前中国青少年儿童的生长发育状况总体良好，与国际标准反映的健康儿童生长潜能接近。随着营养状况与健康水平的普遍提高，年轻队列的青少年儿童生长发育水平呈稳步提升趋势。此外，需要注意的是，各出生队列的青少年儿童生长发育状况仍存在明显的内部差异。以 WHO 标准或 UK-WHO 标准分布为参照，各出生队列生长发育状况最差和最好的被访者分别位于标准分布均值左右近 5 个标准差的位置，即极差大小接近 10 个标准差。这意味着，现阶段中国未成年人的体格发育状况仍存在显著的个体差异。在个体成长过程中，相应差异可能在不同程度上持续存在，这对促进年青一代的全面健康成长、降低健康差异和不平等提出了现实挑战。

第二节　家庭特征与青少年儿童的体格生长差异

青少年儿童的成长与家庭资源、环境等因素高度相关，因而，考察家庭特征与未成年人体格生长状况的关系对理解未成年人体格健康的影响机制具有重要意义。家庭因素众多，本节重点关注与家庭转变相关的家庭特征，如父母生育年龄、母亲受教育程度、家庭规模等。本节从这些主要家庭特征出发，检验当前中国青少年儿童身高和体重标准化指数与家庭特征的关系。鉴于使用前述两种标准化方案（WHO 标准和 UK-WHO 标准）的分析结果基本一致，为避免重复，以下部分将主要展示使用 UK-WHO 标准的分析结果。

一　父母的生育年龄与青少年儿童体格发育状况

（一）总体差异

1. 标准化身高指数

图 5-1 按照被访者在出生时母亲年龄、父亲年龄的分组信息进

行划分，对比展示了各组被访者的标准化身高指数的均值与中位数。由此可见，被访者的身高标准化得分因母亲、父亲的生育年龄不同而呈现重要的人群差异。相对而言，母亲生育年龄在25—29岁的，被访者的身高标准化得分平均值最高；父亲生育年龄在25—29岁的，被访者的身高发育状况也超过其他人群。无论以均值还是中位数为分析依据，这些结论均成立，为父母生育年龄与个体身高发育状况之间关系的稳健性提供了支持。

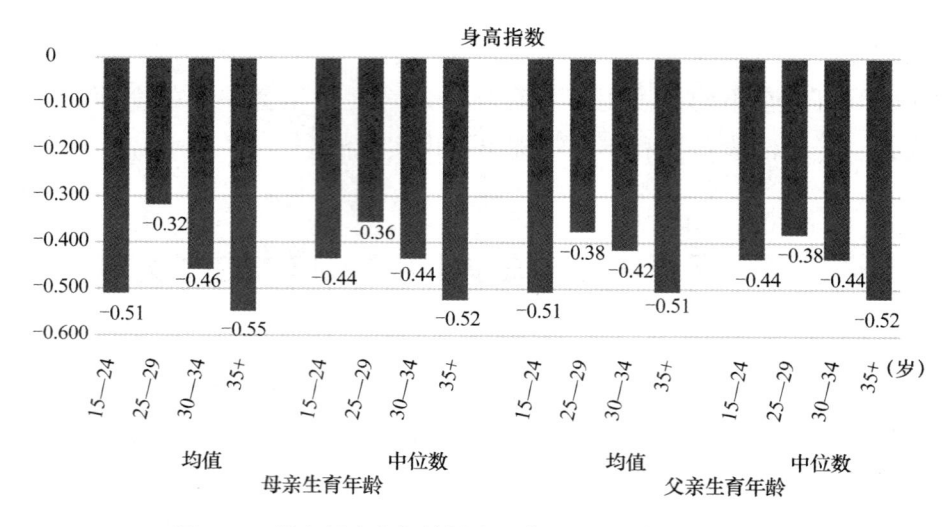

图 5 - 1　按父母生育年龄划分的被访者的身高标准化得分

相对于父母生育年龄适中（如25—29岁）的情况，父母生育年龄过早或过晚均伴随着子女身高发育在同性别、同龄人中的明显劣势。其中，母亲生育年龄在35岁及以上的被访者，身高标准化得分均值最低；与 UK - WHO 标准分布相比，其身高均值低 0.55 个标准差，中位数低 0.52 个标准差；与分析样本中的母亲生育年龄适中（25—29岁）的被访者相比，其身高标准化得分均值和中位数分别低 0.23 个和 0.16 个标准差。类似地，父亲生育年龄在35岁及以上的，被访青少年儿童的身高发育状况也明显落后于其他生育年龄的被访者。与 UK - WHO 标准分布相比，其均值低 0.51 个标准差，中位数低 0.52 个标准差。这些结果印证了晚育对子女身高发育状况具有突出的不利影响。

除晚育的不利影响外，父母过早生育也对子女的身高发育具有不利的影响。分析样本中，母亲生育年龄在 15—24 岁的青少年儿童，个人身高标准化得分的均值比 UK – WHO 标准低 0.51 个标准差，中位数低 0.44 个标准差；父亲生育年龄在 15—24 岁的被访者，身高标准化得分的均值和中位数也明显低于 UK – WHO 标准。

这些结果表明，从青少年儿童的身高发育状况来看，出生时父母的年龄与个体生长发育存在重要相关关系，且相应关系在个人成长历程中具有持久性。究其原因，父母的生育年龄可能通过基因、孕期的激素水平等遗传或生理因素影响个体的先天健康禀赋，从而影响其生长发育的潜力。除先天因素的影响外，父母生育年龄不同也可能通过后天的健康资源、行为等因素对个体生长发育产生影响。由于父母生育年龄的不同意味着个体出生时家庭处于生命历程的不同阶段，由此决定未成年人在成长过程中家庭环境特征、家庭资源的丰富程度、父母的投资行为等方面存在重要差异，进而可能改变其生长和健康的发展轨迹。

2. 标准化体重指数

图 5 – 2 按照母亲生育年龄、父亲生育年龄对被访者进行分组，对比展示了各组被访者的体重标准化得分。图 5 – 2 显示，与身高发育状况不同，母亲生育年龄最晚（35 岁及以上）的被访者体重标准化得分明显超过其他被访者。

具体来看，分析样本中，母亲生育年龄在 35 岁及以上的青少年儿童，体重标准化得分比 UK – WHO 标准略低，其均值和中位数分别相当于 UK – WHO 标准分布的 – 0.13 个标准差和 – 0.11 个标准差的水平。相比之下，母亲生育年龄较早的被访者，体重标准化得分显著较低，其均值约相当于 UK – WHO 标准分布的 – 0.22 — – 0.17 个标准差的水平。这意味着，从体重发育情况来看，母亲晚育并不导致子女发育进程缓慢或相对滞后；相反，母亲晚育的青少年儿童体重发育水平平均更高。这可能与家庭资源和健康投入的差异有关。从家庭生命周期的角度来看，在母亲晚育的情形下，个体出生时以及成长过程正处于家庭物质资源相对丰富的阶段，这可能为个人成长提供良好的营养条件。此外，在家庭转变背景下，自主选择推迟生育的父母也可能是社会经济地位较高者，由此，子代体格发育的差异可能反映了相应的社会经济效应。需要强调的是，父母晚育情况下个体身高发育状况相对较差，结合这一结果，晚育对应的体重发育的相对优势是否隐含了超重风险需要引起足够的关注和警惕。

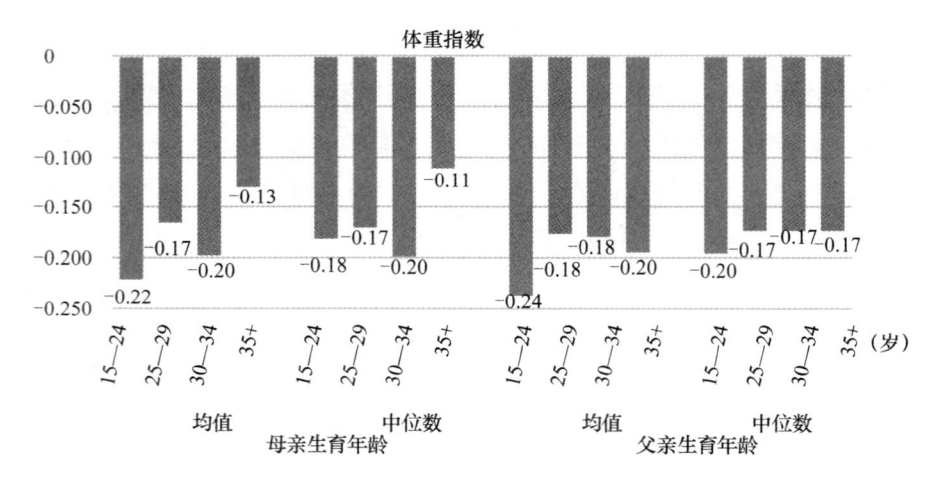

图 5-2 按父母生育年龄划分的被访者的体重标准化得分

与母亲生育年龄对应的体重发育差异相类似，父亲生育年龄较晚的被访者，体重标准化得分也相对较高。相比之下，父亲早育对应的被访者的体重发育状况最差。图5-2显示，父亲生育年龄在15—24岁的青少年儿童，体重标准化得分的均值与中位数分别相当于UK-WHO标准分布中-0.24个标准差和-0.20个标准差的水平。

综合上文关于个体身高发育状况的分析结果，不难发现，父母早育对子女的身高和体重发育均有明显的不利影响，子女的身高和体重发育水平明显低于同龄、同性别人群的平均值。与之相对，父母晚育对子女的身高发育具有显著的不利影响，导致其发育迟滞、低于平均水平；但对子女体重发育的影响却相反，晚育情形下子女的体重发育状况超过人群平均水平。这些差异体现了父母生育年龄选择对子女体格发育的先天生理性影响以及后天社会经济影响的综合效应，对这些效应的具体分析将在后续章节（参见第十二章）逐步展开。需要强调的是，在家庭转变背景下，晚育行为对应的社会经济选择性机制和程度可能发生变化，由此可能改变晚育现象对子代体格发育状况的综合效应。

（二）分城乡的对比分析结果

长期以来，中国城乡二元结构和社会经济分层决定了城乡家庭转变进程存在重要差异。与之相联系，城乡居民的晚育行为可能存在不同的意涵和人群选择性。与城镇地区相比，农村地区的家庭转变出现较晚，目前自主选择推迟婚育的现象（或家庭转变意义上的晚育）还相对少见；因而，分析样本中父母生育年龄较大的农村被访者往往对应多孩家庭中的较高孩次。相比之下，城镇地区家庭规模普遍较小，自主推迟婚育的现象更为多见。

出于上述差异的考虑，有必要区分城乡样本，进一步检验父母生育年龄与城乡青少年儿童体格发育状况的关系。

1. "生育年龄—子代身高发育"关系的城乡对比

图5-3区分城镇和农村样本，对比展示了父母生育年龄与被访者身高指数的关系。首先，农村地区青少年儿童的身高发育状况与城镇地区差异显著。使用 UK-WHO 标准为参照，图5-3中各组被访者的标准化身高均值和中位数显示，农村地区青少年儿童的身高发育状况明显低于参照标准；其均值比参照标准低0.69—0.93个标准差，中位数比参照标准低0.61—1.10个标准差。与之相比，在城镇地区，青少年儿童的身高发育水平与 UK-WHO 标准差异较小，其均值分布在参照标准均值的-0.10—0.20个标准差之间，中位数与参照标准更为接近。

其次，父母生育年龄与青少年儿童身高发育状况的关系存在重

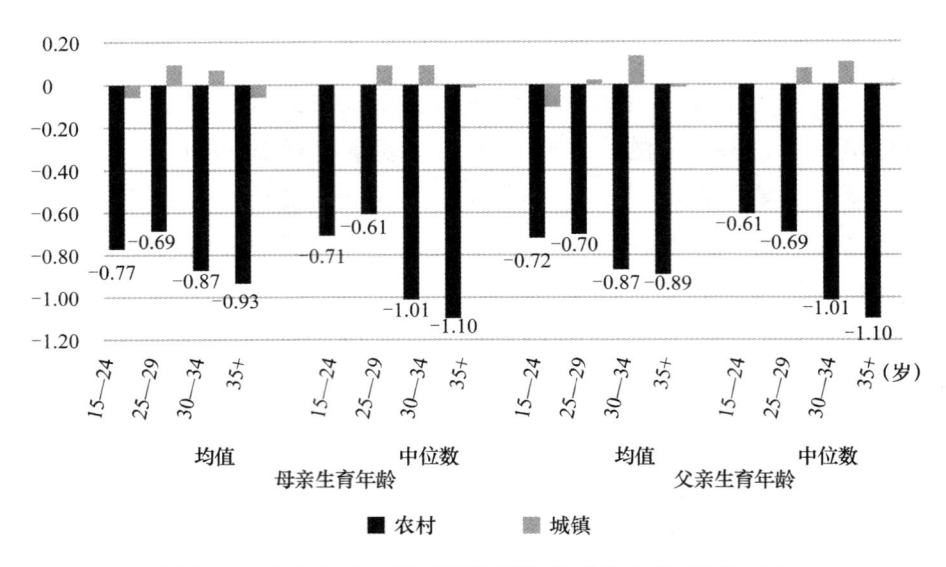

图 5-3 城乡父母生育年龄不同的被访者的身高标准化得分

要的城乡差异。在农村地区，父母生育年龄较晚（30岁及以上）的被访者，身高指数明显较低。其中，母亲生育年龄在30—34岁、35岁及以上的被访者，身高指数均值比 UK-WHO 标准分布的均值分别低 0.87 个和 0.93 个标准差，中位数比 UK-WHO 标准低 1.01 个和 1.10 个标准差。类似地，父亲生育年龄在 30—34 岁、35 岁及以上的，被访者的身高指数均值比 UK-WHO 标准低 0.87 个和 0.89 个标准差，中位数比 UK-WHO 标准低 1.01 和 1.10 个标准差。相比之下，父母生育年龄较低（30岁以下）的被访者，身高发育状况相对更好。这些差异可能反映了晚育伴随的生理性因素导致的先天健康劣势。除此之外，农村地区晚育现象对应的子女身高发育劣势，也可能与家庭社会经济的选择性特征有关：农村地区受普遍早婚早育的传统文化的影响，父母生育年龄较大往往对应高孩次生育或者由于婚姻挤压而被迫推迟生育的现象；这些家庭的社会经济状况往往较差，因此可能（通过资源约束或其他途径）导致子女的身高发育处于明显劣势。

与农村地区的分析结果相对照，在城镇地区，父母过早（15—24岁）或过晚（35岁及以上）生育对青少年儿童的身高发育具有突出的不利影响。其中，早育现象对应的身高发育劣势甚至不低于晚育的影响。相比之下，父母生育年龄在25—29岁和30—34岁的被访者，身高指数明显更高。由此可见，城镇地区父母生育年龄和子女的体格发育呈倒"U"形关系，这一差异模式与国外关于父母生育年龄对子女健康效应的研究结论相类似，可能的解释包括生理性机制和社会经济选择性机制。一方面，推迟生育可能增加生理性健康风险，导致子代的先天健康禀赋降低，进而对身高发育产生不利影响；另一方面，城镇地区过早生育者在社会经济特征等方面处于相对劣势，由此可能影响其健康资源、知识和行为，进而制约子女的生长发育潜能。

2. "生育年龄—子代体重发育"关系的城乡对比

图5-4区分城乡样本，展示了被访者的体重发育状况与父母生育年龄的关系。分析结果再次印证了父母生育年龄与子女体格发育状况的关系存在重要的城乡差异。

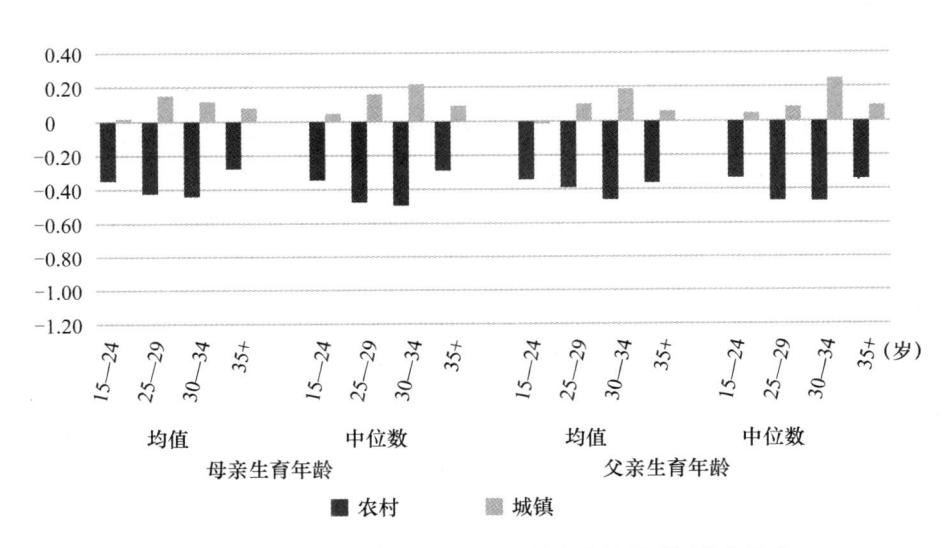

图5-4 城乡父母生育年龄不同的被访者的体重标准化得分

具体而言，首先，与图 5-3 展示身高发育状况的城乡差异相类似，农村地区青少年儿童的体重发育状况明显低于参照标准，城镇地区被访者则相反。这些结果突出强调了当前中国青少年儿童体格发育状况的城乡差距，农村地区青少年儿童身高和体重发育状况的整体水平偏低，未达到 UK-WHO 标准所反映的健康儿童的生长潜力；城镇地区被访者则略高于参照标准。

其次，城乡之间，父母生育年龄与青少年儿童体重发育状况的关系完全相反。图 5-4 显示，在农村地区，青少年儿童的体重标准化得分与父母生育年龄呈"U"形关系，即父母生育年龄最早和最晚的被访者，体重发育情况平均更好，其标准化得分的均值和中位数与 UK-WHO 标准体重相对较为接近；相比之下，父母生育年龄适中（25—29 岁和 30—34 岁）的被访者，体重标准化得分显著更低。

在城镇地区，父母生育年龄与青少年儿童体重标准化得分之间呈倒"U"形关系。换言之，父母早育或晚育对应的子女的体重发育标准化得分平均值较低，不过，相应得分均值依然高于 UK-WHO 标准分布的体重均值。与之相比，父母生育年龄居中（25—29 岁和 30—34 岁）的青少年儿童，体重标准化得分明显更高，其均值比 UK-WHO 标准分布高出 0.1—0.19 个标准差，中位数比参照标准高出 0.08—0.25 个标准差。

综合上述结果，可以推断：首先，父母的生育年龄与子女身高、体重发育状况的相关关系不同。父母过早或过晚生育对子女身高发育具有突出的不利影响，但对体重发育情况来说，早育或晚育并不必然意味着青少年儿童的体重发育存在相对劣势。其次，父母生育年龄对子女生长发育状况的影响因城乡而异，反映了家庭转变进程不同的城乡地区晚育现象的选择性特征及其健康意涵的差异。在城镇地区，自主推迟生育的现象相对更为多见，晚育对子代体格发育轨迹和健康的效应隐含了先天生理性影响（负向效应）和后天社会经济效应（正向补偿）的综合作用。类似地，对早育现象的影响而言,由于农村地区早育现象较为普遍,相应家庭的社会经济特征不存在负向选择性;相比之下,在城镇地区早育更有可能发生在经济欠发达或社会文化落后的地区,由此隐含了社会经济特征的负向选择性。这些作用机制的差异意味着,现阶段城乡家庭特征对子女生长发育的影响可能具有完全不同的性质。

二 母亲受教育程度与青少年儿童的体格发育特征

为了理解家庭社会经济特征对子女生长发育差异的影响,本部分的分析使用母亲的受教育程度代理测量家庭社会经济特征。表5-3展示了母亲受教育程度不同的家庭中子女生长发育状况的可能差异。

表5-3 按母亲受教育程度划分的被访青少年儿童身高和体重标准化得分

母亲受教育程度	身高指数		体重指数	
	均值	中位数	均值	中位数
初中及以下	-0.674	-0.603	-0.369	-0.385
高中	0.193	0.128	0.357	0.328
大专及以上	0.695	0.753	0.692	0.694

整体来看,母亲受教育程度与青少年儿童的身高及体重发育水平正向相关。具体而言,母亲受教育程度在初中及以下的被访者,其身高和体重的均值、中位数均低于 UK-WHO 标准分布的均值;母亲受教育程度为高中、大专及以上的被访者,其身高和体重指数的均值、中位数均高于 UK-WHO 标准。随着母亲受教育程度的提高,被访青少年儿童的体格生长状况呈梯度递升趋势;与母亲中—高学历(即高中与大专及以上的对比)对应的差距相比,中—低学历(高中与初中及以下的对比)对应的差距明显更大。

图5-5区分城镇和农村样本,对比展示了城乡母亲受教育程度与青少年儿童体格发育状况的关系。由此可见,母亲受教育程度与青少年儿童体格发育状况的正相关关系在城乡样本中保持一致且高

度稳健。无论从均值还是中位数来看，母亲学历越低，青少年儿童的身高及体重标准化得分显著越低。与 UK – WHO 标准相比较，母亲低学历（初中及以下）的被访者身高和体重的均值、中位数均处于参照标准的均值以下；母亲高学历的被访者，身高和体重发育情况则明显超过参照标准。

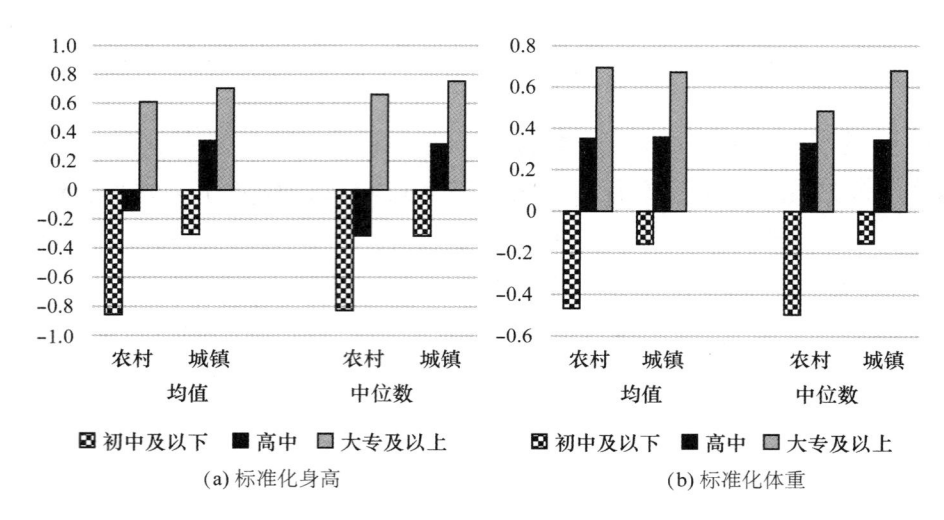

图 5–5 按城乡、母亲学历划分的被访者的身高和体重标准化得分

在母亲低学历的情形下，城乡被访者的体格发育情况差异巨大。尽管城乡母亲低学历对应的被访者的身高和体重指数均低于参照标准，但农村青少年儿童的相对劣势明显更大，比城镇被访者的身高指数平均低 0.55 个标准差，体重指数平均低 0.3 个标准差以上。在母亲中等学历的被访者中，农村青少年儿童的身高指数均值低于参照标准，城镇青少年儿童则高于参照标准；二者的均值相差约 0.5 个标准差，中位数相差 0.63 个标准差。不过，这类被访者的体重发育情况城乡差异不大，均高于参照标准。类似地，在母亲高学历的被访者中，青少年儿童体格（包括身高和体重）发育水平明显超过参照标准，且城乡差异不大。

这表明，青少年儿童的体格发育情况因家庭社会经济特征而呈现重要差异，本部分基于母亲受教育程度的分析结果展示了相应差异的单调性及其鲜明的梯度特征。本部分的研究结果表明，现阶段，青少年儿童体格发育状况的城乡差异最为突出地反映在母亲低学历的人群中。其可能的解释在于，不论城乡，母亲低学历对应的家庭社会经济状况平均较差，这些家庭的未成年人在成长过程中更有可能面临资源约束，从而导致其体格发育受到不利影响。不过，与农村地区相比，城镇地区往往有相对丰富的公共资源，由此可能对其居民产生普惠性效应，从而在一定程度上缓减社会经济条件较差的家庭中子女由于资源约束而面临的生长发育劣势。由此可见，当前城乡公共资源和环境的差异，在客观上强化了城乡社会阶层较低的家庭中（母亲低学历）子女健康的差距。这意味着，促进青少年一代的全面健康发育，需要特别关注农村地区母亲低学历家庭中青少年儿童的生长发育劣势。

三 家庭规模与青少年儿童体格发育的差异

在经典的人口转变和当代家庭转变过程中，家庭规模的变化是其重要表现形式之一。当代家庭中，子女数量的多少不仅反映家庭在社会化的转变进程中的相对位置，包含了观念、态度、行为等方面的差异；同时，子女数量直接影响家庭内部人均资源的多寡以及资源利用中可能面临的竞争情况（如资源稀释理论所阐释的）。因此，家庭规模可能与未成年人的体格发育存在重要关系，对比不同家庭规模的青少年儿童体格发育的差异具有重要意义。

表5-4按照家庭规模大小对分析样本进行划分，对比展示了这些不同类型的被访者身高和体重标准化得分。平均而言，家庭规模越小，青少年儿童的体格发育水平越高。与UK-WHO标准相比，分析样本中一孩家庭的青少年儿童身高和体重指数的均值、中位数均高于参照标准；相比之下，二孩和多孩家庭的青少年儿童身高和体重发育情况明显低于参照标准。家庭规模越大，青少年儿童的体

格发育状况平均越差。

表5-4 按家庭规模划分的被访青少年儿童的身高和体重标准化得分

家庭规模	身高 均值	身高 中位数	体重 均值	体重 中位数
一孩家庭	0.242	0.249	0.355	0.328
二孩家庭	-0.508	-0.507	-0.241	-0.276
多孩家庭	-1.057	-1.100	-0.743	-0.772

表5-5区分城镇和农村样本，对比展示了在不同家庭规模的样本中被访者的身高、体重标准化得分情况。结果显示，青少年体格发育状况与家庭规模之间负相关的关系保持稳健。

就身高发育状况而言，在农村地区，不同规模的家庭中青少年儿童的身高标准化得分均值均低于参照标准，但一孩家庭与参照标准的差距最小，其均值仅比 UK-WHO 标准低 0.066 个标准差。相比之下，二孩和多孩家庭的青少年儿童身高均值分别比参照标准低 0.728 个和 1.191 个标准差。在城镇地区，一孩家庭的青少年儿童身高发育状况高于参照标准，而二孩和多孩家庭中，青少年儿童的身高发育情况则低于参照标准。

表5-5 城乡不同规模的家庭中青少年儿童的身高和体重标准化得分

家庭规模	身高 农村 均值	身高 农村 中位数	身高 城镇 均值	身高 城镇 中位数	体重 农村 均值	体重 农村 中位数	体重 城镇 均值	体重 城镇 中位数
一孩家庭	-0.066	-0.116	0.390	0.383	0.258	0.270	0.401	0.347
二孩家庭	-0.728	-0.671	-0.138	-0.222	-0.353	-0.420	-0.039	0.000
多孩家庭	-1.191	-1.313	-0.675	-0.618	-0.847	-0.863	-0.451	-0.498

从被访青少年儿童的体重标准化结果来看，不论城乡，二孩和多孩家庭的青少年儿童体重指数与参照标准相比开始呈现不同程度

的劣势。相比之下，一孩家庭的青少年儿童体重发育状况则高于参照标准。

这些结果与资源稀释理论的一般推断相吻合，可能反映了家庭健康资源随家庭规模扩大而逐步稀释的结果；当然，这些结果也不能排除不同家庭规模隐含或对应的父母观念、态度、行为等方面差异的影响。关于这些效应的进一步检验和探讨，将留待后续章节（参见第十二章）进一步展开。

第三节　本章小结

本章利用CFPS收集的被访者在历次调查时的实时身高和体重信息，以1995年及以后出生的被访者为考察对象，分析了当前中国未成年人的体格健康特征及其人群差异。研究参照国际通用的体格发育标准，首先对被访青少年儿童的身高和体重进行了标准化处理，在此基础上，考察当前中国青少年儿童的体格发育状况与国际健康儿童发育标准的差异，并着重检验了主要家庭特征与分析样本中未成年人体格发育状况的关系。

本章的主要研究结论如下：首先，当前中国青少年儿童的身高和体重发育状况与国际健康儿童发育标准总体比较接近，城镇地区青少年儿童的发育状况略高于国际标准，农村地区青少年儿童则略低；随着出生队列推移，青少年儿童的体格发育状况呈稳步改善趋势。

其次，父母的生育年龄与青少年儿童的体格发育状况存在重要的相关关系。不过，相应关系也呈现一定的城乡差异。概括起来，就当前青少年儿童的身高发育状况而言，父母生育年龄过早或过晚均会导致子女身高发育相对迟缓，与同龄人相比呈现明显的劣势。从体重发育状况来看，城镇地区父母过早或过晚生育均对青少年儿童的体重发育状况具有不利影响；但在农村地区，早育并不意味着青少年儿童的体重发育存在相对劣势，父母较晚生育时子女体重发育才面临明显的比较劣势。

再次，母亲受教育程度与未成年人的体格发育状况高度相关。母亲学历越高，青少年儿童的身高和体重指数相对更高。这一差异模式对城乡均成立；不过，在母亲低学历的人群中，城乡青少年儿童的体格发育差距最大，反映了城乡社会资源和环境对未成年人体格发育的差异性影响。

最后，家庭规模越小，青少年儿童的体格发育水平越高。这些结果印证了家庭转变进程对年青一代在未成年期健康发育的重要影响。随着家庭转变的扩散和逐步推进，本研究发现的城乡及人群差异可能发生变化；这些结果为积极促进中国年青一代健康成长、推动全民健康资本的高质量积累提供了方向和启示。

第六章

青少年的心理健康及家庭因素的影响

　　心理健康是健康资本的一个重要维度。根据新人力资本理论，心理健康也是个人非认知能力的核心组成部分，对人力资本的积累过程与结果起着关键的作用。青少年期是个人认知和非认知能力快速发育的阶段，在这一阶段，个人的心理健康极易因成长环境、学业负担、个人成长过程中的具体经历等因素而发生变化。与之相联系，近年来中国青少年罹患抑郁症等心理疾患的现象增多，引起了全社会的关注。据中国科学院心理研究所发布的中国国民心理健康发展报告，在初中学龄段的青少年中，抑郁情绪最为高发；2020年，该年龄段青少年的抑郁检出率在三成左右，重度抑郁检出率达7.6%—8.6%（傅小兰、张侃，2021）。

　　CFPS在历年调查中均针对10岁及以上被访者收集了心理健康信息，为及时、动态地了解青少年心理健康的时期特征及其变动趋势提供了全国代表性大样本的数据基础。本章主要利用CFPS数据对青少年的心理健康进行分析，初步检验家庭特征与青少年心理健康的关系。

　　如上所述，青少年期是个人生理及认知快速发育的时期，这一阶段也往往面临着成长的烦恼、学业负担、升学竞争等多方面的压力和挑战。由此推断，青少年的心理健康状况可能因具体的学习或成长阶段而发展变化。为了便于对照分析，展示处于不同成长阶段的青少年心理健康的特征和差异，本章的分析将考察对象限定为历次调查时年龄在10—18岁的被访者。按照目前全国通用的学制年限标准，这一年龄段的青少年正对应小学高年级到高中学龄段。这些不同的学龄阶段对应的外部环境、升学压力以及自身成长状况等特征差异鲜明。因而，通过区分不同学龄阶段，有望为深入理解当前中国青少年的心理健康状况及其发展变化提供重要研究视角。

第一节 心理健康指标与青少年的主要特征

在 CFPS 历次调查中，先后使用了两种心理健康量表收集信息，分别为凯斯勒心理疾患量表（the Kessler Psychological Distress Scale）和流调中心抑郁量表（Center for Epidemiologic Studies, Depression Scale，以下简称 CES – D 量表）。本节在进行具体分析之前，首先对这些量表的构建和 CFPS 中具体收集情况进行简要介绍。

一 心理健康指标与调查数据

（一）常用的心理健康量表的简要介绍

凯斯勒心理疾患量表是由哈佛医学院 Kessler 等人提出的（Kessler et al., 2002），量表设计的初衷是为了满足美国全国健康调查（National Health Interview Survey, NHIS）中简便快速地收集心理健康信息的需要，以筛查普通人群的心理压力等健康风险。量表的设计过程是在以往心理健康筛查指标（包括 612 个问项）的基础上，剔除了信息冗余或表意模糊的问项，并经专家小组评分、调查评估和分析，在此基础上逐步修改形成的。量表构建过程利用了项目反应理论模型，最终形成的量表有长短不同的两个版本，分别包括 10 个问项（K10）和 6 个问项（K6）。

凯斯勒量表的具体收集方式是，询问个体在过去 30 天经历压力等各种心理情绪的频率，用以反映心理疾患的严重程度。经临床测试、反复的应用和实证检验，研究表明，两个版本的凯斯勒心理疾患量表（K10 和 K6）均具有很高的测量效度和信度，对个体的临床心理疾患具有较高的预测精度；因而被视为连接临床研究和社区调查研究的重要纽带。

CES-D 量表是另一国际常见的心理健康量表，最早由美国国立精神卫生研究所流行病调查中心 Radloff 编制（Radloff，1997），用以衡量一般人群中个体的抑郁症状或抑郁程度。完整的 CES-D 量表（CES-D20 量表）包括 20 个问项，通过询问个体在过去一周内出现不同类型情绪或感受的频率，综合测量个体的抑郁倾向或严重程度。与凯斯勒量表相类似，流调中心抑郁量表也有长短不同的版本。除 CES-D20 量表外，较为常用的简化版本如 CES-D8 量表。在大量的实证研究应用中，该量表的测量有效性和稳定性也得到广泛印证。

（二）CFPS 中相关心理健康量表信息的收集情况

近年来，随着中国居民对心理健康的重视程度不断上升，这两个量表开始在健康相关的临床和调查研究中广泛应用（Lee, et al., 2012；Kang, et al., 2015）。

在 CFPS 目前完成和发布的调查中，2010 年和 2014 年调查使用的是 K6 量表，询问了 10 岁及以上被访者"最近一个月有以下感受的频率（情绪沮丧、郁闷、做什么事情都不能振奋；精神紧张；坐卧不安、难以保持平静；感到未来没有希望；做任何事情都感到困难；认为生活没有意义）"，问项的初始赋值包括：1（几乎每天）、2（每周两三次）、3（每月两三次）、4（每月一次）和 5（从不）。

在其余年份，CFPS 使用了不同版本的 CES-D 量表。其中，2012 年和 2016 年的调查针对随机抽取的子样本（大约占1/5）收集了 CES-D20 量表信息，其余子样本则应用简化版本的 CES-D8 量表收集心理健康信息；2018 年和 2020 年的调查中对所有样本统一使用了 CES-D8 量表。各年份的调查中，CES-D8 量表的具体收集情况是，询问被访者"过去一周有以下感受的频率：情绪低落；做事费劲；睡眠不好；愉快；孤独；生活快乐；悲伤；无法继续生活"，问项的初始赋值包括：1［几乎没有（不到1天）］、2［有些时候（1—2天）］、3［经常（3—4天）］、4［多数时候（5—7天）］。

考虑到变量测度的内涵和版本的可比性，本节主要利用K6和CES-D8两个量表的变量信息，对历次调查时全国10—18岁青少年的心理健康特征分别进行分析。变量的具体量化方式采用二分类测度，即将K6量表中各问项的初始赋值合并产生：1 = 经常（几乎每天/每周两三次），0 = 其他（每月两三次/每月一次/从不）；类似地，CES-D8量表问项的初始赋值合并为：1 = 经常（经常/多数时候），0 = 其他（几乎没有/有些时候）。

二 当前中国青少年的心理健康特征

（一）心理疾患：K6量表

基于K6量表的调查结果，图6-1至图6-3依次区分城乡、性别及学龄阶段展示了调查样本中10—18岁青少年在调查前一个月经常有K6量表中各类负面心理感受的比例。总体来看，被访青少年频繁出现各种负面情绪或心理感受的比例较低，基本在8%以下。在K6量表所涵盖的各类感受中，沮丧郁闷出现的频率最高（在8%左右），其次为精神紧张；觉得生活没有意义和未来没有希望的比例最低，城乡均在4%以下，分别位列各类负面感受的最后两位。

城乡之间，被访者出现K6量表中各类心理感受的频率排序基本保持一致。这些结果反映了不同心理感受对心理健康影响程度的差异，也从侧面印证了相应测量的有效性和稳定性。此外，两次调查结果显示，对K6量表中多数心理感受而言，被访青少年频繁经历的比例总体呈下降趋势。其中，频繁感受精神紧张、坐卧不安、做任何事情都困难等情绪的比例下降最为明显，2014 年调查时城乡相应比例均比 2010 年同一年龄段青少年的比例低 2 个百分点左右。

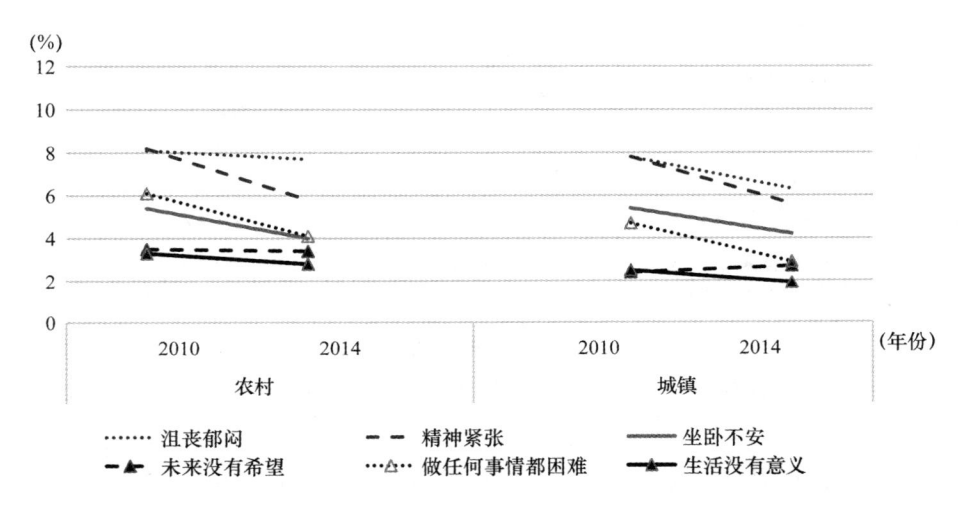

图 6-1　城乡青少年经常有 K6 量表中各类心理感受的比例：2010 年和 2014 年

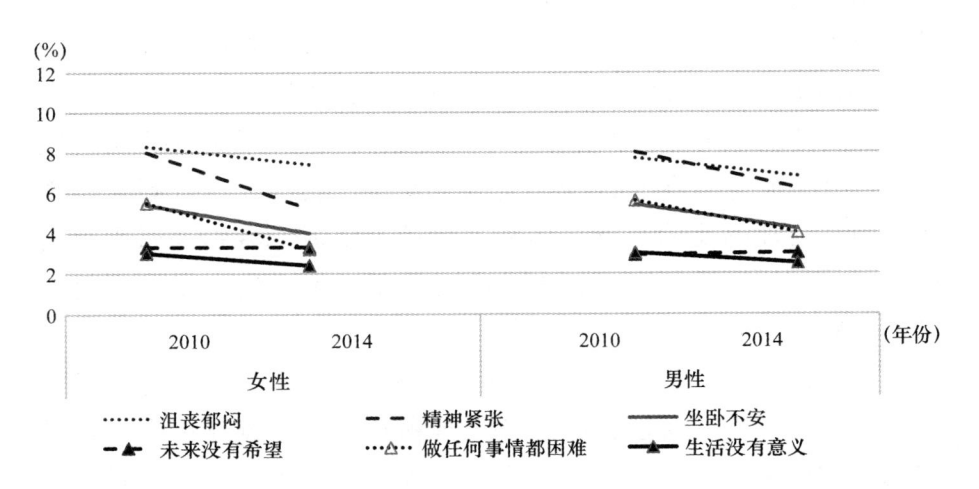

图 6-2　男女青少年经常有 K6 量表中各类心理感受的比例：2010 年和 2014 年

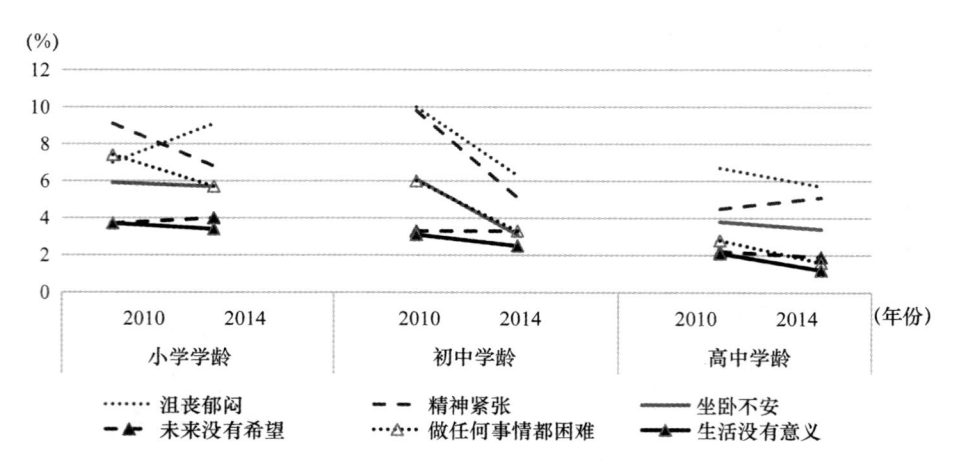

134　当代中国家庭转变对人力资本发展的影响

图 6-3　不同学龄段青少年经常有 K6 量表中各类心理感受的比例：2010 年和 2014 年

与城乡调查结果相类似，男女两性（见图 6-2）以及不同学龄段（见图 6-3）被访者的对比结果同样显示，青少年频繁经历沮丧郁闷、精神紧张的比例较高，在两次调查中均位列前二；觉得生活没有意义、未来没有希望的比例最低，位列各类负面心理感受频率的末位。两次调查之间，男女两性被访者频繁经历各种负面心理感受的比例随时间呈现不同幅度的下降。

由上述结果可见，青少年的心理健康因城乡、性别和学龄阶段而异。就本研究考察的青少年而言，首先，农村被访者频繁出现各类负面心理感受的比例总体高于城镇被访者，特别是感受沮丧郁闷、做任何事情都困难、未来没有希望、生活没有意义等负面情绪的频率明显更高。

其次，青少年女性与男性常见的心理感受不同，二者随时间变化的幅度也不同。女性自报经常出现精神紧张、做任何事情都困难的比例低于男性，但经常出现沮丧郁闷的比例则高于男性。前者（如精神紧张等）随时间下降速度超过男性，后者（沮丧郁闷）下降幅度则不及男性；印证了压力等心理感受的性别差异。

最后，不同学龄段青少年的心理状况差异明显。总体来看，高中学龄段青少年自报经常出现各种负面情绪的比例最低，小学学龄和初中学龄段青少年则明显更高。同时，青少年经历各类心理感受的年龄差异幅度不同。与年龄较大的青少年相比，小学学龄段青少年自报经常感到坐卧不安、做任何事情都困难的比例明显更高，比初中学龄段青少年的相应比例高 2 个百分点左右；频繁感受未来没有希望、生活没有意义的比例与初中学龄青少年差异相对较小，在两次调查中均不到 1 个百分点。值得注意的是，与初中学龄段青少年频繁经历各类负面心理感受的比例大幅下降的现象相对照，两次调查之间，小学学龄段青少年的相应比例下降幅度较小，部分心理感受（如沮丧郁闷）出现频率甚至上升。

鉴于 CFPS 仅在 2010 年和 2014 年收集了 K6 量表信息，上述变化是否能够反映真实的历时变化趋势仍需要利用较长时期、多个时点的观察加以验证。不过，从健康促进和预防的角度来看，这些结果仍为重视低龄青少年的心理健康问题提出了警示和要求。

（二）抑郁情绪：CES－D8 量表

CFPS 在 2012 年、2016 年及以后多个年份收集了 CES－D8 量表信息，这些信息为检验考察期间青少年心理健康随时间变化的趋势提供了可能。基于 CES－D8 量表中各项负面情绪的发生情况，图 6-4 至图 6-6 依次区分城乡、不同性别及不同学龄段，展示了被访青少年在调查前一周频繁经历各类负面感受的比例及其对比结果。

总体来看，在各类被访青少年中，睡眠不好、情绪低落、感到做事费劲的发生频率较高，在 CES－D8 量表各类负面情绪中最为多发。考察期间，被访青少年经常经历这些情绪的比例基本在 6%—10%。与之相比，经常感到孤独、悲伤的比例较低，在 4%—7%；经常感到生活无法继续的比例最低，在 4% 以下。随着时间的推移，青少年经常经历各种负面心理感受的比例呈明显的上升趋势；且相应趋势在城镇和农村地区、男女两性以及不同学龄段的青少年中均有明显的体现。

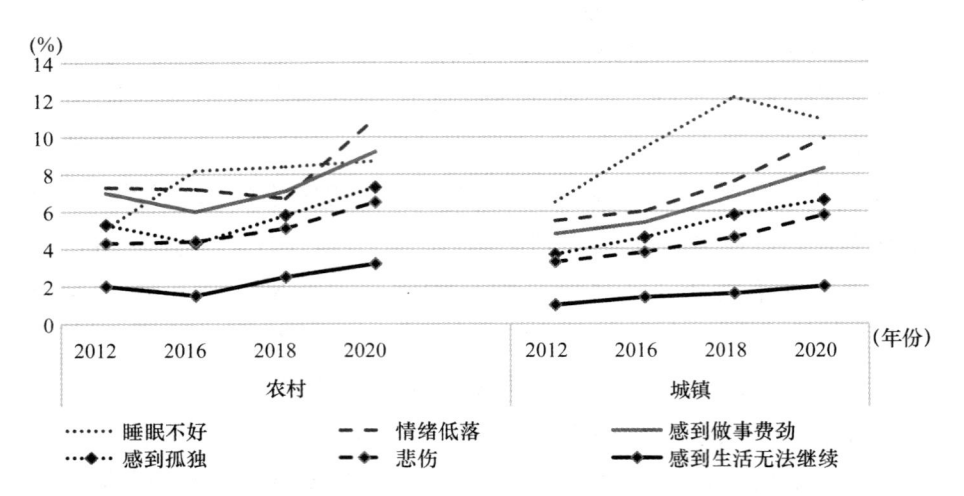

图6-4 历次调查中城乡被访青少年经常有各类 CES-D8 量表负面心理感受的比例

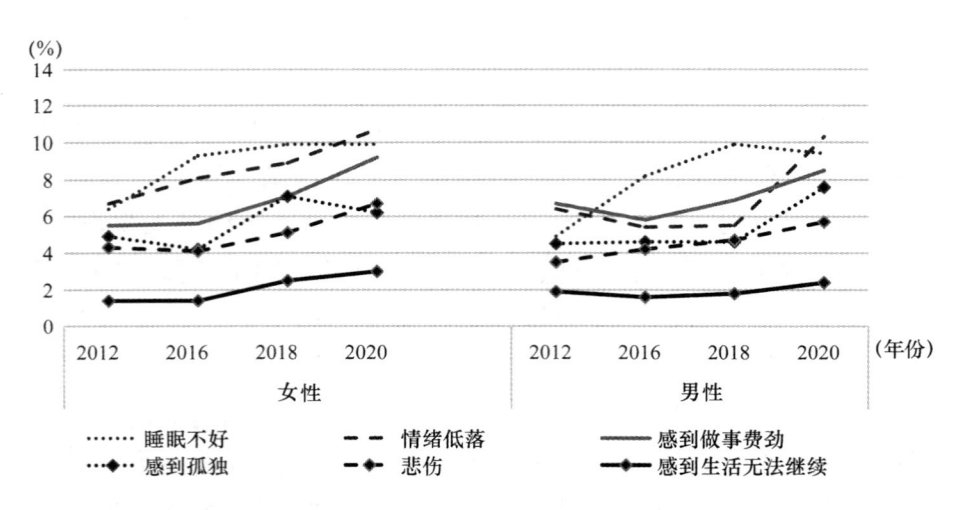

图6-5 历次调查中男女两性青少年经常有各类 CES-D8 量表负面心理感受的比例

就 CES-D8 量表中所列的负面情绪来看，尽管青少年频繁经历各类感受的可能性大小排序在不同特征的群体中基本保持一致，不

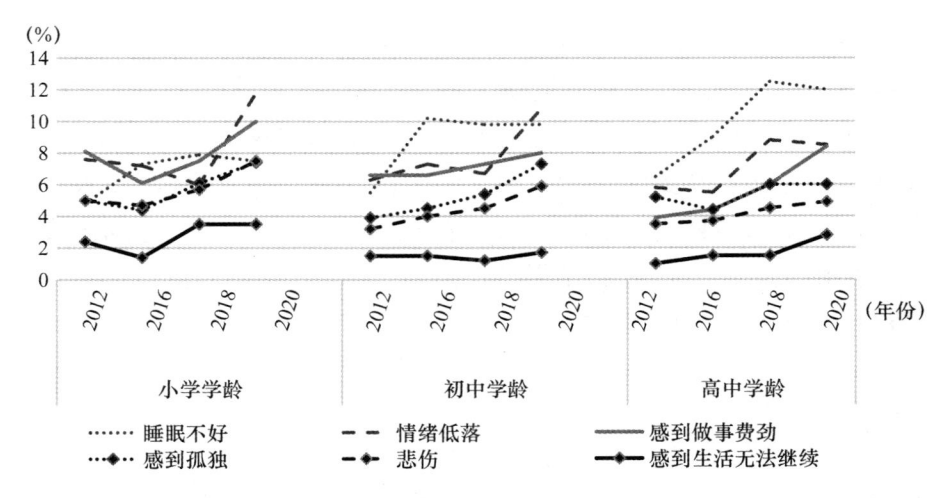

图 6-6　历次调查中各学龄段青少年经常有各类 CES-D8 量表负面心理感受的比例

过，具体心理感受的频繁程度仍存在重要的人群差异。

首先，与城镇青少年相比，各调查时期农村地区的被访青少年频繁感到生活无法继续的比例更高，但经常出现睡眠不好的比例则明显更低。这些结果展示了城乡青少年抑郁倾向及负面情绪类型的差异，与城乡社区及家庭社会经济等环境的系统性差异有关。

其次，与男性相比，历次调查时青少年女性频繁经历情绪低落、悲伤的比例明显更高；且感到悲伤、生活无法继续的频率随时间上升速度比男性更快。

再次，从 CES-D8 量表各项负面心理感受的发生频率来看，不同学龄段的青少年心理问题差异明显。总体来看，小学学龄段青少年自报频繁经历各类负面情绪的比例最高；睡眠不好的情况例外。这与前文基于 K6 量表调查结果的研究发现基本一致，突出了当前中国低龄青少年心理健康风险的严峻性。对睡眠不好的情况而言，随着年龄增长，青少年经常经历睡眠不好情况的比例在较高学龄段快速提高。这可能反映了中小学龄段青少年学业负担对睡眠的挤出效应，随着学龄阶段的递升，相应效应不断加剧，青少年感受睡眠不好的频率大幅增加。

138　当代中国家庭转变对人力资本发展的影响

最后，CES-D8量表中正向心理感受的结果显示（见图6-7），调查各年份自报经常"感到愉快"的青少年占比在七成到八成之间，经常认为"生活快乐"的占比更高。从人群差异来看，城镇地区青少年自报经常"感到愉快"和认为"生活快乐"的比例高于农村；与男性相比，多数调查年份的结果显示，女性自报经常"感到愉快"和"生活快乐"的比例高于男性；随着学龄阶段的上升，青少年频繁经历上述正向心理感受的比例明显下降。

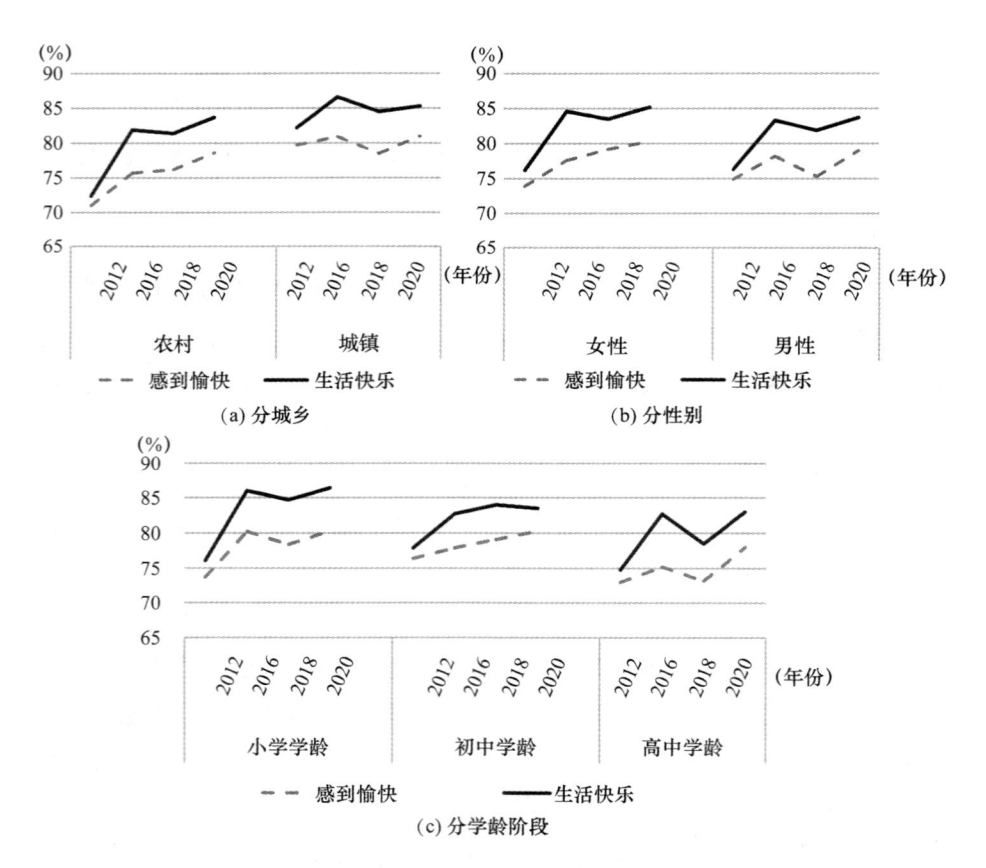

图6-7　历次调查中青少年经常有各类CES-D8量表正向心理感受的比例

需要注意的是，与上文所讨论的负面心理情绪的发生情况随调查时间上升相类似，历次调查中，青少年自报经常有各类正向心理感受的比例也随时间呈明显的上升趋势。这些结果体现了心理健康的多维复杂性以及伴随社会环境变化年轻队列心理健康的变动特征，当然，这些结果也不能排除年轻队列中情感自报和表达的差异。

第二节 家庭特征与青少年心理健康的差异

为了更为综合、高效地对比不同特征的青少年心理健康状况的差异，本节利用上述 CFPS 中收集的 CES–D8 量表信息，通过构建综合指数分析历次调查时被访者的心理健康差异与变化。选用 CES–D8 量表信息的部分原因在于，该量表信息在 CFPS 中收集的时点较多，便于进行动态趋势的研究。在目前已完成和公布的调查中，有 4 期收集了该量表信息，能够为考察心理健康的变动特征提供数据基础。此外，近年来中国青少年罹患抑郁的比例在快速上升，这为考察抑郁风险的人群差异特别是家庭因素的影响提出了现实要求。

一 综合指数的构建及其统计分布特征

（一）抑郁倾向综合指数

如上一节所示，在 CES–D8 量表中，既包含负向情绪的问项，也有正向心理感受（"感到愉快"和"生活快乐"）的问项；在构建综合指数前，先对正向心理感受进行反向赋值，然后对所有问项进行统一编码（0 = 几乎没有，1 = 有些时候，2 = 经常，3 = 多数时候）并求和，相应综合得分包含了各类心理感受和情绪的发生情况及其频率信息，能够较为详细、全面地反映被访者的抑郁倾向特征。

为便于直观理解，本研究将以上所得的综合得分进行标准的归一化转换①，形成取值在 0—1 的抑郁倾向指数。指数得分越高，被访者经历负面情绪的可能性和频率相对更高，抑郁倾向也预期更高。

（二）分析样本中抑郁倾向指数的统计分布

使用上述抑郁倾向指数，本节重点关注历次调查时全国 10—18 岁青少年被访者的心理健康，检验家庭特征与青少年抑郁倾向的关系。如上一节的分析结果所示，青少年的心理健康存在重要的人群差异；图 6-8 利用抑郁倾向综合指数进一步展示了城乡、不同性别和不同学龄阶段的被访青少年抑郁倾向得分均值的对比情况，印证了上一节单个问项分析所发现的人群差异。

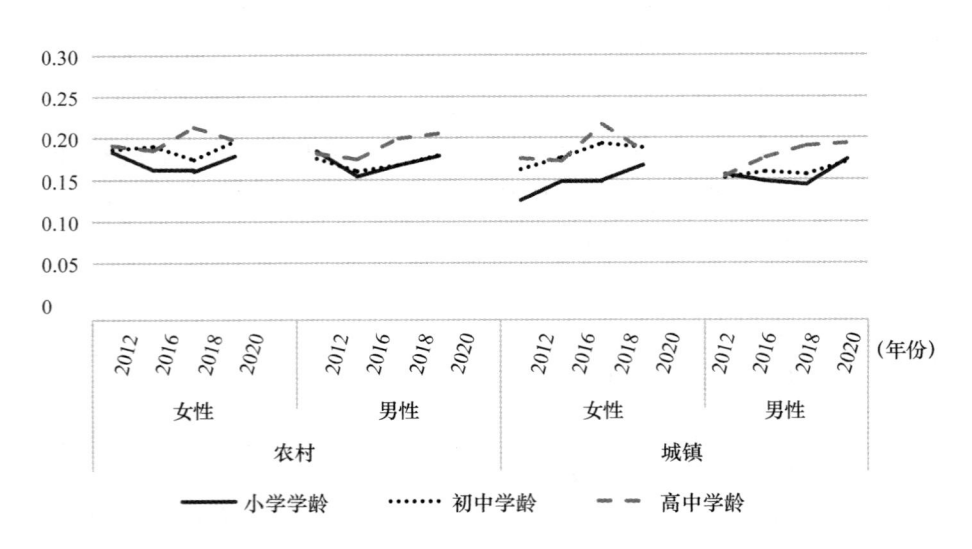

图 6-8　历次调查时城乡不同学龄段青少年的抑郁倾向指数均值对比

不过，从综合得分的情况来看，对城乡及男女两性被访者而言，较高学龄段的青少年抑郁倾向得分平均更高。这与上述单问项的研

---

① 标准化过程考虑并调整了个别问项信息缺失的情况，最终得分相当于各问项取值求和后除以有效（非缺失）问项总和的理论最大值（例如，8 个有效问项的理论最大值为 24，7 个有效问项对应的理论最大值为 21，以此类推）。

究发现有所差异，可能的原因包括：首先，上一节的分析在简化赋值（虚拟化赋值）的过程中不可避免地造成信息损失，未能充分反映心理感受具体频率的差异；其次，上一节的分析显示，较低学龄段的青少年经常有正向心理感受和负向情绪的比例均相对更高，正向和负向心理感受对抑郁倾向的影响可能部分抵消。这也意味着，由于心理健康包含不同的维度，各维度的健康表现可能不同；综合抑郁倾向得分与各单项的心理感受为全面理解心理健康提供了不同的视角。

图 6-8 还显示，从抑郁得分综合指数的均值来看，青少年中男性的抑郁倾向平均低于女性；城镇地区青少年的抑郁倾向平均低于农村。总的来看，被访青少年的抑郁倾向指数均值在 0.13—0.22，差异较小。相对而言，在考察期间各年份、各年龄段的青少年中，农村女孩的抑郁倾向指数均值最高，需要引起特别的关注和重视。

上文的分析结果表明，在不同的调查年份，青少年抑郁倾向的人群差异模式保持一致，即女性抑郁倾向高于男性，农村高于城镇，较高学龄组平均高于低学龄组。

二 家庭特征与青少年抑郁倾向的关系

为了检验家庭特征与青少年抑郁倾向的关系，特别是与家庭转变进程相关的家庭因素的影响，本部分在控制上述人群差异的基础上，进一步分析晚育现象（母亲生育年龄）、母亲学历和家庭规模与青少年抑郁倾向指数均值的关系。

为避免分组过多带来的样本过度分散影响统计结果的稳定性，以下部分将分析样本限定为 10—15 岁青少年，区分城乡和性别，并以最新一期（2020 年）的调查结果为基础进行分析。选用这些样本的原因在于，最新调查数据中 10—15 岁青少年是有效调查样本中最年轻的出生队列，这一队列青少年的抑郁倾向以及家庭特征的影响能够反映家庭转变的最新进展及其对青少年健康的影响。作为对比，我们也展示最早一期调查（2012年）中同一年龄段样本的相应分析结果。

（一）母亲晚育与青少年的抑郁倾向

父母生育年龄的推迟不仅意味着遗传物质等先天健康禀赋的变化，而且也通过家庭物质资源积累、为人父母的准备与期待等方面的变化影响孩子的后天成长环境和健康资源。对处于成长关键期的青少年来说，这些因素对其健康资本积累与发展轨迹起着至关重要的作用。不过，晚育行为是否影响子代心理健康，还需要系统科学的实证检验。利用大型抽样调查数据，考察一般人群中晚育现象与子代心理健康的关系，能够为基于临床或小样本实验数据的心理学分析结果提供重要的补充和有效性检验。

利用CFPS 2020年的调查结果，图6-9展示了10—15岁青少年的抑郁倾向得分与母亲生育年龄的关系。整体来看，母亲生育年龄在15—24岁或35岁及以上，青少年的抑郁倾向指数均值较高。在农村地区，母亲过早或过晚生育的被访者，抑郁倾向指数均值位列前二；相比之下，母亲生育年龄居中（25—34岁）的被访者，抑郁倾向指数均值相对较低。这可能反映了与母亲生育年龄相关的家庭环境、资源以及先天健康禀赋的综合效应，具体作用机制还需要结合理论框架和多元统计模型进一步检验（相应分析可参见第十二章）。在城镇地区，母亲晚育对应的青少年抑郁倾向指数均值最高。出生时母亲年龄在35岁及以上的被访青少年中，女性抑郁倾向指数均值为0.252，比母亲生育年龄在25—29岁的女性高65%；男性抑郁倾向指数均值为0.194，比母亲生育年龄在25—29岁的男性高11%。除此之外，城镇地区母亲生育年龄过早（15—24岁），对应的女性青少年的抑郁倾向指数均值也明显较高，其均值比母亲生育年龄在25—29岁的女性被访者高30%。不过，从分析样本的统计结果来看，城镇地区母亲早育对应的男性青少年并未呈现类似的差异，与母亲生育年龄居中的同龄人相比,其抑郁倾向指数均值甚至更低。关于这一差异的原因,还需要结合被访者及家庭的其他特征进一步探讨。

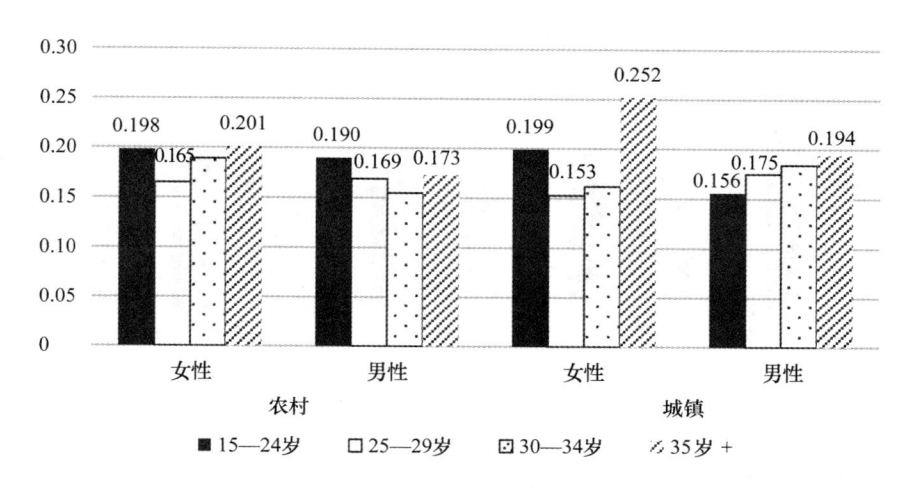

图 6-9　按母亲生育年龄划分的 2020 年 10—15 岁青少年的抑郁倾向指数均值

作为对比,图 6-10 以 CFPS 2012 年的调查结果为基础,展示了母亲生育年龄与青少年抑郁倾向指数均值的关系。在 2012 年调查时,农村地区母亲晚育对应的女性被访者的抑郁倾向指数均值显著更高;但在其他人群——包括农村男性青少年以及城镇地区的男女两性青少年中,母亲晚育对应的被访者的抑郁倾向指数均值并不显著更高。究其原因,结合这些分析样本的出生队列特征来看,2012 年调查时 10—15 岁的青少年出生于 20 世纪 90 年代末到 21 世纪初(1997—2002 年出生)。其中,母亲晚育(生育年龄在 35 岁及以上)意味着母亲的出生年代不晚于 20 世纪 60 年代末(或 1967 年)。这些出生队列的母亲受家庭转变及相关文化观念的影响较小,其晚育行为更有可能对应较高孩次的(非首胎)生育。图 6-10 显示,除农村女性外,这些队列中青少年的抑郁倾向未因母亲晚育而受到不利影响。相比之下,图 6-9 显示,2020 年调查时较为年轻的队列中,母亲晚育对青少年的抑郁倾向呈现明显的不利影响;这可能反映了年轻队列中母亲生育等社会经济特征、观念及行为方面的差异与变化。

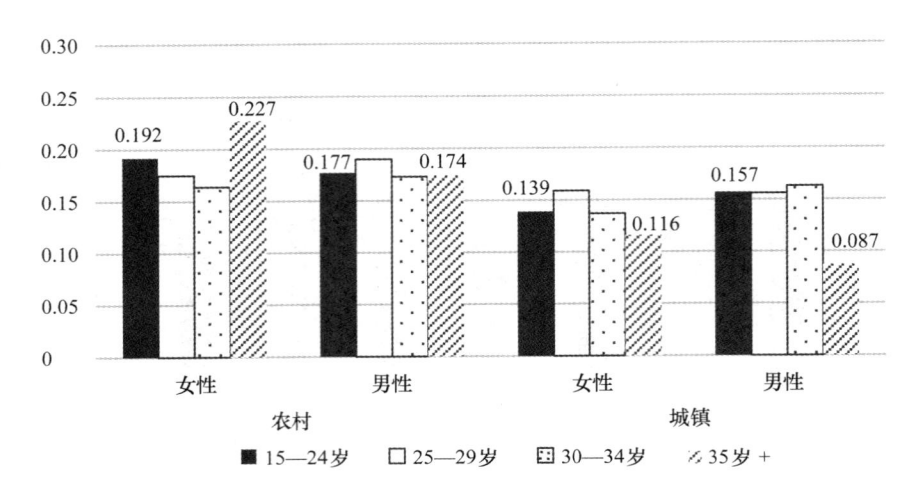

图 6-10　按母亲生育年龄划分的 2012 年 10—15 岁青少年的抑郁倾向指数均值

此外，与 2012 年相比，2020 年调查时城镇地区母亲生育年龄不同的各类家庭中青少年抑郁倾向得分明显上升。图 6-10 显示，2012 年调查时，在母亲生育年龄不同的各类被访人群中，农村地区青少年的抑郁倾向指数均值明显高于城镇地区。但到 2020 年调查时，相应城乡差距发生了重要改变。城镇地区部分女性青少年的抑郁倾向指数均值甚至远远超过农村女孩。除两次调查之间分析样本的结构性差异外，这些结果也可能反映了近年来城乡社会环境、家庭文化以及教育竞争等方面变化的效应。这些效应的可能影响需要在后续研究中专门讨论。

（二）母亲受教育程度与青少年的抑郁倾向

随着女性受教育程度的普遍提高，家庭领域发生着深刻的变化，这些变化是否以及如何影响子代的心理健康值得深入探讨。基于 CFPS 2020 年调查结果，图 6-11 展示了母亲受教育程度不同的青少年之间，抑郁倾向指数均值的对比情况。

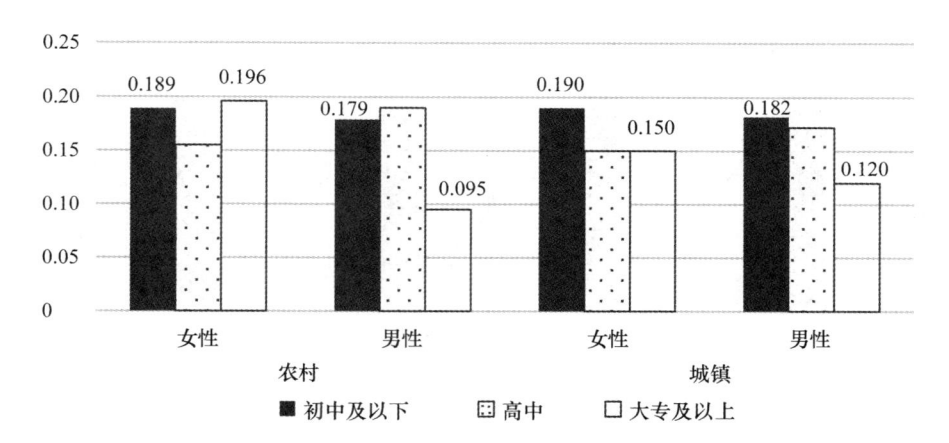

图 6-11　按母亲受教育程度划分的 2020 年 10—15 岁青少年的抑郁倾向指数均值

由图 6-11 可见，整体而言，母亲受教育程度较低的青少年抑郁倾向指数均值较高。在城镇地区，母亲受教育程度对应的青少年抑郁倾向的差异尤为明显。与母亲高学历（大专及以上）的被访者相比，母亲低学历（初中及以下）的青少年抑郁倾向指数均值显著更高；其中，女性和男性分别高 27% 和 52%。在农村地区，母亲高学历的家庭中男性青少年的抑郁倾向指数均值明显更低，但女性青少年的抑郁倾向指数均值并不更低。考虑到农村地区母亲高学历的比例较低，样本规模较小（在分析数据中仅有 7 例有效样本），相应结果不宜过度解读。

图 6-12 展示了 CFPS 2012 年调查时同一年龄段青少年的相应结果。由此可见，母亲高学历对应的青少年抑郁倾向指数均值较低，但相应教育梯度差异相对较小。与母亲大专及以上学历的情况相比，城镇地区母亲低学历的男女两性青少年抑郁倾向指数均值分别高 22% 和 3%。在农村地区，与母亲高中学历的情况相比，母亲低学历的男女两性青少年抑郁倾向指数均值分别高 1% 和 9%。

对比两次调查的结果可以发现，一方面近年来中国城乡青少年的抑郁风险总体呈现一定的上升趋势，这与上一节的分析发现相一致。另一方面，随着社会、家庭及教育环境变化，青少年抑郁风险

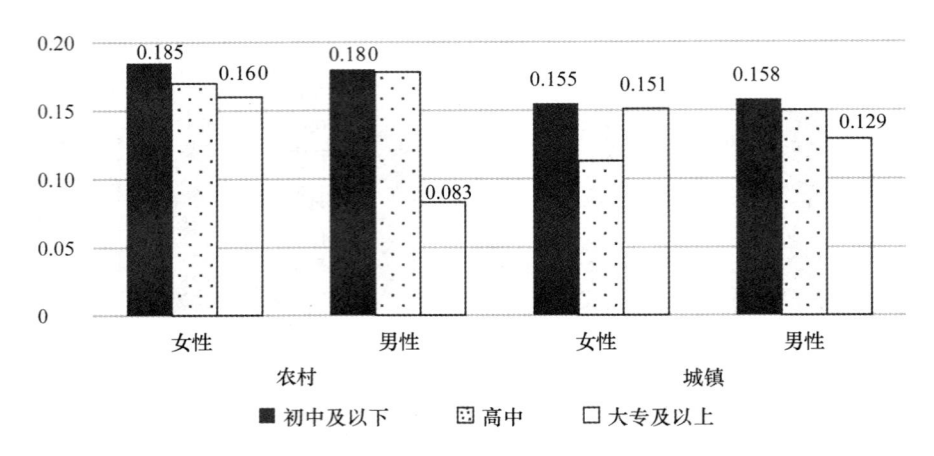

图 6-12　按母亲受教育程度划分的 2012 年 10—15 岁青少年的抑郁倾向指数均值

上升的现象更为突出地反映在城镇地区母亲低学历的家庭中。究其原因，城镇地区的社会环境和教育竞争程度变化更快，一定程度上增加了青少年的心理健康风险；在这一形势下，母亲低学历的家庭在关注和促进青少年心理健康方面呈现越来越明显的相对劣势。这需要引起家庭和社会足够的重视。

（三）家庭规模与青少年的抑郁倾向

家庭规模是家庭环境特征的重要方面，直接影响家庭资源的相对富足程度、分配和利用情况。因此，家庭规模对理解未成年人的心理健康差异和变化具有重要的理论意义。

利用 CFPS 2020 年调查中 10—15 岁青少年的数据结果，图 6-13 展示了分析样本中城乡不同家庭规模的青少年抑郁倾向指数均值的对比情况。

由图 6-13 可见，平均而言，家庭规模越大，青少年的抑郁倾向指数均值越高，抑郁风险也越高。这一点对城乡分析样本均成立，且随着家庭规模的扩大，相应差异呈梯度递变趋势。图 6-14 的结果显示，青少年抑郁倾向与家庭规模的正向相关关系在 2012 年调查

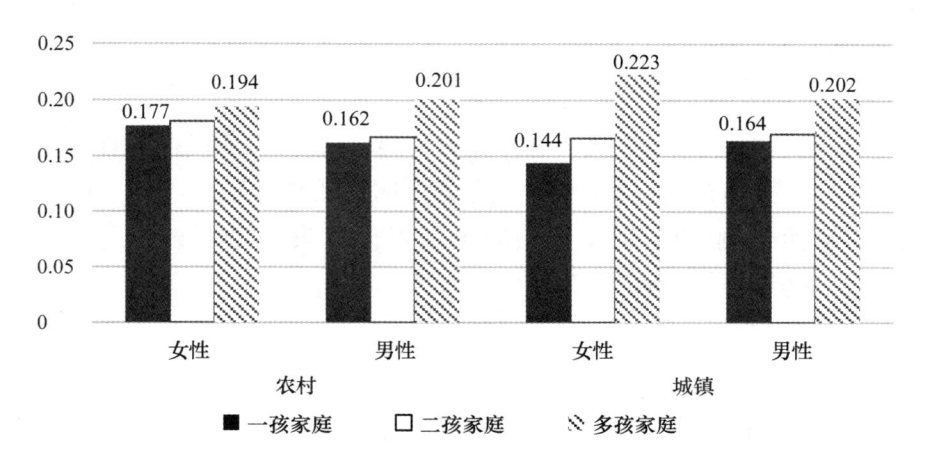

图 6-13 按家庭规模划分的 2020 年 10—15 岁青少年的抑郁倾向指数均值

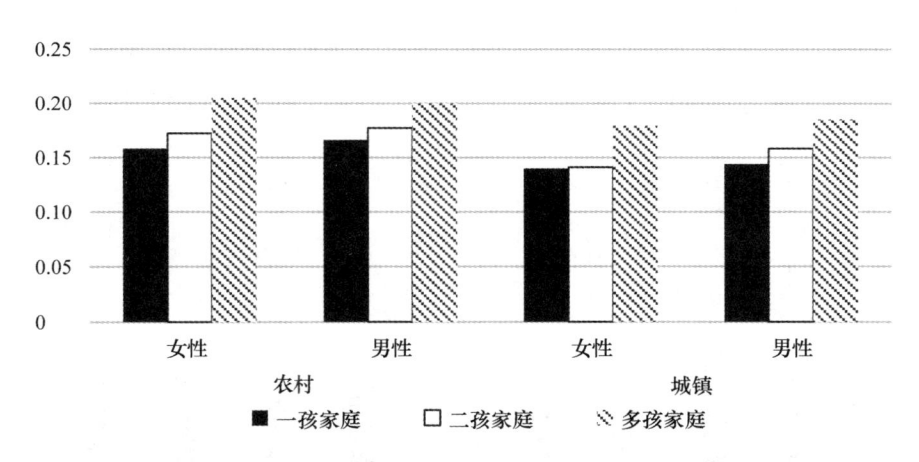

图 6-14 按家庭规模划分的 2012 年 10—15 岁青少年的抑郁倾向指数均值

结果中也有明确的反映。

由以上结果可以推断，家庭中子女数量较多，可能通过家庭资源（包括物质资源和父母时间、精力投入等）的竞争、同胞间的相互对比，以及家庭氛围的变化增加青少年的抑郁倾向。当然，这也不能排除不同规模的家庭在价值观念、社会经济特征等方面差异的影响。如果前者反映家庭内部的竞争和分配效应，那么后者更多地反映家庭的异质性,即规模较大的家庭在文化价值观念、社会经济地位等方面可能明显区别于规模较小的家庭。在家庭转变过程中,子女数量较多的家庭往往是家庭转变文化和实践扩散的"免疫者",其价值观念相对更为传统;这意味着,这些家庭的子代在同伴交往、适应社会变迁的社会化过程中可能面临更大的挑战。不过,在缺乏数据和实证检验的情况下,相应推断仅仅代表一种假设或可能性,还需要系统的经验分析来验证。

(四)家庭关系与青少年的抑郁倾向

家庭关系质量是家庭环境和氛围的重要体现,对家庭成员特别是未成年子女的心理健康具有重要的实践意义。CFPS 针对 10—15 岁被访者询问了在调查前一个月父母之间激烈争吵的频率以及亲子间激烈争吵的频率,这些数据信息为反映家庭关系质量提供了重要的代理测量。利用这些信息,图 6-15 展示了 2020 年父母关系、亲子关系不同的情形下,青少年抑郁倾向指数均值的对比特征。

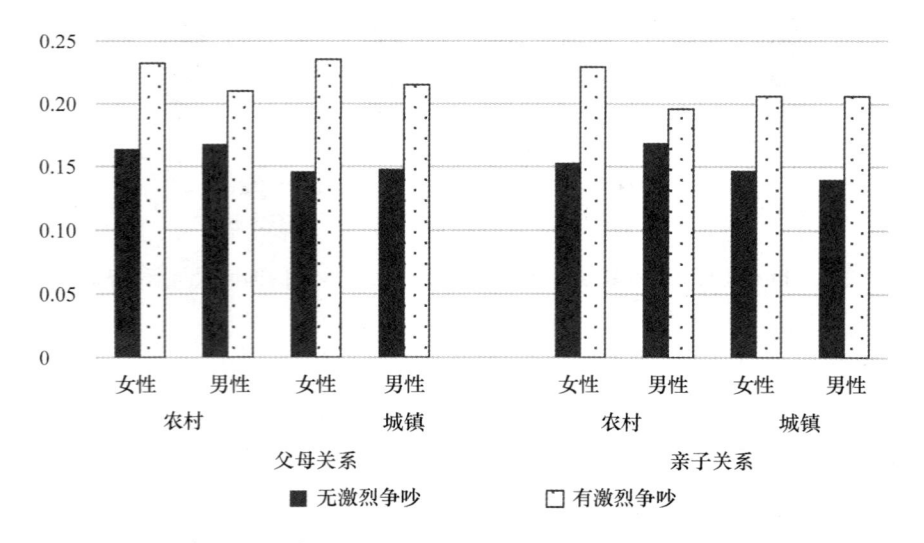

图 6-15 按家庭关系质量划分的 2020 年 10—15 岁青少年的抑郁倾向指数均值

图 6-15 显示，无论父母之间还是亲子之间，过去一个月发生过激烈争吵均对应青少年更高的抑郁倾向。尽管这些相关关系并不一定意味着父母关系或亲子关系对青少年抑郁倾向的因果效应，不过，从理论和经验的角度出发，家庭关系质量均是家庭成员特别是青少年心理健康的重要风险因素。

图 6-16 利用 CFPS 2012 年的调查数据进行类似的分析，结果同样印证了父母关系、亲子关系与青少年心理健康的显著相关关系。父母之间无激烈争吵的家庭中，青少年抑郁倾向平均更低；亲子之间无激烈争吵的家庭也类似。

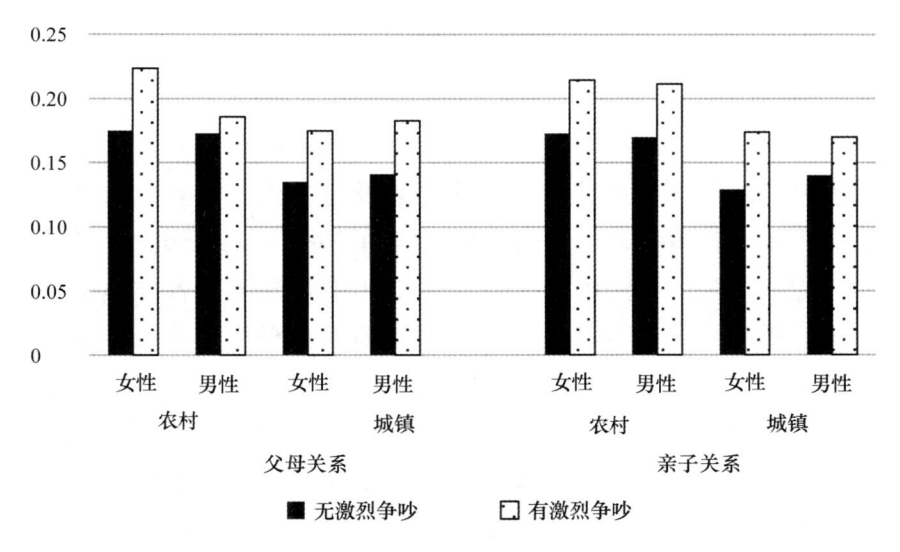

图 6-16 按家庭关系质量划分的 2012 年 10—15 岁青少年的抑郁倾向指数均值

综上所述，城乡家庭特征对青少年的心理健康具有突出的影响。最新的调查结果显示，父母晚育的家庭中青少年抑郁倾向平均更高，超过同时期父母生育年龄适中的同龄人。这一现象与较早的调查数据所反映的模式明显不一致。可能反映了近年来随着社会文化的快速变迁，家庭领域发生的深刻变化。父母晚育意味着亲子年龄差距较大，由此可能会增加"代沟"乃至亲子矛盾冲突的风险，由此对青少年心理健康产生不利影响。在家庭转变过程中，家庭规模普遍下降，首胎推迟生育的行为也更为多见；在这一背景下，平均世代间隔拉大，晚育对应的代沟可能更为突出。

母亲受教育程度较高的家庭中，青少年抑郁倾向指数均值总体较低，这可能反映了与母亲学历相关的家庭社会经济状况、健康资源的差异及其健康后果。平均而言，家庭规模越大，青少年抑郁倾向指数均值越高；夫妻及亲子关系较好的家庭中，青少年的抑郁倾向指数均值较低。

第三节 本章小结

本章利用 CFPS 中 10 岁及以上青少年的心理健康信息，考察了当代青少年的心理健康特征、变化趋势及主要人群差异，着重探讨了家庭因素与青少年抑郁倾向指数均值的关系。主要研究发现如下。

首先，现阶段中国中小学龄段青少年中频繁经历各类负面情绪或心理感受的情况还相对较低。在调查前一个月内，青少年频繁出现沮丧郁闷、精神紧张、感觉生活没意义、未来没有希望等负面心理感受的比例在 8% 以下；在调查前一周内，频繁经历睡眠不好、情绪低落、感到做事费劲、孤独、悲伤、感到生活无法继续等抑郁情绪的比例在 10% 以下。不过，随着时间的推移，不少负面情绪的发生频率呈现明显的上升趋势；近年来，这些负面心理感受也呈现明显的低龄化趋势。

其次，青少年的心理健康状况存在重要的人群差异。总的来看，青少年经历各类负向心理感受/情绪的情况呈现农村高于城镇、女性高于男性的差异模式。不过，具体差异也因具体的心理感受以及上述因素的交互影响而有所不同。例如，本研究发现，在各调查时期，城镇青少年频繁感到生活无法继续的比例低于农村青少年，但其经常出现睡眠不好的比例则明显更高。

最后，家庭因素对青少年的心理健康具有重要的影响，且随着时间的推移，相应效应日趋显著。概括而言，母亲晚育不利于青少年的心理健康，相应效应在最近的调查中尤为明显；母亲低学历的情形下，青少年的心理健康具有明显劣势；家庭规模越大，青少年心理健康状况平均更差；家庭关系质量越差，青少年的心理健康状况也显著更差。现阶段，农村女性青少年的心理健康状况在同龄人中处于明显劣势，不过，城镇地区母亲低学历家庭中女性青少年的抑郁倾向也随时间呈现极为明显的上升趋势。这些人群差异反映了社会经济特征、资源与环境等因素对青少年心理健康的突出作用，这些研究发现也为开展积极的心理建设、干预和防护指明了重点与方向。

第 七 章

家庭教育资源与环境

家庭教育是个人教育经历的重要组成部分。在所有教育活动经历中，家庭教育开始最早，且形式多样，渗透在家庭生活的方方面面。家庭教育资源与环境作为家庭特征的重要方面，既反映其社会经济资源、文化资本等方面的客观差异，也隐含了家长对子女教育的期待、重视程度、投资意愿等观念态度方面的不同。因而，家庭教育资源与环境不仅影响个人的早期认知能力发展，对正规教育机会选择、教育经历和结果具有不可低估的作用，而且可能通过塑造未成年人的价值观念、培养其行为习惯影响个体的非认知能力。鉴于此，关注家庭教育资源与环境特征，对全面理解个体人力资本的积累机制极为重要。

本章从家长对子女的教育期望、家庭教育投入、市场化教育机会（培训/辅导班）的参与情况，以及正规教育入学方式等维度出发，多方位考察当代中国城乡家庭的教育资源与环境特征，检验其主要的人群差异，以期较为全面地刻画当代青少年儿童人力资本发展中的家庭差异。

第一节 家长的教育期望

家长教育期望通常指父母（或其他主要监护人）对未成年子女教育发展的期待。作为家庭教育环境的重要组成部分，家长教育期望直接影响家庭对子女的教育投资决策、时间和精力等方面的投入。此外,家长教育期望还通过价值引领和观念塑造影响未成年子女的教育抱负,并对其学业表现和最终教育获得产生重要作用。鉴于此,考察家长教育期望,对理解当代中国人力资本积累机制具有重要的意义。

在 CFPS 中,历次调查均针对 15 岁及以下被访者的家长收集了教育期望信息,由主要监护人填答,相应信息为了解当前中国家长对子女教育期望的特征及其变化趋势提供了数据基础。本节利用CFPS 2010—2020 年的调查结果考察家长教育期望,着重分析其总体特征、人群差异和可能的原因。为了尽可能详细地展示家长教育期望的分布特征,家长教育期望使用分类测量,具体划分为四类,分别对应高中及以下、大专、大学本科和硕士及以上。这一划分方式能够较好地反映当代家长教育期望的主要分布状况,并对高等教育的不同等级进行细分,以期较为完整地呈现公众对不同等级教育的期待。

一 现阶段中国家长的教育期望特征与变化趋势

表 7-1 和表 7-2 分别针对农村和城镇样本,展示了 2010—2020 年 15 岁及以下男女两性被访者的家长教育期望。表中数据显示,无论城乡,绝大多数家长对子女的教育期望在大学本科及以上。在所有调查年份,家长教育期望为大学本科的占比均超过半数,另有一成到三成的家长教育期望为硕士及以上。

表 7-1　2010—2020 年农村地区 15 岁及以下青少年的家长教育期望　(单位:%)

年份	女 高中及以下	女 大专	女 大学本科	女 硕士及以上	男 高中及以下	男 大专	男 大学本科	男 硕士及以上
2010	18.90	7.57	55.70	17.83	13.24	7.33	61.78	17.65
2012	16.90	6.05	58.57	18.48	12.36	6.07	59.33	22.23
2014	19.25	9.18	61.46	10.11	18.22	9.07	59.83	12.89

续表

年份	女 高中及以下	女 大专	女 大学本科	女 硕士及以上	男 高中及以下	男 大专	男 大学本科	男 硕士及以上
2016	21.45	5.33	63.85	9.37	18.58	5.48	64.87	11.07
2018	15.57	4.82	70.05	9.55	15.77	3.96	69.50	10.77
2020	14.80	4.69	70.22	10.30	14.29	4.40	68.66	12.66

表7-2 2010—2020年城镇地区15岁及以下青少年的家长教育期望　　（单位：%）

年份	女 高中及以下	女 大专	女 大学本科	女 硕士及以上	男 高中及以下	男 大专	男 大学本科	男 硕士及以上
2010	6.10	4.41	56.81	32.68	7.67	2.88	54.20	35.25
2012	6.37	3.97	61.47	28.19	4.83	5.46	55.78	33.93
2014	12.22	5.92	66.10	15.76	11.84	5.46	65.51	17.19
2016	12.00	4.39	70.99	12.61	10.27	5.21	68.40	16.12
2018	9.60	4.36	72.77	13.27	10.00	4.46	69.85	15.69
2020	8.28	2.50	75.52	13.70	9.92	2.97	70.19	16.93

对比表7-1和表7-2可见，首先，现阶段，中国家长教育期望存在明显的城乡差异。在所有调查年份，城镇地区家长对子女的教育期望高于农村家长；且相应差距保持较为稳定的态势（农村家长对女孩的教育期望除外）。表7-1和表7-2显示，2010—2020年，农村地区家长对男孩的教育期望不低于大学本科的比例基本保持在八成左右，城镇地区家长对男孩和女孩教育期望不低于大学本科的比例持续处于接近九成的水平。这些数据从一个侧面展现了长期以来中国家庭重视子代教育的文化底蕴及现实表现，与数千年来儒家思想的积淀有着深刻的联系。

其次，城乡家长教育期望的性别差异不同，在城镇地区，家长对男孩和女孩的教育期望无显著差异，但农村地区家长对男孩的教育期望明显高于女孩。从家长教育期望为大学本科及以上的比例来看，2010年农村地区家长对女孩持相应教育期望的占比为73.53%，对男孩持类似教育期望的比例则高达79.43%，后者比前者高接近6个百分点。同一时期城镇地区家长对女孩和男孩的教育期望在大学本科及以上的比例均约为89%，二者无显著差异。这反映了城乡家庭在性别观念和实践中的差异。由于农村地区性别文化较为传统，重男轻女的残留影响在不同程度上仍然存在，由此导致农村地区家长对男孩和女孩持明显不同的教育期待。相比之下，在城镇地区，性别平等文化已广为传播并影响着家庭和社会实践，现阶段城镇地区家长的性别偏好相对淡薄。此外，20世纪后半叶城镇地区实施了严格的计划生育政策，多数家庭仅有一个孩子，这也在客观上加速了传统性别偏好文化的消退。受这些因素的共同作用，考察时期内，城镇地区家长对男孩和女孩的教育期望不存在显著差异。

再次，随着时间的推移，农村地区家长对男孩和女孩教育期望的差距快速缩小，家长教育期望倾向于在较高水平上收敛。从教育期望在大学本科及以上的占比来看，表7-1显示，考察期间农村地区家长对男孩和女孩的教育期望实现了快速收敛，且相应进程主要是通过家长对女孩教育期望的上升来推动和实现的。如上所述，2010年农村地区家长对女孩的教育期望在大学本科及以上的比例为73.53%，比男孩的相应比例低近6个百分点；到2012年，农村地区家长对女孩的相应教育期望占比上升到77.05%，与男孩的差距缩小到4.51个百分点；截至2020年，农村地区家长对女孩持大学本科及以上教育期望的比例突破80%，与对男孩持同等教育期望的比例相差不到1个百分点。这些数据表明，考察时期内，农村地区家长对女孩的教育期望实现了明显的上升，这可能反映了现代性别平等文化由城镇到农村扩散和演化所产生的效应。随着现代文化的不断传播，农村地区家庭性别平等程度逐步提升，家长对子女教育的期待也呈现相应的平等化趋势。

最后，家长教育期望的结构呈现明显的集聚化趋势。无论城乡，

2010—2020 年，家长对子女的教育期望越来越多地集中在"大学本科"中。2010—2020 年，农村家长对女孩的教育期望为"大学本科"的比例由 55.70% 单调上升到 70.22%，增幅接近 15 个百分点；相应农村家长对男孩的教育期望由六成左右上升到近七成；同一时期，城镇地区家长对女孩和男孩的教育期望为"大学本科"的比例也经历了明显的单调上升，其中前者由 56.81%（女性）上升到 75.52%，上升了近 19 个百分点，后者由 54.20%（男性）上升到 70.19%，增幅达 16 个百分点。伴随着"大学本科"教育期望的快速上升，更高水平的教育期望（"硕士及以上"）经历了明显的下调，较低水平的教育期望在低位震荡或随时间下降（如农村地区家长教育期望为"大专"的比例随时间明显下降）。

这些变化趋势折射了近年来教育供给数量、质量，以及社会声望的结构性变化，极有可能对教育需求产生影响。自 21 世纪以来，受高等教育扩招对教育回报率和就业竞争的影响，围绕大学生就业难、高等教育质量下降、过度教育等问题，学界和社会大众开展了广泛的讨论；相应现象也在客观上推动了微观家庭对子女教育期待的必要调整。教育"越高越好"的想法开始让位于更加理性的计算和权衡，家长对子女接受"硕士及以上"教育的期待在城乡均经历了明显下降。与此同时，关于接受"大专"教育的期待经历了先上升后下降的变化过程，峰值在 2014 年前后。截至 2020 年，无论城乡及子女性别，家长教育期望为"大专"的比例均已下降到 5% 以下，比最高点（2014 年）低一半左右。

二 不同转变进程的家庭中家长教育期望的差异

家庭转变是中国当代社会变迁的重要组成部分，对家庭领域有着多方位深刻而复杂的影响。家庭转变的典型特征包括，由于文化观念转变和女性受教育程度提高，婚育年龄明显推迟；家庭规模小型化，婚姻家庭的形态易变且稳定性下降等。这些变迁对家庭功能、结构、资源与环境产生了不可低估的影响，受此影响，当代社会处于不同转变进程的家庭在家长教育期望等方面可能存在重要差异。

本部分从母亲生育年龄、受教育程度和家庭规模三个角度，分析家庭转变进程对家长教育期望的影响。

（一）母亲生育年龄

女性生育年龄推迟是当代家庭转变的重要特征之一，其趋势和进程在很大程度上影响家庭生命历程的特征与发展轨迹。从未成年人成长的角度来看，母亲生育年龄的不同也意味着出生时家庭资源的积累程度不同，父母对新生儿的期待及养育准备情况不同；同时，不同生育年龄也直接决定了亲子间年龄差距大小不同。这些差异意味着，母亲生育年龄的早晚可能影响家长对子女的教育期待。

表7-3和表7-4分别针对农村和城镇样本，展示了各时期家长教育期望与母亲生育年龄的关系。由表7-3可见，在农村地区，尽管母亲过晚生育的情形下家长教育期望相对更低，教育期望在高中及以下的占比明显更高、在大学本科及以上的占比更低；不过，在多数年份相应差异在统计上并不显著。

表7-3　　　2010—2020年农村地区男女被访者按母亲生育年龄划分的家长教育期望的分布　　　（单位：%）

	女				男			
	高中及以下	大专	大学本科	硕士及以上	高中及以下	大专	大学本科	硕士及以上
2010年			p=0.329				p=0.085	
15—24岁	18.77	8.74	52.97	19.52	11.07	7.51	62.65	18.77
25—29岁	16.36	7.01	56.88	19.74	13.27	6.19	61.28	19.25
30—34岁	20.21	5.18	60.10	14.51	13.03	4.62	64.71	17.65
35岁+	24.00	9.33	53.33	13.33	14.74	14.74	58.95	11.58

续表

	女				男			
	高中及以下	大专	大学本科	硕士及以上	高中及以下	大专	大学本科	硕士及以上
2012 年			p = 0.017				p = 0.061	
15—24 岁	15.34	6.02	58.06	20.58	10.69	4.13	62.48	22.70
25—29 岁	18.10	4.45	55.79	21.66	10.39	7.39	58.66	23.56
30—34 岁	17.49	6.56	62.84	13.11	15.14	6.88	57.80	20.18
35 岁 +	26.76	8.45	59.15	5.63	13.48	12.36	56.18	17.98
2014 年			p = 0.324				p = 0.145	
15—24 岁	16.92	9.33	62.56	11.18	18.15	10.12	56.92	14.80
25—29 岁	21.18	9.19	59.66	9.97	17.15	8.98	62.43	11.44
30—34 岁	21.52	9.70	61.82	6.97	20.60	7.29	59.55	12.56
35 岁 +	20.00	7.74	62.58	9.68	22.35	7.65	58.82	11.18
2016 年			p = 0.221				p = 0.510	
15—24 岁	21.13	5.23	63.82	9.82	20.06	5.73	63.15	11.05
25—29 岁	19.87	6.31	64.04	9.78	16.23	5.41	67.79	10.58
30—34 岁	22.05	5.44	64.05	8.46	20.16	5.65	64.52	9.68
35 岁 +	29.71	2.29	60.00	8.00	22.63	4.74	61.58	11.05
2018 年			p = 0.373				p = 0.668	
15—24 岁	15.13	5.91	70.33	8.63	16.52	4.43	68.40	10.64
25—29 岁	16.08	4.59	69.07	10.26	14.43	3.29	71.39	10.89
30—34 岁	13.86	4.95	72.28	8.91	15.24	4.43	69.81	10.53
35 岁 +	18.52	1.23	72.22	8.02	18.18	3.41	71.59	6.82
2020 年			p = 0.255				p = 0.398	
15—24 岁	14.49	3.89	70.49	11.13	14.68	5.32	68.06	11.94
25—29 岁	15.50	6.20	70.66	7.64	14.04	3.56	69.85	12.55
30—34 岁	11.00	5.00	72.00	12.00	14.75	6.15	63.93	15.16
35 岁 +	19.39	6.12	65.31	9.18	21.01	4.20	61.34	13.45

与之相对，在城镇地区，母亲生育年龄对家长教育期望的影响近年来迅速凸显。表7-4显示，CFPS 2016年以来的历次调查时，城镇家庭母亲生育年龄与家长教育期望呈显著的相关关系：母亲

生育年龄较早（15—24岁）或较晚（35岁及以上）的，家长教育期望显著较低；且早育对应的家长教育期望最低。具体而言，2016年，城镇地区15岁及以下的青少年女性中，母亲生育年龄居中的（包括25—29岁和30—34岁）情形下，家长教育期望在大学本科及以上的比例更高，比早育、晚育的情形分别高9个百分点和6个百分点；同期城镇男性被访者对应的差距在6个百分点左右。此后的历次调查结果均印证了这一差异模式，反映了近年来城镇地区母亲生育年龄对家长教育期望的分层影响不断上升的现实。

表7-4　2010—2020年城镇地区男女被访者按母亲生育年龄划分的家长教育期望的分布　（单位：%）

	女 高中及以下	女 大专	女 大学本科	女 硕士及以上	男 高中及以下	男 大专	男 大学本科	男 硕士及以上
2010年			$p=0.238$				$p=0.398$	
15—24岁	6.61	3.72	57.02	32.64	9.92	3.72	55.79	30.58
25—29岁	4.53	3.83	56.10	35.54	5.44	2.42	54.38	37.76
30—34岁	4.72	6.30	61.42	27.56	8.44	3.25	55.84	32.47
35岁+	12.50	0.00	50.00	37.50	9.80	1.96	45.10	43.14
2012年			$p=0.223$				$p=0.277$	
15—24岁	8.41	5.31	63.72	22.57	3.67	4.90	56.73	34.69
25—29岁	5.99	3.37	58.05	32.58	3.05	5.76	54.58	36.61
30—34岁	4.13	4.96	64.46	26.45	6.08	8.11	59.46	26.35
35岁+	11.36	2.27	52.27	34.09	8.51	2.13	53.19	36.17
2014年			$p=0.232$				$p=0.983$	
15—24岁	13.38	5.97	65.10	15.55	12.28	5.71	64.88	17.13
25—29岁	9.49	5.42	67.46	17.63	11.33	5.21	65.24	18.22
30—34岁	11.62	8.71	64.32	15.35	12.58	4.30	66.89	16.23
35岁+	16.98	4.72	65.09	13.21	10.92	6.72	63.87	18.49

续表

	女				男			
	高中及以下	大专	大学本科	硕士及以上	高中及以下	大专	大学本科	硕士及以上
2016 年			p = 0.000				p = 0.002	
15—24 岁	16.67	5.02	68.46	9.86	13.01	7.03	68.37	11.60
25—29 岁	8.03	5.18	72.07	14.72	8.66	4.47	70.67	16.20
30—34 岁	10.48	1.61	75.00	12.90	9.91	3.72	67.18	19.20
35 岁 +	13.56	5.08	67.80	13.56	13.01	6.16	59.59	21.23
2018 年			p = 0.000				p = 0.028	
15—24 岁	14.39	5.23	69.72	10.65	12.42	5.37	69.63	12.58
25—29 岁	6.34	4.07	76.91	12.68	7.44	4.31	70.50	17.75
30—34 岁	6.27	4.88	74.56	14.29	11.24	3.17	70.89	14.70
35 岁 +	8.70	0.72	69.57	21.01	12.66	3.80	67.72	15.82
2020 年			p = 0.005				p = 0.000	
15—24 岁	12.36	2.75	76.10	8.79	15.28	4.27	68.31	12.13
25—29 岁	6.43	2.00	76.72	14.86	8.67	1.66	69.37	20.30
30—34 岁	5.74	3.35	75.60	15.31	6.44	3.41	75.76	14.39
35 岁 +	14.44	2.22	66.67	16.67	11.81	5.51	63.78	18.90

城镇地区母亲生育年龄与家长教育期望的关系随时间上升，可能在一定程度上体现了家庭转变进程中价值观念转变的影响，相应效应一方面体现在女性的生育决策和行为中，影响子女出生和成长的时代环境；另一方面，相应价值观念转变反映在家长对子代的教育期望中，影响后者的人力资本积累。具体来说，首先，父母晚育往往意味着子女出生时家庭经济状况较好、资源积累较为丰富，这些因素可能为子代的人力资本发展创造良好的物质条件；其次，晚育的父母可能在价值观念、态度等方面不同，这些观念和态度的差异可能体现在家庭教育理念和行为中，影响对子代的教育期待以及

子代的实际教育发展。

到目前为止，中国农村地区青少年的家长教育期望与母亲生育年龄无明显相关关系，这可能与农村地区家庭转变进程较慢、较晚的生育年龄主要对应高胎次生育现象有关，并非自愿推迟生育的结果。与之相比，在城镇地区，家庭转变进程更早、更快，由此不难理解近年来母亲生育年龄对应的家长教育期望差异日益凸显的现实。

（二）母亲受教育程度

女性教育水平的提高是当代家庭转变的内生动力和有机组成部分。女性教育水平通过影响其婚育观念和行为，对家庭规模与形态、物质资本、文化资本等特征具有核心重要的作用。大量研究表明，母亲受教育水平对子女健康和教育发展的影响甚至超过父亲。为此，考察母亲受教育程度不同的家庭中家长教育期望的特征和差异，能够从一个侧面为家庭社会经济及文化资本在子代教育资源与环境中的效应提供例证。

表7-5和表7-6分别针对农村和城镇样本，检验了历次调查时男女两性被访者的母亲受教育程度与家长教育期望的关系。表中数值显示，总体来看，家长教育期望与母亲受教育程度具有稳健的正相关关系。不过，在最早调查时点（2010年），对农村地区的女孩来说，母亲受教育程度与家长教育期望的相关关系在统计上并不显著。这可能反映了早期农村地区母亲学历总体偏低、性别观念受传统影响而对女孩教育重视不足的现实。此后的调查结果印证了随着社会经济发展和家庭转变，农村家长对女孩的教育期望随母亲受教育程度而呈现显著的分层。到目前为止，不论城乡、青少年个人性别，母亲受教育程度越高的家庭中，家长对子女的教育期望显著更高。

表 7-5　　2010—2020 年农村地区男女被访者按母亲受教育程度划分的家长教育期望的分布　　（单位：%）

	女				男			
	高中及以下	大专	大学本科	硕士及以上	高中及以下	大专	大学本科	硕士及以上
2010 年			p=0.106				p=0.003	
初中及以下	19.48	7.45	55.73	17.35	13.27	7.40	62.40	16.93
高中/中职	12.00	8.00	52.00	28.00	3.51	3.51	56.14	36.84
大专及以上	0.00	10.53	57.89	31.58	0.00	10.00	60.00	30.00
2012 年			p=0.022				p=0.003	
初中及以下	17.77	6.41	57.60	18.22	12.83	6.30	59.32	21.55
高中/中职	6.35	1.59	73.02	19.05	1.27	6.33	63.29	29.11
大专及以上	3.13	3.13	68.75	25.00	0.00	0.00	57.69	42.31
2014 年			p=0.000				p=0.000	
初中及以下	20.59	9.57	60.22	9.62	19.42	9.56	58.86	12.15
高中/中职	9.38	10.00	72.50	8.13	9.60	3.95	67.80	18.64
大专及以上	0.00	0.00	72.97	27.03	2.53	7.59	65.82	24.05
2016 年			p=0.000				p=0.000	
初中及以下	23.24	4.86	63.02	8.87	20.43	5.59	63.75	10.22
高中/中职	12.00	10.50	68.50	9.00	11.36	5.00	70.91	12.73
大专及以上	2.08	3.13	71.88	22.92	2.70	2.70	72.07	22.52
2018 年			p=0.000				p=0.000	
初中及以下	17.30	5.02	69.36	8.31	17.11	4.22	68.63	10.05
高中/中职	4.69	6.10	77.46	11.74	10.31	3.14	75.78	10.76
大专及以上	6.25	0.89	70.54	22.32	4.31	2.59	71.55	21.55
2020 年			p=0.001				p=0.000	
初中及以下	16.10	5.22	69.61	9.08	16.74	4.84	66.74	11.68
高中/中职	10.32	2.58	76.13	10.97	8.48	5.45	72.73	13.33
大专及以上	2.56	3.85	71.79	21.79	2.25	2.25	65.17	30.34

表 7-5 显示，在较早的调查年份，母亲受教育程度较低的农村家庭中，家长对女孩的教育期望显著低于男孩。不过，随着时间的推移，农村家长——包括低学历母亲在内——对子女的教育期望不

再因子女性别而异。与农村地区相比，城镇地区母亲受教育程度显著影响家庭对子女的教育期望，但相应影响不存在性别差异（如表7－6所示）。现阶段，中国城乡绝大多数家长对子女的教育期望在大学本科及以上；出于对代际传承和向上流动的期待，高学历家长对子女接受大学本科及以上教育的期待更加强烈。

表7－6　2010—2020年城镇地区男女被访者按母亲受教育程度划分的家长教育期望的分布　（单位：％）

	女				男			
	高中及以下	大专	大学本科	硕士及以上	高中及以下	大专	大学本科	硕士及以上
2010年			$p=0.000$				$p=0.000$	
初中及以下	8.08	6.06	58.59	27.27	10.46	3.55	56.74	29.26
高中/中职	2.90	1.45	56.52	39.13	1.99	1.32	58.94	37.75
大专及以上	0.79	0.79	50.00	48.41	1.80	1.80	34.23	62.16
2012年			$p=0.000$				$p=0.000$	
初中及以下	9.39	4.80	65.07	20.74	6.48	7.62	59.43	26.48
高中/中职	1.61	4.03	56.45	37.90	0.69	1.38	58.62	39.31
大专及以上	0.00	0.88	53.10	46.02	1.85	0.93	33.33	63.89
2014年			$p=0.000$				$p=0.000$	
初中及以下	16.40	6.78	64.24	12.57	16.29	6.76	64.21	12.74
高中/中职	5.70	7.72	67.45	19.13	3.87	4.84	67.42	23.87
大专及以上	2.03	0.81	72.76	24.39	2.20	1.10	68.50	28.21
2016年			$p=0.000$				$p=0.000$	
初中及以下	18.38	4.91	66.99	9.72	15.39	6.47	66.39	11.75
高中/中职	4.35	5.90	78.26	11.49	4.56	5.98	69.80	19.66
大专及以上	1.94	1.67	74.44	21.94	1.47	1.23	72.48	24.82
2018年			$p=0.000$				$p=0.000$	
初中及以下	15.02	5.04	69.96	9.98	14.67	5.96	67.91	11.47
高中/中职	4.30	4.58	77.36	13.75	6.82	3.79	72.98	16.41
大专及以上	1.72	2.46	75.92	19.90	2.12	1.27	71.61	25.00

续表

	女				男			
	高中及以下	大专	大学本科	硕士及以上	高中及以下	大专	大学本科	硕士及以上
2020 年			p = 0.000				p = 0.000	
初中及以下	15.61	4.07	72.36	7.97	16.69	4.66	67.66	11.00
高中/中职	2.03	1.63	84.55	11.79	7.29	1.74	76.39	14.58
大专及以上	1.64	0.33	73.36	24.67	1.36	0.54	70.03	28.07

（三）家庭规模

家庭规模小型化是当代家庭转变的又一重要特征。表 7-7 和表 7-8 分别针对农村样本和城镇样本，展示了各调查年份不同规模的家庭中家长对男孩和女孩的教育期望。概括而言，家庭规模越小，家长对子女的教育期望显著越高。无论城乡，相应差异在统计上保持高度显著，且在各时期高度稳健。

具体来看，现阶段中国农村地区一孩家庭中，家长对子女的教育期望为大学本科及以上的比例不低于八成；在多孩家庭中，家长教育期望为大学本科及以上的比例明显偏低。2010 年农村地区多孩家庭中家长对女孩的教育期望为大学本科及以上的比例不足 65%，分别比一孩和二孩家庭中相应家长教育期望低 22.68 个百分点和 14.19 个百分点。同一时期，农村地区多孩家庭中家长对男孩的教育期望也显著低于一孩和二孩家庭，且相应差距均超过 10 个百分点（分别为 16.15 个百分点和 10.28 个百分点）。

随着时间的推移，农村多孩家庭中家长对子女教育期望的性别差距不断缩小，女孩的相对劣势不再明显。与之相类似，近年来农村地区二孩家庭中家长对子女教育期望的性别差异也发生了重要转折，自 2014 年起历次调查时，二孩家庭中家长对女孩的教育期望已不再低于男孩。这些变化反映了农村地区家庭转变在降低和消除性别不平等观念中产生的推动效应，伴随着家庭转变和子女数量的下降，农村地区年轻女孩的教育发展更有可能受到家长的支持和重视。

表7-7　　2010—2020年农村地区按家庭规模和被访者性别划分的家长教育期望分布　　（单位：%）

	女				男			
	高中及以下	大专	大学本科	硕士及以上	高中及以下	大专	大学本科	硕士及以上
2010年			p=0.000				p=0.000	
一孩家庭	3.45	9.20	52.87	34.48	6.40	5.23	65.70	22.67
二孩家庭	14.15	6.99	56.62	22.24	10.67	6.83	61.83	20.67
多孩家庭	26.35	8.98	53.29	11.38	19.44	8.33	61.90	10.32
2012年			p=0.000				p=0.000	
一孩家庭	9.82	6.25	60.71	23.21	5.26	3.35	59.33	32.06
二孩家庭	12.41	5.27	60.88	21.43	10.40	5.71	60.91	22.99
多孩家庭	27.88	8.01	53.21	10.90	20.48	10.44	60.64	8.43
2014年			p=0.000				p=0.000	
一孩家庭	11.72	7.11	67.78	13.39	13.10	8.81	60.48	17.62
二孩家庭	16.83	9.52	62.50	11.15	18.00	8.66	60.34	12.99
多孩家庭	26.26	10.05	57.21	6.48	24.57	10.78	57.76	6.90
2016年			p=0.000				p=0.000	
一孩家庭	13.57	5.71	66.07	14.64	11.11	3.78	69.78	15.33
二孩家庭	17.55	4.69	67.80	9.97	17.81	6.40	65.02	10.77
多孩家庭	30.63	5.92	57.36	6.09	30.34	5.62	56.85	7.19
2018年			p=0.000				p=0.000	
一孩家庭	10.04	4.25	71.04	14.67	9.07	5.60	73.60	11.73
二孩家庭	14.07	4.36	71.97	9.60	15.65	3.54	69.76	11.05
多孩家庭	21.44	5.88	67.17	5.50	20.86	4.56	66.43	8.15
2020年			p=0.000				p=0.000	
一孩家庭	11.11	3.70	69.14	16.05	9.97	1.47	70.67	17.89
二孩家庭	13.01	4.66	72.33	10.00	14.35	4.90	68.61	12.14
多孩家庭	20.32	6.68	67.38	5.61	22.08	7.89	60.88	9.15

表7-8　　2010—2020年城镇地区按家庭规模和被访者性别
划分的家长教育期望分布　　（单位：%）

	女				男			
	高中及以下	大专	大学本科	硕士及以上	高中及以下	大专	大学本科	硕士及以上
2010年			p=0.002				p=0.009	
一孩家庭	2.65	2.27	54.55	40.53	4.94	2.16	54.63	38.27
二孩家庭	4.71	3.99	60.14	31.16	10.70	3.01	51.51	34.78
多孩家庭	8.75	10.00	56.25	25.00	11.27	5.63	63.38	19.72
2012年			p=0.000				p=0.000	
一孩家庭	2.38	1.90	59.52	36.19	1.85	2.58	53.87	41.70
二孩家庭	7.89	5.92	57.24	28.95	4.82	6.75	55.95	32.48
多孩家庭	14.89	4.26	70.21	10.64	11.83	11.83	61.29	15.05
2014年			p=0.000				p=0.000	
一孩家庭	5.16	4.48	71.52	18.83	8.52	3.65	67.83	20.00
二孩家庭	12.33	6.90	64.32	16.45	12.60	5.82	63.16	18.42
多孩家庭	23.29	6.83	58.63	11.24	19.39	5.61	65.31	9.69
2016年			p=0.000				p=0.000	
一孩家庭	4.91	4.70	75.00	15.38	5.45	3.69	72.92	17.95
二孩家庭	11.85	5.08	69.96	13.12	12.76	6.83	65.59	14.82
多孩家庭	26.29	2.35	64.79	6.57	19.69	4.66	62.69	12.95
2018年			p=0.000				p=0.000	
一孩家庭	3.73	3.93	76.19	16.15	5.04	3.09	73.50	18.37
二孩家庭	10.46	5.72	70.99	12.83	12.09	5.16	68.90	13.85
多孩家庭	17.54	1.75	74.12	6.58	15.26	4.21	68.42	12.11
2020年			p=0.000				p=0.000	
一孩家庭	3.14	1.57	78.80	16.49	7.10	2.62	70.65	19.63
二孩家庭	9.35	3.24	74.28	13.13	11.29	3.62	69.03	16.06
多孩家庭	20.11	2.30	71.84	5.75	20.41	3.40	70.07	6.12

与农村家庭规模的影响相类似，城镇地区家长对子女的教育期望与家庭规模也呈现显著的负相关关系。在考察期间各年份，一孩家庭中家长对子女的教育期望不低于大学本科的比例基本稳定在九成以上；相应比例比多孩家庭中同一水平的教育期望占比高10—20个百分点。

这些数据表明，尽管城镇地区的家庭转变进程更早、家庭规模平均更小，家庭规模仍是影响家长对子女教育期望的重要因素。不同规模的家庭中家长对子女教育期望的差异，可能反映多子女家庭中家庭经济资源、家长的精力、时间投入等方面面临的"稀释效应"。除此之外，相应差异也可能反映转变进程不同的家庭在社会经济特征、观念与行为等方面的系统性差异（包括难以观测的异质性）。最后，从家庭代际向上流动的预期来看，多子女家庭中家长可能对特定的子女抱有较高教育期望，而不是所有子女；由此可能导致这些家庭中家长的教育期望平均较低。

第二节　家庭对子女的教育投入

家庭教育投入是决定个人教育资源实际利用状况的最直接因素。在当代家庭转变形势下，家庭在规模、结构、功能等方面均发生了深刻的变革，由此必然影响家庭对子女的教育投入状况。

新人力资本理论指出，幼年和青少年期是人力资本发展的关键时期，这一阶段家庭对子女教育的投入不仅具有较高的投资效率，而且对人力资本长期发展具有不可低估的影响。幼年和青少年正值基础教育学龄，这一阶段在多数国家的教育体系中属于义务教育的范畴，国家或地方财政公共预算负担了这一阶段教育发展的主要支出。自1986年《中华人民共和国义务教育法》颁布实施以来，中国基础教育阶段逐步实现了学费、杂费全减免，特别是近二十年来一系列政策改革（如"两免一补"等）使得基础教育阶段的公共支出覆盖范围更广、程度更大，基本解决了学龄人口家庭必需的教育支出。在这一背景下，基础教育阶段家庭的教育支出刚性下降，且主要由延伸性的教育支出或投资构成，如课外班支出、择校费用等。这些教育投入弹性较大，在很大程度上取决于家庭的支付能力和支付意愿。因而，相应教育投入的异质性从一个侧面反映了微观家庭对子女教育的支持和重视程度。

本节利用 CFPS 收集的、历次调查时全国 15 岁及以下被访者的家庭教育投入信息，检验家庭规模、结构与其对子女教育投入的关系。这些数据能够为理解当代家庭转变进程中家庭教育资源和子女实际教育发展差异提供有益的视角。

一 家庭教育投入水平分布

表 7-9 展示了 2010—2020 年城乡家庭对不同学龄段子女的教育支出分布状况。整体来看：（1）家庭教育投入的城乡差异明显。各调查年份城镇家庭对初中及以下学龄段子女的教育投入平均更高，其均值约相当于农村家庭的 1.5—3 倍；同时，城镇家庭教育投入的内部差异程度也更大，在多数年份其标准差和变异系数[①]均明显高于农村地区。

（2）在不同学龄段，家庭的教育投入明显不同。就本研究考察的义务教育各学龄段而言，家庭教育投入随学龄段明显递增，在初中学龄段家庭教育投入的均值明显更高。这与国家公共预算中生均教育经费随教育阶段递增的一般趋势相一致，可能反映了教育活动预算和支出需求逐级递增的规律。

[①] 变异系数＝标准差/均值。考察期间，城镇地区中小学阶段家庭教育投入的变异系数在 1.2—2.4，高于农村地区的相应变异系数（1.0—1.9）。

表7-9　　2010—2020年城乡家庭对初中及以下学龄段子女的年度教育总支出　　（单位：元）

	农村				城镇			
	女		男		女		男	
	均值	标准差	均值	标准差	均值	标准差	均值	标准差
2010年								
学龄前（6岁以下）	261.7	1041.2	286.3	893.1	1435.8	3261.3	1377.3	2938.2
小学学龄（6—12岁）	667.6	1111.6	690.4	1148.2	2236.4	3798.3	2093.7	3704.5
初中学龄（13—15岁）	991.8	1429.6	1066.2	1722.2	1981.8	2982.0	2116.8	3770.8
2012年								
学龄前（6岁以下）	708.7	1687.8	658.7	1640.3	2558.2	5852.8	2360.9	5208.0
小学学龄（6—12岁）	1463.1	2214.5	1511.3	2277.0	3684.7	4961.7	3724.2	5775.9
初中学龄（13—15岁）	2685.1	3186.3	2678.9	3327.4	4586.7	7468.0	4266.2	7072.5
2014年								
学龄前（6岁以下）	831.3	1835.9	945.9	2144.9	2560.8	5712.5	2253.0	4912.3
小学学龄（6—12岁）	1944.1	2590.5	2116.2	3282.9	4298.6	7169.1	4042.6	5324.3
初中学龄（13—15岁）	3240.1	3539.7	3273.6	3684.5	5642.3	7872.6	4658.0	6109.8
2016年								
学龄前（6岁以下）	3119.0	2857.6	3441.4	3138.7	6731.6	6065.3	6381.8	7071.2
小学学龄（6—12岁）	1710.4	2426.8	2025.3	3027.7	3241.8	5666.7	3312.7	4997.9
初中学龄（13—15岁）	2496.8	3195.1	2832.9	3493.3	3734.8	5320.5	3659.1	4483.1
2018年								
学龄前（6岁以下）	3233.2	3307.2	3341.8	3293.6	8005.9	8455.9	7605.2	8263.1
小学学龄（6—12岁）	2324.7	3227.1	2635.3	3728.6	5780.5	8970.3	5697.9	9199.2
初中学龄（13—15岁）	3501.0	3631.4	3773.9	4708.9	8065.5	14895.5	8678.4	20729.9
2020年								
学龄前（6岁以下）	1581.3	2988.0	1726.8	4148.0	4653.9	9996.5	3828.2	6770.5
小学学龄（6—12岁）	2663.8	3840.7	3338.3	6291.9	7433.5	11180.6	7076.5	11747.7
初中学龄（13—15岁）	3895.4	5009.7	4381.7	6205.4	8396.2	11086.1	10898.6	19842.5

（3）随着时间的推移，城乡家庭的教育投入均快速攀升。这可能反映了家庭对子女教育投入的意愿和能力不断提升的事实，同时，也从一个侧面映射了近年来教育竞争升级以及由此衍生的家庭教育投入竞备的趋势（如影子教育市场）。表7-9显示，在小学学龄段，

2010年农村家庭的教育投入均值在700元以下（男女两性分别为690.4元和667.6元），到2020年，相应家庭教育投入已增加到3000元左右（男女两性分别为3338.3元和2663.8元）；同期初中学龄段，农村家庭的教育投入由1000元左右增加到4000元左右。十年间，农村家庭教育投入增长了3倍左右。类似地，在城镇地区，小学学龄段家庭教育投入由2010年的2000元左右增加到2020年的7000元以上，增长了约2.5倍；初中学龄段家庭教育投入增长幅度更大，分别达3.2倍和4.1倍。

（4）农村地区家庭教育投入仍存在明显的性别差异，平均而言，女孩的家庭教育投入总体低于男孩。在城镇地区，由于家庭性别偏好相对较小、子女数量平均更少，加之调查样本规模较小，各年份家庭教育投入并未呈现稳定或明显的性别差异。

二　不同特征的家庭对子女教育投入的差异

如上所述，各时期城乡家庭对子女的教育投入均呈现重要差异。为了进一步探讨这些差异的具体模式及可能原因，本部分针对主要家庭特征对比展示家庭教育投入的差异或分层现象。

考虑到家庭经济状况和规模直接影响其教育投入的预算约束，父母的受教育程度作为家庭社会经济地位、文化资本的重要指征，也与家庭规模/子女数量直接相关；这些家庭特征之间的相关关系意味着，单独考察上述各变量与家庭教育投入的关系，可能会得出混淆性结论。例如，图7-1和图7-2以CFPS 2012年和2018年的调查数据为例，展示了上述家庭特征变量之间的相互关系。由此不难看出，在各调查年份，被访者的家庭收入与母亲的受教育程度、家庭规模均显著相关。这些相关关系体现了家庭社会经济特征的复杂共变性，经济特征与社会文化特征相互交织。因而，理解家庭特定维度的变化对教育投入的效应，需要控制其他相关维度家庭特征的混淆性效应。

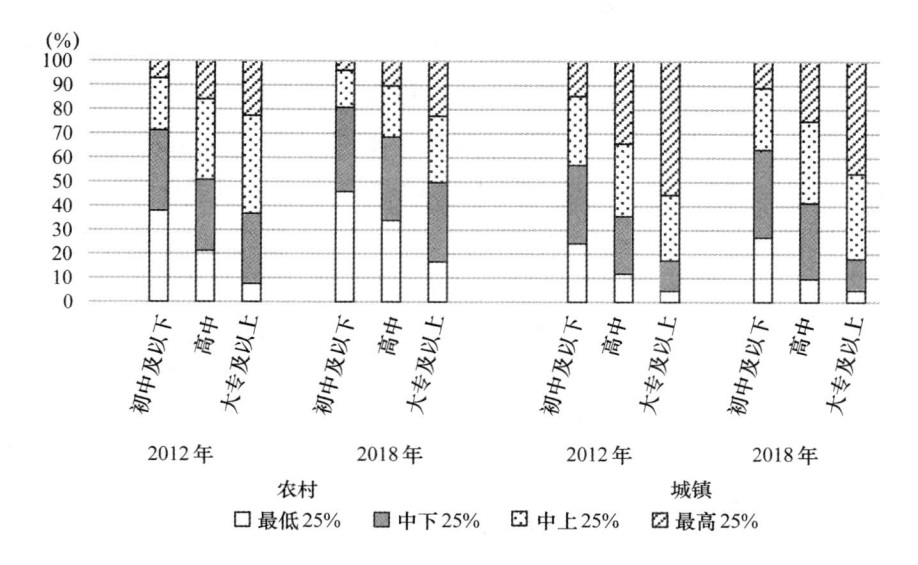

第七章　家庭教育资源与环境　171

图 7-1　按母亲受教育程度划分的家庭收入分布状况

资料来源：2012 年、2018 年 CFPS 中 15 岁及以下被访者样本。

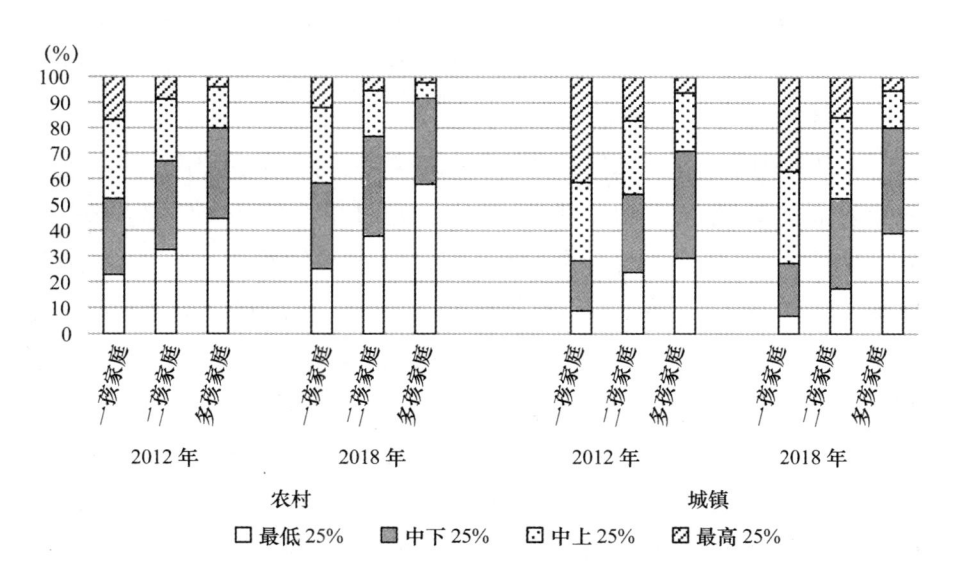

图 7-2　按子女数量划分的家庭收入分布状况

资料来源：2012 年、2018 年 CFPS 中 15 岁及以下被访者样本。

鉴于此，以下分析将在控制家庭收入、母亲受教育程度的基础上，检验家庭规模与家庭对子女教育投入的关系。

结合 CFPS 实际收集的家庭信息，本部分首先选取中等收入家庭作为考察对象，其中包括家庭人均收入水平处于中上 25% 和中下 25% 的样本。这一家庭子样本的收入异质性相对较小，家庭教育投入受客观预算约束的可能性较低，且样本规模较大；这些样本特征有助于清晰地展示当前中国城乡家庭规模与家庭教育投入的关系。其次，分析过程进一步控制母亲的学历，将分析对象限定为母亲受教育程度在初中及以下的家庭样本。选取这一子群体的原因在于，这一家庭子样本的规模较大且内部异质性相对较低，能够为检验家庭规模对家庭教育投入的可能影响提供较为可靠的依据。

利用上述家庭子样本，本研究发现如下。

（1）家庭教育投入与家庭规模呈稳定且独立的负相关关系。在控制家庭收入的情况下，城乡中等收入家庭对子女教育投入的平均金额随子女数量的增加而明显下降；子女数量越少，单个子女获得的教育投入平均越高。

表 7-10 以 CFPS 2012 年和 2018 年的调查数据为例，在控制学龄阶段的基础上展示了中等收入家庭对单个子女的教育投入与家庭规模的关系。由此可见，在 2012 年农村地区样本中，在小学学龄段，一孩、二孩和多孩家庭对女孩的教育投入均值依次为 2593 元、1666 元和 1032 元；在初中学龄段，一孩、二孩和多孩家庭对女孩的教育投入均值依次为 2954 元、2962 元和 2161 元。这些数值印证了家庭教育投入与家庭规模的负相关关系，且在低龄段更为突出；这可能与较低学龄段家庭教育投入的弹性更大有关。农村地区男孩的结果与之相类似。2018 年的数据同样显示，随着家庭规模的增大，农村地区单个子女的家庭教育投入序次递减。

第七章　家庭教育资源与环境　　173

表7-10　中等收入的城乡家庭对子女平均教育投入随家庭规模的变化

（单位：元）

		农村						城镇					
		女			男			女			男		
		一孩家庭	二孩家庭	多孩家庭	一孩家庭	二孩家庭	多孩家庭	一孩家庭	二孩家庭	多孩家庭	一孩家庭	二孩家庭	多孩家庭
2012年	学龄前	900	776	430	740	692	604	2673	1467	800	2630	947	1067
	小学学龄	2593	1666	1032	2328	1504	844	4391	2423	1514	3375	2659	2004
	初中学龄	2954	2962	2161	4418	2426	2202	5221	2697	2156	5794	2682	2516
2018年	学龄前	4520	3642	2588	3780	3357	3185	8159	7311	3885	8404	5874	3450
	小学学龄	3779	2951	1955	4042	2672	2175	8587	4151	2532	6157	4093	2359
	初中学龄	4536	3765	3291	5869	4144	3302	9067	4523	3925	7377	5814	4145

与农村地区相比，城镇家庭对子女的教育投入随家庭规模上升而下降的幅度更大。同样以女孩为例，在小学学龄段，2012年一孩家庭的教育投入均值比二孩、多孩家庭分别高1968元和2877元；在初中学龄段，一孩家庭的教育投入均值比二孩、多孩家庭分别多2524元和3065元。相应差距明显超过同一时期的农村地区。到2018年，城镇地区小学学龄段女孩的家庭教育投入在不同家庭规模之间的差距进一步扩大，一孩家庭与二孩、多孩家庭分别相差4436元和6055元，分别相当于同一时期农村地区相应差距的5.3倍和3.3倍。

这些结果印证了家庭规模对家庭教育投入的稳健、独立的负向效应。伴随家庭转变而来的家庭规模下降，大幅提升了年青一代的家庭教育资源；这一过程中，城乡各学龄阶段的男女青少年均从中受益。本章的结果表明，当前收入流动性约束较低的家庭中，子女的教育投入整体提升，且随时间呈不断上升趋势；以往研究发现的（农村）女孩教育资源相对被剥夺的现象在中等收入家庭中不复存在。此外，以上结果也表明，在公共教育基本免除费用的义务教育阶段，城乡不少家庭仍对子女教育投入较多的经济资源，为当代城乡家庭关于子女教育期待和投资意愿提供了有力的论证。随着家庭转变，城乡家庭预期对子女投入更多的教育资源。

（2）在控制母亲学历后，家庭教育投入与家庭规模的负相关关系在各家庭子群中均保持稳健。表7-11同样以CFPS 2012年和2018年调查数据为例，分析了母亲低学历（初中及以下）的家庭中子女教育投入与家庭规模的关系。在各调查年份，多孩家庭对子女教育投入的均值显著低于一孩和二孩家庭。在城镇地区，一孩家庭对子女的平均教育投入水平最高，其次为二孩家庭，多孩家庭最低。这一梯度差异模式在各教育阶段、男女青少年中均成立。

表7-11 母亲低学历的城乡家庭对子女的平均教育投入随家庭规模的变化 （单位：元）

		农村						城镇				
		女			男			女			男	
		一孩家庭	二孩家庭	多孩家庭	一孩家庭	二孩家庭	多孩家庭	一孩家庭	二孩家庭	多孩家庭	一孩家庭	二孩家庭	多孩家庭
2012年	学龄前	760	744	442	820	656	406	1700	1282	918	2623	983	569
	小学学龄	2216	1519	859	2665	1452	748	4469	2412	1277	3647	2332	1846
	初中学龄	2764	3238	2181	4513	2459	2201	6139	3040	1769	4386	2684	3548
2018年	学龄前	4094	2757	2138	3155	3199	2466	5996	4993	3357	6848	4296	4658
	小学学龄	3355	2362	1543	3534	2256	1604	6880	2973	2066	5001	3321	1870
	初中学龄	3265	3931	2841	5933	3564	2630	9919	5067	3558	11435	4988	3719

在农村地区，对小学学龄段的青少年而言，家庭教育投入随家庭规模上升而快速减少，且相应差异对男女两性均成立。在初中学龄段，尽管对男孩而言家庭教育投入仍随家庭规模上升而单调递减；但对女孩来说，二孩家庭的教育投入并不低于一孩家庭。这一现象的可能解释有二：其一，在初中阶段，农村地区男女两性青少年的学业表现和升学竞争力分化明显，多数女孩的学业表现优势突出、升学竞争力高于男孩。受学业表现和升学竞争力的影响，家庭对男孩和女孩的教育投入决策可能发生变化。对学业表现不佳的男孩，非独生子女（二孩或多孩）家庭可能将家庭投入由教育转向就业、成家准备，由此，男孩的家庭教育投入水平可能出现下降；但对于女孩而言，与其学业竞争力表现有关，家庭教育投入减少的可能性较小。其二，在生育、养育和教育成本攀升的现实背景下，二孩家庭可能在社会经济特征等方面具有一定的选择性，其经济负担能力相对更好。这种选择性特征，可能在客观上有助于减缓农村地区二孩家庭对女孩教育投入的约束。

关于家庭规模与家庭教育投入的关系，以往研究从不同角度提供了可能的解释。一种是资源稀释理论，认为家庭规模扩大会分散单个子女能够获得的家庭教育投入，由此导致二者之间呈负相关关系。除此之外，也有研究从规模经济和代内支持的角度提供了不同的论述。这些观点认为，家庭出于代际传承和向上流动的需求，在子女数量较少的情况下，往往需要通过增加对单个子女的教育投入，以提高子女预期成才和实现代际向上流动的可能性。对多子女家庭而言，家庭教育资源的利用并非完全排他或具有私人属性，兄弟姐妹可能通过共享部分教育资源、相互交流等方式提升资源利用效率，使得较低的人均教育投入能够实现同样的投资效果。

三 学龄前的家庭教育投入

除上述义务教育阶段的家庭教育投入外，学龄前家庭教育投入也是人力资本投资的重要组成部分,对个体的人力资本发展有着持久的影响。在现有的教育体系设置下,学前阶段的教育投入主要由家庭负担,由于市场化定价的作用,这一阶段的家庭教育投入呈现更大的差异。

本研究利用 CFPS 2010—2020 年调查数据,以 3—5 岁幼儿为主要研究对象,初步考察了正规教育前家庭对子女早期教育投入的特征与变化。研究发现,在考察期间,家庭对学龄前儿童的教育投入水平较高,且随时间快速攀升。

本研究的分析结果显示,学龄前家庭教育支出的快速攀升大致出现在 2016 年前后。此前农村地区学龄前教育支出的均值在 1000 元以下,2016 年开始,相应均值迅速增长到 3000 元以上。类似地,在城镇地区,学龄前儿童的家庭教育投入均值由 2016 年以前的 2000 元左右快速上升到此后的 6000 元左右,增长约 2 倍。这些变化可能部分反映了家庭对子女早期教育重视程度上升的现实,同时,近年来教育竞争升级和低龄化趋势在客观上加剧了这一变化。由于教育发展不均衡,围绕优质教育资源的竞争不断提早、低龄化,城乡不少家庭为学龄前子女提供参加各种市场化培训和影子教育的机会。此外,由于学前教育不属于义务教育体系,其收费水平具有鲜明的市场化色彩;由于供求关系的作用,声誉较好、质量较高的学前教育往往费用不菲,由此也会推高这一阶段家庭教育投入的平均水平。

第三节 校外市场化的教育/培训机会

在全社会对教育的需求和重视程度不断提高的背景下,公共教育资源分布不均、优质资源相对稀缺的现状,客观上助长了市场化教育活动的发展以及影子教育市场的繁荣。21 世纪初起,各种类型的校外教育辅导机构在全国各地蓬勃兴起,这些教育活动实行市场定价,教育活动费用可观;在学校教育受义务教育法保护且学杂费和教材费均已免除的中小学阶段,学龄人口是否接受校外的市场化教育活动成为家庭教育决策的重要组成部分。近年来在以"减负"为主题的教育改革背景下,影子教育市场在不断规范和收缩。不过,回顾过去十余年间家庭对子女接受校外培训机会的决策及其差异,不仅是家庭教育研究的必要组成部分,而且对理解年青一代人力资本发展及家庭影响具有重要的参考价值。

一 校外培训参加情况与家庭规模的关系

图7-3至图7-5分别针对不同学龄阶段的被访者,展示了2010—2020年城乡不同规模的家庭中子女参加校外培训班的比例。由此可见,首先,在各学龄段,青少年儿童参加校外培训班的比例均与家庭规模呈负相关关系:家庭规模越小,青少年儿童参加校外培训班的比例明显越高。不论城乡,在所有调查年份,多孩家庭的子女参加校外培训班的比例最低,一孩家庭的子女参加校外培训班的比例最高;这些差异模式不因子女的性别而改变。

其次,青少年儿童参加校外培训的比例随时间、学龄阶段而呈现明显的上升趋势。具体来看,如图7-3所示,在学龄前阶段,农村地区一孩家庭中女童参加校外培训的比例由2012年的2.2%上升到2020年的10.5%;同一时期二孩家庭中女童的相应比例由1.6%上升到4.7%,一孩和二孩家庭中男童接受校外培训的比例则分别由1.4%和1.3%上升到9.6%和2.3%。与农村地区相比,城镇地区学龄前儿童参加校外培训班的比例更高,且随时间上升幅度更大。到2020年,城镇一孩和二孩家庭的女童参加校外培训班的比例分别为20.5%和15.3%,男童的相应比例分别为24.9%和5.7%。

与学龄前校外培训活动的参加情况相比,在中小学阶段,青少年参加校外培训的现象更为多见。图7-4显示,在小学学龄段,2020年农村地区一孩和二孩家庭的女孩参加校外培训班的比例分

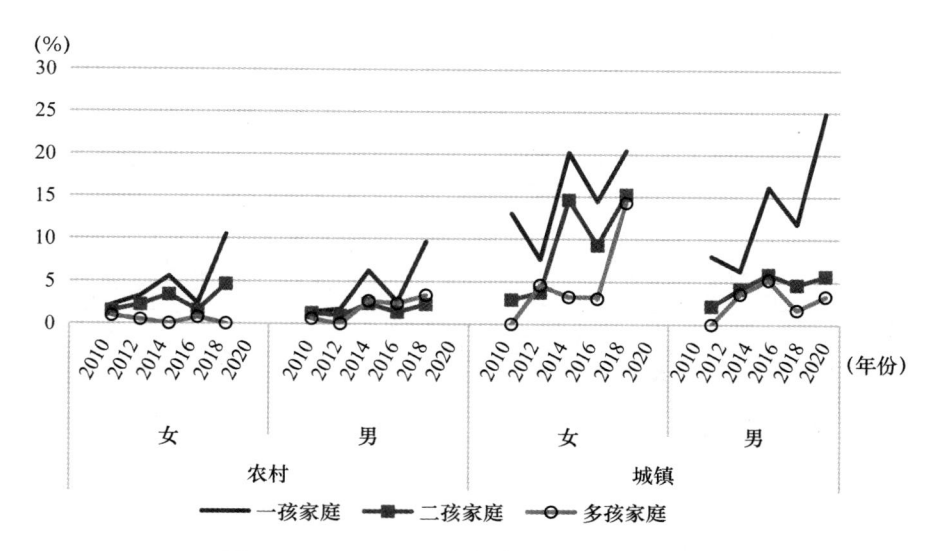

图 7-3 2010—2020 年按家庭规模划分的城乡学龄前儿童参加校外培训班的情况

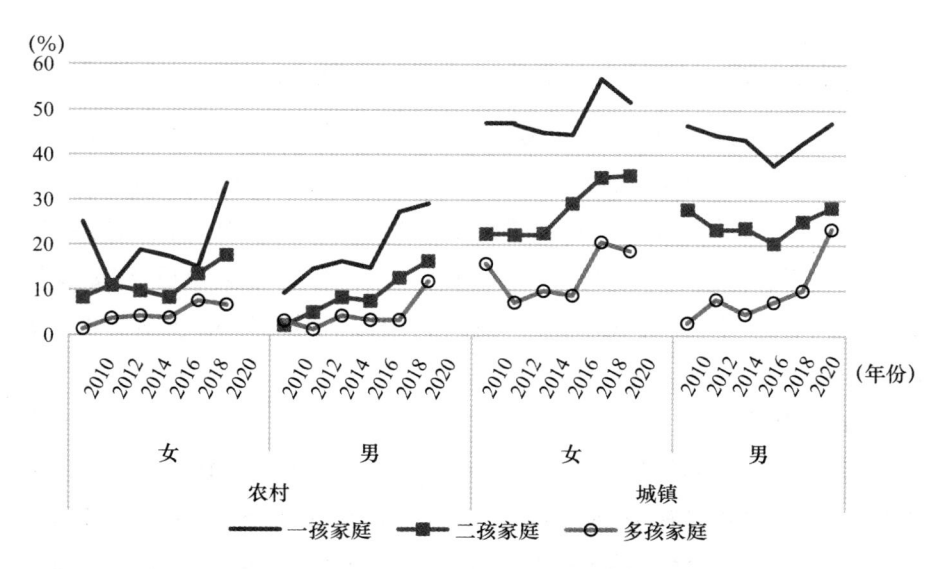

图 7-4 2010—2020 年按家庭规模划分的城乡小学学龄儿童参加校外培训班的情况

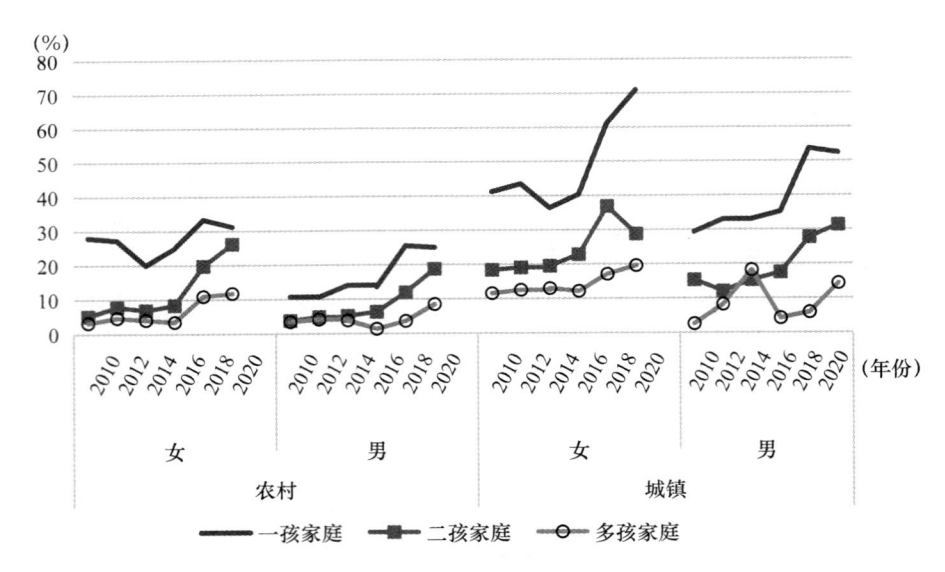

图 7-5　2010—2020 年按家庭规模划分的城乡初中学龄儿童参加校外培训班的情况

别为 33.6% 和 17.6%，男孩的相应比例分别为 29.2% 和 16.4%。与之相比，城镇地区一孩家庭中男孩和女孩参加校外培训班的比例在考察期间持续保持在四成左右或更高，二孩和多孩家庭的比例相对较低。截至 2020 年，城镇地区的一孩家庭中女孩和男孩参加校外培训班的比例分别为 51.8% 和 47.1%；二孩家庭的女孩和男孩相应比例分别为 35.4% 和 28.3%，多孩家庭为 18.6% 和 23.5%。

在初中学龄段（见图 7-5），2020 年城镇地区一孩家庭中的女孩和男孩参加校外培训班的比例分别为 71.0% 和 52.4%，比同期小学学龄段女孩和男孩分别高 19.2 个百分点和 5.3 个百分点。同期农村地区一孩和二孩家庭中初中学龄段的青少年参加校外培训班的比例也高于小学学龄段；尽管多孩家庭中的相应比例较低且随时间上升速度较慢。

再次，分析结果显示，考察时期内城乡家庭为女孩提供校外辅导机会的比例不低于男孩。在初中学龄段，女孩参加校外培训班的比例甚至明显超过男孩。由此可见，从本研究考察的课外教育资源来看，随着社会经济发展和家庭转变，现阶段城乡家庭教育投入的性别差异已明显下降，以往农村家庭在教育资源分配中重男轻女的倾向已发生根本性扭转。

最后，与农村地区相比，城镇地区的青少年儿童参加校外培训班的比例更高，且家庭规模对相应比例影响更大。在各学龄阶段，城镇地区一孩家庭与二孩、多孩家庭中子女参加校外培训班比例的差距显著更大。这可能与城镇地区校外培训市场更为发达、相应活动的费用更高有关，受此影响，家庭规模较大时相应市场化教育费用负担过重可能促使家庭减少对单个子女的相应校外培训投入。

综上所述，家庭规模与子女参加校外培训班存在显著的负相关关系；不过，相应关系既可能与家庭客观经济约束有关，也可能反映伴随家庭转变和家庭规模小型化而出现的家长观念和态度的差异。为检验家庭规模效应的稳健性，表7-12以CFPS 2012年和2018年的调查数据为例，在控制家庭收入的基础上，展示了城乡中等收入家庭中子女参加校外培训班的机会与家庭规模的关系。由此可见，在收入约束相对较低的中等收入家庭样本中，子女是否接受课外辅导仍与家庭规模显著相关。不论城乡、学龄阶段，家庭规模越小，被访青少年儿童参加校外培训班的比例显著越高。这一结果印证了家庭规模与子女接受市场化教育机会具有稳健、真实的负相关关系。尽管家庭经济状况直接影响家庭教育投入预算和实际负担能力，但经济因素并非决定家庭教育投资行为的唯一或主导因素；伴随着当代家庭转变进程，家庭规模、结构等特征的变化对子女教育发展具有更深层次的影响。

表 7-12　城乡中等收入家庭中子女参加校外培训班的机会与家庭规模的关系　（单位：%）

			女			男		
			一孩家庭	二孩家庭	多孩家庭	一孩家庭	二孩家庭	多孩家庭
2012 年	农村	学龄前	2.7	1.2	0.9	0.8	1.8	1.3
		小学学龄	12.1	10.2	1.5	12.8	5.6	1.9
		初中学龄	30.8	6.7	5.9	10.3	5.0	7.1
	城镇	学龄前	11.4	2.3	0.0	5.3	2.1	0.0
		小学学龄	40.8	18.0	7.5	33.0	21.4	5.6
		初中学龄	44.4	18.0	15.0	29.2	12.5	8.3
2018 年	农村	学龄前	3.9	2.8	0.0	2.5	1.4	0.0
		小学学龄	19.6	14.9	11.2	29.1	15.3	6.7
		初中学龄	44.4	19.8	15.2	23.3	16.3	7.9
	城镇	学龄前	10.7	10.9	3.1	8.8	3.2	0.0
		小学学龄	57.3	36.2	22.9	38.2	26.4	14.8
		初中学龄	55.9	33.3	20.0	53.7	28.6	10.0

二　校外培训机会与母亲受教育程度的关系

如前所述，女性教育水平的提高在当代家庭转变进程中扮演了重要角色；在一定意义上，母亲受教育程度的差异能够反映微观家庭在当代家庭转变进程中的相对位置。鉴于此，考察母亲受教育程度与子女市场化教育机会的关系，能够从一个侧面反映家庭转变带来的家庭教育领域的差异与变化。

利用 CFPS 2010—2020 年调查结果，图 7-6 至图 7-8 分别针对不同学龄阶段的被访者，展示了母亲受教育程度不同的城乡青少年儿童参加校外辅导的比例。

首先，在本研究所考察的各学龄阶段，母亲受教育程度越高，

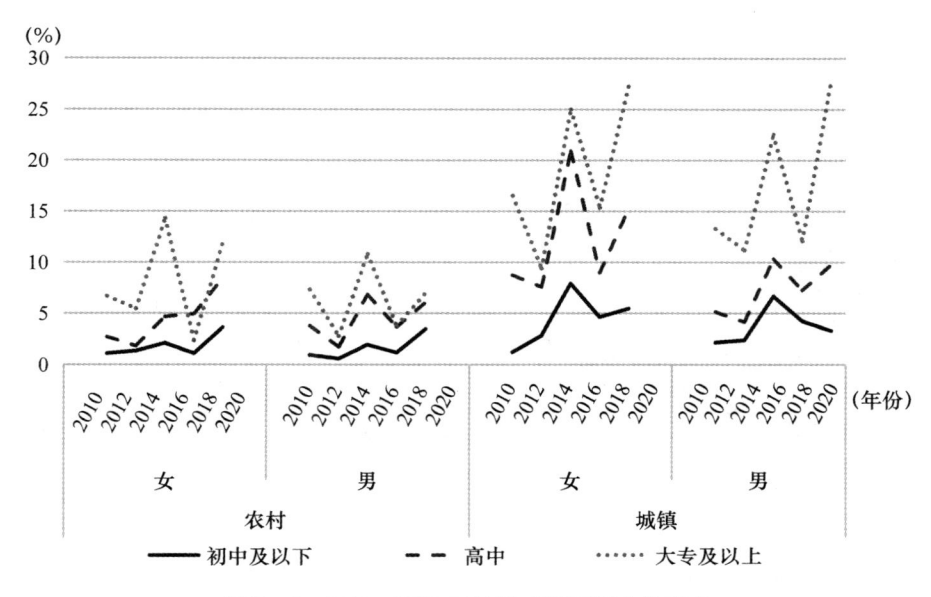

第七章 家庭教育资源与环境 183

图 7-6 2010—2020 年按母亲学历划分的城乡学龄前儿童参加校外辅导的比例

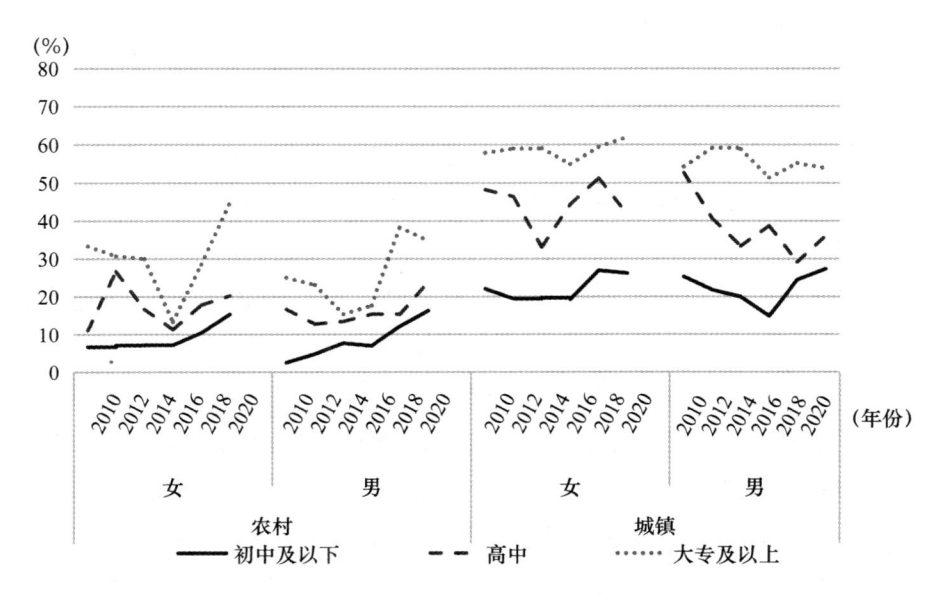

图 7-7 2010—2020 年按母亲学历划分的城乡小学学龄儿童参加校外辅导的比例

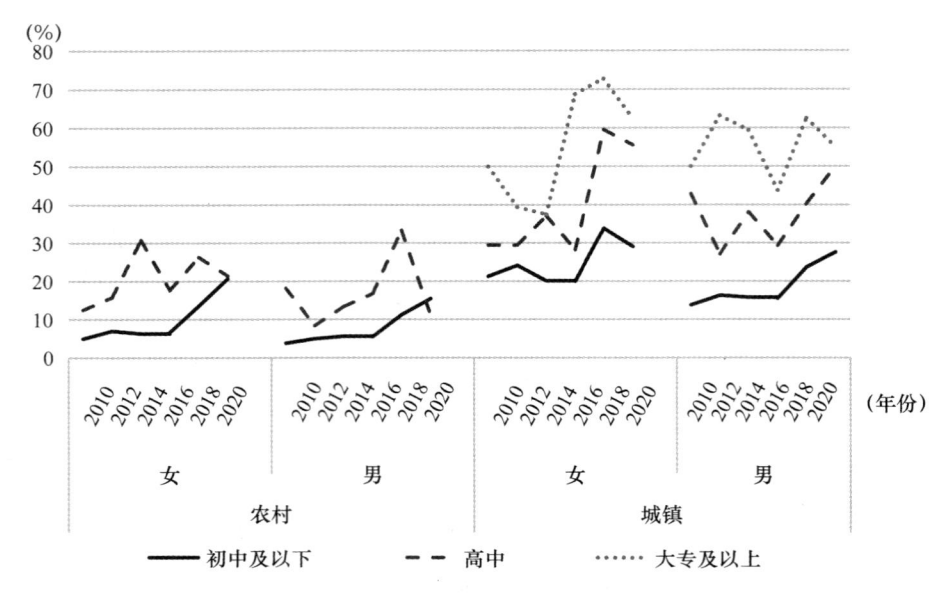

**图 7-8　2010—2020 年按母亲学历划分的城乡初中
学龄青少年参加校外辅导的比例**

注：历次调查中，农村地区母亲接受过大专及以上教育的样本量较小，在初中学龄段被访者中（母亲出生队列相对较早）尤为如此，本图未展示农村地区的相应比例。

被访青少年儿童参加校外辅导的比例总体越高。这些结果部分反映了与母亲学历相关的家庭文化资本或经济资源对子女教育活动的正向效应，除此之外，母亲受教育程度较高的家庭，其价值观念、态度等方面也往往不同，这些家庭的家长往往对子女的教育期望更高，由此也可能促使其为子女提供更多的教育机会。

其次，与学龄前儿童相比，中小学龄段青少年是否参加校外辅导与母亲受教育程度的关系更为显著。如图7-7所示，在小学学龄段，相对于母亲低学历（"初中及以下"）的情况，农村地区母亲中等学历（"高中"）或高学历（"大专及以上"）情形下子女参加校外辅导的比例持续更高。以2020年为例，与母亲低学历的情况相比，母亲中等学历家庭中女孩参加校外辅导的比例高4.9个百分点，男孩相应比例高7.6个百分点。同一时期，母亲高学历家庭中女孩和男孩参加校外辅导的比例与母亲低学历家庭的差距分别扩大到29.5个百分点和18.5个百分点。在城镇地区，母亲受教育程度不同的家庭中子女参加校外辅导的机会差距更大。考察期间，城镇母亲高学历的家庭中子女参加校外辅导的比例持续高于50%，相比之下，母亲低学历的家庭中相应比例持续在30%以下。图7-8关于初中学龄段青少年的分析结果同样印证了母亲学历与子女参加校外辅导现象的重要相关关系。

再次，考察时期内，无论母亲学历高低，青少年儿童参加校外辅导机会的性别差异很小。各学龄段男孩和女孩参加校外辅导的比例基本相当，个别情况下女孩甚至超过男孩。

最后，与农村地区相比，城镇家庭中母亲受教育程度的高低对子女参加校外辅导的可能性影响更为显著。与上文的讨论相类似，这些城乡差异可能反映了目前中国教育市场化发育程度、需求状况及价格水平的城乡差距，由于城镇地区校外辅导市场发育更快，相应教育活动的费用也明显更高，导致城镇家庭在影子教育市场消费活动中分层和分化现象更为明显。

第四节　正规教育入学方式的选择

现阶段，受教育资源分布不均衡、优质资源相对稀缺的影响，家庭对子女教育发展的投入体现在更多的领域和环节中，对教育发展的分层和竞争现象产生了全方位的影响。上一节初步分析了家庭对子女参加校外教育/培训机会的可能影响，本节进一步就正规教育机会获得中的家庭投入进行分析，重点就近年来广受关注的择校问题、相关途径，以及家庭的影响展开讨论。近年来，这些现象日趋普遍，并引起了社会的广泛关注和担忧，成为家庭教育投资研究不可忽视的重要研究内容。

CFPS自2012年起加入了子女入学方式及相关家庭安排变化的

变量。具体来说，自 2012 年起，调查针对被访家庭询问是否"为子女入学变更户口或住地"；自 2014 年起，CFPS 进一步询问子女的入读方式，如就近入学、电脑派位、交赞助/借读费、找关系、靠成绩或特长等。这些追踪调查信息记录了过去几年间中国教育领域出现的新现象和热点问题，为多方位了解中国家庭教育投入提供了新的视角，也是研究当代家庭对子女教育资本发展影响的重要维度和方向。

一 入读方式的构成与变化

利用 CFPS 2014 年和 2020 年的调查数据，图 7-9 和图 7-10 分别针对小学学龄段和初中学龄段被访者，展示了城乡被访学龄青少年入读方式的分布状况。分析结果显示，现阶段，在中小学阶段就近入学（和电脑派位）的入读方式占据绝对多数，在考察年份相应占比在六成到九成之间。与此同时，也有一定比例的家庭通过缴纳赞助费/托关系达成为子女选择就读学校的目的，相应比例在 6% 左右。

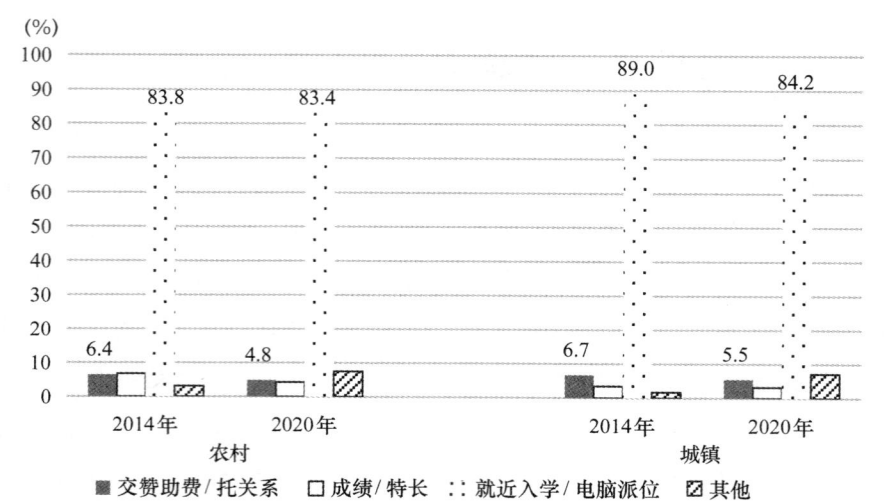

图 7-9 2014 年和 2020 年城乡小学学龄段被访儿童的入读方式

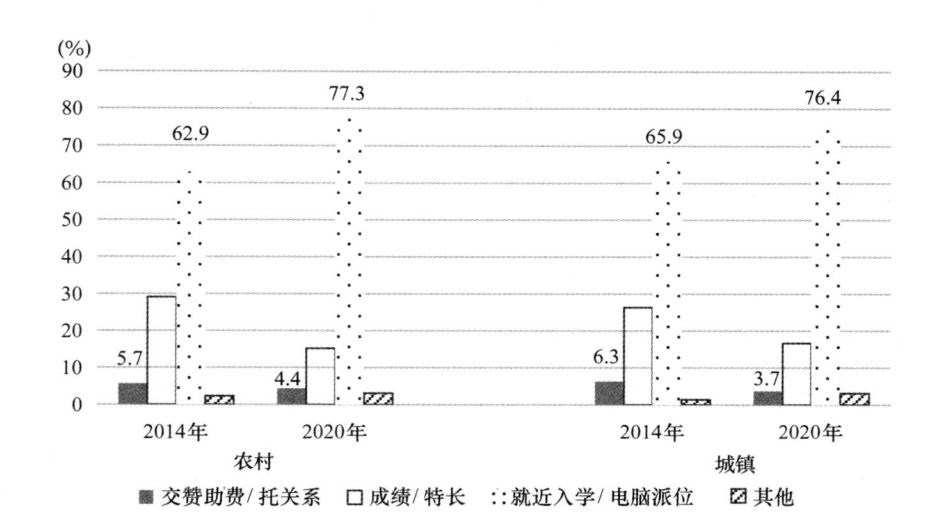

图 7-10　2014 年和 2020 年城乡初中学龄段青少年的入读方式

具体而言，在小学阶段，城乡学龄儿童通过就近入学或电脑派位方式入读的比例均在 80% 以上；其中，城镇地区就近入学和电脑派位的比例高于农村。随着时间的推移，就近入学现象的占比有所下降，特别是在城镇地区尤为明显。相比 2014 年的情况，2020 年城镇地区小学学龄段被访儿童就近入学的比例由 89.0% 下降到 84.2%，降幅接近 5 个百分点。除就近入学（或电脑派位）方式外，两次调查期间通过家庭缴纳赞助费/托关系促成子女入学的比例也在下降；农村地区相应比例由 6.4% 下降到 4.8%，城镇地区由 6.7% 下降到 5.5%。类似地，两次调查期间通过成绩/特长入读的比例也有所下降。与之相对，"其他"入读方式的比例经历了明显的上升。这些结果一方面反映了小学阶段入读方式多元化的客观现实；另一方面，通过交赞助费/托关系入学比例的下降，部分反映了近年来教育改革和管理取得的成效。教育系统内全方位的规范化管理和整治，降低了小学阶段人为的教育不平等，有助于推动教育机会均等化。

在初中阶段，过去几年中，就近入学/电脑派位的入读比例随时间快速上升；与此同时，各种类型的择校现象的比例快速下降。在农村地区，初中学龄段青少年通过就近入学/电脑派位入读的比例由2014年的62.9%上升到2020年的77.3%，6年间增长14.4个百分点。城镇地区相应入学方式的占比由2014年的65.9%上升到2020年的76.4%，增长幅度同样超过10个百分点。与之相对的是，以"交赞助费/托关系"方式入学的比例在农村和城镇地区分别由5.7%和6.3%下降到4.4%和3.7%；以"成绩/特长"入读的比例在农村地区由29.1%下降到15.2%，在城镇地区由26.4%下降到16.7%。这些数据同样印证了近年来义务教育阶段教育均等化政策在入学环节所取得的成效，这一过程中，家庭对子女正规教育学校选择产生的直接或显性影响明显下降，在客观上有助于推动义务教育阶段的机会均等化。

二 以上学为目的的居住地/户口变更

除上述入读方式外，家庭还可能通过其他方式影响子女的正规教育环境或经历。其中，通过租房、买房等变更居住地的方式为子女上学提供便利，近年来在广大城乡地区逐渐盛行。根据CFPS 2012年和2020年调查收集的数据信息，图7-11针对不同学龄段的被访者，对比展示了城乡家庭为子女上学而进行的住地或户口变更情况。

由图7-11可见，近年来城乡家庭为子女上学而变更住地的比例呈明显的上升趋势。与城镇地区相比，两次调查中农村家庭为子女上学而变更住地的比例更高。具体而言，在学前教育阶段，2012年农村家庭为子女学前教育变更住地的比例为3.2%，高于城镇地区的2.2%；到2020年城乡相应现象的比例均有了明显上升，农村家庭为子女学前教育而变更居住地的比例上升为7.0%，城镇家庭相应比例上升到4.9%，城乡差距明显扩大。类似地，在小学阶段，农村家庭为子女上学变更住地的比例由2012年的5.2%上升到2020年的10.5%，城镇家庭的相应比例由2.6%上升到7.1%。在初中学龄段，农村家庭为子女上学变更住地的比例由2012年的4.0%上升到

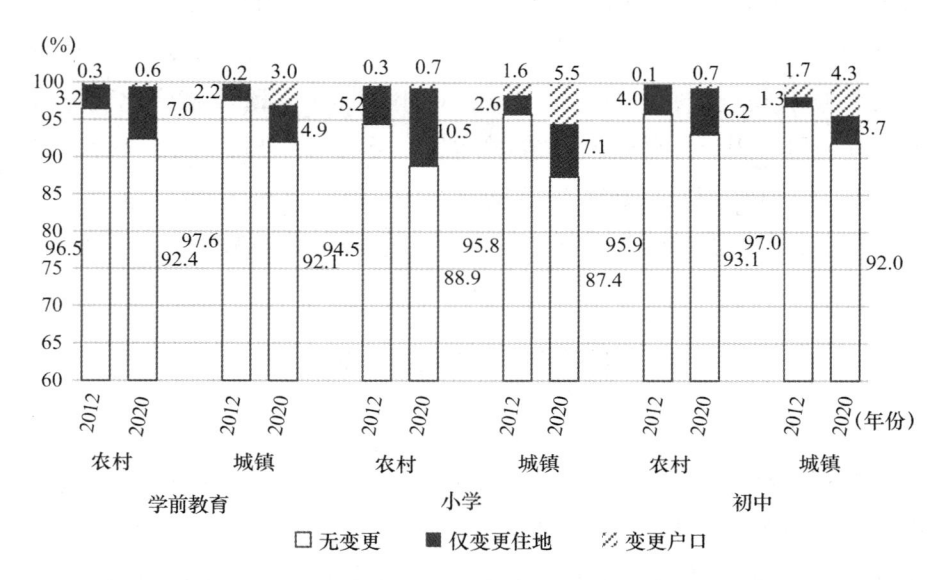

图 7-11 2012—2020 年城乡家庭为不同学龄段子女上学变更住地/户口的情况

2020 年的 6.2%，城镇家庭相应比例由 1.3% 上升到 3.7%。

这些结果展现了在教育资源分布不均的现实背景下，家庭为改善子女教育环境或条件而进行的多方位的努力，从一个侧面印证了家庭对子女教育发展影响的广泛与复杂性。相对城镇家庭而言，农村家庭更有可能通过变更住地为子女上学提供便利。这一城乡差异的可能原因在于，城乡住房价格的巨大差距。与农村地区相比，城镇特别是大中城市的住房价格持续高企，在距离优质教育机构/学校较近的住宅区（如学区房）住房明显供不应求，不仅导致房价远高于平均价格，而且可能存在有价无市的现象。这些差异在客观上限制了城镇家庭为子女上学变更住地的可行性。

除家庭住地的变更外，少数家庭也可能变更户口为子女的教育提供机会或便利。图 7-11 显示，考察时期内，城乡家庭中为子女上学而变更户口的比例在 0.1%—5.5%；相应比例随时间呈明显的上升趋势，且城镇地区的相应上升趋势更为明显。例如，在农村地区，2012 年为子女上学而变更户口的家庭占比在 0.1%—0.3%，到

2020年，相应比例上升到0.6%—0.7%。与之相比，2012年城镇家庭为子女上学而变更户口的比例在0.2%—1.7%，其中，学前教育阶段相应现象较少，占比为0.2%，在小学和中学阶段相应比例分别为1.6%和1.7%，明显超过农村地区。到2020年，各教育阶段城镇家庭为子女上学而变更户口的比例依次上升到3.0%、5.5%和4.3%，对子女教育机会选择产生着不可忽视的影响。

第五节 本章小结

本章围绕家庭教育资源和环境特征，从家长教育期望、家庭教育投入、校外培训机会的参加情况以及正规教育入学相关的安排或额外投入出发，多方位地展示了当代城乡家庭对子女的教育投入状况，分析了这些特征随时间变化的趋势及其与家庭规模、父母教育程度等因素的关系。

本章的主要研究结论包括：首先，现阶段中国城乡家庭对子女的教育期望很高，超过七成的家长期望子女接受大学本科或更高水平的教育。家长教育期望因家庭规模、母亲受教育程度等家庭特征而异。总体而言，母亲受教育程度越高，教育期望越高；家庭规模越小，家长对子女的教育期望越高；随着时间的推移，（母亲）晚育情况下，家长教育期望明显更低。

其次，在初中及以下各学龄阶段，城乡家庭对子女教育投入了不少经济资源。相应家庭教育投入随时间快速提升，且在较高学龄段家庭投入的经济资源越多；子女数量越少，家庭教育投入水平也显著越高。值得一提的是，本章的分析结果表明，现阶段家庭教育投入的性别差异已发生根本性变化，即便在农村地区，家庭对女孩的教育投入水平并不低于男孩；在初中阶段，家庭对女孩教育投入的平均水平甚至超过男孩。

再次，过去十余年间，校外培训机会是城乡家庭对子女教育投入的一个重要领域。尽管城镇地区家庭为子女提供校外培训/辅导机会的现象比农村更为普遍，相应现象的比例在城乡家庭中均随时间经历了快速的上升。在较高学龄段，相应现象更为常见。家庭规模越小或母亲受教育程度越高，子女参加校外培训活动的可能性越高。在考察期间，女孩接受校外培训的机会与男孩相比已不存在劣势。

最后，近年来，中国城乡家庭在子女正规教育入学方式和途径中给予了不同程度、不同类型的额外投入。本章分析发现，过去几年内，尽管就近入学方式在城乡均占据主导地位，各时期仍有一定比例的家庭通过交赞助费、改变户口或其他方式影响子女入读。这些现象折射了现阶段教育发展不平衡、优质资源稀缺所引发的社会问题与矛盾。不过，值得肯定的是，过去几年间各种类型的择校现象的比例均明显下降，反映了教育均等化等制度改革的部分成效。

第八章

家庭教养活动及亲子交流互动

家长对子女的教养活动是家庭教育的重要组成部分，对未成年子女的成长及人力资本积累具有重要的作用。家庭教养方式作为家长教育理念的贯彻实践，主要通过家长对子女活动的参与、交流互动、行为示范以及直接干预等途径影响子女的成长。随着当代家庭规模小型化和家庭关系核心化，家庭教养活动日益成为学龄儿童家庭日常生活的主轴，对家庭成员关系质量、家庭氛围等多个方面产生深刻影响。

关于家庭教养方式及其影响，心理学领域较早开展系统的理论探讨，发展并形成了国际较为通用的测量体系。近年来，随着中国大型社会调查开始收集教养方式信息，有学者利用这些数据考察中国家长教养方式的类型及其对子女发展的影响。与以往类型化的教养方式研究不同，本章从家庭教养行为的具体特征出发，考察其特征与差异，并尝试从社会人口学的角度探讨当代家庭转变进程对家长养育、教育行为的可能影响。具体而言，本章主要利用 CFPS 数据，考察家庭对不同年龄段子女的教育活动、交流互动以及亲子关系特征，对比不同类型和特征的家庭在相应教养活动中的差异，为理解当代家庭转变背景下家庭教养行为的特征与可能变化提供经验依据。

第一节　家庭养育和教育行为

家庭教养活动贯穿子女成长过程。在不同的成长阶段，教养活动的具体内容往往不同。考察成长各阶段的主要教养行为特征，有助于系统理解家庭教养行为的差异及其潜在影响。本节主要区分学龄前和中小学龄段两个重要的成长阶段，利用 CFPS 相关数据信息，分析在这些成长阶段中国城乡家庭对子女的主要教养行为特征。

一　学龄前的早期家庭教育

随着家庭规模下降和家长教育水平的快速提高，近年来儿童早期启蒙和家庭教育受到越来越广泛的重视。家长给幼儿读东西听是一种典型的早期家庭教育活动，相应行为及其频率能够从一个侧面反映家庭对幼儿教育的重视情况。CFPS 在历次调查中针对 3—5 岁幼儿的家长收集了相应早期家庭教育行为信息。利用这些调查信息，本节对比母亲学历、家庭规模不同的家庭中相应早期教育行为的差异。

(一) 母亲受教育程度的差异

图 8-1 按照母亲受教育程度来划分，展示了不同类型家庭中家人经常（每周至少几次）给幼儿读东西听的比例。在所有调查年份，母亲受教育程度越高的家庭中，家人经常给幼儿读东西听的比例明显更高。以 2020 年为例，在农村地区，母亲受教育程度在初中及以下的家庭中，家长经常给幼儿读东西听的比例在四成左右，男孩和女孩的比例分别为 36.7% 和 42.9%；母亲为高中学历的家庭中，家人经常给幼儿读东西听的比例在五成以上，男孩和女孩分别为 59.3% 和 53.1%。与农村家庭相比，城镇家庭更加重视对幼儿的早

期教育，其中尤以高学历家长为重。2020年城镇地区母亲低学历（初中及以下）的家庭中家人经常给幼儿念东西听的比例在四成以上，男孩和女孩分别为45.1%和43.9%；同期母亲高学历家庭中相应比例则超过八成。

受调查样本规模较小的影响，个别年份相应比例波动较大。不过，整体来看，城乡家庭经常给幼儿读东西听的比例仍随时间呈现较为明显的上升趋势。无论城乡、母亲受教育程度的高低，相应上升趋势在所有类型的家庭中均有所体现。例如，农村地区母亲低学历家庭中，家人经常给幼儿读东西听的比例由2010年的1/4左右（男女分别为24.7%和25.6%）上升到2020年的四成左右（男女分别为36.7%和42.9%）。在城镇地区，母亲低学历的家庭中家人经常给幼儿读东西听的比例由2010年的不足四成上升到四成以上（男女分别由39.2%和34.4%上升到45.1%和43.9%）。

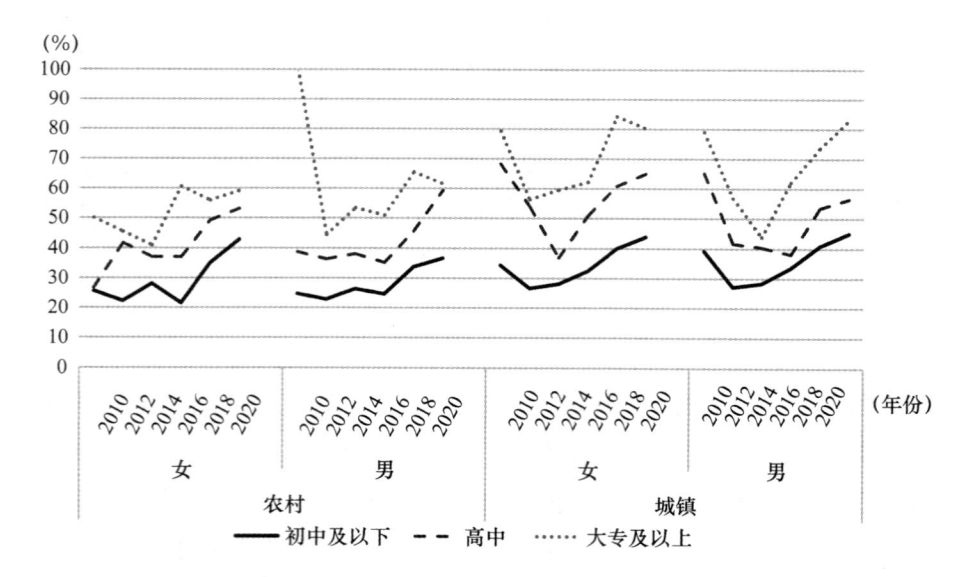

图8-1 2010—2020年母亲学历不同的家庭中家人经常为幼儿读东西听的比例

资料来源：根据CFPS历次调查中3—5岁幼儿家长填答的数据统计而得，"经常"指每周至少读几次。

（二）家庭规模和出生次序的影响

家庭规模小型化是当代人口和家庭转变的重要特征，包含了社会文化和经济变迁的影响，也体现在家庭资源、家庭教养观念和行为的差异中。图8-2仍以家人经常给幼儿读东西听作为家庭早期教育行为的代理变量，展示了2010—2020年中国城乡不同规模的家庭中幼儿早期家庭教育的特征和差异。

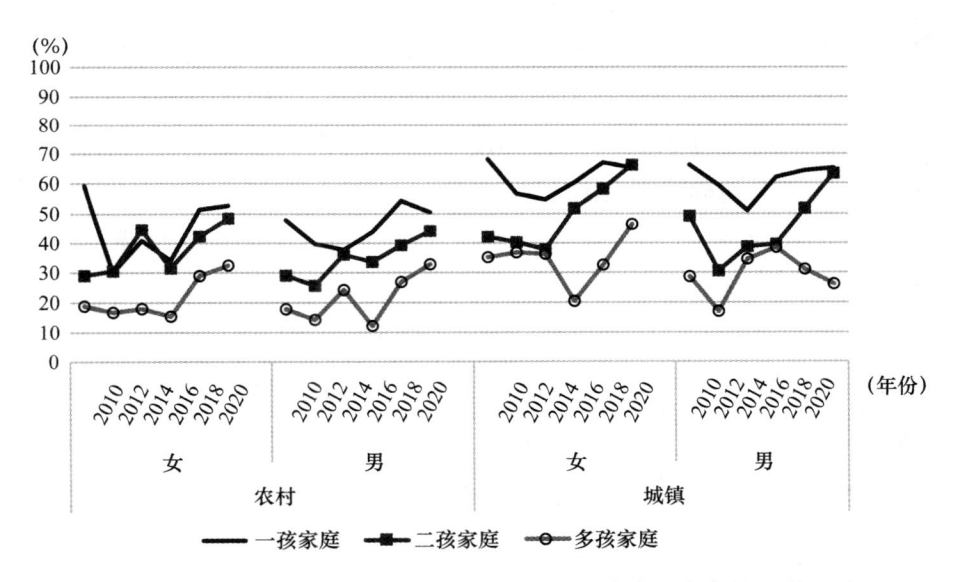

图8-2 2010—2020年不同规模的家庭中家人经常为幼儿读东西听的比例

资料来源：根据 CFPS 历次调查中3—5岁幼儿家长填答的数据统计而得，图中"经常"指每周至少读几次。

由图8-2可见，家庭规模越小，经常给幼儿读东西听的现象越为多见。在考察时期内，农村地区一孩家庭经常为幼儿读东西听的比例在四成到六成之间，多孩家庭中相应比例在三成左右或更低；二孩家庭的相应比例则介于一孩家庭和多孩家庭之间。类似地，在城镇地区，一孩家庭中相应比例在五成到七成之间，多孩家庭的相应比例在多数年份低于四成。随着家庭规模的增大，家人经常给幼儿读东西听的比例单调递减。

图 8-2 显示，近年来城乡不同规模的家庭经常给幼儿读东西听的比例总体呈明显上升趋势。这反映了现阶段家庭对幼儿早期教育日益重视的变化趋势，家庭通过阅读等方式在儿童早期进行启蒙以及观念与行为的塑造，为儿童后续发展，特别是人力资本积累奠定基础。

图 8-3 展示了城乡不同出生次序的幼儿有家人经常为其读东西听的比例。结果显示，不同出生次序的幼儿在早期家庭教育资源获得和重视程度中也呈现重要差异。在考察时期内，无论城乡，排行最大的孩子更有可能有家人经常为其读东西听；相比之下，排行第二及以后的幼儿有家人经常为其读东西听的比例明显更低，其早期家庭教育在不同程度上受到挤压。

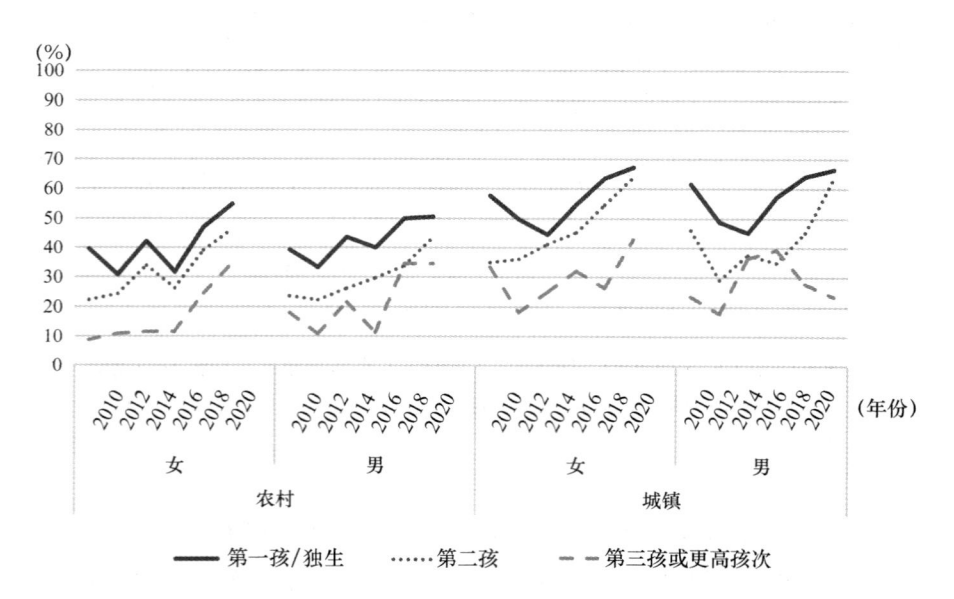

图 8-3 2010—2020 年按照孩次顺序划分的家人经常给幼儿读东西听的比例

资料来源：根据 CFPS 历次调查中 3—5 岁幼儿家长填答的数据统计而得，图中"经常"指每周至少读几次。

二 中小学龄段儿童的家庭教养行为特征

CFPS 在历次调查中针对学龄儿童的家长询问了其主要教养行为,包括对学业及学校活动的关注、对娱乐活动的干预(如看电视时间和节目类型)等。具体的测量方式为通过询问被访家长以下问题以收集信息:"自本学期开始以来/上学期,您经常和孩子讨论学校里的事情""您经常要求孩子完成家庭作业吗""您经常检查孩子的家庭作业吗""孩子在学习时,您会经常放弃自己喜欢的电视节目以免影响其学习吗""您经常阻止或终止孩子看电视吗""您经常限制孩子所看电视节目的类型吗"。这些问题的初始选项包括"很经常""经常""偶尔""很少"和"从不"。为了清晰地对比各时期家长相应教养行为的主要特征,本章的分析使用二分化的虚拟测度,将这些问题的选项统一合并为"1 = 经常/很经常""0 = 偶尔/很少/从不"。

(一)家庭教养行为的总体特征

图 8-4 和图 8-5 分别针对家长对子女学习活动的关注与督促以及对娱乐活动(以看电视为例)的约束两类教养行为,对比展示在不同学龄段城乡家长对子女的相应教养行为比例。分析结果显示,家长对子女的教养行为因子女年龄或学龄阶段而呈现重要差异,小学学龄段的儿童更有可能在学习和娱乐等方面受到家长经常性的关注或约束,在初中学龄段,相应比例明显下降。以下分别针对两类教养行为的分析结果进行讨论。

1. 对学习活动的关注与督促

图 8-4 显示,家长对子女学习情况进行关注与督促的最为典型方式是"要求孩子完成家庭作业",相应现象在当前城乡家庭中相当普遍。具体来看,在考察期间,城乡小学学龄段家长要求孩子完成家庭作业的比例均在八成以上;初中学龄段家长要求孩子完成家庭

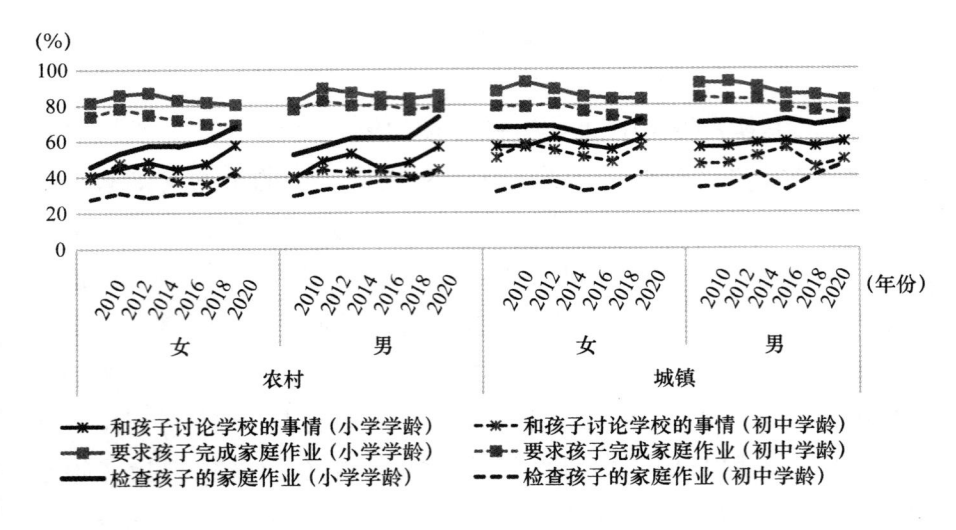

图 8-4　2010—2020 年城乡家长对子女学习活动关注与督促的比例

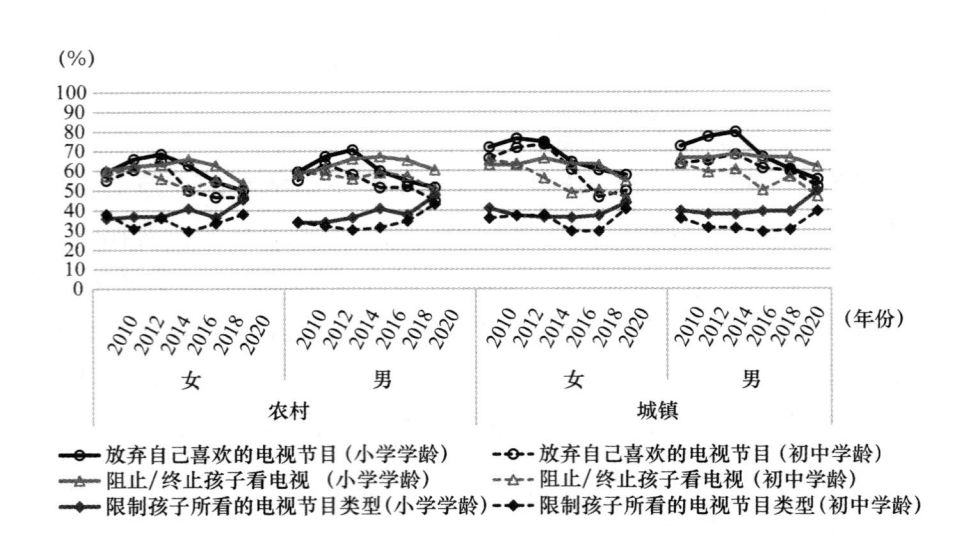

图 8-5　2010—2020 年城乡家长经常约束子女看电视行为的比例

作业的比例略低,不过也在七成以上。平均而言,城镇家庭中家长要求孩子完成家庭作业的比例高于农村家庭,男孩的相应比例略高于女孩。这些差异与城乡家庭对子女教育期望的差异模式相类似。从相应差异的幅度来看，与小学学龄段相比，在初中学龄段家长对子女教养行为的性别及城乡差异明显扩大。其可能的原因在于，随着子女的年龄增长，其自我意识、能力等方面不断成熟，开始养成自我学习意识和习惯；这一过程中个体差异不断扩大，家长的教养行为也因此而呈现更大的差异。值得一提的是，考察期间，无论城乡，家长要求孩子完成家庭作业的比例随时间稳步下降。这可能反映了近年来教育体系"减负"政策带来的部分效应，随着家庭作业的减少，家长需要经常性地督促孩子完成家庭作业的情况出现一定幅度的下降。

与家长"要求孩子完成家庭作业"的比例下降相对，考察时期内，家长"检查孩子的家庭作业"的比例随时间明显上升；且相应趋势在农村地区尤为明显。2020年，农村小学学龄段儿童的家长经常检查孩子家庭作业的比例高达七成左右（女孩和男孩相应比例分别为68.2%和73.3%），比2010年高出20个百分点以上。在初中学龄段，农村家长经常检查孩子家庭作业的比例也由2010年不足三成的水平上升到2020年的四成以上（女孩和男孩分别为41.2%和42.5%），十年间相应比例上升幅度超过10个百分点。各时期，城镇地区家长检查孩子家庭作业的比例高于农村地区，不过，近年来相应城乡差距快速缩小。家长检查孩子家庭作业的比例上升，一方面反映了家庭对子女教育过程关注和重视程度提高的现实；另一方面，相应上升趋势也与家长自身文化资本的提高有关。在较年轻的队列中，家长拥有较高学历的比例更高，其对子女教育的关注更有可能体现在检查作业等家庭教育活动中。

除上述作业督促和检查外，家长"和孩子讨论学校的事情"也是其了解和关注子女学习情况的重要方式，在当前城乡家庭教育活动中占据重要的位置。如图8-4所示，考察时期内，家长"和孩子讨论学校的事情"的比例大致在四成到六成之间。其中，农村地区小学学龄段儿童的家长经常"和孩子讨论学校的事情"的比例随时间明显上升。在初中学龄段，相应现象的比例随时间基本保持稳定。类似地，城镇地区家长经常"和孩子讨论学校的事情"的比例也相对稳定，基本保持在五成到六成之间。总体而言，城镇地区家长经常"和孩子讨论学校的事情"的比例高于农村，相应城乡差距随时间有所收敛。

2. 对娱乐活动的约束

家长对学龄子女的教养行为，既表现为与学习活动（或学校生活）直接相关的教养行为，也包括对学习以外的娱乐活动的干预。结合 CFPS 收集的信息，图 8-5 以看电视这一常见的娱乐活动为例，对比展示各时期家长在教育子女的过程中所表现的自我约束和对子女的直接约束。

图 8-5 显示，考察时期内，家长"放弃自己喜欢的电视节目"以免打扰孩子学习的情况较为常见。在农村地区，小学学龄段儿童的家长放弃自己喜欢的电视节目的比例在五成到七成之间；对初中学龄段的子女而言，家长放弃自己喜欢的电视节目的比例略低，大致在四成到六成之间。随着时间的推移，家长为保证子女学习环境而经常放弃自己喜欢的电视节目的比例有明显下降。其可能的解释有，近年来手机、网络产品的快速发展在很大程度上替代了电视等传统的娱乐产品和媒介，使得相应娱乐活动在时间和空间的选择上更少受限，相关娱乐活动更具私人性和便捷性；在这一背景下，家长为孩子学习环境而放弃自己喜欢的电视节目的必要性下降。

同一时期内，家长"阻止/终止孩子看电视"的比例有所下降；但"限制孩子所看的电视节目类型"的比例却在上升。这些结果表明，近年来伴随网络信息和娱乐产品发展的日新月异，学龄儿童的娱乐行为、内容和方式均在发生快速的变革。这一过程给家庭教养行为带来了新的内容和挑战，家长对子女娱乐活动的干预向深层次延伸，由娱乐时间、方式逐渐转向关注内容及内涵。

（二）家庭特征与家长教养行为的关系

家庭教养行为可能因父母的社会经济特征、家庭规模结构等因素而呈现重要差异。这是因为，一方面，家庭特征包含了家庭物质和文化资源等方面的差异，由此可能影响家庭自身的教育资源和环境特征；另一方面，家庭特征也隐含了其社会结构性位置和外部环境特征的差异，由此可能影响其价值观念、社会心理和预期，从而影响家长的教养行为。

本部分结合 CFPS 收集的上述家长教养行为的变量信息，主要从母亲受教育程度和家庭规模的差异出发，考察现阶段中国城乡家庭对子女教养行为的潜在差异。

1. 母亲受教育程度

通过对比不同家庭中各类教养行为的差异，研究发现，母亲学历不同的家庭对子女教养行为的差异主要集中于"与孩子讨论学校里的事情""检查孩子的家庭作业"和"放弃自己喜欢的电视节目"这三个类型的行为中。

具体来看，母亲受教育程度越高的家庭中，家长经常与孩子讨论学校里的事情的比例更高，经常检查孩子的家庭作业、经常性地放弃自己喜欢的电视节目以免影响孩子学习的现象也更为多见。除这些教养行为外，在本研究考察的其他教养行为中，母亲受教育程度的高低与教养行为关系较小，不同家庭之间差异并不明显。

图 8-6 以家长经常"与孩子讨论学校里的事情"为例，展示了不同学龄段青少年的母亲学历和相应教养行为的关系。在小学学龄段，母亲低学历（初中及以下）的家庭中家长经常与孩子讨论学校里的事情的比例在五成左右，总体上低于母亲中、高学历的家庭。在初中学龄段，母亲低学历的家庭中家长与孩子经常讨论学校里的事情的比例在四成到五成之间。农村地区母亲学历较高的家庭中相应教养行为的比例在各调查年份起伏较大，这可能与相应样本规模较小、受随机调查误差等因素的影响较大有关。

(a) 小学学龄段

(b) 初中学龄段

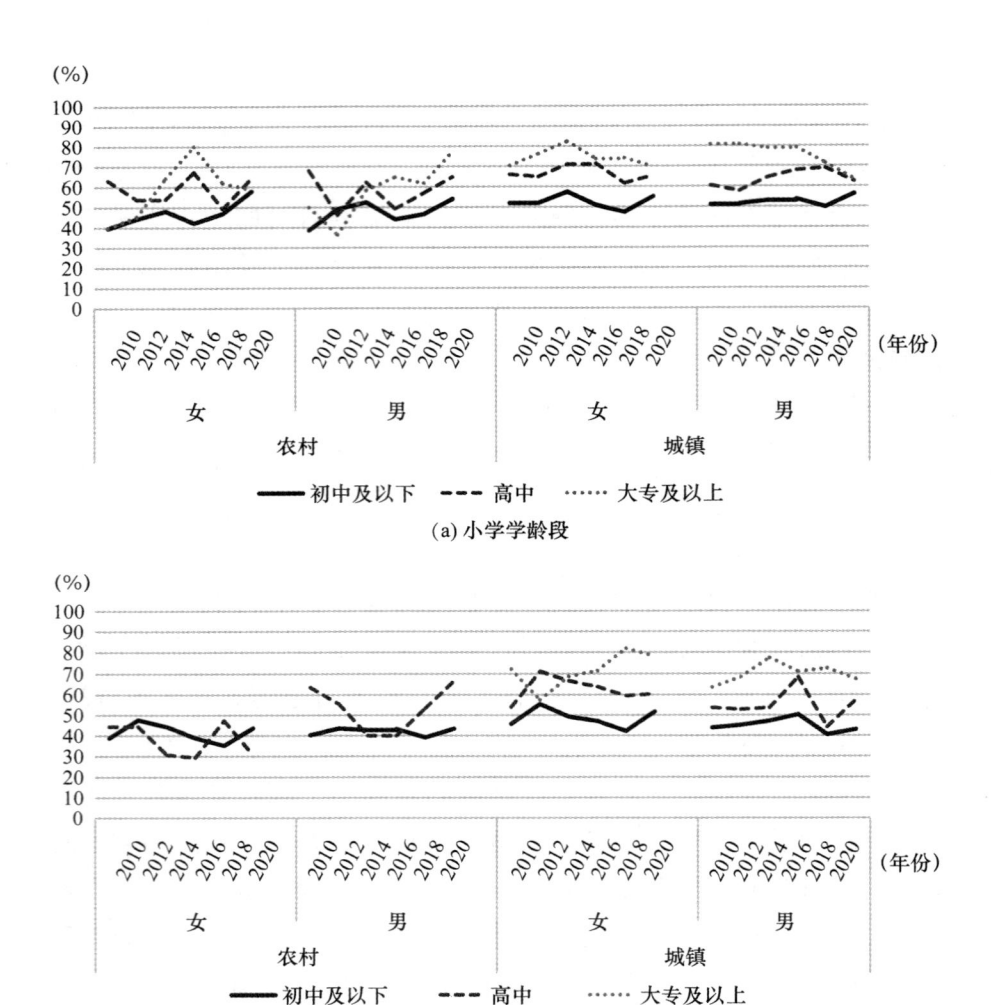

**图 8-6　2010—2020 年按母亲学历划分的家长
经常与孩子讨论学校里的事情的比例**

　　与农村地区相比，城镇地区母亲学历与家庭相应教养行为的关系更为稳健。在历次调查中，城镇地区母亲学历越高，家长与孩子经常讨论学校里的事情的比例越高；家庭相应教养行为随母亲学历而呈现明显的梯度差异，母亲高学历与低学历的家庭之间相应比例的差距在 20 个百分点左右。

2. 家庭规模

图 8-7 区分学龄阶段，对比展示了不同规模的家庭中家长经常与孩子讨论学校里的事情的比例。无论城乡，家庭规模越小，家长经常与孩子讨论学校里的事情的比例越高；与一孩家庭相比，二孩和多孩家庭中相应教养行为的比例显著较低，且两类家庭的

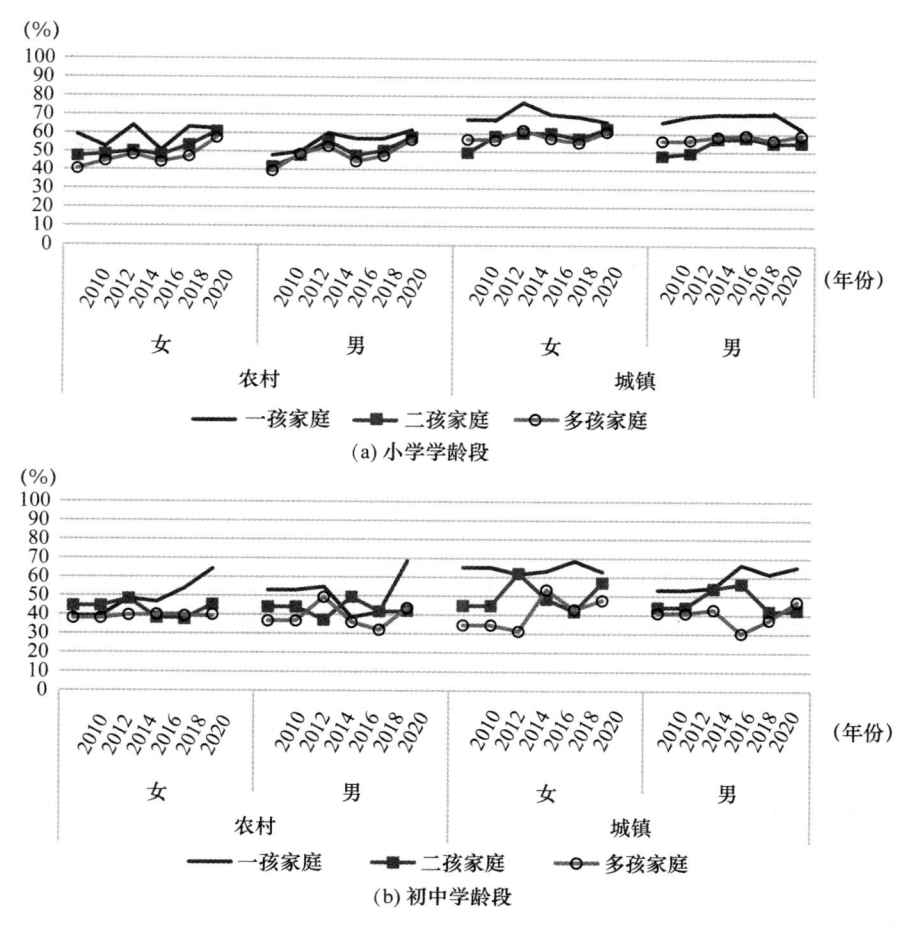

图 8-7 2010—2020 年不同规模的家庭中家长
经常与孩子讨论学校里的事情的比例

相应教养行为差异不大。其可能的解释在于，对于特定的教养活动而言，家长需要对子女单独地、有针对性地开展，其时间和精力投入具有排他性，不存在规模经济效应；因而，在子女数量增多时，家长出于时间、精力客观有限性的约束，针对单个子女的教养行为会受到不同程度的挤出。除此之外，各时期家庭规模的差异也隐含了微观家庭在文化价值观念和行为模式等方面的差异，一孩家庭中家长的教养理念和实践可能与二孩、多孩家庭存在系统性差异。

类似地，不同规模的家庭之间，家长教养行为的差异也突出地体现在对子女的家庭作业进行常规性检查中。家庭规模增大，相应教养行为的频率显著下降。由此可见，当前家庭特征对家长教养行为的影响主要反映在需要家长直接投入和参与的活动中，这类活动通常需要投入较多的时间和精力，且具有明显的排他性。因而，家庭教养行为因家长的资源（时间等）、能力和观念态度而呈现重要差异。与之相反，对于排他性较小、投入较低的教养行为，如"要求孩子完成家庭作业""阻止/终止孩子看电视""限制孩子所看的电视节目类型"等，不同规模和类型的家庭中相应差异很小。

综上所述，当前中国城乡家庭对子女的教养行为随子女的年龄不同而呈现重要差异。在学龄前，早期家庭教育受到了越来越广泛的重视，多数家庭经常给幼儿念东西听，注重为其早期智力等方面的发展提供持续的信息输入。在中小学龄段，不少家长注重与孩子进行经常性的交流，及时了解其学习和学校生活状况。除此之外，家长也通过直接督促和检查家庭作业、干预其娱乐活动的类型等方式为子女提供多方位的家庭教育。受社会经济以及家庭转变的影响，不同规模、不同类型的家庭在对子女的教养行为中还存在重要的差异；在需要家长单独投入时间和精力的教养行为中，相应家庭差异尤为突出。这些差异如何影响子女的人力资本发展值得进行深入系统的研究。

第二节　家庭支持与亲子交流互动

成长过程中，家长的陪伴及其在亲子日常交流互动中的行为特征是家庭教育方式的重要体现，对营造家庭教育氛围、影响子女行为表现和发展轨迹起着不可低估的作用。家长行为通过其日常情感交流、对子女的支持和关注以及针对特定行为/表现的反馈等方式，对子女发展产生潜移默化的影响。本节围绕情感交流、情感支持、子女外出时家长对其同伴的了解情况，以及针对子女学业表现的不同反馈四个方面，以 CFPS 历次调查时 10—15 岁青少年（及其家长）为目标人群，分析现阶段城乡家庭对子女的支持和亲子互动特征。

一　情感交流：亲子交心谈心的频率

亲子日常交流互动是家庭教育活动的重要组成部分，对营造和谐健康的家庭关系与家庭教育氛围极为重要，也对促进青少年教育发展和健康成长具有积极意义。

CFPS 在 2018 年和 2020 年的调查中收集了亲子交心谈心频率的信息，由 10—15 岁被访者填答过去一个月和父母谈心的次数。利用相应信息，表 8-1 对比展示了城乡不同规模的家庭中青少年与父母谈心的次数。总体而言，家庭规模越小，青少年与父母谈心的频率越高。无论城乡，一孩家庭中青少年与父母谈心的频率明显高于多孩家庭。相对而言，二孩家庭中青少年相应亲子互动的频率与一孩、多孩家庭的差异模式不稳定；这可能反映了与中国生育政策相关的二孩家庭的异质性及其选择性特征，其具体的差异模式及成因还需要后续研究结合更多维度的详细家庭信息加以探讨。尽管不同类型的家庭中亲子交流情况可能存在复杂差异，总体而言，表 8-1 表明，家庭小型化进程在客观上提高了城乡家庭内部亲子谈心的频率，有助于提高家庭成员，特别是亲子之间的情感质量。

表 8-1　　　　2018—2020 年城乡 10—15 岁青少年过去
一个月与父母谈心次数的均值　　　　　（单位：次）

		农村		城镇	
		女	男	女	男
2018 年	一孩家庭	3.2	2.2	2.9	3.3
	二孩家庭	2.0	1.8	1.6	2.2
	多孩家庭	2.2	1.6	2.6	2.3
2020 年	一孩家庭	3.2	2.5	3.4	2.5
	二孩家庭	2.6	2.9	2.3	3.0
	多孩家庭	2.6	2.3	2.9	2.9

考察时期内，母亲学历不同的家庭中亲子谈心频率的差异仅城镇地区显著。就 CFPS 2018 年和 2020 年的两次调查来看，城镇地区母亲学历越高，亲子谈心频率显著更高；不过，在农村地区二者的关系在统计上并不显著。图 8-8 展示了城乡不同特征家庭中，男女两性青少年与家长谈心频率的均值差异。图 8-8 显示，2020 年，城乡母亲高学历的家庭中，男孩与家长谈心的频率平均最低。囿于调查时点和数据信息的限制，这些结果可能并不足以推断城乡家庭亲子交心谈心的比例变化趋势。不过，从亲子"从未谈心"的比例差异来看（见表 8-2），两次调查期间，不同类型家庭中相应比例均出现大幅下降。这可能从一个侧面反映了随着时间的推移城乡家庭对亲子交流日益重视的趋势；这一过程可能伴随着相应行为实践在不同类型家庭之间的收敛和趋同。

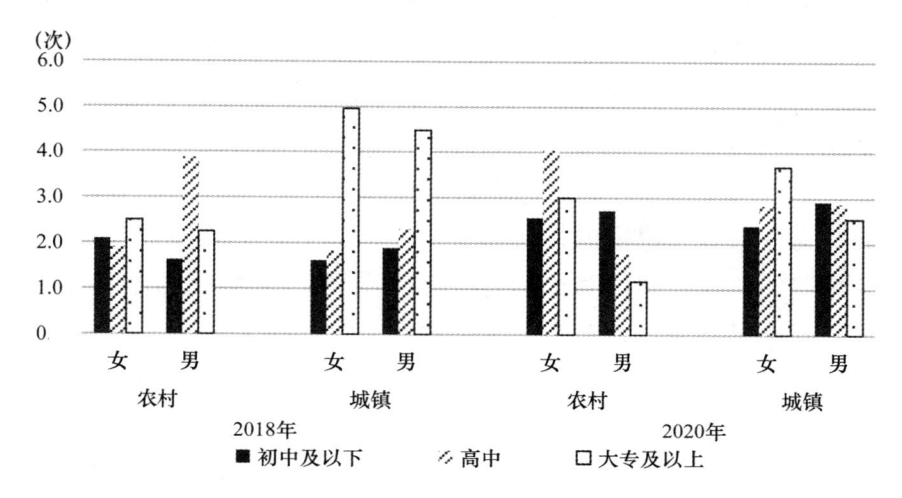

图 8-8 按母亲学历划分的城乡青少年上个月亲子谈心频率的均值

表 8-2 按母亲学历划分的城乡青少年上个月亲子从未谈心的比例

（单位：%）

	农村				城镇			
	女		男		女		男	
	2018 年	2020 年	2018 年	2020 年	2018 年	2020 年	2018 年	2020 年
初中及以下	51.1	39.6	61.5	42.1	57.9	39.8	59.2	38.7
高中	55.2	30.8	43.5	41.9	50.0	37.3	45.1	39.2
大专及以上	75.0	42.9	50.0	50.0	40.4	38.6	33.9	33.3

二 情感支持：遇到烦恼时倾诉的对象

CFPS 在历次调查中，针对 10—15 岁的青少年询问了"当你遇到烦恼时，一般向谁诉说"。在家人、亲友、老师等众多的关系资源中，父母作为烦恼倾听者的可能选择，反映了家长的情感支持功用及其在众多关系资源中的相对位置。此外，该变量也能从一个侧面映射与教养方式相关的家庭亲子关系质量。

图 8-9 展示了城乡不同规模的家庭中，子女在遇到烦恼时选择

父母作为主要倾诉对象的比例。在考察期间，农村地区 10—15 岁的青少年被访者遇到烦恼时选择向父母倾诉的比例在两成到四成之间。不同规模的家庭中青少年遇到烦恼时向父母倾诉的行为差异较小，且相应比例随时间变化不大。相应行为的性别差异显示，在一孩家庭中，男孩向父母倾诉的比例略高于女孩；但在二孩和多孩家庭中，相应行为并未呈现稳定的性别差异。在城镇地区，青少年选择将父母作为遇到烦恼时倾诉对象的行为在不同类型的家庭之间呈现显著差异。一孩家庭中，子女在遇到烦恼时向父母倾诉的比例最高；随着家庭规模增大，子女在遇到烦恼时向父母倾诉的可能性明显下降。究其原因，一方面，家庭规模较大时，家庭关系网络往往更大，这就使得青少年有可能选择父母以外的家人作为情感支持的来源，在遇到烦恼时向其倾诉。另一方面，家庭规模较大时，父母投入每个孩子的时间和精力减少，由此可能不利于亲子间的互动。

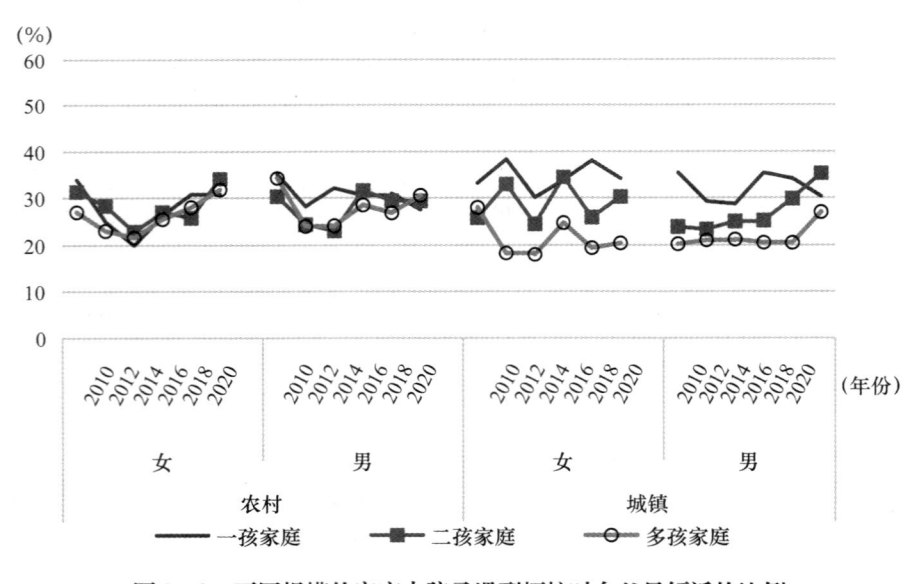

图 8 - 9　不同规模的家庭中孩子遇到烦恼时向父母倾诉的比例

图 8 - 10 展示了城乡不同规模的家庭中，青少年遇到烦恼时从不向人倾诉的比例。城镇地区二孩家庭中子女在遇到烦恼时从不向

人倾诉的比例与一孩家庭差异较小，但多孩家庭中青少年的相应比例总体较高，印证了这些家庭中青少年的社会情感支持相对较低的现状。由于目前城镇地区多孩家庭比例较低，相应类别的家庭样本量较小，样本统计量的稳定性可能受限。鉴于此，图8-10所展示的城镇地区多孩家庭与其他家庭的差异不宜被过度解读。

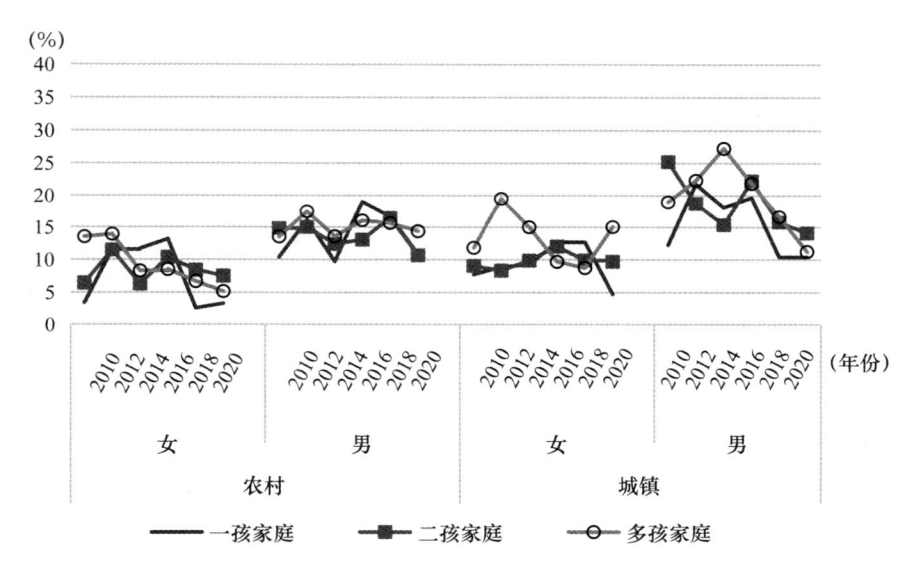

图8-10 不同规模的家庭中孩子遇到烦恼时从不向人倾诉的比例

三　子女外出时家长对其同伴的了解情况

CFPS 在历次调查中，针对青少年收集了"当你不在家时，父母知道你和谁在一起吗"信息，从一个侧面反映家长对子女外出安全和交友状况的关注。调查结果显示，家长对子女的关注程度在不同类型、不同特征的家庭之间呈现重要的差异。

图8-11按照母亲学历不同的城乡家庭进行划分，对比展示了孩子不在家时家长"总是/大部分时候"知道孩子和谁在一起的比例。总体来看，母亲受教育程度较高的城乡家庭中，家长对子女外出时的同伴信息保持关注和了解的可能性更高。除农村地区母亲为

大专及以上学历的样本较少、相应比例波动较大外，家长对子女外出时的同伴信息了解的情况随母亲学历上升而呈现较为明显的梯度递升趋势。这些数据反映了母亲学历较高的家庭对子女的关注程度明显更高的现实。

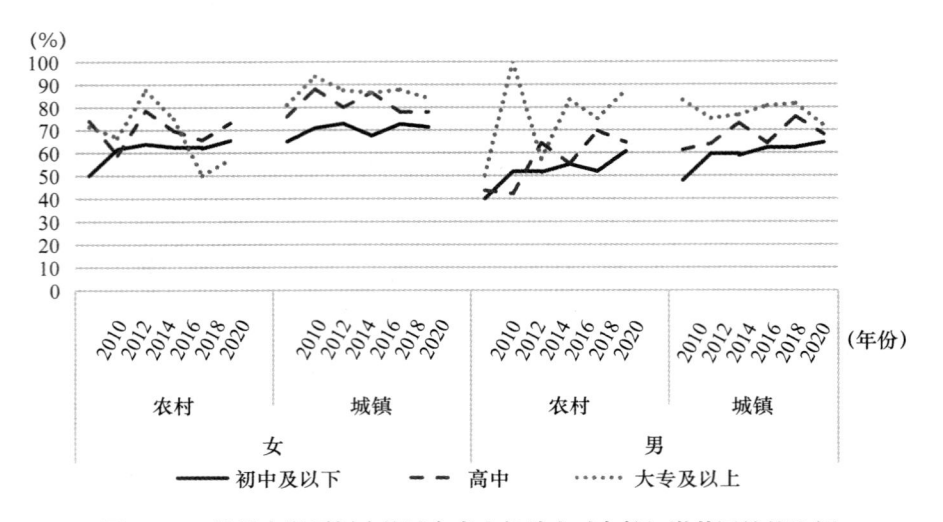

图 8-11　按母亲学历划分的城乡青少年外出时家长知道其同伴的比例

图 8-11 还显示，子女外出时家长对其同伴信息的了解情况存在性别及城乡差异。与农村地区相比，城镇家庭对子女外出时的同伴信息"总是/大部分时候"了解的比例更高。这一城乡差异可能与城乡社会结构不同有关，与农村地区熟人网络占主导的社会结构相区别，城镇地区的人员构成复杂、流动性强，社会网络关系相对单薄和易变，由此导致家庭对子女单独外出时的安全问题往往需要给予更多的关注。

不论城乡，女孩外出时家长对其同伴信息的了解情况总体高于男孩。这一性别差异反映了长期以来整个社会所面临的安全风险、隐患等方面突出的性别差异，与社会普遍关切的性别风险相呼应。同时，这也从一个侧面印证了随着家庭规模小型化，现阶段中国城乡家庭对子女安全的关切和重视程度进一步提高。

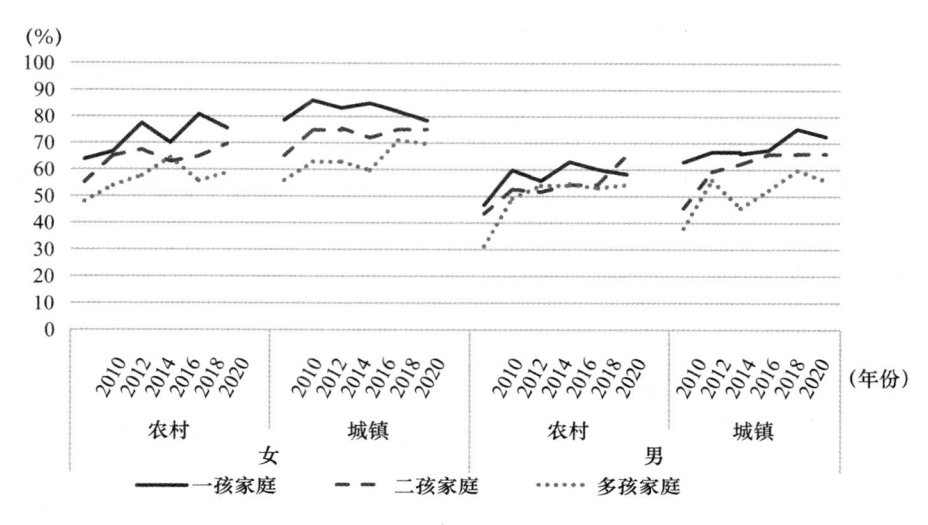

图 8-12　按家庭规模划分的城乡青少年外出时家长知道其同伴的比例

图 8-12 展示了不同规模的家庭中家长对子女外出时的同伴信息的了解情况。不论城乡，子女数量越少的家庭中家长"总是/大部分时候"知道子女外出时和谁在一起的比例更高。城镇家庭对子女外出时的同伴信息了解的比例更高，女孩的家长对孩子外出时的同伴情况关注或了解程度也更高。就本节考察的家长对子女外出时同伴信息的了解情况来看，随着时间的推移，不同规模和类型的家庭对子女的关注程度在较高水平趋于收敛：一方面，农村家庭对子女的关注程度均随时间明显提高；另一方面，男孩家长对孩子的关注程度也在不断提高。这从一个侧面为家庭转变进程中家长对子女投入变化的趋势提供了例证。

四　针对子女学业表现的不同反馈

家长对子女学业表现的反应是家庭教育方式和亲子互动的重要组成部分，对子女的学习积极性和教育发展有着直接的影响。CFPS 历次调查针对学龄儿童的父母，询问了在孩子成绩不如意时的处理方式（即"孩子拿回来的成绩单上的成绩或其进步程度比预期低时，

212 当代中国家庭转变对人力资本发展的影响

您最常用哪种处理方式")。利用相应信息,本部分针对历次调查时10—15岁的青少年,分析了其家长对学业表现低于预期时的反馈方式,并对比了不同特征的家庭中相应反馈方式的可能差异。

图8-13(a)和图8-13(b)区分责骂/体罚/限制活动、鼓

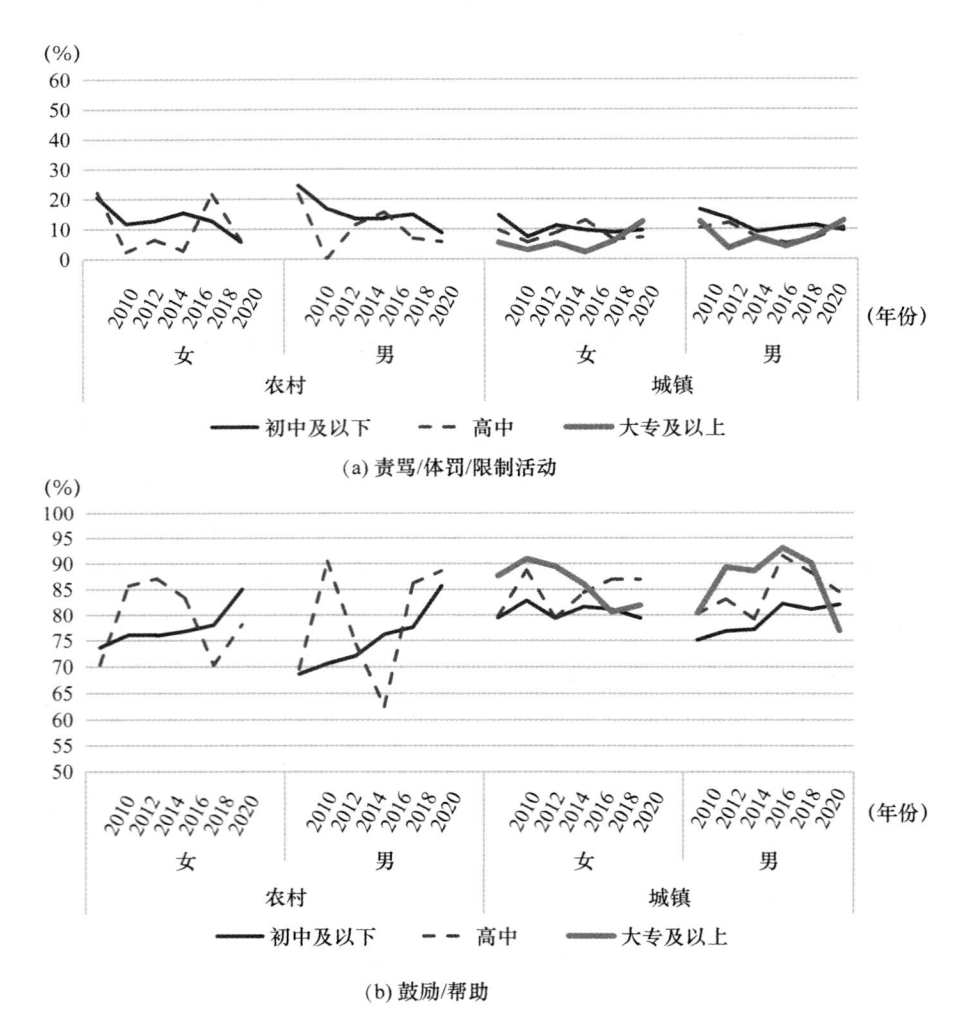

(a) 责骂/体罚/限制活动

(b) 鼓励/帮助

图8-13 2010—2020年按母亲学历划分的城乡
家庭中孩子成绩不好时家长的反应

注:农村地区母亲高学历的样本规模较小,导致相应类别的比例随机起伏较大;为清晰起见,本图未展示相应类别的曲线。

励/帮助这两类常见的处理方式,展示了母亲学历不同的家庭中家长采用这些处理方式的比例。由此可见,考察时期内,城乡家长对子女学业表现低于预期时的处理方式相对稳定,八成左右的家长采用鼓励/帮助的方式,告诉孩子要更加努力地学习或者向孩子提供更多的帮助;采取责骂/体罚/限制活动等惩罚方式的家长占比较低,近年来基本保持在两成以下,且随时间有一定的下降趋势。

从母亲学历不同的家庭之间的差异来看,总体而言,母亲受教育程度较低的家庭中,家长采用责骂/体罚/限制活动方式的比例略高,采用鼓励/帮助方式的比例相对较低;不过,各时期相应差异都不大,且随时间呈一定的收敛趋势。

此外,与农村家庭相比,城镇家长采取鼓励/帮助方式的比例较高,采取责骂/体罚/限制活动方式的比例则较低。相对于男孩而言,家长对女孩在学业表现不理想时的处理方式更有可能是鼓励或提供帮助。除上述两类主要的反馈方式外,历次调查时也有部分家长在孩子成绩低于预期时采取其他的反馈方式,如联系老师或不采取措施等。总体而言,这些类型的家长反馈方式占比较低,在一成左右。这些数据大致勾画了当代城乡家庭针对子女学业表现的不同反馈模式,从调查结果来看,当前城乡家庭中采用严厉的惩罚方式的现象已相对少见。

图 8-14 对比展示了不同规模的家庭中,子女成绩不理想时家长常用处理方式的差异。由此可见,在考察期间各年份,多孩家庭中家长采取责骂/体罚/限制活动方式的可能性相对更高;而子女较少的家庭中,家长采取鼓励/帮助方式的比例平均更高。这可能反映了随着家庭规模的小型化,家长在家庭教育、亲子互动中有可能对单个子女投入较多的精力和耐心,由此影响其对子女成绩低于预期时的反馈方式。在子女学业表现不理想、低于预期时,少子女家庭的家长更有可能采取冷静克制的处理方式,对子女给予积极引导或帮助。这些家庭教育方式和行为的变化,有可能对子女教育活动和长期成长轨迹产生深刻影响。这些效应的检验,将在后续章节(参

见第十三章）中进一步展开。

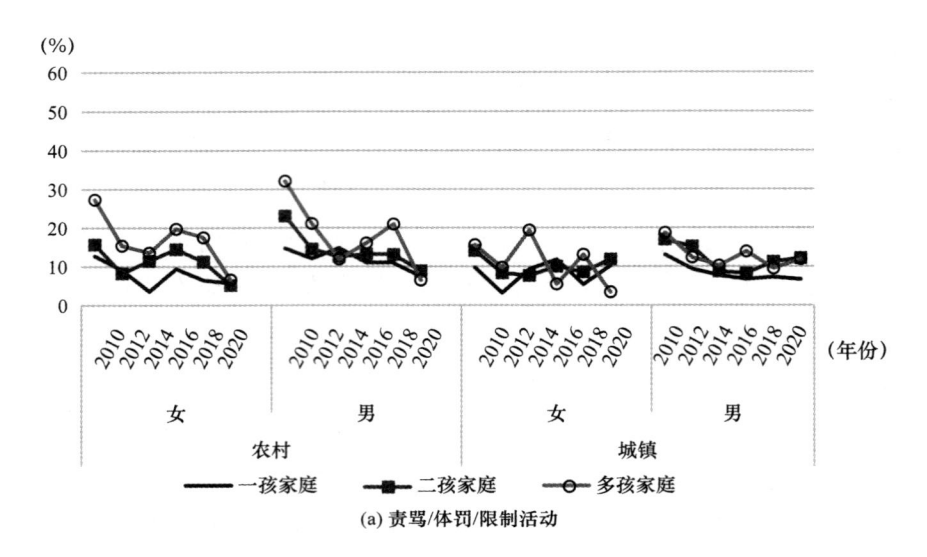

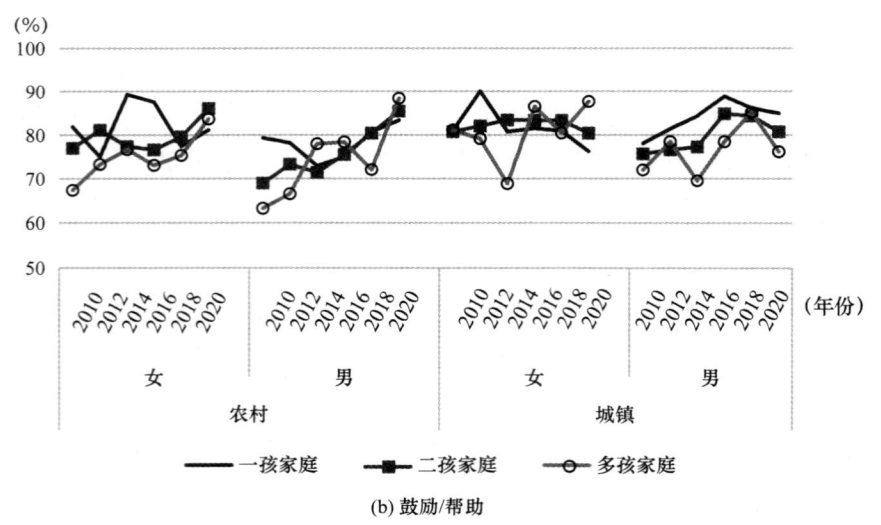

图 8-14 不同规模的家庭中子女成绩不理想时家长常用的处理方式

第三节 亲子关系质量

在家庭规模小型化、结构核心化的背景下,亲子关系在家庭关系中仍占据突出的位置。亲子关系质量作为亲子间长期交流互动的特征与结果,不仅影响子代的健康发展,而且是家庭关系质量的重要组成部分。

CFPS 在历次调查中,针对 10—15 岁青少年询问了过去一个月亲子之间激烈争吵的频率,特指双方"因意见不合而大声争辩、互不相让的行为"。相应信息为了解亲子关系特征提供了一种简洁的量化测量,为研究近年来社会关切的学龄儿童家庭的亲子矛盾和激烈冲突现象提供了数据基础。本节利用 2010—2020 年调查中 10—15 岁被访青少年填答的相应信息进行分析,着重探讨家庭特征与亲子争吵频率的关系。

一 母亲受教育程度与亲子争吵频率

如前文所述,母亲受教育程度是家庭社会经济特征的重要代理变量,也与家庭文化资本、教养方式等特征有着密切的关系。除此之外,多数未成年人与母亲的交流互动比父亲更为频繁。因此,母亲教育特征对子女成长的影响往往更为广泛和深刻。鉴于此,本节从母亲受教育程度的差异出发,考察当代家庭亲子间激烈争吵的发生情况和人群差异。

图 8-15 针对母亲受教育程度不同的家庭,对比展示了调查前一个月亲子间曾发生激烈争吵的比例。总体来看,考察时期内,所有类型的家庭中亲子激烈争吵的比例均随时间经历了快速上升。2020 年,城乡 10—15 岁被访青少年在调查前一个月与父母发生过激烈争吵的比例在五成到七成之间,比 2010 年高数十个百分点。这些

数据印证了近年来城乡家庭亲子关系快速变化的事实：受社会转型和文化价值观念演变的影响，近年来家庭领域正在发生深刻的变革。其中，反映在家庭关系中，相应变革部分表现为代际关系对等化以及随之而呈现的矛盾与冲突。概言之，亲子两代人激烈争吵的比例快速上升，是当代和谐家庭建设与青少年健康发展亟须重视的现实问题。

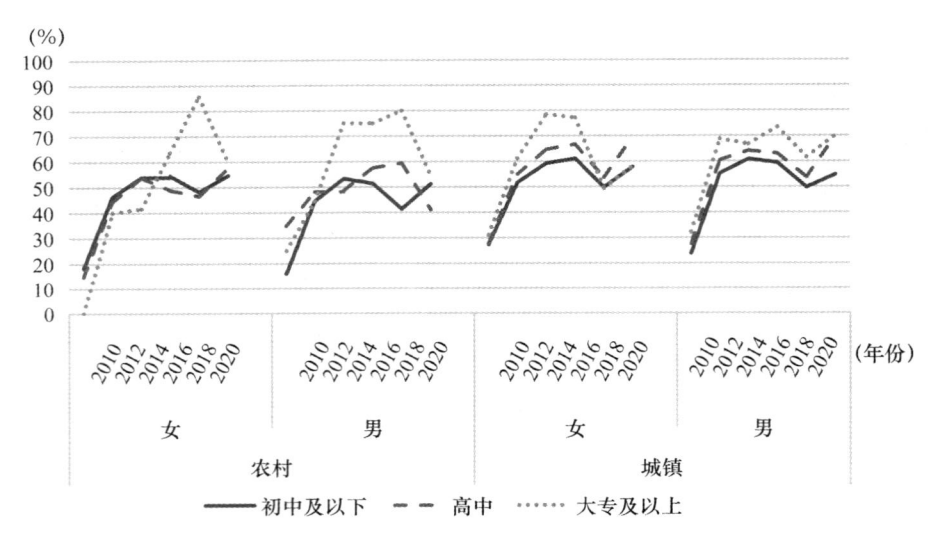

图 8-15　2010—2020 年按母亲学历划分的不同家庭中亲子激烈争吵的比例

从不同类型家庭的差异来看，母亲受教育程度较高的家庭中，亲子之间发生激烈争吵的可能性总体更高。以城镇地区为例，考察期间，在母亲高学历的家庭中，男孩在调查前一个月曾与父母发生激烈争吵的比例持续高于母亲低学历的家庭，相应差距在 6—15 个百分点。类似地，在多数调查年份，母亲高学历的城镇家庭中，女孩与父母发生激烈争吵的比例高于母亲低学历的家庭；2014—2018 年的调查中，相应差距甚至超过 20 个百分点。

图 8-16 展示了母亲学历不同的家庭中亲子争吵频率的均值。与母亲受教育程度较高的家庭相比，母亲低学历的家庭中亲子发生

激烈争吵的平均次数也总体更低。这与图 8-15 所展示的差异一致。母亲受教育程度较高，亲子间激烈争吵的可能性和发生频率均明显更高。其可能的解释在于，母亲受教育程度较高的家庭中，家长对子女的教育期望更高且围绕子女教育进行的日常交流互动更多，这样，在亲子间教育期望、观念或行为存在偏差时，更有可能诱发亲子矛盾。青少年处于快速成长的阶段，其自我意识不断增强，对来自外部的要求和约束更容易产生抵触情绪；这在客观上为家庭教养行为的调适和改进提出了更高的要求。

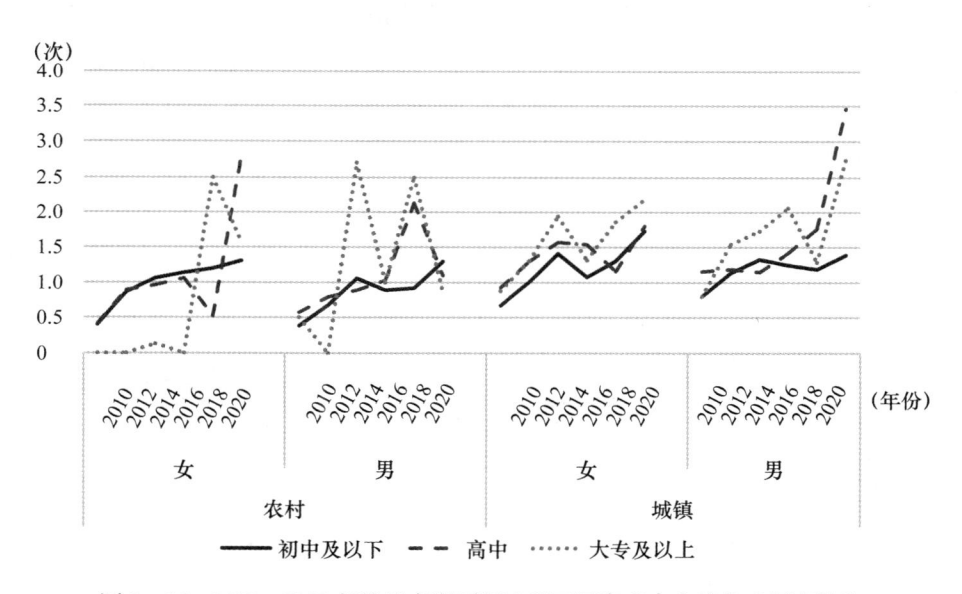

图 8-16　2010—2020 年按母亲学历划分的不同家庭中亲子争吵频率均值

二　家庭规模与亲子争吵频率

家庭规模是家庭特征的重要方面，直接影响家庭对单个子女投入的物质资源、时间和精力等，也可能在一定程度上隐含家长价值观念、教育理念等方面的差异。基于此，本部分对比分析了不同规模的家庭中亲子关系的特征和差异。图 8-17 和图 8-18 分别使用亲子曾发生激烈争吵的比例、相应争吵次数的均值，对比展示了不同规模的家庭之间亲子关系的差异。

由图8-17可见，伴随亲子激烈争吵比例的快速上升，近年来相应现象在不同规模的家庭之间开始分化，逐渐呈现明显差异。调查结果显示，在2014年以前的历次调查中，不同规模的家庭发生亲子争吵的比例相当接近，其差异在统计上不具有显著性。不过，此后城乡不同规模的家庭之间差异逐步拉大。到2020年，农村地区一孩家庭中女孩在调查前一个月与父母发生激烈争吵的比例比多孩家庭高7.4个百分点，一孩家庭中男孩的相应比例比多孩家庭高11.9个百分点。在城镇地区，一孩家庭中女孩与父母激烈争吵的比例比多孩家庭高14.3个百分点，一孩家庭中男孩与父母发生激烈争吵的比例比多孩家庭高近20个百分点。

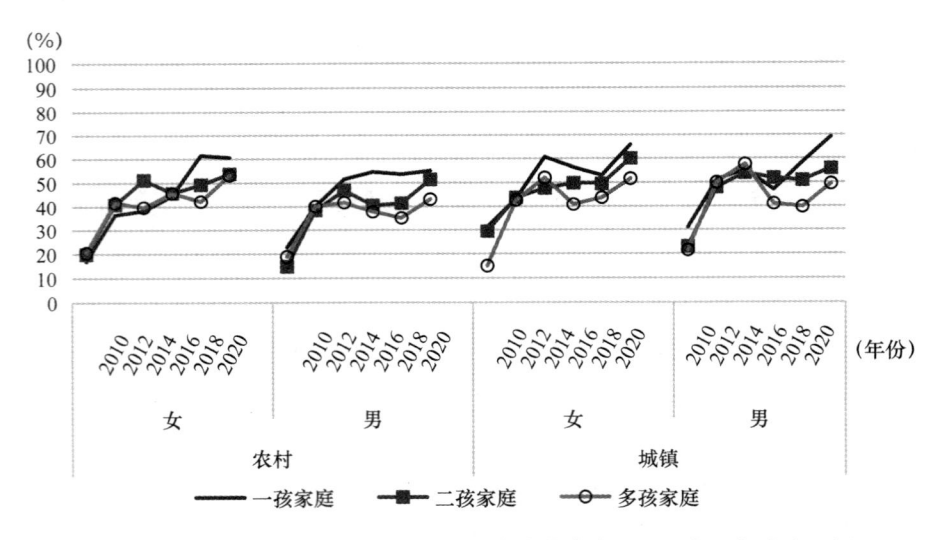

图8-17　2010—2020年不同规模的城乡家庭中亲子发生激烈争吵的比例

图8-18展示了不同规模的家庭之间亲子争吵频率均值的差异。总体而言，家庭规模越小，亲子间激烈争吵的频率越高。以2020年的调查结果为例，农村地区一孩家庭中女孩与父母激烈争吵频率的均值比多孩家庭高0.4次；在城镇地区，一孩家庭中女孩与父母激

烈争吵频率的均值也比多孩家庭高约 0.4 次。这些数据印证了家庭规模与亲子争吵现象的重要关系，现阶段，城乡家庭在子女数量下降的过程中，家长对子女的投入和关注程度明显上升，这在提高其家庭资源的同时，也在客观上改变了家庭亲子互动模式和关系质量。这些变化趋势关系着众多城乡家庭成员的生活质量和身心健康，对青少年的教育发展也有着不可忽视的影响，需要引起全社会的足够重视。

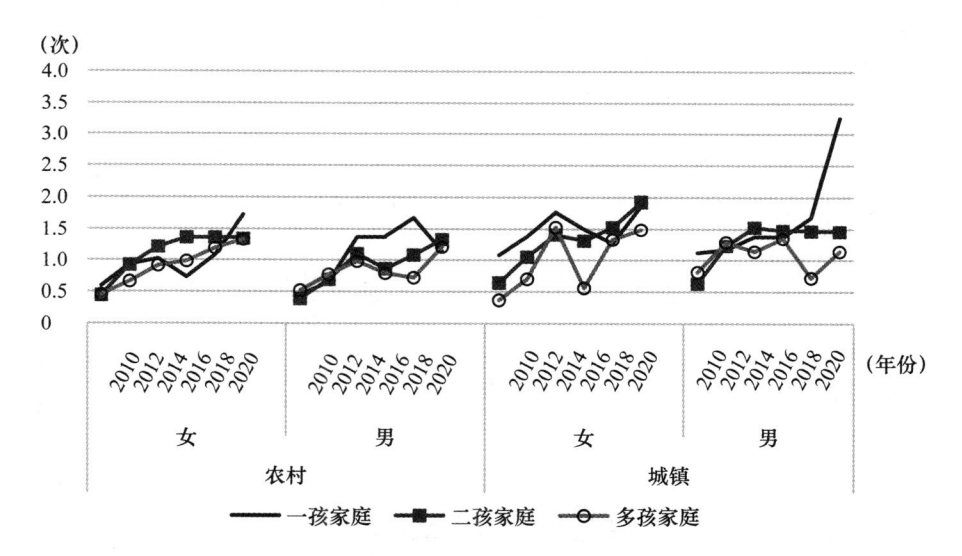

图 8-18　2010—2020 年不同规模的城乡家庭中亲子激烈争吵频率的均值

三　父母关系质量与亲子关系

亲子争吵现象作为亲子关系的表征，与家庭环境，特别是父母关系质量也有着不可分割的关系。本研究利用历次调查时青少年填答的"过去一个月，你父母之间大概争吵了几次"作为父母争吵频率的测度，检验各时期亲子争吵频率与父母争吵频率的相关关系。为探讨父母关系质量对亲子关系质量的可能影响，分析过程中还利用追踪信息考察了父母争吵频率的滞后项（即两年前调查时父母在过去一个月的争吵频率）与亲子争吵频率的相关关系。

表 8-3 展示了相应分析结果。由此可见，在各调查年份，青少年自报的亲子争吵频率与父母争吵频率之间呈显著的正相关关系。父母之间争吵次数越多，亲子之间发生激烈争吵的频率平均更高。此外，父母争吵频率的滞后项与当期亲子争吵频率之间也存在显著的相关关系，尽管相应系数的绝对值较小。由此可见，家庭内部父母之间的关系质量作为家庭环境的重要方面，对亲子关系质量具有重要的影响。父母关系和谐的家庭中，亲子间更有可能形成友好的交流互动氛围，亲子关系往往更融洽。

表 8-3　历次调查中亲子争吵频率与父母争吵频率的相关关系

	2010 年	2012 年	2014 年	2016 年	2018 年	2020 年
同期	0.307 (0.000)	0.286 (0.000)	0.403 (0.000)	0.363 (0.000)	0.426 (0.000)	0.336 (0.000)
上一期（两年前）		0.070 (0.006)	0.091 (0.001)	0.099 (0.001)	0.143 (0.000)	0.077 (0.012)

注：括号中数值为显著性检验结果 p 值。

第四节　本章小结

家庭教养对未成年人的成长极为关键。从人力资本积累的角度来看，幼年期家庭提供的早期教育以及成长过程中家长教养行为的日积月累，对个人认知能力和非认知能力发展起着极为重要的决定作用。本章利用 CFPS 2010—2020 年的调查数据，从学龄前的早期家庭教育行为、成长过程中的教养活动、情感支持与交流互动，以及亲子关系质量等多个方面出发，分析了当前中国城乡青少年儿童的家庭教养特征，并初步探讨了与家庭规模、母亲学历、父母关系等因素相关的差异。本章的主要结论如下。

首先，随着社会经济发展和家庭转变，当代家庭对子女早期启蒙和教育的重视程度不断提高。近年来，越来越多的城乡家庭注重幼儿的早期教育，通过常规的阅读为学龄前幼儿输入知识、培养习惯和价值观。其中，母亲高学历的家庭相应比例明显更高；家庭规模越小，家长经常性地给幼儿读东西听的比例也越高。在多子女家庭中，排行靠后的幼儿有家人为其读东西听的比例显著更低。这些结果表明，尽管近年来早期教育的重视程度呈现普遍提高的趋势，受家庭转变进程差异的影响，当前城乡家庭中幼儿的早期教育还存在明显差异。

其次，在正规教育学龄段，不少家长通过定期了解孩子的学校生活和学业情况、干预其娱乐活动的类型或内容，对青少年儿童的成长及人力资本发展产生影响。本研究发现，母亲学历较高的家庭更有可能经常与子女讨论学校的情况、检查孩子的作业或者为孩子学习而放弃自身的娱乐活动；类似地，家庭规模越小，家长有上述教养活动的比例也明显更高。这些结果反映了当代家庭教育和教养行为的重要差异，并初步展现了家庭转变进程与相应差异的关系。

再次，家长对子女的情感交流、情感支持、外出安全和交友情况、在学业表现低于预期时的反应也是家庭教养的重要组成部分，相应特征均因家庭规模、母亲学历等特征而异。概括而言，母亲学历越高、家庭规模越小，家长的教养行为越为积极，学龄儿童得到父母的情感支持、安全关注以及学业发展的鼓励和帮助的可能性相对更高。这些差异体现在青少年儿童成长的方方面面，极有可能对其健康成长和人力资本发展产生长远的影响。

最后，家庭关系质量作为家庭氛围与环境的重要方面，对亲子关系质量有着直接而重要的影响。本章研究发现，父母之间争吵的现象和频率对亲子间和谐健康关系的建立具有显著的不利影响。在家庭关系转变的背景下，重视家庭系统中各个子系统的相互影响、构建和谐家庭具有重要的时代意义和现实必要性。

第九章

青少年的教育抱负及家庭因素的影响

教育抱负（educational aspiration，也称教育期望）反映个人关于自身未来教育获得的期待和追求。教育抱负受家庭资源和环境的形塑，在实际教育活动中起着价值引领和精神支撑的作用。因而，教育抱负直接影响个人在教育活动过程中的投入、表现，以及最终的教育获得。在当代社会，家庭及社会层面的教育资源供给发展迅速，为年青一代的教育发展和人力资本积累创造了客观条件。在这一背景下，年青一代的教育抱负和期望对个人及整个社会教育资本积累起着关键的作用。鉴于此，考察当代青少年教育抱负的特征、影响因素及其变化趋势，对于理解和推动当代人力资本发展具有重要意义。

本章利用 CFPS 2010—2020 年的调查结果，针对历次调查中全国 10—18 岁青少年考察其教育抱负的特征、差异与变化趋势，从家庭环境和特征的角度探讨家庭因素对青少年教育抱负的潜在影响。选择这一年龄段的青少年进行研究，主要原因在于：第一，这一年龄段的数据信息可得。CFPS 在历次调查中针对 10 岁及以上被访者收集了本人的教育抱负信息，为本章研究提供了高质量的、可比的数据基础。第二，这一年龄段对应正规教育的中小学学龄段，被访者大多尚未真正离家，因而家庭因素的影响较为突出。第三，这一年龄段涵盖了正规教育体系的小学高年级、初中和高中阶段，既是青少年成长和认知能力发育成熟的关键期，也是决定其教育发展轨迹的关键阶段。这一阶段青少年的教育抱负往往已发展成形，因而，考察这一年龄段青少年的教育抱负及其潜在变化，能够保证指标内涵的一致性，对理解年青一代的教育抱负和促进教育发展具有更为直接和重要的意义。与之相比，年龄较大的被访者填答的教育抱负信息不可避免地受到其实际教育状况和与之相关的社会经历的影响，因而往往并不反映其最初接受教育时的期待或追求。

第一节 青少年的教育抱负

在 CFPS 中，教育抱负的具体测量方式是询问被访者"你认为自己最少应该念完哪种教育程度"。对中小学龄段青少年来说，相应信息反映了个人对自身未来教育获得的期待、信念和追求，因而能够较好地测量中国当代青少年的教育抱负特征。

如图9-1所示，2010—2020年，全国10—18岁被访青少年中三成左右的人填答的个人教育抱负不超过高中教育，填答大学本科及以上的占比超过五成。随着时间的推移，青少年的教育抱负经历了明显的上升。2020年全国10—18岁被访青少年的教育抱负在大学本科及以上的比例为64.1%，比2010年高12.5个百分点；同期教育抱负为高中及以下的比例为28.2%，比2010年降低8.6个百分点。这些结果表明，就本章考察的中小学龄段青少年来看，近年来年轻队列的教育抱负仍呈现明显的上升趋势；这与第七章发现的家长教育期望持续较高，但相对平稳的态势相对照。

尽管接受高等教育成为当代青少年越来越主要的教育期待和追求，高等教育内部还存在重要的等级和质量差异，与之相适应，青少年的高学历教育抱负也呈现重要的结构性差异和变化。图9-1显示，10—18岁青少年的教育抱负中，大学本科的占比随时间单调递升，但大专和硕士及以上在教育抱负中的占比并未出现同步或类似的增长。事实上，教育抱负为大专的比例近年来明显下降，在最近两期（2018

(%)
60

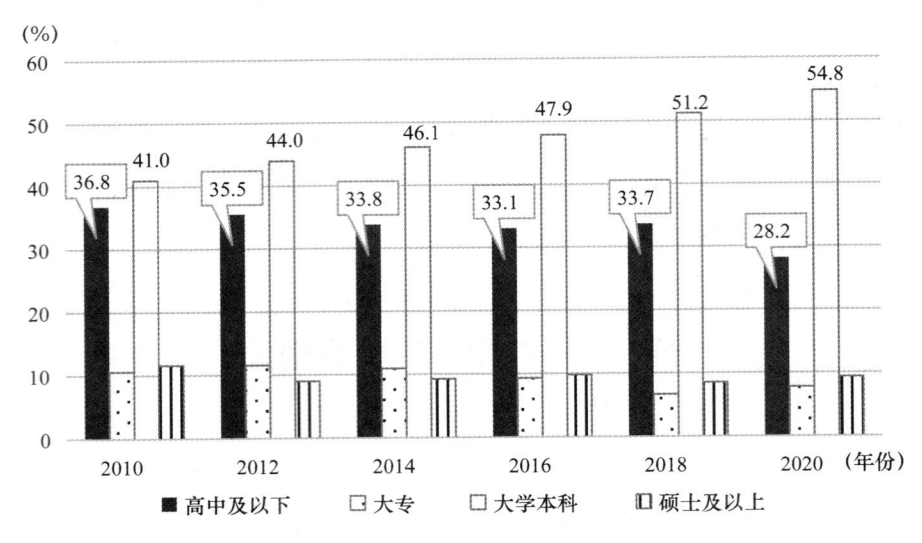

图 9-1 2010—2020 年 10—18 岁青少年的教育抱负

数据条标注：
- 2010：36.8，41.0
- 2012：35.5，44.0
- 2014：33.8，46.1
- 2016：33.1，47.9
- 2018：33.7，51.2
- 2020：28.2，54.8

图例：■ 高中及以下　□ 大专　▨ 大学本科　▥ 硕士及以上

年和 2020 年）CFPS 调查中相应比例分别为 6.6% 和 7.7%，比 2012 年低 5 个百分点和 4 个百分点。教育抱负向大学本科集聚的趋势，在家长教育期望中也有类似的体现（参见第七章）。

这些结果反映了随着教育发展，公众对高质量教育的追求越来越突出的现实。一方面，与大专相比，至少接受大学本科教育成为越来越多的年轻人最低的教育追求；另一方面，教育追求并非简单的"越高越好"，而是在综合教育活动的投资收益及其社会声誉等因素基础上的理性选择/表达。这些结果也表明，尽管近年来国家大力发展中、高等职业教育，不过，由于较长时期以来职业教育质量和社会声誉较低，现阶段职业教育在年青一代的教育抱负中所占比重很低，国家对职业教育发展规划的实施任重而道远。

一　青少年教育抱负的人群差异

与城乡社会经济发展状况和文化的结构性差异有关，现阶段中国青少年的教育抱负呈现重要的城乡及性别差异。表 9-1 以历次调查中 10—18 岁青少年的教育抱负信息为基础，对比展示了各时期农村和城镇男女两性青少年的教育抱负分布情况。

表 9-1 显示，各时期青少年的教育抱负呈现显著的性别差异。不论城乡，男性青少年教育抱负的分布特征比女性更为分散，在教育梯度两端（"高中及以下"和"硕士及以上"）的比例明显更高，填答"大学本科"的比例则相对较低。由此可见，与女性相比，男性青少年教育追求的异质性更大，既有不少人追求极高的学历，也有较多的人安于偏低的教育追求。这一性别差异为近年来教育发展中性别差异的逆转——女性开始超过男性提供了部分解释：年轻人群中，女性持较低教育抱负（如"高中及以下"）的比例更低，其追求或期待的教育水平平均更高，实际实现的教育水平也平均更高。

表 9-1　　　2010—2020 年城乡青少年教育抱负的性别差异　　（单位：%）

	农村				城镇			
	高中及以下	大专	大学本科	硕士及以上	高中及以下	大专	大学本科	硕士及以上
2010 年			p = 0.006				p = 0.002	
女	40.3	11.4	39.6	8.7	23.6	9.5	50.3	16.6
男	45.5	10.1	34.3	10.1	30.7	11.0	44.7	13.7
2012 年			p = 0.010				p = 0.001	
女	39.0	11.3	42.3	7.4	21.6	11.9	54.6	12.0
男	45.4	9.6	37.4	7.6	28.6	14.5	46.6	10.3
2014 年			p = 0.000				p = 0.000	
女	34.5	11.8	46.7	7.0	18.8	13.3	55.0	12.9
男	43.4	9.8	39.1	7.7	33.6	9.3	46.4	10.7
2016 年			p = 0.000				p = 0.000	
女	33.2	8.9	50.6	7.3	20.2	9.2	59.6	11.0
男	42.8	9.2	39.6	8.4	31.4	9.7	45.3	13.6

续表

	农村				城镇			
	高中及以下	大专	大学本科	硕士及以上	高中及以下	大专	大学本科	硕士及以上
2018 年			p = 0.000				p = 0.004	
女	32.8	7.2	53.5	6.6	21.9	6.1	61.5	10.5
男	45.0	6.1	41.9	6.9	29.0	7.3	52.6	11.1
2020 年			p = 0.000				p = 0.000	
女	26.5	7.8	59.4	6.3	17.7	6.9	64.7	10.7
男	37.5	8.6	45.8	8.0	27.3	7.0	52.3	13.4

男女两性青少年教育抱负的差异，可能与现实中教育活动过程、学业表现等方面的性别差异有关，一定程度上映射出男女两性在社会心理、认知能力和非认知能力发育方面的差异。相应差异对当前男女两性教育的协调发展、人口教育结构均衡提出了挑战，也是教育体系改革中需要重视和解决的现实问题。

表 9-1 还显示，与农村地区相比，各时期城镇地区青少年的教育抱负明显更高，教育抱负为高中及以下的比例更低，大学本科和硕士及以上的比例则持续更高。随着时间的推移，城乡青少年的教育抱负差异在缩小。例如，2010 年，城镇地区青少年女性的教育抱负在大学本科及以上的比例为 66.9%，比农村同龄女性高 18.6 个百分点；到 2020 年，城镇地区青少年女性的教育抱负在大学本科及以上的比例为 75.4%，与农村女性的差距缩小到 9.7 个百分点。类似地，分析样本中城乡男性青少年教育抱负为大学本科及以上的比例差距由 2010 年的 14 个百分点下降到 2020 年的 11.9 个百分点。

二 不同学龄段青少年的教育抱负

在成长过程中，个人的教育抱负有可能随自身认知发育和环境因素的变化而调整变化。比较典型的调整变化发生在教育活动逐级递升的过程中,如小升初阶段。以往基于美国教育追踪调查数据的实证研究发现(Eccles et al., 1989；Wigfield et al., 1991),小升初过程中青少年教育抱负往往会经历显著的下降。为检验不同学龄段青少年教育抱负的差异,本小节将分析样本按照标准学龄划分为三个阶段,即小学学龄(10—12岁)、初中学龄(13—15岁)和高中学龄(16—18岁),对比展示这些不同学龄段青少年中教育抱负为大学本科及以上的比例差异。

图9-2展示了2010—2020年城乡各学龄段青少年的教育抱负不低于大学本科的比例。总体来看,各时期小学学龄段青少年的教育抱负平均最高,明显高出同一时期初中及高中学龄段的青少年,后两者的教育抱负较为接近。这一结果与上文提到的国外研究发现的小升初阶段教育抱负明显下降的结论相一致。可能的解释有,小升初阶段对应个人社会心理和认知快速发育期,这一时期个人的自我意识强化；同时,这一阶段伴随着学校环境和同伴群体的急剧变化,由此可能引发个人对教育抱负做必要的调整变化。在各学龄段,男性的教育抱负平均低于女性,农村青少年的教育抱负低于城镇同龄人群。这些结果表明,在各学龄段,青少年教育抱负的城乡及性别差异保持高度一致。

随着时间的推移,农村地区所有学龄段青少年的教育抱负均经历明显上升。例如,小学学龄段女性的教育抱负在大学本科及以上的比例由2010年的56.5%上升到2020年的70.3%；初中和高中学龄段女性持相应教育抱负的比例分别由2010年的46.2%和45.4%上升到2020年的61.1%和65.3%,十年间上升幅度超过15个百分点。同一时期,农村男性青少年的教育抱负在大学本科及以上的比例提升10个百分点左右,其中,小学、初中和高中学龄段男性的相应教育抱负占比分别由50.6%、41.2%和40.7%上升到2020年的61.8%、49.0%和49.6%。

与农村地区相比,考察时期内,城镇地区小学学龄段男性的教育抱负无明显上升,历次调查时相应学龄段男性的教育抱负不低于

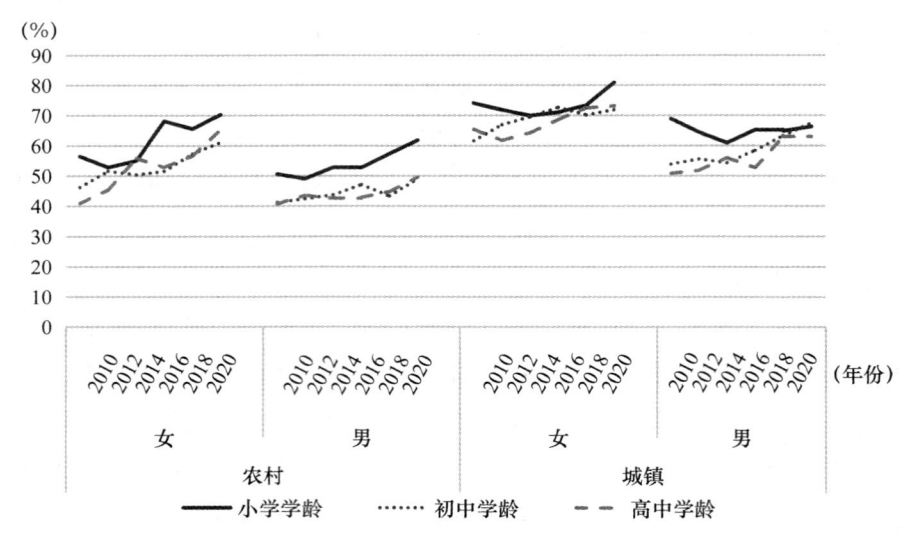

228　当代中国家庭转变对人力资本发展的影响

图 9-2　2010—2020 年城乡各学龄段青少年的教育抱负
不低于大学本科的比例

大学本科的比例持续保持在 2/3 左右。与之相对，初中、高中学龄段男性的教育抱负随时间上升，各学龄段之间的差异不断缩小。例如，2010—2020 年，城镇地区初中学龄段男性与小学学龄段男性教育抱负为大学本科及以上的比例的差距由 15 个百分点下降到 -1.2 个百分点，高中与小学学龄段男性的相应差距由 18 个百分点下降到 3.2 个百分点。类似地，城镇各学龄段女性青少年教育抱负的差异也随时间经历了明显的缩小过程。换言之，考察时期内，城镇地区各学龄段青少年的教育抱负随时间呈收敛趋势。

为了检验上述趋势的稳健性，本研究使用教育抱负对应的年限进行了类似的对比分析。图 9-3 展示了按照标准学制年限转化后的教育抱负年限随时间变化的趋势及其人群差异。从青少年教育抱负对应的年限来判断，上文的分析结论基本保持稳健。对本研究考察的中小学龄段青少年而言，教育抱负总体呈男低女高、城镇高于农村的差异模式，小学学龄段被访者的教育抱负平均高于初中和高中学龄段，后两个学龄段之间差异不大。此外，在城镇地区，小学学龄段男性的教育抱负随时间下降的趋势明显，且近年来各学龄段青少年的教育抱负呈明显的收敛趋势。

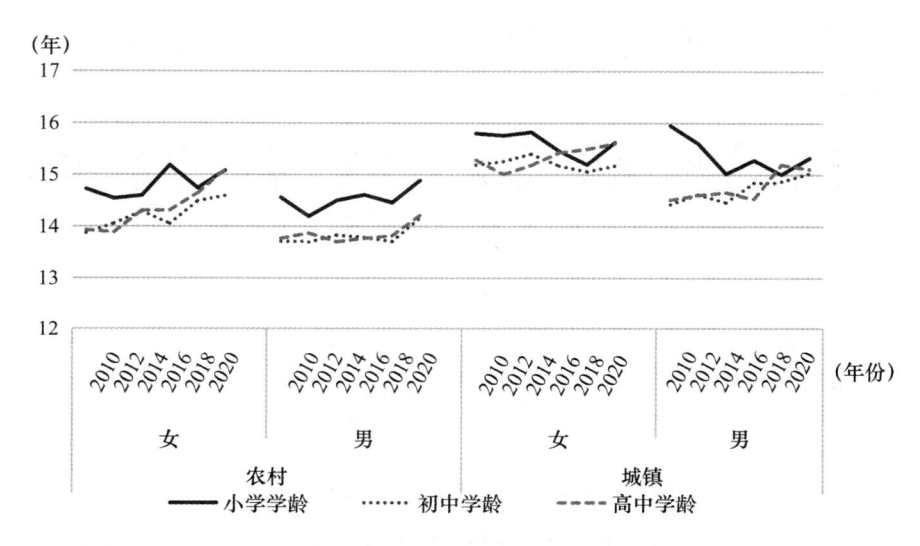

图 9-3 2010—2020 年城乡各学龄段青少年的教育抱负对应的教育年限

三 成长过程中教育抱负的调整

上文的分析结果展示了各时期不同学龄段青少年的教育抱负的总体差异，为年青一代教育抱负历时变化的可能趋势提供了间接支持。不过，上述结果并非使用严格意义上的追踪观察数据，因而未排除历次调查中被访者构成变化的影响。为了直接考察青少年个人教育抱负的调整变化，本部分使用 CFPS 的追踪记录进行分析。

出于指标内涵一致性的考虑，本部分的分析将研究对象限定为 2010 年调查中年龄在 10—15 岁的被访者，对应的学龄阶段分别为小学高年级和初中；着重考察这些被访者在 2 年、4 年内（也即在后续的两次追踪调查中）教育抱负的变化情况，检验中小学龄段青少年在成长（及升学）过程中教育抱负的可能调整及其具体趋向。图9-4展示了相应分析结果。

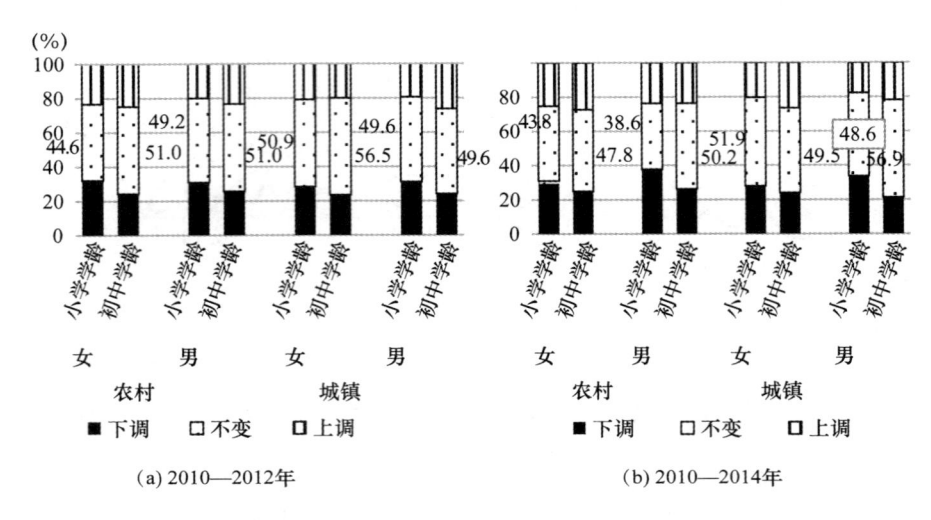

图9-4 2010年小学和初中学龄段青少年在
后续2年、4年调整教育抱负的情况

由图9-4可见，成长过程中，青少年的教育抱负可能随升学带来的环境等因素变化而进行调整，其调整的方向既可能向下，也可能向上。从2010—2012年两次调查期间被访青少年教育抱负的调整情况来看，图9-4（a）显示，五成左右的被访者在初次调查后2年间教育抱负保持不变，其余被访者的教育抱负发生了明显的调整变化。具体调整情况显示，2010年小学高年级（10—12岁）的被访者在后续2年内教育抱负下调的比例相对更高；初中学龄段青少年在后续两年内教育抱负上调和下调的比例接近。例如，2010年农村地区小学学龄段的女孩中，后续2年内下调教育抱负的比例为32.1%，同期上调的比例为23.3%，比前者低近9个百分点；类似地，农村地区小学学龄段男孩在2年内下调和上调教育抱负的比例分别为30.8%和20.0%，后者比前者低10.8个百分点。相比之下，2010年初中学龄段的青少年在后续2年内下调和上调教育抱负的比例相差不大，其中女孩的相应比例分别为 24.3% 和 24.8%，男孩的相应比例分别为 25.6% 和 23.4%。

城镇地区的情况与农村相类似，小学学龄段女孩在 2 年间下调和上调教育抱负的比例分别为 28.2% 和 20.8%，前者比后者高 7.4 个百分点；同一学龄段男孩在 2 年内下调和上调教育抱负的比例分别为 31.1% 和 19.4%，前者比后者高 11.7 个百分点。对初中学龄段青少年来说，2 年间上调或下调教育抱负的比例相差明显较小。这些结果为小升初阶段青少年的教育抱负更有可能出现下调的研究论断提供了直接支持。

图 9-4（b）进一步利用 4 年期的追踪信息，分析了被访青少年教育抱负随时间调整的情况。由此可见，分析样本中青少年在 4 年间调整教育抱负的比例有所上升；不过，教育抱负调整的具体方向和结构与上述 2 年间的调整情况相近。概括起来，图 9-4（b）的分析结果同样印证了小升初阶段青少年教育抱负更有可能下调的规律；相比之下，调查期初已处于初中学龄的青少年在此后的 2 年及 4 年追踪调查中，教育抱负上调或下调的比例接近。这些结论为不同学龄段青少年的教育抱负及其差异模式的可靠性提供了支持，也在一定程度上揭示了成长过程中个人教育抱负的潜在变化规律。

值得注意的是，图 9-4（b）显示，农村地区小学学龄段男孩的教育抱负下调的现象在追踪的 2—4 年间进一步增加。与期初教育抱负相比，2014 年追踪调查时原小学学龄段男孩的教育抱负下降的比例达 37.7%，4 年间教育抱负保持不变的比例仅有 38.6%。这些结果与农村地区男性青少年教育抱负总体偏低、教育发展状况不及同龄农村女性和城镇男性的现状相吻合，对当前中国教育的持续、高效发展提出了挑战。

第二节 家庭特征与青少年教育抱负的差异

未成年人的教育抱负及其差异和变化，往往与成长环境有关。

家庭作为个人成长的首要环境，其具体特征对未成年人教育抱负的影响尤为突出。在个人成长过程中，尽管家庭以外环境因素的影响会快速上升，不过，家庭因素的影响持续发挥作用（杨中超，2018；王甫勤、时怡雯，2014）。因而，考察不同家庭特征对应的青少年教育抱负的差异，对于理解家庭因素的影响极为重要，也是全面认识年青一代教育抱负的差异和变化规律的重要依据。相应研究发现，有望为培育青少年一代积极进取的教育追求、建构良好的家庭教育支持提供参考。

一 家长教育期望与青少年教育抱负

既有理论指出，教育抱负的产生和发展受家庭环境，特别是家长教育期望的影响。在教育抱负萌芽的幼年期，由于自身认知能力和自主意识较低，家长往往扮演着启蒙教育的重要角色；个人教育抱负的形成在很大程度上是对家长教育期望的继承和复制。此后的成长过程中，随着自身认知能力和自我意识的提升，以及学校、同伴等外部环境因素的影响加大，教育抱负可能发生调整，出现偏离家长教育期望的现象。家长教育期望与青少年个人教育抱负的相关关系及其变化，从一个侧面反映了教育抱负的发展轨迹，也折射了成长过程中家庭因素对个人教育抱负的不同影响。

在 CFPS 历次调查中，针对 15 岁以下被访者收集了家长教育期望信息，同时对 10 岁以上被访者询问了教育抱负；综合这些变量信息的有效调查范围，可以获得历次调查中 10—15 岁青少年的亲子配对的变量信息。本部分利用这些样本数据，在区分学龄阶段的基础上，对比考察青少年教育抱负与家长教育期望的关系。

（一）代际相关性

为了清晰、便捷地检验青少年教育抱负与家长教育期望的关系，我们将两个变量的初始分类测度按照标准的学制年限转化为教育年限来计算变量之间的相关系数,即青少年的教育抱负年限和家长教育期望年限。① 表9-2展示了小学学龄段和初中学龄段被访青少年的相应相关系数分析结果。

表9-2　　2010—2020年各学龄段青少年教育抱负与家长教育期望年限的相关系数

	2010年	2012年	2014年	2016年	2018年	2020年
小学学龄	0.386	0.321	0.386	0.337	0.305	0.368
初中学龄	0.345	0.413	0.395	0.474	0.340	0.338

注：所有相关系数均在0.001的水平上显著。

表9-2印证了个人教育抱负与家长教育期望的显著相关关系,二者的相关系数在0.3—0.5。与以往研究的推断相区别,表9-2显示,青少年教育抱负与家长教育期望的相关系数强度在不同学龄段并未呈现稳定、一致的差异模式。在个别调查年份（2010年和2020年）,初中学龄段青少年的教育抱负与家长教育期望的相关系数低于小学学龄段青少年;但在其他多数年份,相应差异模式并不成立。这可能与各调查年份青少年被访者的构成不同有关,也可能反映家长教育期望和青少年教育抱负的动态互动关系。

为了尽可能地控制各调查年份分析样本构成差异可能产生的混淆效应,本研究进一步区分城乡和男女两性样本,对比分析不同学龄段青少年教育抱负和家长教育期望的相关关系,结果如表9-3所示。

---

① 利用初始的分类测度,计算分析样本中青少年的教育抱负和家长教育期望的Gamma系数,结果印证了本章研究结论的稳定性。一方面,各学龄段青少年的教育抱负和家长教育期望存在强相关关系,相关系数为正,Gamma系数在0.4—0.7;另一方面,在本研究考察的时期和年龄范围内,青少年教育抱负与家长教育期望的相关关系并未随学龄阶段的提高而出现稳定的下降。

表9-3　　　　2010—2020年城乡男女青少年教育抱负与家长
教育期望年限的相关系数

		农村						城镇					
		2010年	2012年	2014年	2016年	2018年	2020年	2010年	2012年	2014年	2016年	2018年	2020年
女性	小学学龄	0.397	0.361	0.341	0.372	0.309	0.400	0.307	0.196	0.428	0.209	0.410	0.310
	初中学龄	0.382	0.585	0.444	0.556	0.243	0.291	0.406	0.520	0.333	0.366	0.315	0.334
男性	小学学龄	0.376	0.240	0.350	0.343	0.283	0.316	0.325	0.361	0.419	0.371	0.247	0.430
	初中学龄	0.238	0.289	0.330	0.427	0.335	0.343	0.246	0.333	0.420	0.430	0.450	0.365

注：所有相关系数均在0.05的水平上显著，多数相关系数的显著性水平$p<0.001$。

在区分城乡及性别差异后，所有被访子群体中青少年教育抱负与家长教育期望的相关关系均保持高度显著。与表9-2一致，相应相关系数的强度并未随学龄段提升而出现一致或普遍性的下降。由此推断，青少年教育抱负与家长教育期望的关系并非简单的（"家长→子女"）单向作用，家庭内部两代人的教育期望和教育抱负极有可能存在互动关系。在子女教育抱负出现偏离时（特别是在子女学业表现也偏离预期时），家长也可能调整其对子女的教育期望。因此，成长过程中个人教育抱负偏离家长最初教育期望的现象，往往并不必然意味着二者渐行渐远；家长和青少年关于未来教育获得的期待，可能在相互影响、动态相依中实现发展。这也意味着，家长对青少年教育抱负的影响具有持久性和动态发展性。

（二）亲子代际偏离现象

事实上，即便是在小学学龄段，个人教育抱负也并不完全等同于家长教育期望。图9-5以CFPS 2010年和2020年的调查结果为例，展示了青少年教育抱负与家长教育期望的对比关系。

由图9-5可见，两次调查时全国10—15岁青少年教育抱负与家长教育期望完全一致的占一半左右，其余三成左右的青少年教育

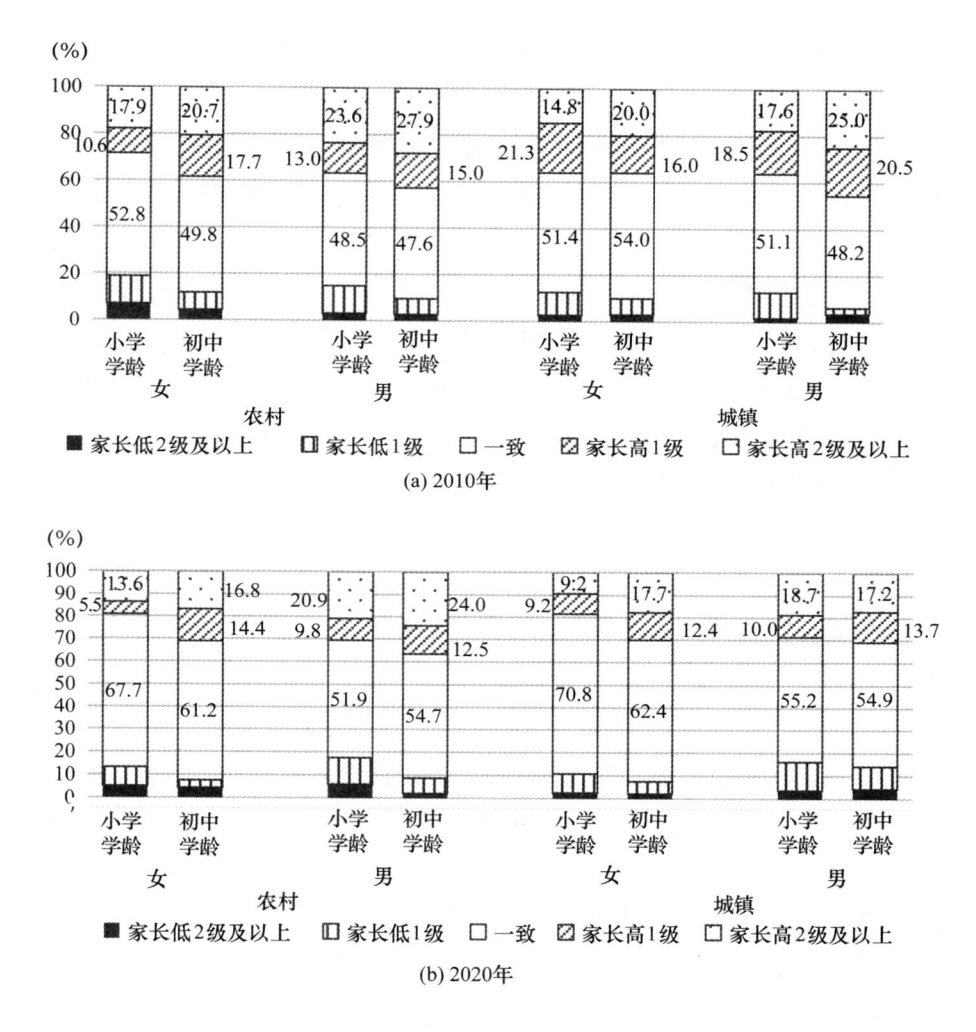

第九章 青少年的教育抱负及家庭因素的影响   235

图9-5 城乡10—15岁青少年教育抱负与家长教育期望的对比特征

抱负低于家长教育期望，教育抱负高于家长教育期望的比例在两成以下。这些结果表明，现阶段中国家庭内部亲子间教育期待相偏离的现象并不少见。相应偏离的具体特征显示，家长教育期望高于青少年教育抱负的现象在城乡、各年龄段、男女两性被访者中均更为普遍，超过家长教育期望偏低的情况。由此推断，亲子间教育期待偏离的现象极有可能是成长过程中教育抱负下调所引发的，这与上一节所展示（参见图9-4）的青少年教育抱负随时间调整变化的特征相吻合。

与小学学龄段青少年相比，初中学龄段青少年教育抱负低于家长教育期望的比例明显更高，高于家长教育期望的比例则显著更低。这些差异与上一节的研究发现以及以往研究揭示的小升初阶段青少年的教育抱负更有可能下调的论断相呼应，也为成长过程中个人教育抱负与家长教育期望的动态相依关系提供了部分支持。

图9-5显示，与2010年相比，2020年各学龄段青少年教育抱负与家长教育期望一致的比例明显提高。其他调查年份的分析结果（特别是2016年以来的调查结果，文中未展示）也为这一趋势提供了支持。这可能反映了近年来爆发的一些亲子矛盾冲突事件所引发的社会关注和反思，在客观上推动了家庭内部亲子两代人观念和行为的调适，进而促成了个人教育追求与家长教育期望协调性的整体提升。

（三）不同亲子偏差模式下教育期望的调整变化

为了更直观地展示家庭内部亲子两代人教育期望的动态互动关系，本研究利用追踪调查记录，对追踪期间所有相邻的两次调查之间（如2012年相对于2010年、2014年相对于2012年……以此类推）亲子双方教育期望的调整情况进行了分析和对比展示。具体的分析过程中，按照前一期调查中青少年教育抱负与家长教育期望的对比特征进行初始赋值，考察这些不同初值对应的亲子双方教育期望的后续调整变化（即以上一期的亲子对比特征为条件，分析双方调整变化的条件概率）。图9-6展示了相应分析结果。

图9-6印证了亲子两代人教育期望的动态相依性。总体而言，在亲子教育期望相偏离的情况下，双方调整各自教育期望的可能性更大。不过，其调整的方向并非总是朝着相互趋同或收敛的方向。如图9-6所示，在青少年教育抱负高于家长教育期望的情形下，44.0%的家长向上调整教育期望，62.1%的青少年向下调整个人教

育抱负；其余家长和青少年则或维持原教育期望水平（46.5%的家长和31.4%的被访青少年）或向相反方向调整（9.5%的家长和6.5%的青少年）。在家长教育期望高于青少年教育抱负的情形下，35.1%的家长向下调整教育期望，51.1%的青少年向上调整个人教育抱负；其余六成以上的家长和接近一半的被访青少年并未进行类似的调整。

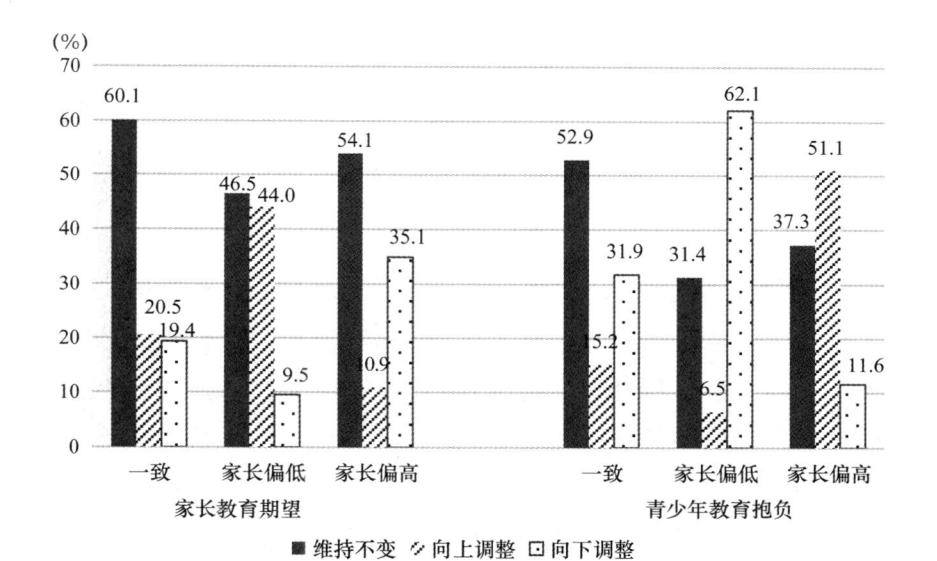

图 9-6　不同代际差异模式下家长和青少年教育期望的调整变化

此外，图 9-6 还显示，即使是在亲子教育期望一致的情况下，家长和青少年仍然可能随着时间的推移调整其教育期望。这些调整变化可能与外界环境的作用、子女的学业表现以及其他个人或家庭特征有关。相对而言，亲子教育期望一致时，亲子双方调整教育期望的可能性总体较小。除此之外，任一情况下，家长调整教育期望的可能性均低于青少年，分析样本中家长教育期望在相邻两次调查之间维持不变的比例比同等情况下青少年教育抱负保持不变的比例高 7—17 个百分点。

二 不同家庭特征与青少年教育抱负的关系

家庭人口与社会经济特征是家庭环境因素的重要方面,对家庭教育观念、文化氛围以及子女教育抱负的形成和发展具有重要影响。本部分基于 CFPS 2010—2020 年历次调查中的 10—18 岁青少年样本,考察个人教育抱负与主要家庭特征的关系。与前文的分析一致,这里考察的家庭特征主要是与家庭转变相关程度较高的变量,包括母亲受教育程度、家庭规模、个人(在兄弟姐妹中)的出生次序等;主要分析结果展示在图 9-7、图 9-8 和图 9-9 中。

(一) 母亲受教育程度

图 9-7 区分城乡及性别,展示了母亲学历与被访青少年教育抱负的关系。总体来看,无论城乡,母亲受教育程度越高,青少年的教育抱负在大学本科及以上的比例越高。这与文化资本理论的基本论断相吻合,反映了家庭文化资本对培育子代教育抱负的积极效应。

在多数调查年份,母亲高学历和低学历对应的教育抱负的差距对男性青少年明显更大。例如,2020 年城镇地区男性青少年中,母亲高学历和低学历对应的个人教育抱负在大学本科及以上的比例分别为 89.0% 和 60.6%,二者相差 28.4 个百分点;同一时期女性青少年中,母亲高学历和低学历对应的教育抱负在大学本科及以上的差距为 21.8 个百分点。类似地,在其他调查年份,相对于母亲低学历的被访者,母亲高学历的青少年教育抱负在大学本科及以上的比例显著更高,男性相应差距为 26.5—36.7 个百分点,女性为 18.9—32.7 个百分点。由此可见,母亲受教育程度较高有助于弥合年青一代中男女两性教育抱负的差距,家庭文化资本对男性青少年教育抱负的影响似乎更大。

在农村地区,由于母亲受教育程度在大专及以上的家庭比例很低、在调查中样本量很小,由此导致相应分组的分析结果受随机误

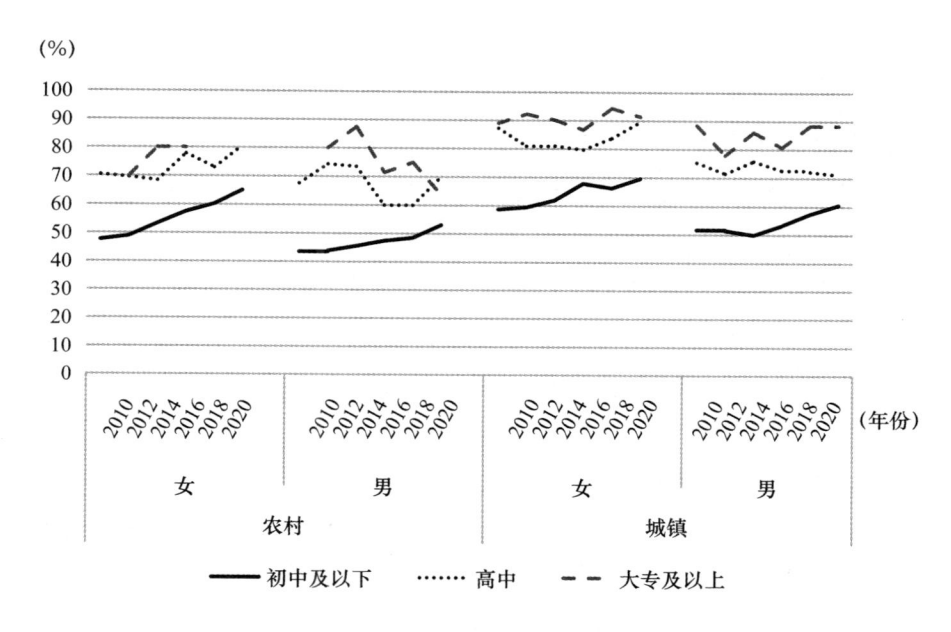

第九章　青少年的教育抱负及家庭因素的影响　239

**图 9-7　2010—2020 年按母亲学历划分的青少年
教育抱负不低于大学本科的比例**

差影响明显。不过，基于母亲为高、中学历和低学历的对比结果仍然为上述研究发现提供了支持，母亲受教育程度越高，男女两性青少年的教育抱负差异越小。

在考察时期内，母亲低学历的城乡被访者教育抱负随时间上升的趋势相当稳健和明显。2010 年，农村地区母亲低学历对应的男女两性青少年，教育抱负在大学本科及以上的比例分别为 43.6% 和 47.7%；到 2020 年，相应比例分别上升到 53.1% 和 65.1%，增幅分别为 9.5 个和 17.4 个百分点。类似地，城镇地区母亲低学历的家庭中，男女两性青少年教育抱负在大学本科及以上的比例分别由 2010 年的 51.7% 和 58.7% 上升到 2020 年的 60.6% 和 69.7%，男性上升 8.9 个百分点，女性相应的上升幅度为 11 个百分点。

（二）家庭规模与个人出生次序

以往研究指出，家庭规模和出生次序对个人在家庭中享有的资源具有显著的影响，资源稀释理论、资源集中理论等为之提供了重要的逻辑阐释。不过，以往的研究大多关注显性的、具象化的家庭资源可能存在的竞争性挤出或稀释效应；对于相应效应是否也体现在个体教育追求的差异中，既有研究尚未提供必要的检验或论证。本部分以 CFPS 2010—2020 年历次调查中 10—18 岁被访者的教育抱负为考察内容，尝试分析家庭规模与出生次序对年青一代教育追求的影响。

图 9-8 区分城乡和性别展示了历次调查不同规模的家庭中青少年教育抱负的差异。结果显示，家庭规模与青少年的教育抱负存在显著的负相关关系：家庭规模越小，青少年的教育抱负在大学本科及以上的比例越高。与农村地区相比，在城镇地区，不同家庭规模的青少年教育抱负差异更为突出，且家庭规模对女孩的影响更大。考察时期内，城镇地区一孩家庭和多孩家庭的女孩教育抱负在大学本科及以上的比例相差 18.3—38.6 个百分点，二孩与多孩家庭中的女孩相应差距也在 10 个百分点以上。与之相比，城镇地区不同规模的家庭中男孩教育抱负的差距相对较小。在各调查年份，一孩家庭中男孩的教育抱负在大学本科及以上的比例比多孩家庭平均高 13.5—26.6 个百分点；二孩与多孩家庭中男孩的相应差距基本在 10 个百分点以下。

在农村地区，家庭规模对青少年教育抱负的影响稳定地反映在二孩和多孩家庭的差异中。与多孩家庭相比，农村地区二孩家庭中的男孩和女孩教育抱负在大学本科及以上的比例明显更高。例如，2020 年二孩家庭中女孩的教育抱负在大学本科及以上的比例为 74.3%，男孩的教育抱负在大学本科及以上的比例为 57.8%；分别比多孩家庭中的同性高 20.3 个百分点和 15 个百分点。此外，农村地区一孩家庭中男孩的教育抱负高于二孩和多孩家庭，尽管前两者

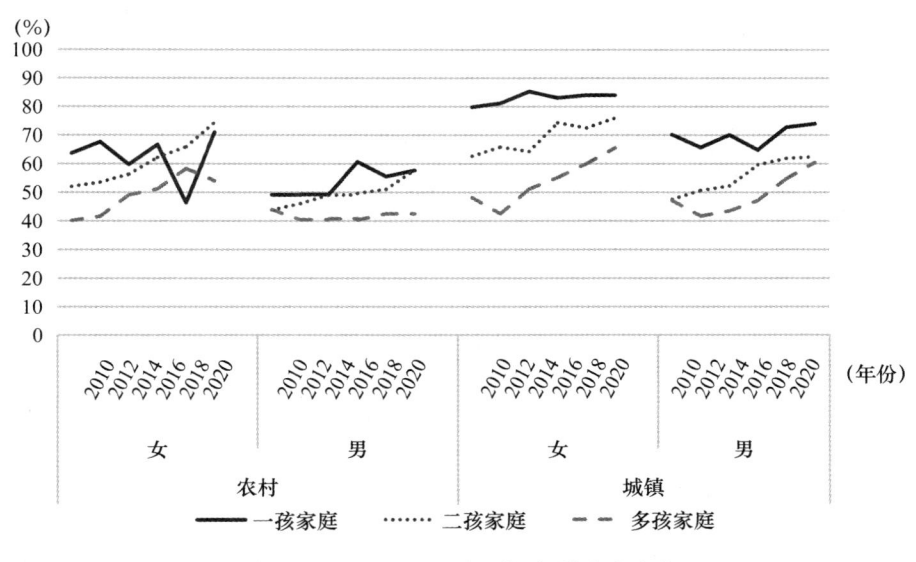

**图 9-8　2010—2020 年不同规模的家庭中
青少年教育抱负在大学本科及以上的比例**

的差距相对较小。由于生育文化和政策的影响，农村地区独生女家庭比例较低，因而农村地区仅有一个女孩的家庭样本较少，图 9-8 中相应家庭类别的女孩教育抱负曲线波动较大。不过，截至 2016 年，该类家庭中女孩的教育抱负仍持续高于二孩和多孩家庭中的女孩。

图 9-9 按照被访青少年在家庭中的出生次序（兄弟姐妹中的排行），进一步展示了青少年教育抱负的可能差异。不论城乡及性别，家庭中排行最大的孩子教育抱负最高；随着个人在家庭中出生次序的向后推移，其教育抱负呈明显的渐次下降趋势。在家庭中排行第二的青少年教育抱负平均低于排行最大者，排行第三或更高的青少年，其教育抱负平均更低。

由于分析样本中出生次序最大的青少年（即图 9-9 中图例 "1" 对应的人群）包括一孩家庭的被访者（对应于图 9-8 中的 "一孩家庭" 的青少年）和二孩、多孩家庭中的第一个孩子，因而，对比图 9-8 中 "一孩家庭" 对应的曲线和图 9-9 中排行第一（对应图

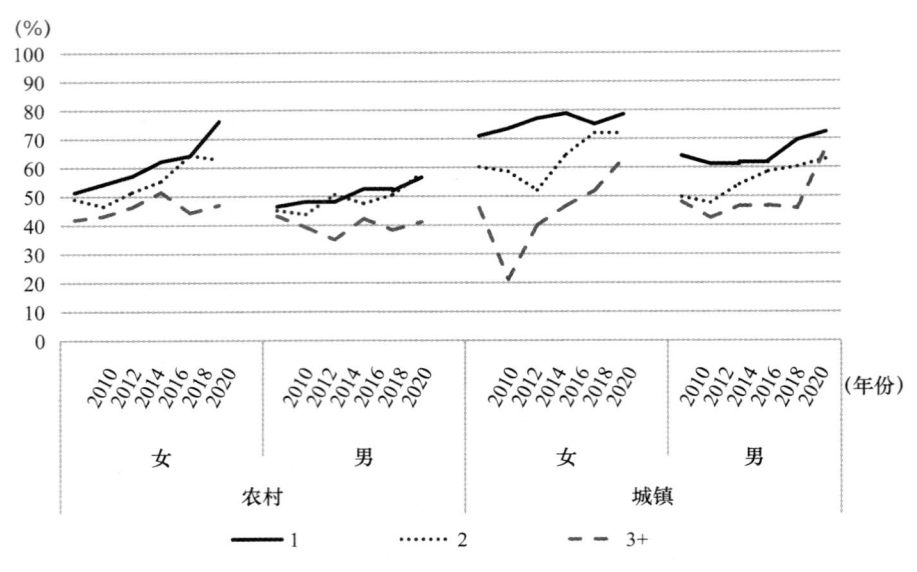

242　当代中国家庭转变对人力资本发展的影响

图 9-9　2010—2020 年按出生次序划分的
青少年教育抱负不低于大学本科的比例

例"1")的青少年对应的曲线，可以间接推断不同规模家庭中第一个孩子教育抱负的差异。在考察期间各年份，一孩家庭中男女青少年对应的个人教育抱负为大学本科及以上的比例（见图9-8）普遍高于所有被访者中排行第一的青少年（图9-9中图例"1"对应的曲线）。由此可见，独生子女比非独生子女家庭中第一孩的个人教育抱负显著更高；这也从一个侧面展示了家庭规模对青少年教育抱负的负向效应。

在非独生子女家庭中，排行靠后的孩子个人教育抱负平均较低。这可能与家庭规模增大带来的同胞之间教育资源的竞争和挤出效应有关，除此之外，家庭规模从一个侧面映射了微观家庭在当代家庭转变进程中的相对位置或所受影响的不同。规模较大的家庭中，父母受当代家庭转变及相关文化的影响往往较小，这些家庭中子女的教育抱负可能因此而呈现系统性的不同。

第三节　本章小结

本章围绕青少年的教育抱负，考察了其主要特征、人群差异及变化趋势。利用 CFPS 2010—2020 年历次调查中 10—18 岁的青少年样本，本章在区分城乡、性别和学龄阶段的基础上，着重探讨了当代青少年教育抱负与主要家庭特征的关系。主要研究结论如下。

首先，当前，中国 10—18 岁青少年中，教育抱负在大学本科及以上的占六成以上。随着时间的推移，青少年的教育抱负总体水平明显提升，同时在结构上呈现向大学本科集聚的态势。在年轻队列中，持较低或最高教育抱负的青少年占比均下降，体现了当代青少年对个人教育的期望既注重教育质量，又包含理性权衡，而非简单的"越高越好"。

其次，各时期，中国青少年的教育抱负呈现女性高于男性、城镇高于农村的分层特征；不论城乡，男性教育抱负也比女性更为分散。小学学龄的青少年教育抱负平均高于初、高中学龄段。本章对追踪调查记录的分析印证了小升初阶段，青少年的教育抱负下调的可能性明显较高；与之相比，初中学龄的青少年在此后的 2 年、4 年内下调或上调个人教育抱负的比例差异不大。

再次，家长教育期望与青少年教育抱负正向相关且动态相依；二者的动态调整规律显示，亲子双方对教育期望的调整均与二者的对比特征有关，在亲子教育期望一致的情形下，双方调整的可能性相对更小；与家长相比，青少年调整自身教育抱负的可能性更大。

最后，母亲受教育程度较高，青少年的教育抱负平均更高，变异程度更小。换言之，母亲高学历有助于推动青少年教育抱负在高水平收敛。家庭规模较大，子女的教育抱负平均更低；相应效应在包括第一孩在内的所有子女中均有明显体现，且后续孩次的子女所受的不利影响更大。

第 十 章

青少年的认知能力及家庭因素的影响

认知能力是人力资本的核心组成部分。新人力资本理论指出，个人的认知能力由先天遗传性因素和后天环境共同决定，认知能力具有可投资性和有用性。幼年和青少年期是个人认知能力发展的关键时期，这一阶段关于认知能力的投资与干预不仅效率更高、更有可能达到预期效果，而且对后续人力资本发展的轨迹与潜力具有不可低估的影响。年青一代作为未来社会经济发展的主要参与者和驱动者，其早期认知能力发展对未来整个社会人力资本水平起着根本的决定作用。

在幼年及青少年时期，家庭对个人的认知能力发展起着最主要的作用。受当代家庭转变的影响，家庭领域正在发生深刻的变革，家庭因素是否以及如何影响当代未成年人的认知能力发展状况，需要开展科学系统的研究。为此，本章着重考察当代青少年的认知能力发展状况，检验主要家庭特征与青少年认知能力的关系。本章的研究发现有望为了解当前中国年青一代认知能力的发育状况和影响机制、促进人力资本积累提供经验参考和决策依据。

第一节 青少年认知能力的基本特征

一 指标与测量

CFPS 在历年调查中，针对认知能力设计了两组常用的测量指标，分别为识字测试与数学测试、记忆测试与数列测试。在目前已完成和公布的调查中，项目采取隔轮交替使用的方式，针对10岁及以上被访者收集这两组指标的信息。具体来说，按照调查设计，识字测试和数学测试在2010年、2014年和2018年调查中使用，记忆测试和数列测试在2012年、2016年和2020年调查中使用。关于这些指标的设计原则和具体测量方式，CFPS的技术文件提供了详细的说明（徐宏伟、骆为祥，2012）；本节将首先对这些认知测试进行简单介绍，以便了解其测量的含义及指标内涵，分析和解读这些认知能力测量结果的统计特征。

（一）识字测试与数学测试

识字测试和数学测试是关于被访者识字情况和计算能力的测试，主要根据被访者对调查问卷中设计的字词认读和数学计算题目的回答情况来赋值，以衡量其相应认知能力。

在CFPS中，识字测试和数学测试的设计以心理测量学中的累积式量表（谷特曼量表）为基本原理。具体设计和实施方式为：首先，设计难易程度不同的题目，并按照题目的难度（由低到高）严格进行排序；其次，对受访者按照受教育水平进行分层（小学及以下、初中、高中及以上）确定其适用题目的起点，然后按照题目顺序逐一进行提问。在受访者连续答错三道题目时停止提问，将最后一道正确作答的题目序号作为变量值进行赋值。

按照设计规则，识字测试和数学测试指标的取值反映受访者正确回答的最后/最难题目的序列位置。这一设计方式能够便捷、高效地测量受访者的识字水平或数学计算能力。

（二）记忆测试与数列测试

记忆测试和数列测试是针对被访者记忆力和数列推理能力进行的测试，旨在衡量个体的潜在认知能力。与识字测试和数学测试相比，记忆测试和数列测试与个人教育经历的直接联系很小，更多地反映个体认知能力的潜在特征或水平。

在 CFPS 中，记忆测试是由调查员读出 10 个生活中常见的词语，然后要求受访者在全部听完后立即回忆复述（即时记忆）、过五分钟后重新回忆复述，两次复述的情况分别用来测量个人的即时记忆力和延时记忆力。记忆测试指标的取值由受访者复述正确的词语数量来确定，分别记为即时记忆得分和延时记忆得分。

与记忆测试相区别，数列测试使用两阶段适应性测试设计：在第一阶段，对所有受访者提问三道数列题目，然后，根据正确回答的题目数（0—3 道）来确定第二阶段适用的题目（分难易程度不同的 4 组）。根据两阶段测试的填答结果，计算受访者的数列测试得分。具体计算方法是根据项目反应理论，运用 Rasch 模型计算。按照测量设计原理（现代测量学理论），这一适应性测试设计能够在短时间内较为高效地衡量个体的真实能力，反映个体认知能力的主要差异。

二 数据与分析样本

利用上述指标与测量结果，本章主要考察青少年的认知能力发育特征。首先，按照各指标的内涵和设计特征，识字测试、数学测试等指标的取值与受访者的受教育程度直接相关，不同受教育水平的被访者测试得分的取值范围不同。因此，本章的分析过程均区分不同学龄段的被访者进行。其次，由于上述两组认知能力测试采取隔轮交替方式收集数据，在目前已完成的 6 期调查中，两组认知能力测试指标均有 3 次有效调查记录，时间跨度均为 8 年。本章利用这些有效调查信息，对两组认知能力测试指标分别进行分析。初步的分析结果显示，不同调查年份（各年龄段）被访青少年的认知能力得分有所差异，不过相应差异并未呈现单调或稳定的递变趋势。出于样本量较小、追踪周期较短的考虑，本章的分析暂不考察青少年认知能力的队列差异。

为了尽可能最大化地利用调查信息，并兼顾指标内涵的可比性，本章选取 CFPS 追踪周期内所有被访者在 10—18 岁首次被访时填答的有效测试信息作为分析数据，分析当代青少年的认知能力水平与分布特征。简言之，本章的分析对象为 10—18 岁青少年的认知能力。这一年龄段对应小学高年级、初中和高中学龄段，是个人认知能力发展的重要时期；因而考察这一年龄段青少年的认知能力，能够为系统了解当前中国年青一代的认知能力发展水平和主要分布特征提供较为全面的视窗。

三 青少年认知能力的基本特征

针对上述分析样本和调查结果，本章首先分析当前青少年认知能力的基本特征。表 10-1 区分学龄阶段、性别和城乡，展示了分析样本中被访青少年在各认知能力测试中的得分均值。

（一）识字测试与数学测试得分

从识字测试和数学测试的得分均值来看，不同学龄段青少年的认知能力测试结果差异显著。在小学学龄段，被访青少年的识字测试得分均值在 18.12—21.22 分；与之相比，初中学龄段青少年的相应测试得分平均高 5 分左右（4.88—5.86 分），高中学龄段青少年高出更多（6.79—7.61 分）。类似地，青少年的数学测试得分均值也随学龄段呈现明显的梯度差异，较高学龄阶段的青少年相应得分平均更高。这些差异印证了识字水平和数学能力随教育经历逐步提高的一般规律，也为教育资本提供了另一种具体和有用的测量。

表10-1 城乡各学龄阶段青少年认知能力的有效调查样本及各测试得分均值

		小学学龄（10—12岁）				初中学龄（13—15岁）				高中学龄（16—18岁）			
		农村		城镇		农村		城镇		农村		城镇	
		男	女	男	女	男	女	男	女	男	女	男	女
A组	识字测试（分）	18.12	18.79	20.69	21.22	23.03	24.65	25.57	26.92	25.15	26.06	27.48	28.83
	数学测试（分）	8.50	8.37	9.66	9.45	12.40	12.72	14.08	14.41	14.63	14.73	16.79	17.27
	样本规模（人）	1293	1158	868	747	1259	1180	794	785	953	989	733	692
B组	即时记忆（分）	5.69	5.81	6.18	6.29	5.94	6.20	6.42	6.55	5.90	6.19	6.19	6.47
	延时记忆（分）	5.03	5.17	5.68	5.62	5.17	5.47	5.56	5.65	5.15	5.40	5.55	5.77
	数列测试（分）	8.38	8.03	9.54	8.85	9.29	8.85	10.47	10.00	9.75	9.34	10.56	10.31
	样本规模（人）	843	761	540	465	807	754	530	471	701	734	504	485

除学龄段差异外，城乡青少年的认知能力也呈现显著的差异。具体而言，与城镇地区的青少年相比，农村地区青少年的识字测试和数学测试得分明显更低。从均值的差异来看，农村地区青少年的识字测试得分比城镇地区同龄青少年低 2.3—2.8 分，数学测试得分比城镇地区同龄青少年低 1.0—2.5 分。从不同学龄段青少年认知能力的城乡差异来看，识字测试得分的城乡差异持续维持在 2.3—2.8 分，在各学龄段差异不大，相比之下，数学测试得分的城乡差异随学龄阶段不断扩大，在高中学龄段青少年中，数学测试得分的城乡差异比小学学龄段大 1 倍左右。

最后，青少年的认知能力存在重要的性别差异；不过，对不同的认知测试，相应差异的方向并不完全一致。对识字测试而言，不论城乡及学龄阶段，女孩的得分平均高于男孩。不过，数学测试得分结果显示，在小学学龄段，男孩的平均得分高于女孩，这一差异在城乡分析样本中均成立。在较高学龄段（初中或高中及以上），数学测试得分的性别差异模式发生转折：不论城乡，女孩的得分平均超过男孩。这些结果表明，现阶段女孩的认知能力测试得分高于男孩的现象具有普遍性；相应性别差异不仅反映在识字水平上，而且在较高学龄段（初中、高中及以上）被访者的数学测试得分中也有明显且一致的体现。

（二）记忆测试与数列测试得分

与识字测试、数学测试主要反映个体教育成就相区别，记忆测试和数列测试更多地侧重于衡量个体的潜在或真实的认知能力。本研究的分析结果表明，记忆测试和数列测试得分在不同学龄段的青少年之间差异较小。

从数列测试结果来看，青少年的相应认知能力随年龄或学龄阶段呈现一定的梯度差异。与小学学龄段青少年相比，初中学龄段青少年的数列测试得分总体较高，高中学龄段青少年的数列测试得分平均更高。不过，个别情况（城镇男孩）除外，初中学龄段青少年与小学学龄段的数列测试得分差距平均不超过1分，高中学龄段青少年与小学学龄段青少年的差距在1.0—1.5分。这些差异模式与上述识字测试、数学测试的结果相类似，印证了认知能力随着教育过程和学龄阶段的推移而逐步提升的规律，也从侧面论证了教育对个人认知能力提升的积极效应。

与上述情况相区别，青少年的记忆测试得分并不符合随学龄阶段推移而单调递升的规律。如表10-1所示，总体而言，初中学龄段青少年的记忆测试得分高于小学学龄段青少年。除个别情况外，初中学龄段青少年的即时记忆得分均值比小学学龄段青少年高0.2—0.4分，延时记忆得分均值比后者高0.03—0.3分。不过，高中学龄段青少年的记忆测试得分在多数情况下不及初中学龄段青少年。这些结果意味着，记忆得分在成长过程中呈先升后降的变化趋势；在初中学龄段，青少年的记忆得分基本达到峰值。

除各学龄阶段的差异外，数列测试和记忆测试结果也显示，青少年的认知能力呈重要的城乡和性别差异。与城镇地区青少年相比，各学龄段农村青少年的数列测试得分和记忆测试得分明显较低；这可能反映了城乡家庭和社会环境、投资行为等因素对个人认知能力发展的差异性影响。从各学龄阶段对应的城乡差异的对比情况来看，青少年数列测试得分的城乡差异经历了先扩大后缩小的变化趋势，在初中学龄段青少年中相应城乡差异最大；就记忆测试来看，青少年相应得分的城乡差距在小学学龄段最大，此后在较高学龄段出现一定幅度的下降。

最后，青少年数列测试和记忆测试结果也呈现了不同的性别差异。就数列测试而言，在各学龄段男孩的测试得分平均高于女孩；这与上文讨论的数学测试得分的性别差异（除小学学龄段一致外）相反。记忆测试结果显示，多数情况下，分析样本中女孩的即时记忆和延时记忆（城镇小学学龄段被访者的情况除外）得分均高于男孩。

综上所述，本研究使用的不同的认知能力测量展现了不同的人群差异模式。这些结果反映了认知能力的多维性及其内涵的丰富性；与之相适应，这些初步的统计结果呈现了不同的差异模式，对系统分析青少年的认知能力发展特征和影响机制提出了客观要求。

第二节　青少年认知能力的个体及家庭差异

在青少年的认知能力发展中，家庭起着极为关键的作用。家庭的影响一方面通过父母的先天遗传性因素发挥作用；另一方面，幼年及青少年时期，家庭作为个人最重要的生活场所和成长环境，从物质资源、价值观念以及其他可观测或不可观测的方面影响个人认知能力的发展。鉴于此，考察家庭特征对青少年认知能力发展的影响具有重要的理论和现实意义。

与本书其他章节的分析相类似，本节主要使用父母生育年龄、母亲受教育程度、家庭规模和个人在兄弟姐妹中的排行作为家庭特征测量，检验当代家庭转变背景下青少年认知能力发展的差异和可能影响。由于青少年的认知能力因年龄、性别、城乡等因素而异，如上一节所展示的识字、数学等测试得分在不同学龄段、不同性别及城乡之间存在显著差异，因而本节的所有分析将同时控制青少年的这些基本特征。考虑到本研究使用的两组认知能力指标在设计、测量和内涵等方面的差异，分析过程将区分两组测量分别展开。

一　父母晚育与青少年认知能力的关系

父母生育年龄的早晚可能通过遗传性物质的变化影响子女的先天禀赋，也有可能通过家庭环境对子女后天认知能力发育产生影响。为此，本节首先考察父母生育年龄与青少年认知能力的关系。

(一) 母亲生育年龄

图 10-1 展示了母亲生育年龄不同的青少年在识字测试和数学测试得分中的平均差异。就识字测试、数学测试得分的均值来看，母亲生育年龄最晚的青少年相应测试得分在同龄人中基本处于最低，

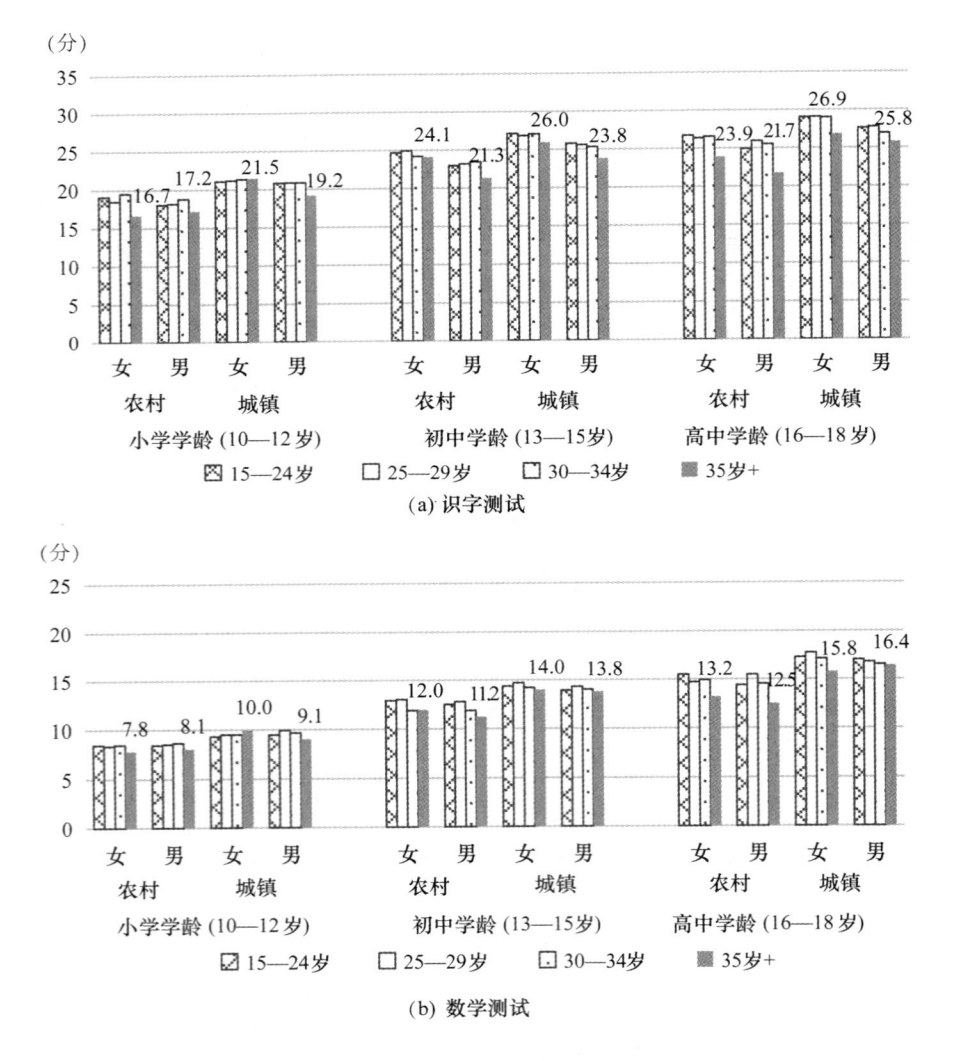

图 10-1 按母亲生育年龄划分的青少年识字测试和数学测试得分均值

不论城乡、性别和学龄阶段，与母亲在其他年龄段生育的青少年相比，母亲生育年龄在 35 岁及以上的被访者识字测试得分平均更低，数学测试得分也明显更低。例如，高中学龄段青少年的识字测试结果显示，在农村地区，母亲 35 岁及以上生育的女孩识字测试平均得分为 23.9 分，比同等情况下其他（母亲生育年龄较早的）女孩低 2.5—2.8 分；母亲 35 岁及以上生育的男孩识字测试平均得分为 21.7 分，比农村其他同龄男孩低 3.2—4.2 分。在城镇地区，母亲生育年龄在 35 岁及以上的男孩和女孩识字测试得分也明显低于其他同龄人，其中男孩比其他同龄男孩低近 2 分，女孩比其他同龄女孩低 2.2 分左右。与母亲生育年龄相关的个体识字测试得分的相应差异在较低学龄段也普遍存在，尽管相应差异的幅度略小。

类似地，就高中学龄段青少年来看，母亲生育年龄在 35 岁及以上的农村女孩数学测试得分均值为 13.2 分（最高 24 分），比农村其他同龄女孩低 1.5—2.3 分；母亲生育年龄在 35 岁及以上的农村男孩数学测试得分均值为 12.5 分，比农村其他同龄男孩低 1.9—3 分。在城镇地区，母亲生育年龄在 35 岁及以上的男孩和女孩数学测试得分均值分别为 16.4 分和 15.8 分，前者比其他同龄男孩低 0.1—0.6 分，后者比其他同龄女孩低 1.4—2.6 分。

图 10-2 根据记忆测试和数列测试结果，展示了母亲生育年龄与青少年潜在认知能力的相关关系。首先，从记忆测试得分来看，在较低学龄段，母亲生育年龄较晚（35 岁及以上）的青少年记忆测试得分并没有呈现明显的劣势；个别情况下，相应特征（母亲晚育）的青少年记忆测试得分甚至高于其他同龄人。例如，农村地区小学学龄段女孩中，母亲晚育对应人群的即时记忆得分平均更高；类似地，城镇地区初中学龄段女孩中，母亲晚育者的即时记忆和延时记忆得分均相对更高。不过值得注意的是，在高中学龄段，母亲晚育的青少年记忆测试得分明显低于其他同龄人。这一点对即时记忆和延时记忆的测试结果均成立。

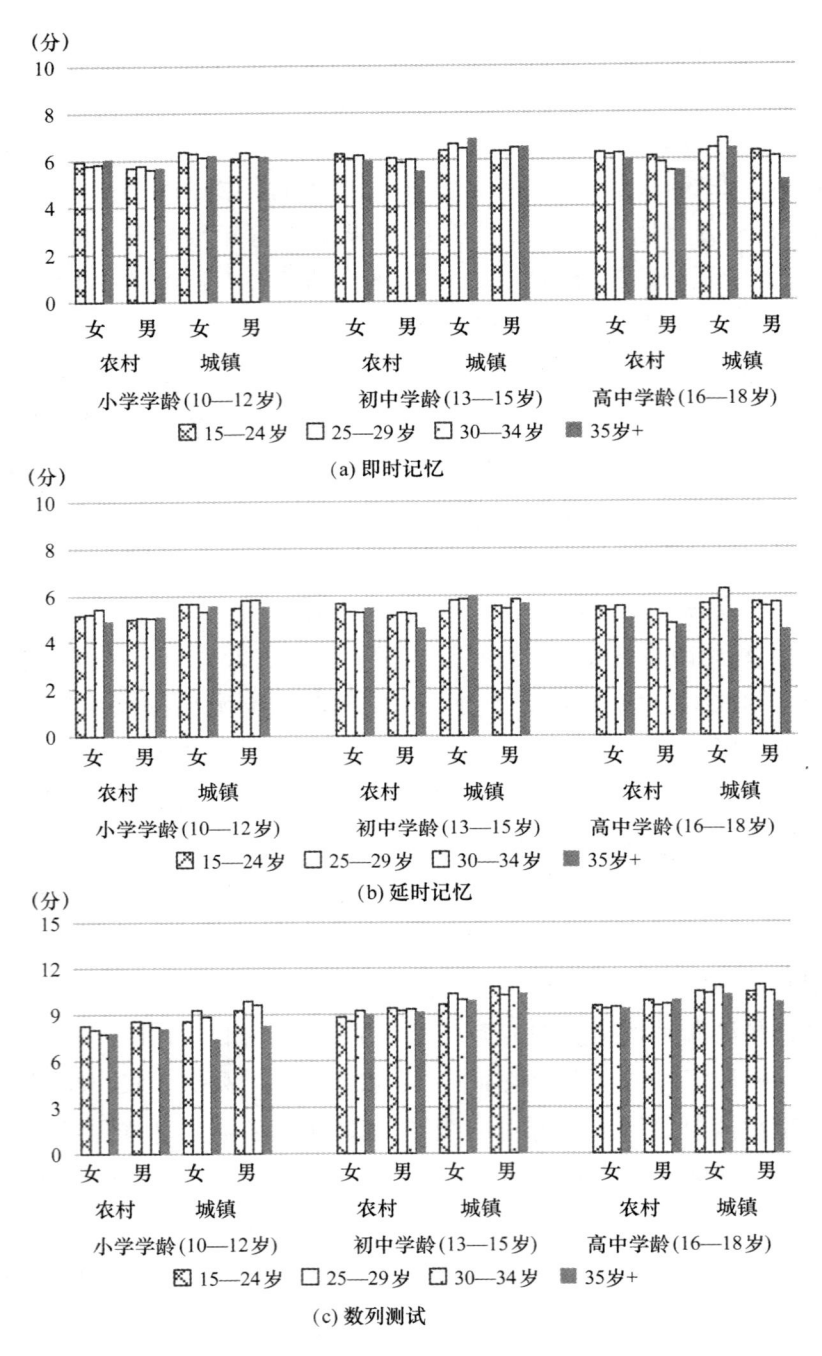

图 10-2 按母亲生育年龄划分的青少年记忆测试和数列测试得分均值

其次，从数列测试得分来看，在所有学龄阶段，分析样本中城镇地区母亲晚育对应的青少年的数列测试得分最低，其均值明显低于城镇地区其他同龄人群。这一点对男孩和女孩均成立。相比之下，在农村地区，母亲生育年龄与分析样本中青少年数列测试得分的相关关系较小，不同生育年龄对应的青少年的数列测试得分相差不大。

综上所述，从母亲生育年龄来看，青少年的认知能力与母亲晚育现象存在重要的相关关系。不过，就本研究考察的样本对象来看，相应关系在城乡以及不同学龄阶段有不同的表现形态。总体而言，母亲晚育对青少年的认知能力有不利影响，相应影响在与教育相关的认知测试中表现相对一致和稳健，相比之下，在与认知潜力相关的测试结果中，相应影响更为突出地反映在城镇地区、较高学龄段（如高中学龄段）的青少年中。这可能与不同人群中认知测试结果的变异程度不同有关，在农村地区和较低学龄阶段，青少年的认知能力差异较小、尚未得到充分的体现，因而，母亲生育年龄与认知测试得分的相关程度也较低。相比之下，在城镇地区以及较高学龄阶段，个体之间认知水平差异较大，家庭因素的影响更为明显。

（二）父亲生育年龄

与母亲生育年龄的影响相类似，父亲推迟生育也可能通过遗传物质或后天家庭环境特征而对子女的认知能力产生重要影响。图 10-3 和图 10-4 分别针对两组认知能力测量，展示了父亲生育年龄与青少年认知测试得分均值的关系。

由图 10-3 可见，在多数情况下，父亲生育年龄越晚，被访青少年的识字测试和数学测试得分越低。例如，图 10-3（a）显示，在高中学龄段的被访青少年中，农村地区父亲 35 岁及以上生育的女孩识字测试得分均值为 23.1 分，比其他同龄女孩低 2.7—3.8 分；男孩识字测试得分均值为 22.9 分，比其他同龄男孩低 1.8—2.8 分。类似地，在城镇地区父亲生育年龄在 35 岁及以上的，男孩的识字测试得分均值（26.0 分）比其他同龄男孩低 1.0—1.9 分，女孩（均值为 28.0 分）比其他同龄女孩低 0.8—1.2 分。图 10-3（b）显示，与父亲生育年龄在 25—29 岁的被访者相比，在所有学龄段、不论城乡和性别，父亲在 35 岁及以上生育的青少年数学测试得分均更低。这些结果印证了父亲晚育对子女识字测试和数学测试得分的负向效应，这与上文关于母亲晚育行为的影响相一致。

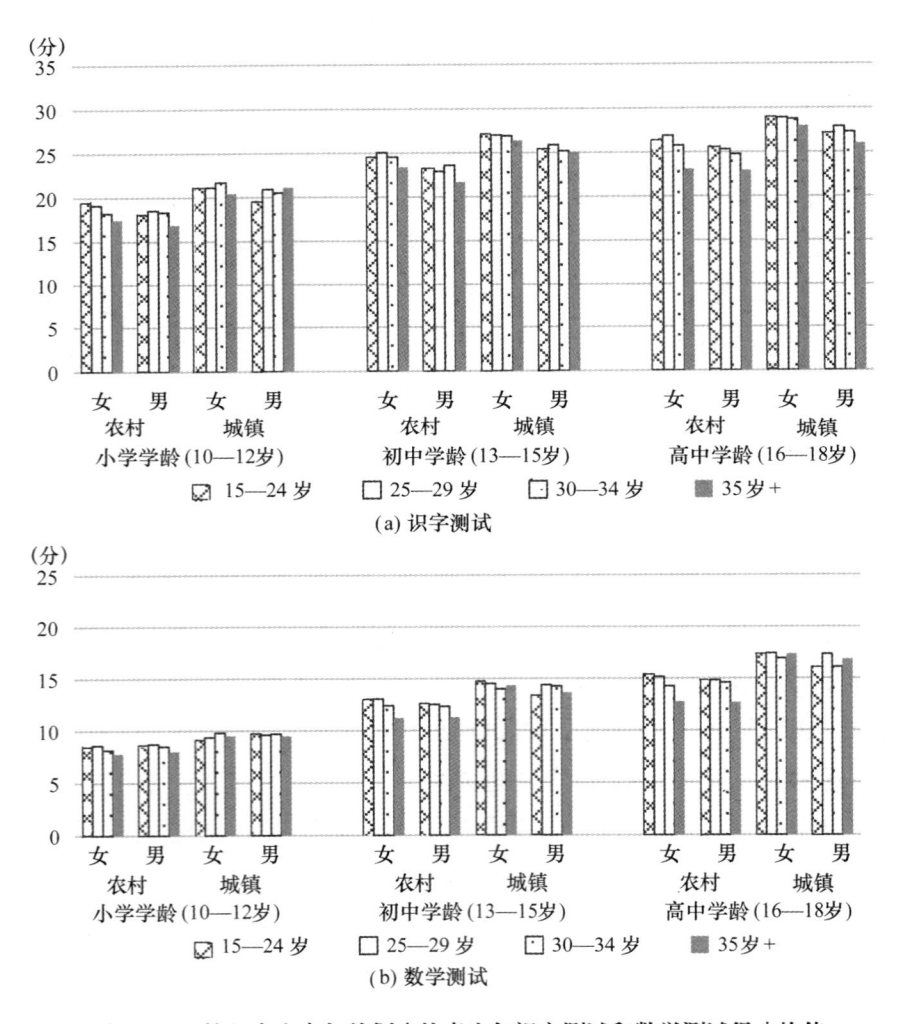

图 10-3　按父亲生育年龄划分的青少年识字测试和数学测试得分均值

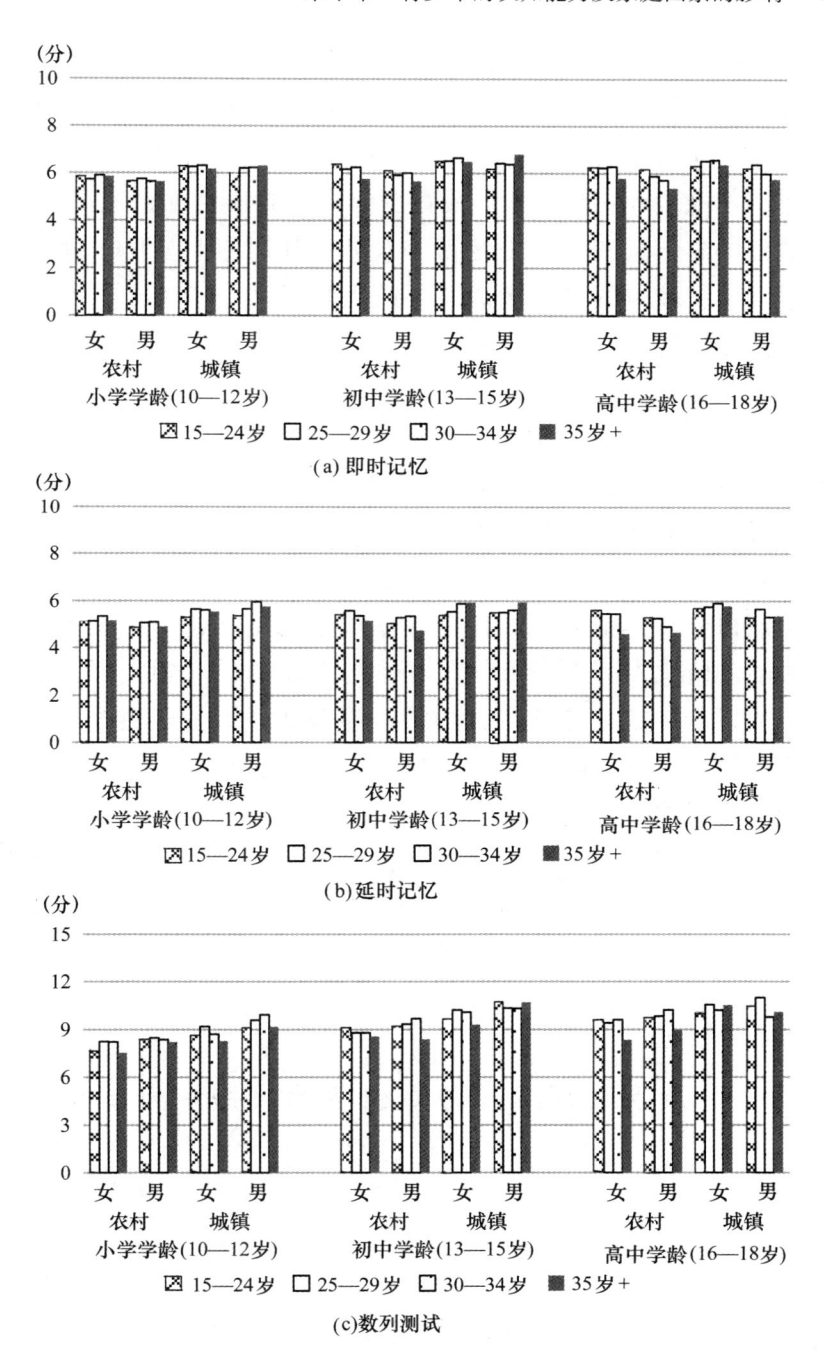

图 10-4 按父亲生育年龄划分的青少年记忆测试和数列测试得分均值

图 10-4 的结果展示了父亲生育年龄与青少年的记忆测试、数列测试得分的关系。从记忆测试结果来看，父亲晚育（生育年龄在 35 岁及以上）情况下，青少年在较高学龄段呈现明显的记忆测试相对劣势。不论城乡，高中学龄段青少年中，父亲生育年龄在 35 岁及以上的人即时记忆和延时记忆得分最低，其均值明显低于同龄人中父亲生育年龄较早的被访者。这一结果与上文关于母亲晚育现象对应的记忆测试得分差异吻合，为父母的晚育行为对子女记忆力发展的长期不利影响提供了支持。

图 10-4（c）中数列测试得分显示，父亲晚育对应的青少年的数列测试得分平均更低。分城乡、性别和学龄阶段的对比结果显示，父亲晚育对应的青少年数列测试得分的相对劣势在农村地区尤为稳定和显著。与之相比，城镇地区父亲生育年龄较晚对应的青少年的数列测试得分与其他人群相比差异模式不稳定。这与上文关于母亲生育年龄的研究发现有所不同，尽管与上文的研究相类似，母亲晚育对应的青少年数列测试得分的相应劣势在城镇地区更为突出。综合这些结果，可以推断，父母的晚育行为对子女认知能力具有较为明显的不利影响。不过，由于父母年龄匹配模式存在异质性，父亲晚育与母亲晚育可能并不同步发生，因而，父亲晚育和母亲晚育对应的青少年认知能力的相对劣势存在细微的人群差异。关于二者具体作用的机制和大小，需要同时结合父亲与母亲的生育年龄进行探讨，这将留待后续研究进一步考察。

二 母亲受教育程度与青少年的认知能力差异

母亲受教育程度在很大程度上影响家庭的文化价值观念及其对子女的教养方式，在青少年成长过程中发挥着不可忽视的作用。图 10-5 和图 10-6 分别针对两组认知测试指标，展示了母亲受教育程度与青少年的认知测试得分均值之间的关系。

（一）识字测试与数学测试得分

从识字测试和数学测试得分来看（如图 10-5 所示），青少年的认知测试结果与母亲受教育程度总体上呈正向相关关系。不过，相应关系的具体表现因城乡而异。在城镇地区，母亲受教育程度越高，青少年的识字测试和数学测试得分平均更高；认知测试得分随母亲受教育程度提高而呈梯度递升趋势。相比之下，在农村地区，母亲受教育程度为高中水平的青少年识字测试和数学测试得分明显高于

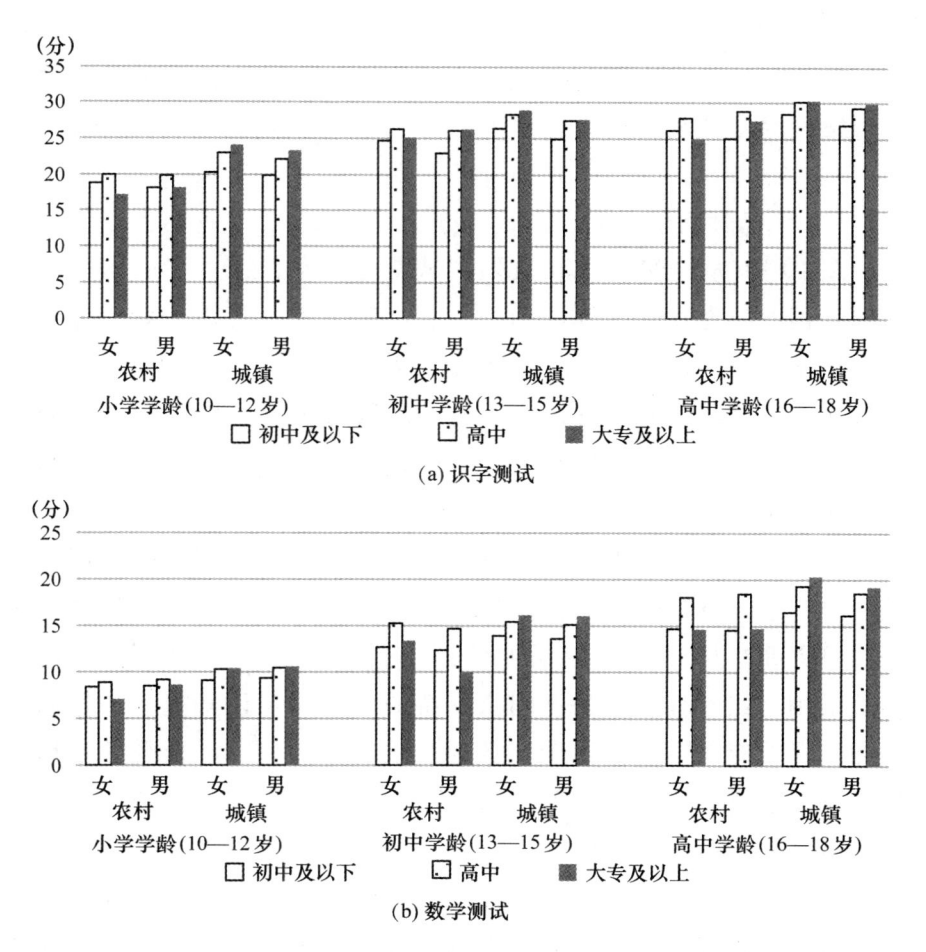

(a) 识字测试

(b) 数学测试

图 10-5 按母亲受教育程度划分的青少年识字测试和数学测试得分均值

母亲低学历（初中及以下）的同龄人；不过，母亲受教育程度为大专及以上的青少年并未呈现稳定的、更高的测试得分。究其原因，受城乡产业结构和人口流动的影响，当前农村地区常住人口中高学历女性较少；因此分析样本中母亲受教育程度在大专及以上的样本量很小，相应类别的调查结果可能受随机扰动影响而不稳定，亦难以有效反映总人口中相应类别群体的统计特征。

图10-5还显示，在母亲受教育程度可比的情况下，城镇地区青少年的识字测试和数学测试得分平均更高。在初中及以上学龄阶段，母亲受教育程度可比的情况下，城镇地区女孩的识字测试和数学测试得分平均高于同龄男孩。这些结果在一定程度上揭示了城乡教育发展的差异及其对青少年认知能力的不同影响。

（二）记忆测试与数列测试得分

图10-6从记忆测试和数列测试得分出发，进一步展示了母亲受教育程度与青少年认知能力发展状况的关系。总体来看，母亲受教育程度越高，青少年的记忆测试和数列测试得分相对更高。

从记忆测试结果来看，由于各学龄段青少年的即时记忆得分和延时记忆得分均值相差较小，母亲受教育程度不同的青少年之间相应记忆测试得分的差异也不大。

相比之下，青少年的数列测试得分与母亲受教育程度呈现显著的相关关系。母亲受教育程度越高，各学龄段青少年的数列测试得分明显更高。与上文所展示的父母生育年龄和青少年数列测试得分的结果相对照不难看出，不同家庭特征对青少年认知能力的作用方式和实际效应不同。就青少年数列测试得分而言，母亲受教育程度的影响似乎更为直接和显著，超过父母晚育行为等因素带来的（先天及后天）影响。

综上所述，母亲受教育程度对子女认知能力具有重要的正向效应，这可能体现了家庭教育资本的代际传承效应。不过，在认知能力的不同维度，相应效应作用强度存在明显差异。与识字、数学、

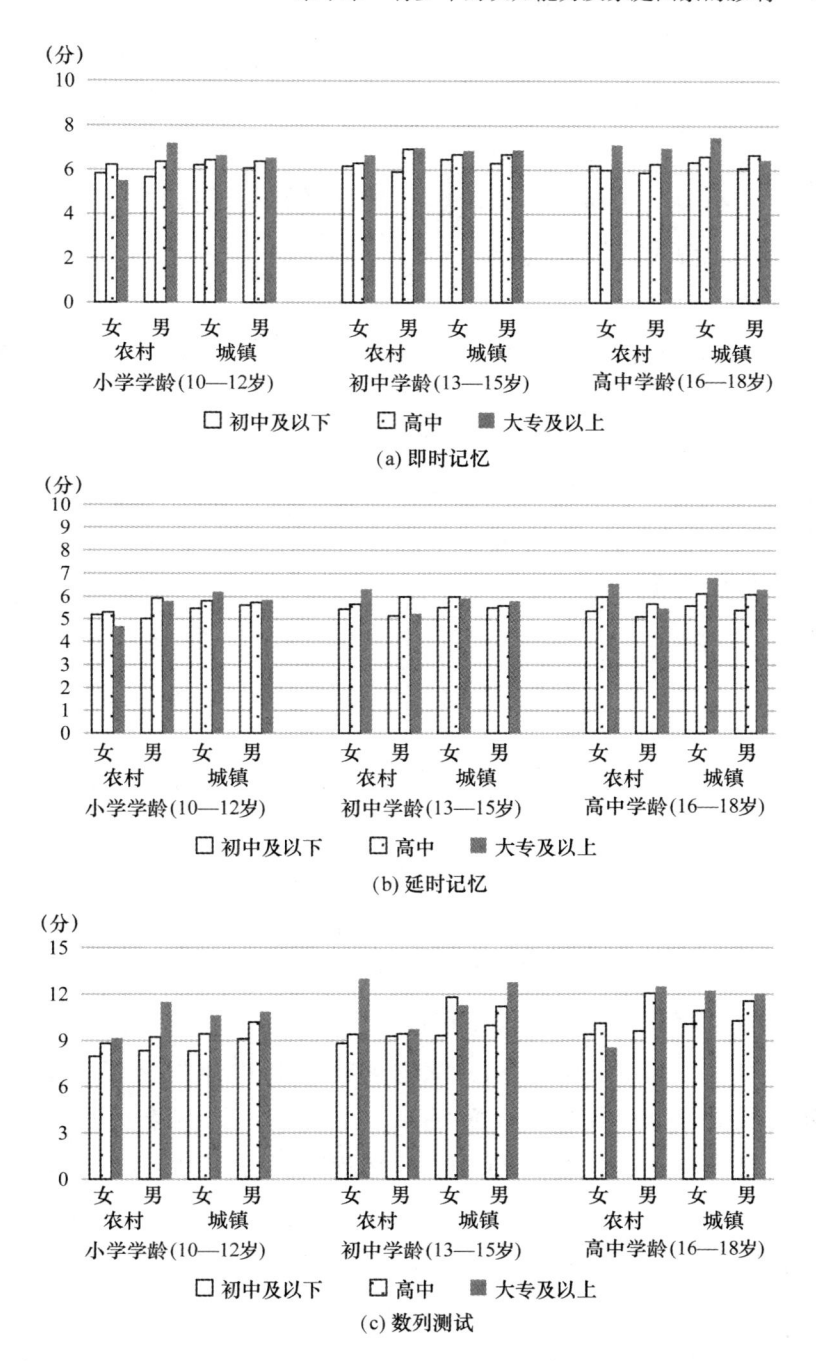

第十章 青少年的认知能力及家庭因素的影响 261

(a) 即时记忆

(b) 延时记忆

(c) 数列测试

图 10-6 按母亲受教育程度划分的青少年记忆测试和数列测试得分均值

记忆力等相对基础的认知能力相比,当前家庭教育资本对子女认知能力发育的影响更为突出地体现在数列测试等潜在的、深度认知能力的发展中。这也可能反映了在大众教育快速发展的背景下,家庭教育资本对子代认知能力发展的作用领域开始向纵深方向、公共教育资源难以替代的领域延伸。

三 家庭规模及出生次序与青少年认知能力的关系

在个人成长过程中,家庭规模和出生次序不仅影响个人对家庭资源的占有和竞争情况,而且通过同胞陪伴、互动等独特的成长体验影响个体发展的多个方面。本部分分别使用家庭规模和个人的出生次序为主要测量,检验这些家庭特征与青少年认知能力发展的关系。

(一) 家庭规模

图 10-7 和图 10-8 分别针对两组认知能力测试结果,展示了青少年的认知发育状况与家庭规模的关系。图 10-7 显示,家庭规模与青少年的识字测试得分、数学测试得分呈显著的负相关关系。家庭规模越大,青少年的识字测试得分平均越低,数学测试得分也平均更低。这些差异在不同学龄段的青少年中均有一致的体现,且对城乡和男女两性青少年保持稳健。

类似地,图 10-8 显示,家庭规模与青少年的记忆测试得分、数列测试得分也存在负向相关关系。不过,在其他特征可比的情况下,来自不同家庭规模的青少年记忆测试得分相差较小;多数情况下,一孩家庭和多孩家庭中青少年的相应差距不超过 0.5 分。

相比之下,不同家庭规模的青少年之间,数列测试得分差异显著;在中高学龄段、城镇地区,相应差距尤为明显。如图 10-8 (c) 显示,城镇地区小学学龄段青少年中,一孩家庭中男孩的数列测试得分均值比多孩家庭中的男孩高 2.4 分,一孩家庭中女孩比多孩

(a) 识字测试

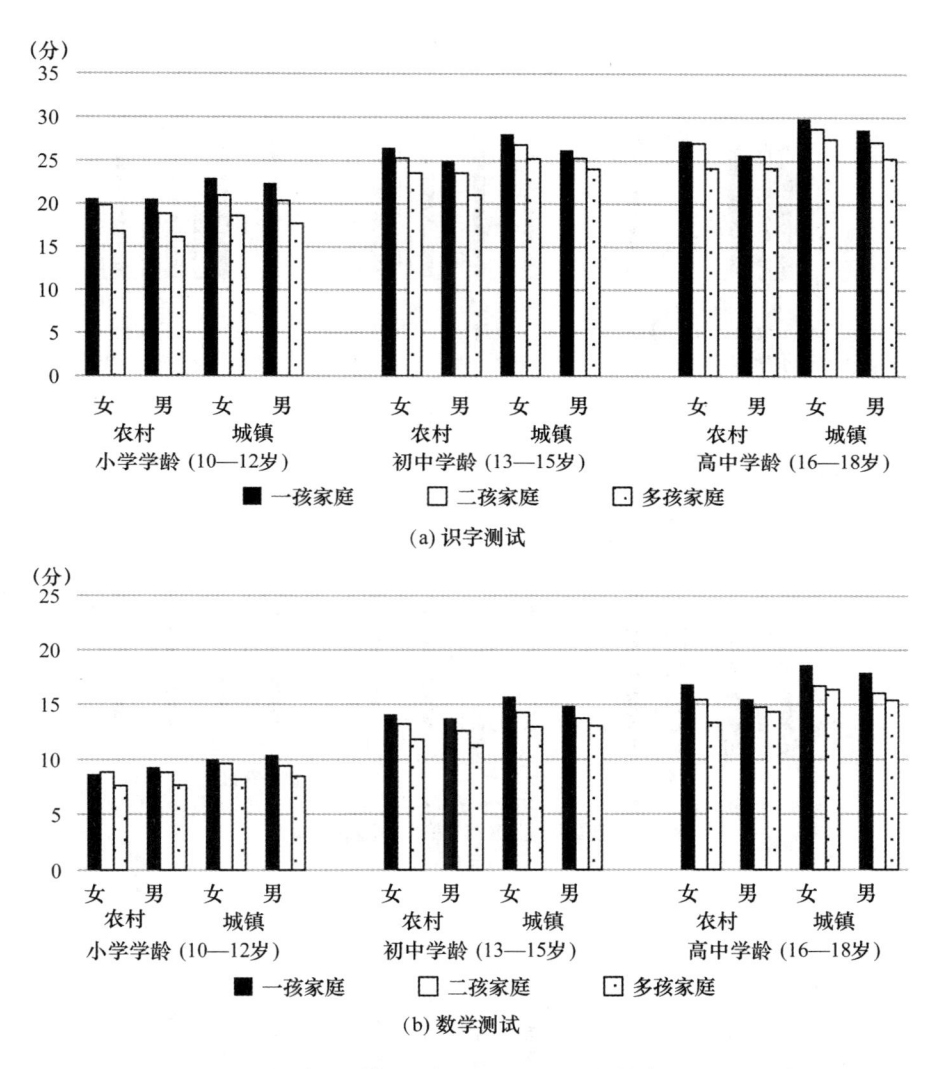

(b) 数学测试

图 10-7 按家庭规模划分的青少年识字测试和数学测试得分均值

家庭中女孩的相应得分平均高 1.1 分。不论男女，在初中和高中学龄段，一孩家庭与多孩家庭中青少年的数列测试得分差距不低于 2 分。

值得一提的是，在农村地区，二孩家庭中青少年的记忆测试、数列测试得分与一孩家庭较为接近，个别情况下二孩家庭中青少年的测试得分甚至超过来自一孩家庭的同龄青少年。相比之下，

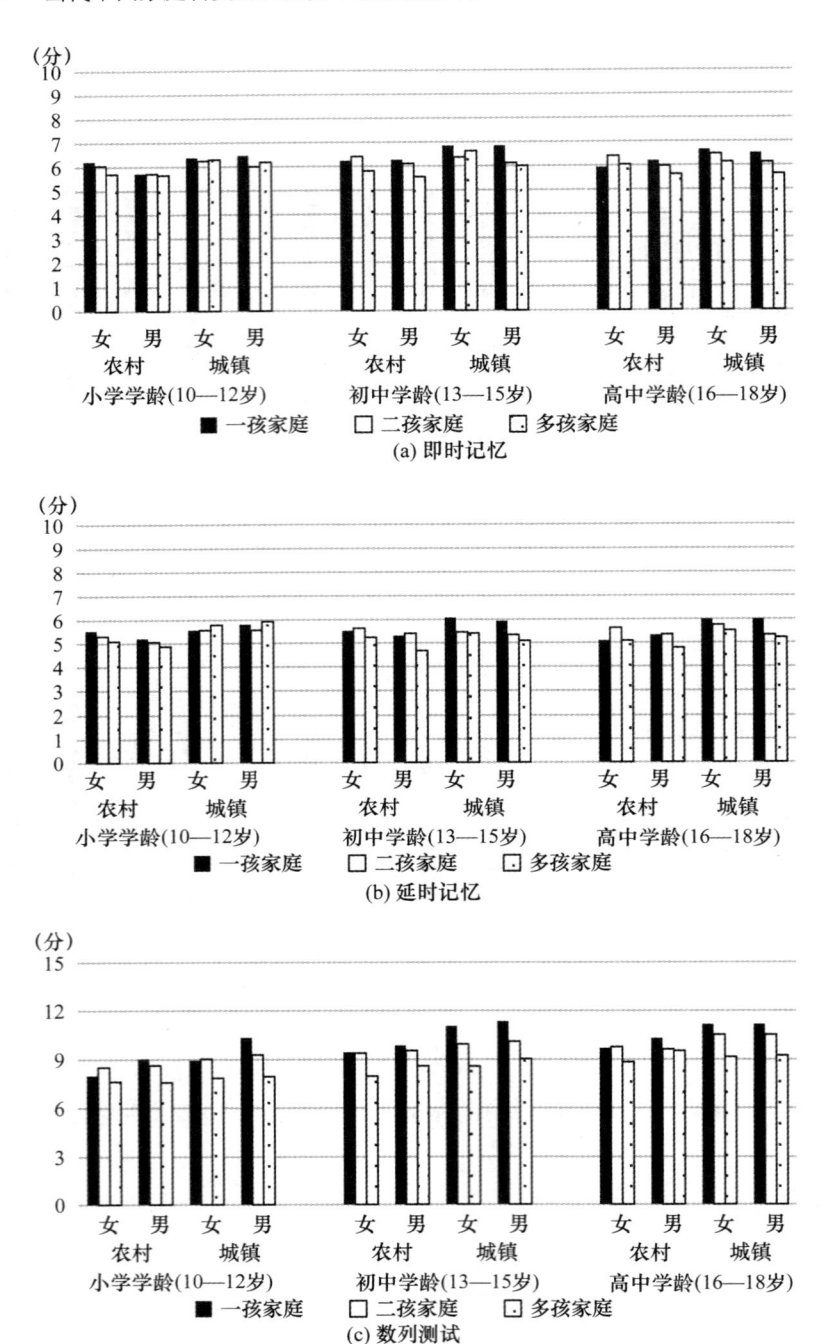

图 10-8 按家庭规模划分的青少年记忆测试和数列测试得分均值

在城镇地区，一孩家庭和二孩家庭中青少年的上述认知能力测试差异更加明显。这些结果表明，由于城乡生育状况和家庭规模存在系统性差异，与之相适应，与家庭规模相关的家庭特征存在城乡异质性；由此也不难理解这些类型的家庭中青少年认知能力的对比关系因城乡而异。

（二）出生次序

图 10-9 和图 10-10 展示了青少年的认知能力测试结果与个人出生次序的关系。与上述关于不同家庭规模的研究发现类似，总体而言，独生子女或家庭中最早出生的孩子（第一孩），个人认知能力测试得分均值更高；出生次序越晚，个人的认知测试得分平均值越低。

从不同认知能力的测试结果来看，出生次序与青少年识字测试得分和数学测试得分的相关关系最为显著。不论城乡、性别或学龄阶段，青少年的识字测试和数学测试得分均值均随出生次序上升而呈梯度递减趋势。

由图 10-9 可见，与家庭中最早出生（第一孩/独生）的孩子相比，出生次序为第三或更高孩次的孩子在小学学龄段识字测试得分平均低 4 分以上，数学测试得分平均低 1.5 分以上。在初中及高中学龄段，相应出生次序对应的识字和数学测试得分差距依然存在，且在城乡、男女两性青少年中高度显著。

类似地，与最早出生的孩子相比，出生次序为第二（第二孩）的孩子识字测试和数学测试得分也平均更低。这些结果可能从一个侧面反映了家庭规模和出生次序对未成年人认知能力的综合效应，其作用机制包括家庭资源的竞争性挤出效应、家庭环境（随家庭规模）变化的影响，以及与出生次序相关的父母生育年龄和先天遗传物质变化的影响等。关于这些效应的具体作用机制，还需要结合多元模型进行系统考察。

与上述识字测试和数学测试结果相比，另一组认知能力测试结果与出生次序的关系有所不同（如图 10-10 所示）。就记忆测试结

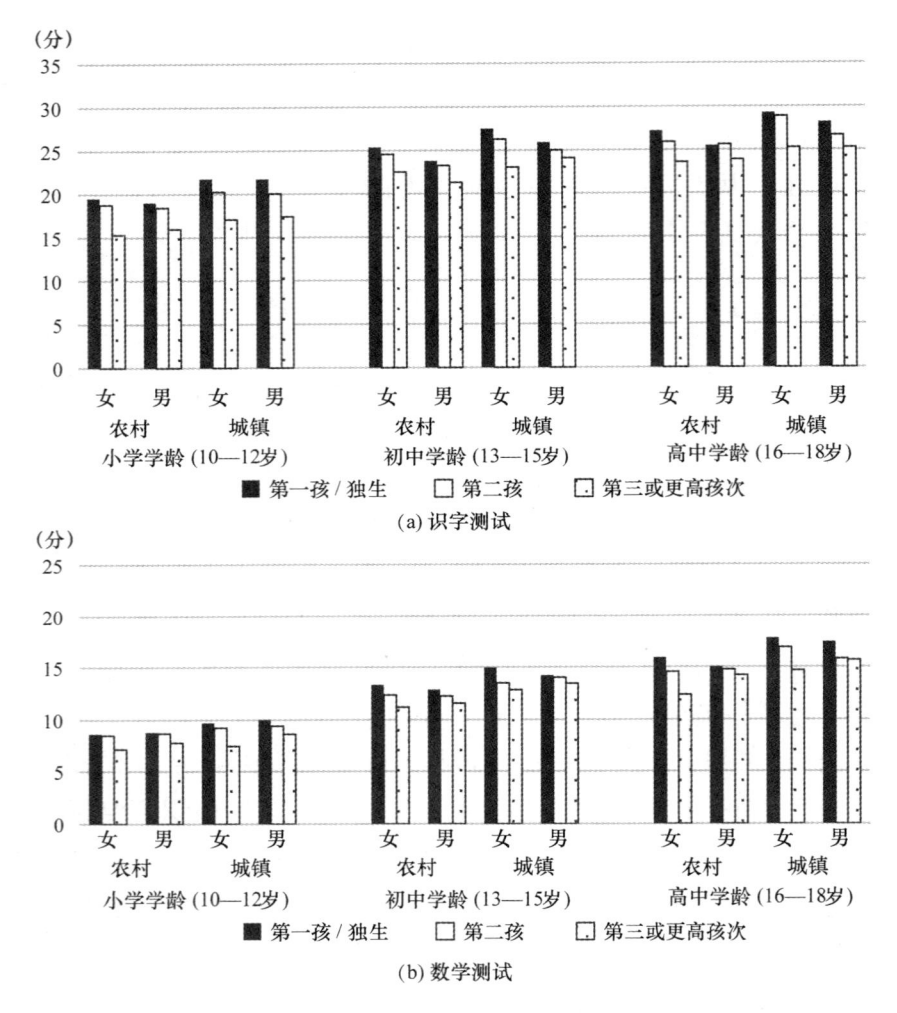

266　当代中国家庭转变对人力资本发展的影响

图 10-9　按出生次序划分的青少识字测试和数学测试得分均值

果来看，不同出生次序的青少年相应测试得分差异较小，且差异模式并不稳定。在部分人群中（如城镇地区小学学龄男孩和初中学龄女孩），高出生孩次的被访者记忆测试得分均值甚至超过家中最早出生或独生的同龄人。相比之下，数列测试结果与出生次序呈比较一致的负相关关系，出生次序越高，被访青少年的数列测试得分平均更低。这与图 10-9 展示的识字测试和数学测试的结果相类似，为家庭规模和出生次序对青少年认知能力的不利影响提供了例证。

第十章　青少年的认知能力及家庭因素的影响　267

(a) 即时记忆

(b) 延时记忆

(c) 数列测试

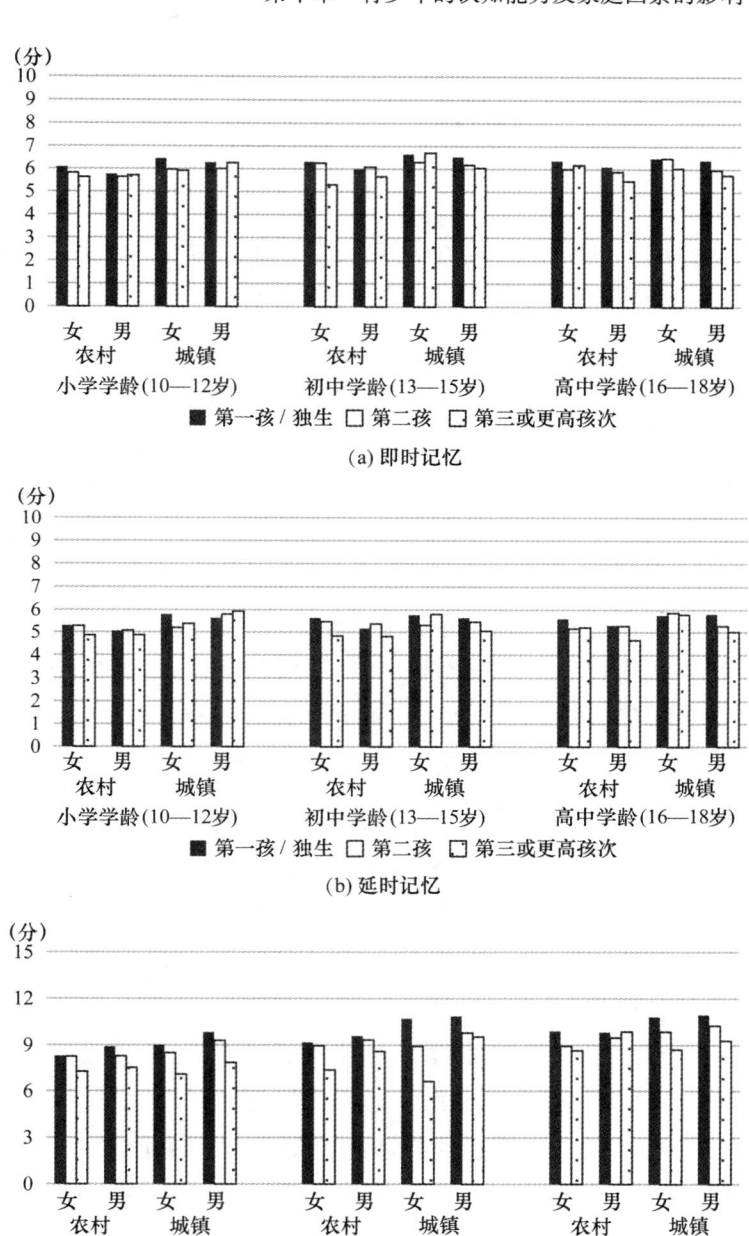

图 10－10　按出生次序划分的青少年记忆测试和数列测试得分均值

第三节　本章小结

本章利用 CFPS 中收集的认知测试信息，考察了中国 10—18 岁青少年各认知测试得分的总体情况及其人群差异，探讨了包括父母生育年龄、母亲受教育程度、家庭规模及出生次序在内的主要家庭特征对青少年认知能力的潜在影响。主要研究发现如下。

首先，青少年的认知能力呈现显著的城乡差异。在本章所考察的所有认知类型中，农村青少年的测试得分明显低于城镇同龄人；且随着学龄阶段上升，城乡青少年认知能力得分的差距在逐步扩大。

其次，青少年的认知能力呈现一定的性别差异，不过，相应差异的具体模式和性质因认知类型而异。概括而言，在与教育成就直接相关的认知维度——如识字能力、数学能力中，女孩的认知测试得分高于同龄男孩；不过，在反映认知潜力或"真实"认知水平的维度，相应性别差异并不一致。本章的分析显示，男孩的数列测试得分高于女孩，但记忆测试得分仍低于女孩。

再次，家庭特征与子女认知能力存在重要的相关关系。总体来看，父母过晚生育不利于子女的认知能力发育；母亲受教育程度越高，青少年的认知能力平均更高；家庭规模越大，青少年的认知能力测试得分平均越低；出生次序越晚，个人认知能力也越低。在本章考察的认知能力的不同维度，这些差异均有较为明显的体现；不过，相对而言，上述差异的大小仍因认知维度和家庭特征而异。例如，母亲受教育程度与青少年的数列测试得分相关程度最高。

最后，家庭特征对个人认知能力的影响具有累积性。在较高学龄段，不同家庭特征的青少年认知能力差异更加突出。这可能反映了个人成长过程中家庭因素对其认知发展的累积性效应，由此导致与家庭特征相关的认知差异随着年龄增长逐步扩大。

第十一章

青少年的非认知能力及家庭因素的影响

非认知能力作为人力资本的重要组成部分，对认知能力、教育成就、就业及个人长期发展起着至关重要的作用。非认知能力的内涵丰富，以往关于非认知能力的经验研究使用不同的概念和指标对非认知能力进行测量。其中，最为常见的指标包括自尊、自控力、自我效能、大五人格等。近年来，中国社会调查中也开始大规模地收集非认知能力信息。例如，CFPS 从调查基期开始，设计和收集了包括自尊、自控力、责任感、良好行为等综合性量表信息。本章主要利用这些调查信息，分析当前中国青少年儿童的非认知能力发育状况及其人群差异，在此基础上检验家庭转变特征与青少年非认知能力的关系。

第一节 非认知能力的测量及调查设计

CFPS 在已完成和公布的调查中，主要针对青少年儿童收集了非认知能力信息。不过，与调查设计有关，各调查年度实际收集的非认知能力的具体维度不同，各指标的具体调查范围或实际适用对象也有所差异。本章综合利用历次调查的相关量表信息，对青少年儿童非认知能力在不同维度的具体表征进行分析。

为了便于对比和解读，本节首先针对历次调查收集的自尊、自控力和责任感量表，介绍各年度相关量表信息的设计和收集情况。

在此基础上，对各量表的初始调查结果进行标准化处理，构建自尊、自控力和责任感指数，为非认知能力提供相应维度的综合测量。最后，本节以 10—15 岁的青少年为主要分析对象，对比展示各指数分布状况；并在信息可得的情况下与其他年龄段青少年儿童的相应指数进行对比。本节的分析结果旨在从多个维度出发，为理解中国青少年的非认知能力发展状况提供多方位的详细视图。

一　自尊量表

自尊是非认知能力的重要组成部分。关于自尊的测量，国际上有不少比较成熟的量表；其中，罗森伯格自尊量表（Rosenberg's Self‑esteem Scale，以下简称 RSES 量表）因设计简便、效度和信度高而得到最为广泛的应用。该量表由美国心理学家罗森伯格（Rosenberg）于 1965 年编制提出，使用了 10 个关于自我价值和自我接纳的（正负向表述不同的）问项，综合测量个体的整体自尊水平。

（一）测量与指数构建

在 CFPS 中，2010—2018 年度的调查针对青少年儿童收集了自尊量表信息。量表使用的具体问项[①]包括：（a）我觉得自己是有价值的人，至少不比别人差；（b）我觉得自己有许多好的品质；（c）归根结底，我认为自己是一个失败者；（d）我能像大多数人一样把事情做好；（e）我觉得自己值得自豪的地方不多；（f）我对自己持肯定态度；（g）总的来说，我对自己是满意的；（h）我希望我能为自己赢得更多尊重（田录梅，2006）；（i）我确实时常感到自己毫无用处；（j）我时常认为自己一无是处。问项的初始取值为：1（十分同意）、2（同意）、3（不同意）、4（十分不同意）、5（既不同意也不反对）。

---

① 2010—2014 年的调查中，RSES 量表包括 14 个问项，此后的历次调查减少到 10 个问项。为便于比较，本章的分析仅使用历次调查共有的 10 个问项信息。

基于上述 10 个问项对应的变量信息，本研究首先检验了量表的效度和信度。分析结果显示，上述 10 个变量对应的 KMO 值达 0.80，Cronbach's alpha 系数为 0.70，印证了该量表具有良好的测量效度和信度。综合这些变量的信息，本研究构建了反映个体自尊水平的综合指数——自尊指数。指数的构建步骤如下。

首先，对量表中所有问项按照认同程度及表述方向重新赋值，使用 -2—2 的整数测量个体自我认同的方向和程度。具体来说，将上述变量的初始取值统一赋值为：-2（十分不同意）、-1（不同意）、0（既不同意也不反对）、1（同意）、2（十分同意）；其中，原负向表述的问项（包括 c、e、i、j 项）对应的变量采取反向赋值。这样，新的赋值结果中，各单项指标均能较为直观地体现个人的自尊/自我认同倾向和程度。

其次，对上述新赋值后的各单项指标取值计算算术平均值。由此形成取值在 [-2, 2] 的自尊水平综合指数，指数越高，对应的个体的自尊程度越高。

（二）数据与分析样本

在 CFPS 目前已完成的调查中，历年关于自尊量表的调查范围和对象有所不同。具体来说，在 2010 年，调查仅对 10 岁的被访者收集了自尊信息；2012 年自尊量表的有效调查范围扩大到 10 岁、12 岁和 14 岁的被访者；此后，在 2014—2018 年的追踪调查中，针对 10—21 岁被访者中未曾填答相关信息（包括前期未调查以及新进入者）的个体收集了自尊量表信息。

根据上述调查设计和实施情况，在目前已公布的追踪调查结果中，实际提供了有效自尊量表信息的调查样本包括 1993—2008 年出生的被访者。其中，除 2000 年出生的被访者有两次有效调查信息外，绝大多数被访者在追踪调查期间仅有一次有效的自尊量表调查结果。鉴于此，单独使用单个年份的调查结果无法全面呈现青少年自尊水平的总体特征。因此，本研究拟对历次调查结果进行必要的整合，以系统分析当代青少年的自尊特征。

出于信息可比性的考虑，本研究选取被访者在10—15岁自报的自尊量表信息进行分析。由此，本研究的实际分析样本包括1998—2008年出生的被访者。这些被访者的自尊信息是在不同年份的调查中获得的，例如1998年出生的被访者在2012年首次填答自尊信息，时年14岁；1999年出生的被访者在2014年（15岁时）首次填答自尊信息，2000年出生的被访者在2010年（10岁时）首次填答自尊信息。不过，被访者的填答年份/年龄由项目设计外生决定，因而预期不会对研究结论产生实质性影响。根据《中国民生发展报告2013》，基于CFPS 2012年调查的研究结果表明，10—15岁青少年的自尊水平无显著的年龄差异。因而，本研究对分析样本的选取可能带来的偏差预期较小，应当能够较好地反映青少年的自尊水平和主要特征。

（三）青少年自尊水平的整体分布

利用上述自尊水平综合指数，图11-1区分城乡、性别和学龄阶段展示了分析样本中青少年自尊指数的整体分布状况。从各类青少年自尊指数的取值范围来看，在低学龄段（小学学龄），青少年的自尊指数分布的离散程度更高；且不论城乡及性别，小学学龄段青少年自尊指数的最小值明显低于初中学龄段青少年。

从自尊指数取值的平均水平来看，在小学学龄段，青少年自尊水平的人群差异不大，城镇和农村的男女两性被访者自尊指数中位数均为0.80。不过，在初中学龄段，青少年的自尊指数开始呈现人群差异。与城镇地区相比，农村地区青少年的自尊指数中位数更低，其中农村男孩自尊指数的中位数最低。图11-1中各分布参数显示，农村地区男性青少年自尊水平偏低的特征在各统计参数中有明显且一致的体现，其上、下四分位值和最小值在同龄人中均处于最低。这些结果表明，当前中国农村地区男孩的自尊感在同龄人中存在明显的比较劣势，需要引起家庭和社会必要的关注。

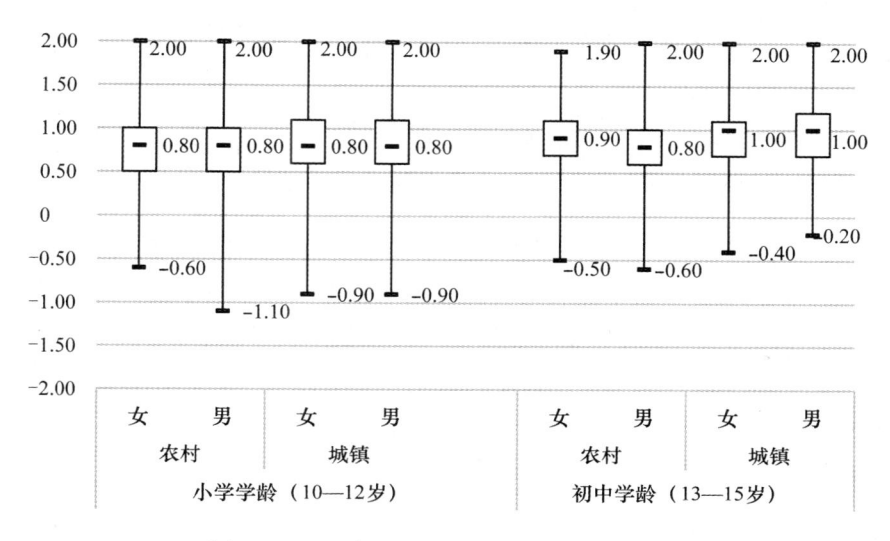

图 11-1　城乡不同学龄段青少年的自尊指数

二　自控量表

自控力是非认知能力的另一重要组成部分，反映个体稳定心理意志和人格特征的能力。关于个体的自控力，心理学界也有不少成熟的量表，比较常见的有罗特编制的内外控制量表（Internal External Control Scale）、诺维茨基—斯特里克兰控制点量表（Nowicki – Strickland Locus of Control Scale for Children，NLCS – C）等，这些量表为个体自控力特征提供了综合、有效的测量手段。

（一）测量与综合指数构建

在 CFPS 中，自控力测量使用的是 NLCS – C 自控量表。该量表的具体测量包括 11 个问项，分别为：（a）我生活的主要目标之一就是让我父母觉得自豪；（b）我追求自己的价值而不是跟从他人；（c）我会付出很大的努力让朋友们喜欢我；（d）我自己决定我的生活目标；（e）我一旦开始去做某件事情，无论如何都必须完成它；（f）某些孩子生来就很幸运；（g）不要花费太多时间去努力，因为事情永远不会证明那是管用的；（h）一旦你做错了事，就几乎无法改正；（i）处理问题的最好方式就是不去想它们；（j）当坏事将要发生时，不论你如何设法阻止，它们也都将要发生；（k）我是相信预先计划会使事情做得更好的那种人。问项的初始选项为：1. 十分同意；2. 同意；3. 不同意；4. 十分不同意；5. 既不同意也不反对。对量表的效度和信度检验结果显示，上述问项对应 Cronbach's alpha 系数略低（为 0.59），不过量表的效度较好（KMO 值为 0.76）。

为了便于对比分析，本研究使用上述量表信息构建了自控力综合指数。具体构建步骤与上文介绍的自尊指数相类似。首先，对量表中负向表述的问项（包括 f、g、h、i、j）反向编码，然后对所有问项统一赋值为 -2—2 的整数，依次对应"十分不同意""不同意""既不同意也不反对""同意"和"十分同意"。其次，将所有问项的赋值结果求平均值，形成取值在 [-2，2] 的综合指数。指数越高，意味着个体的自控力越强。

（二）青少年的自控力分布特征

在 CFPS 目前已完成的调查中，2010 年、2014 年和 2018 年收集了上述自控量表信息，不过，历次调查中相应信息的收集范围不完全相同。具体来说，2010 年的调查中，自控量表的收集范围为 13 岁和 15 岁的被访者；2014 年和 2018 年的调查中，相应调查范围扩大到 10—21 岁被访者中未曾收集过相应信息的子样本。这些信息综合起来，能够反映 10 岁及以上青少年的自控力特征。鉴于多数被访者仅有 1 次有效的自控力调查记录，调查的年龄差异较大，本研究将分析样本限定为历次调查中 10—15 岁且自控量表信息有效的被访者，以减少与（填答时的）年龄相关的异质性。

利用上述自控力综合指数，图 11-2 区分城乡、性别和学龄阶段，展示了分析样本中青少年的自控力指数分布状况。由图 11-2 可见，不同年龄段青少年的自控力指数离散程度不同。与小学学龄段相比，初中学龄段青少年的自控力指数相对离散，其极差更大、自控力最低者（最小值）的指数明显更低。具体来看，在小学学龄段，青少年的自控力指数最小值不低于 -0.64，最大极差为 2.64，对应农村女孩的自控力指数分布。相比之下，在初中学龄段，青少年的自控力指数最小值接近 -2（对应城镇男孩，-1.91），最大极差高达 3.73。

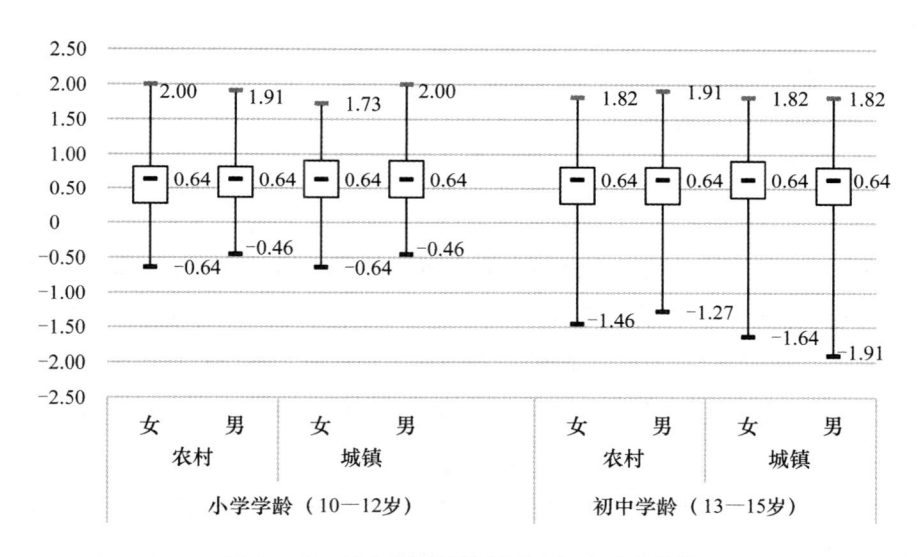

图 11-2 城乡不同学龄段青少年自控力指数

不过，从自控力指数分布的集中水平来看，城乡、不同性别和学龄段青少年的自控力指数中位数水平高度稳定（0.64），高于和低于该水平的青少年各占一半。从上下四分位值的对比情况来看，在小学学龄段，城镇地区男女两性青少年的自控力指数均高于农村青少年，前者的上四分位值（男女均为 0.91）比后者（男女均为 0.82）高 0.09，下四分位值也不低于农村青少年。不过，在初中学龄段，青少年自控力的城乡差异主要表现在女性中，城镇地区女孩的自控力指数的上下四分位值依然高于其他同龄人，男孩的自控力指数上下四分位值则与农村地区无显著差异。

综合上述结果，总体来看，青少年的自控力特征存在人群差异,相应差异突出地体现在自控力指数分布的整体离散程度中。在较高学龄段,青少年出现自控力极低(如指数在0以下)的情况相对更多,最低指数明显降低。当前青少年自控力指数的城乡及性别差异总体较小,不同特征的青少年中位数高度一致;上下四分位值的统计结果显示,城镇地区青少年的自控力指数略高于农村青少年,不过,城镇男孩的相应优势仅在较低学龄段有较为明显的体现。

三 责任感量表

(一)测量与综合指数构建

除上述国际上较为通用的量表外,CFPS也设计和收集了一些自主建构的量表数据,以综合测量不同维度的非认知能力特征。其中,责任感量表是由CFPS设计的非认知能力量表之一,量表从青少年儿童的主要活动和行为特征出发,使用7个问项综合测量其责任感水平。具体而言,量表通过询问青少年对以下表述的认同程度:(a)学习很努力;(b)会在完成家庭作业之后检查数遍,看看是否正确;(c)只在完成家庭作业之后才玩;(d)做事时注意力集中;(e)遵规守纪;(f)一旦开始做某件事情时,无论如何都必须完成它;(g)喜欢把自己的物品摆放整齐。初始选项包括:1. 十分同意;2. 同意;3. 不同意;4. 十分不同意;5. 既不同意也不反对。

在CFPS中,2010—2020年的调查均针对10—15岁青少年本人以及6—15岁青少年的家长分别收集了相应变量信息,这些信息分别从自评和他评的角度为青少年的责任感提供了量化测量。对量表进行初步的效度和信度检验,结果表明,家长填报的量表结果与被访青少年自报的量表结果均具有较高的效度和信度,其KMO值分别为0.87(他评)和0.84(自评),Cronbach's alpha系数分别为0.77(他评)和0.86(自评)。

本研究利用家长及被访青少年个人填答的责任感量表信息，分别构建综合指数"他评责任感"和"自评责任感"。具体步骤如下，首先，对被访者个人或家长填答的责任感量表所有问项进行统一编码。新的编码如下：-2（十分不同意）、-1（不同意）、0（既不同意也不反对）、1（同意）、2（十分同意），以此直观、定距地测量被访青少年符合上述表述的情况及具体程度。其次，对重新编码后的各问项得分计算平均数。由此形成取值在 [-2, 2] 之间的责任感综合指数。指数的取值越大，意味着被访者个人的责任感越强。

（二）青少年责任感分布

利用上述指数，图 11-3 区分城乡、性别和学龄阶段，展示了 2020 年 10—15 岁青少年的他评责任感和自评责任感指数分布情况。图 11-3 显示，分析样本中青少年的责任感指数呈现重要的人群差异；且相应差异对他评责任感与自评责任感并不一致。

从他评责任感来看，首先，在各学龄段，城镇男孩的他评责任感指数离散程度较大，其极差和四分位差均明显超过其他同龄人。其次，在各学龄段，城镇男孩的他评责任感指数的平均水平较低，其中位数和下四分位值在同龄人中均处于最低。综合这些结果可以推断，从家长汇报情况来看，城镇地区男孩责任感指数平均较低、离散程度也更大。

从自评责任感来看，青少年的责任感指数与学龄阶段高度相关。在较高学龄段，自评责任感指数平均较低，其极差更小、取值更为集中。与他评责任感相比，青少年的自评责任感指数分布相对集中，极差较小；其中位数的对比结果显示，对多数青少年而言（农村女孩除外），自评责任感指数平均水平高于家长的评价结果。这些结果反映了亲子两代人关于行为预期和接受程度的差异，由此可能直接影响亲子双方的交流互动及其关系质量。

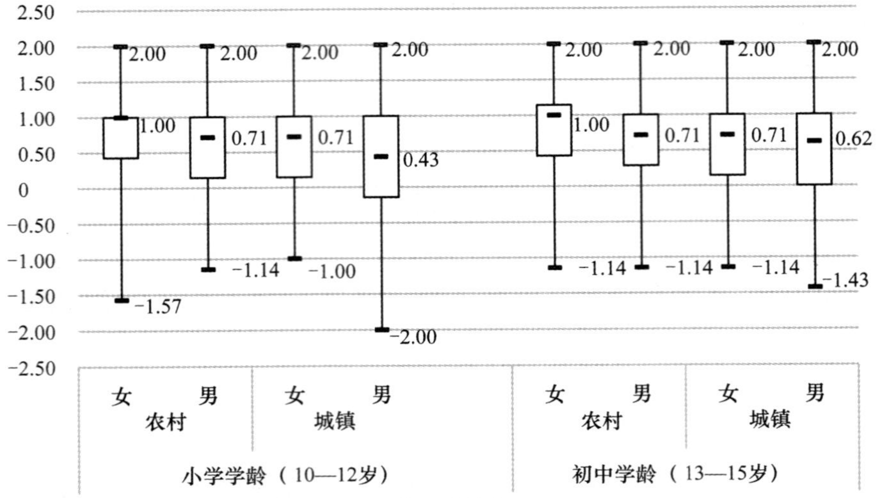

278　当代中国家庭转变对人力资本发展的影响

(a) 他评责任感

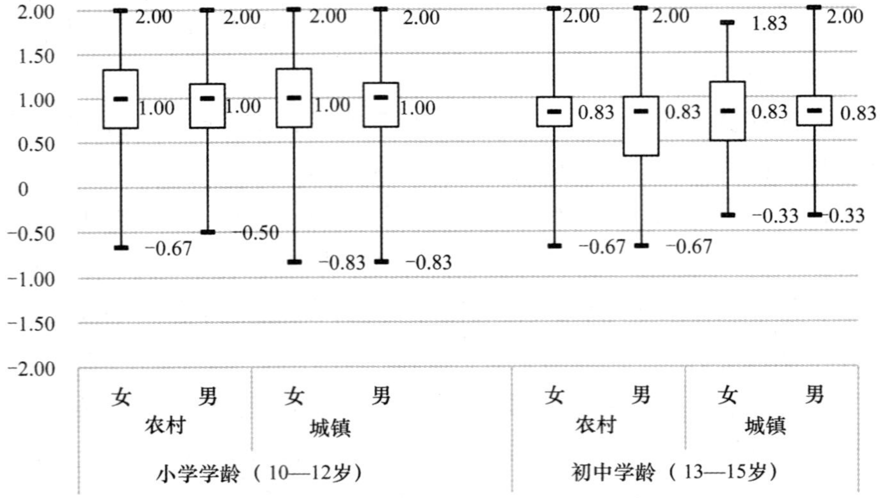

(b) 自评责任感

图 11-3　按城乡、性别和学龄阶段划分的 2020 年被访青少年的责任感指数

四 良好行为量表

(一) 测量与综合指数构建

良好行为量表是CFPS针对青少年儿童设计的另一组测量行为特征的综合量表。该量表共包括12个问项,内容涉及了不同维度的人格特征,如宜人性、严谨性、开放性、情绪稳定性等。具体来说,这些问项通过询问家长被访青少年儿童是否符合以下表述:(a)生性乐观;(b)会在游戏和其他活动中等着轮到自己;(c)做事仔细有条理;(d)好奇且有探索精神,喜欢新的经历;(e)会想好了再做,不冲动;(f)与同龄人相处和睦;(g)在游戏和其他活动中能容忍同龄人的错误;(h)在游戏或其他活动中喜欢帮助他人;(i)通常做那些您告诉他/她去做的事情;(j)能够很容易地克服烦躁;(k)很受其他同龄孩子喜欢;(l)尽量自己独立做事。初始选项为:1.十分同意;2.同意;3.不同意;4.十分不同意;5.既不同意也不反对。

上述量表包含了不同维度的人格特征,不过,为了方便从整体上了解青少年儿童的良好行为特征及其人群差异,本部分在对初始测量进行效度和信度分析的基础上,构建了"良好行为"指数以反映青少年儿童在上述维度的综合差异。量表信息的效度和信度检验结果显示,良好行为量表的具体测量具有较高的效度和信度,其KMO值高达0.91,Cronbach's alpha系数达0.83。"良好行为"指数的构建方式沿用本章前面部分所介绍的其他指数的构建方法,即首先对上述12个问项统一赋值为:-2(十分不同意)、-1(不同意)、0(既不同意也不反对)、1(同意)和2(十分同意);其次,对重新赋值后的结果计算所有问项的平均值。由此形成取值在[-2,2]之间的良好行为综合指数。指数越高,意味着被访青少年儿童的良好行为特征越突出。

(二) 青少年儿童的良好行为表现

与调查设计有关，在已完成的 CFPS 中，仅 2010 年、2012 年和 2014 年收集了上述良好行为量表信息。在各次调查中，相应信息的具体收集范围不同：2010 年和 2012 年的调查中有效收集对象为 3 岁、7 岁、11 岁和 15 岁的被访者，2014 年的调查则针对 3—15 岁被访者中从未填答相应信息（历年缺失或新进入）的样本收集相应量表数据。为了尽可能提高分析样本的容量，本研究综合了三次调查的结果，对年龄在 3—15 岁、能够提供有效信息的被访者进行分析。

图 11-4 按照城乡、性别以及有效调查信息对应的年龄分组，展示了分析样本中青少年儿童的良好行为指数情况。由图 11-4 可见，青少年儿童的良好行为指数在 -1.42—2，离散程度较大，且呈现重要的人群差异。总体来看，低龄儿童的良好行为指数较为分散，极差和四分位差相对较大；在较高学龄段（初中学龄），相应指数较为集中，极差和四分位差均明显较小。

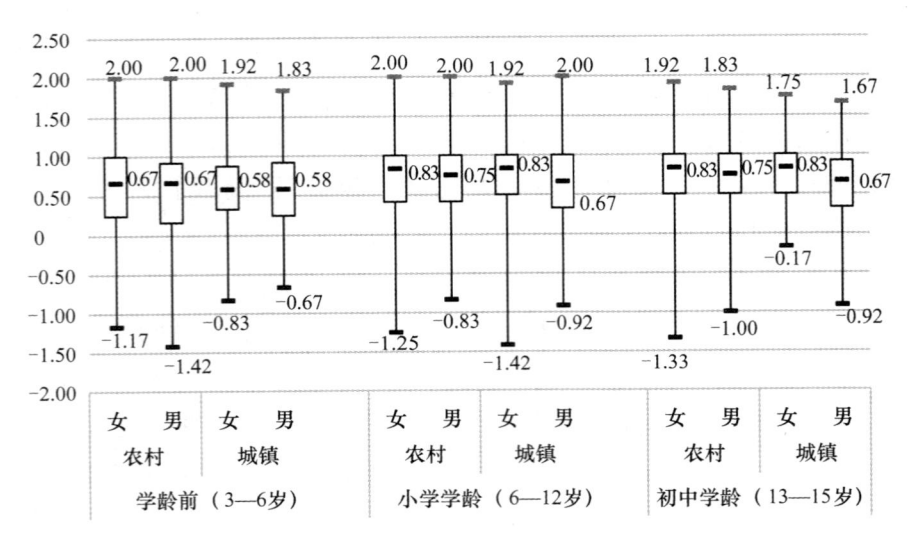

图 11-4 按城乡、性别和学龄段划分的青少年儿童的良好行为指数

具体而言，在农村地区，学龄前男童和女童的良好行为指数极差分别为 3.42 和 3.17，四分位差均为 0.75。与之相比，小学学龄被访者的良好行为指数的四分位差为 0.58，初中学龄段青少年的相应四分位差进一步降为 0.5。在城镇地区，学龄前男孩和女孩良好行为指数的四分位差分别为 0.67 和 0.55；小学学龄段相应四分位差分别为 0.67 和 0.50，到初中学龄段，男女两性青少年良好行为指数的四分位差分别为 0.59 和 0.50。这些差异可能反映了随着年龄增长个体行为特征社会化的过程，受社会价值观的引导，在较高年龄段青少年的行为特征呈现一定的（与社会预期/规范相符的）集中趋势。

从指数的中位数统计结果来看，较高年龄段青少年的良好行为指数高于低龄儿童，农村被访者的相应指数略高于城镇被访者。从学龄前到小学和初中学龄段，农村女孩的良好行为指数中位数由 0.67 上升到 0.83，男孩由 0.67 上升到 0.75；城镇地区女孩的相应中位数由 0.58 上升到 0.83，男孩则由 0.58 上升到 0.67。各学龄段的具体城乡差异显示，在学龄前，农村男孩和女孩的良好行为指数中位数（均为 0.67）比城镇同龄男孩和女孩（均为 0.58）高 0.09。在小学及初中学龄段，农村男孩的良好行为指数依然高于城镇同龄男孩，但对这一年龄段的女孩而言，城乡差异不再明显。

由此可见，在成长过程中，儿童良好行为指数普遍提高。不过，女孩良好行为指数的提高幅度更大，这一过程中城乡差异在较高学龄段逐步消弭；与之相比，男孩的良好行为指数随年龄提高幅度较小，且持续呈现农村高于城镇的差异。这些结果可能反映了男孩和女孩非认知能力发展轨迹的差异，当然，鉴于本研究使用的测量来源于家长的汇报，相应差异并不能排除家长的评价和填答行为的可能差异。这些还需要在后续分析中专门探讨。

第二节　家庭特征与青少年的非认知能力

新人力资本理论强调，幼年及青少年期是人力资本发展的关键时期；这一阶段个人的非认知能力发展较快，家庭投资及社会干预往往更有可能取得预期的效果。考察幼年和青少年期家庭特征对个人非认知能力的影响，对于深入理解非认知能力发展规律和影响机制极为重要。

本节从当代家庭转变的视角出发，选取父母的生育年龄、母亲受教育程度、家庭规模等因素为家庭转变特征的代理变量，考察青少年非认知能力与这些家庭特征的关系。与上一节的指数构建和分析样本界定一致，本节的分析主要针对10—15岁（填答时的年龄）青少年展开，考察其自尊、自控、良好行为等非认知能力特征和差异。

一 父母晚育行为与青少年非认知能力的关系

个人出生时父亲和母亲的年龄是父母晚育行为的直接测量，区分相应生育年龄特征，分析青少年的非认知能力差异，可以为理解家庭转变形势下晚育行为对子代非认知能力的影响提供经验依据。

父母生育年龄也与生育进度，特别是胎次直接相关，因而全面理解家庭转变进程中晚育行为的影响，需要对胎次进度的效应进行合理的控制和分解。鉴于本研究分析样本规模较小，进一步区分不同胎次的生育年龄会导致部分细分组别的样本量过小、结果不稳定；因而，本节对晚育现象的分析暂不考虑胎次差异，仅从整体上展示父母晚育与子女在青少年期非认知能力差异的关系。

（一）母亲生育年龄

图11-5区分城乡及性别，展示了母亲生育年龄不同的青少年在各维度的非认知能力指数均值。从各指数均值的差异来看，青少年的非认知能力与母亲生育年龄相关，但具体的相关方向和强度因城乡、性别，以及具体维度而异。

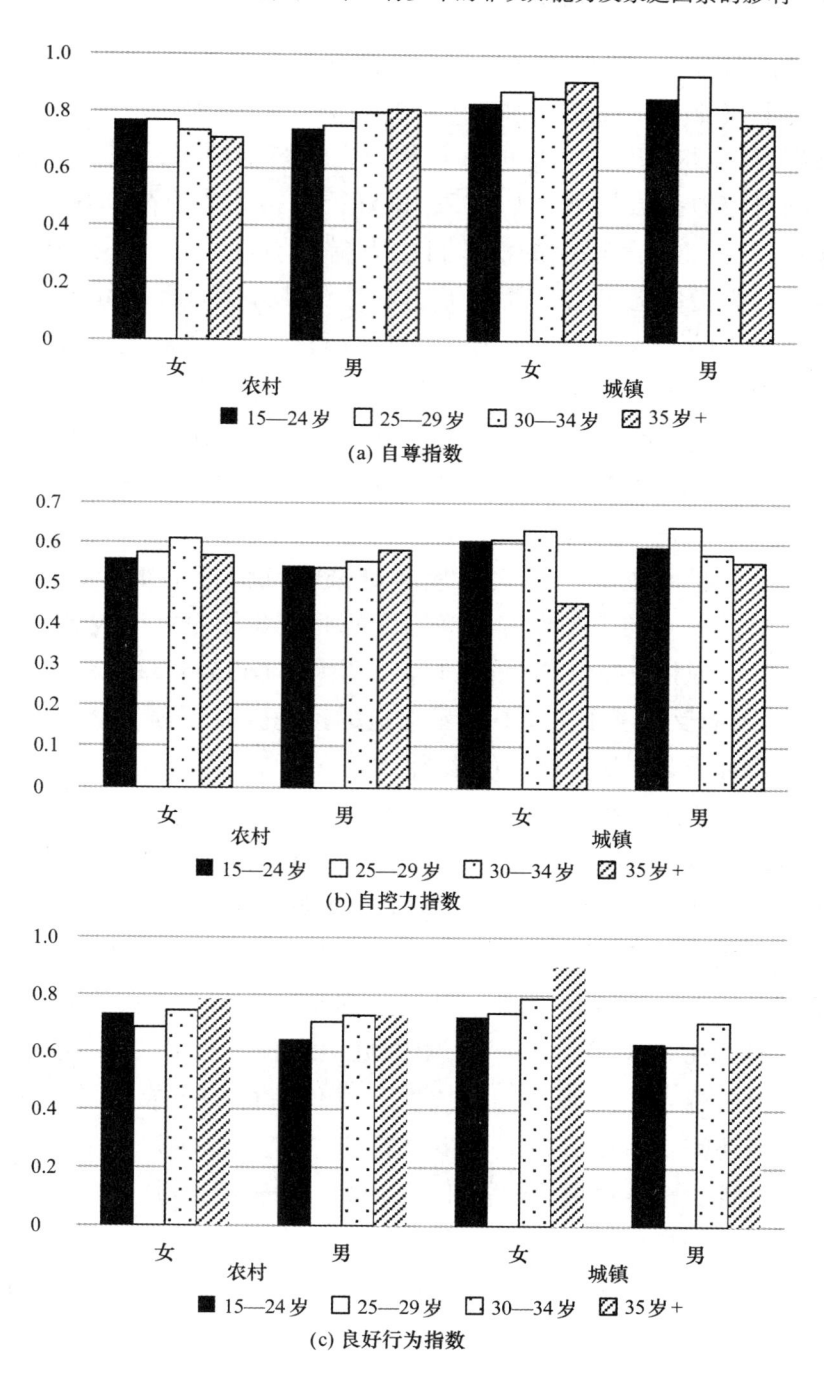

第十一章 青少年的非认知能力及家庭因素的影响 283

(a) 自尊指数

(b) 自控力指数

(c) 良好行为指数

图 11-5 按母亲生育年龄划分的城乡青少年不同非认知能力指数均值

具体来看，在农村地区，母亲生育年龄较晚对应的女孩的自尊指数均值较低，但自控力和良好行为指数均值却并不显著更低。与母亲生育年龄在25—29岁的女孩相比，母亲生育年龄在30—34岁的女孩自控力指数均值高0.035，良好行为指数均值高0.06；母亲生育年龄在35岁及以上的女孩自控力指数均值略低（不到0.01），但良好行为指数均值比前者高0.10。对农村男孩而言，母亲生育年龄较晚对应的个人自尊、自控力和良好行为指数均值均相对更高。与母亲生育年龄在25—29岁的被访者相比，母亲生育年龄在30—34岁的农村男孩自尊、自控力和良好行为指数均值分别高0.05、0.02和0.02；母亲生育年龄在35岁及以上的农村男孩相应指数均值比参照组（母亲生育年龄在25—29岁）男孩分别高0.06、0.04和0.02。由此可见，平均而言，在农村地区母亲晚育情形下青少年的自尊（女性例外）、自控力和良好行为维度的非认知能力总体较高。这与既有研究发现相吻合（Duncan et al., 2018；Trillingsgaard & Sommer, 2018），可能反映了不同生育年龄对应的家庭生命历程、家庭环境变化等因素对子女非认知能力的影响。

在城镇地区，被访青少年各指数均值的对比情况显示，母亲生育年龄较晚时，女孩的自尊和良好行为指数均值明显较高，但自控力指数均值并不稳定更高。与母亲生育年龄在25—29岁的被访者相比，城镇地区母亲生育年龄在30—34岁的女孩自控力指数均值高0.02，但母亲生育年龄在35岁及以上的女孩自控力指数更低，比参照组（母亲生育年龄在25—29岁的城镇女孩）低0.16。这些结果可能与分析样本中未观察的异质性（其他特征的构成差异）有关，具体解释还需要后续分析进一步检验和探讨。值得注意的是，对城镇地区的青少年男性而言，图11-5的结果显示，母亲生育年龄较晚时，男孩的自尊、自控力和良好行为指数均值均明显更低。这与农村地区的分析结果相左，也与既有研究结论不一致。具体的原因需要进一步探讨。

（二）父亲生育年龄

图 11-6 从父亲生育年龄出发，展示了晚育现象与青少年非认知能力的关系。由图 11-6 可见，在农村地区，父亲生育年龄较晚对应的女孩的自尊指数均值更低，自控力和良好行为指数均值略高，但与父亲生育年龄适中的情况相比差异很小。这与图 11-5 展示的母亲生育年龄对应的青少年非认知能力指数均值的差异相一致。从男孩各指数均值的对比情况来看，农村地区父亲生育年龄与男孩非认知能力指数的相关关系较小，父亲生育年龄过低（15—24 岁）对应的男孩的自尊、自控力和良好行为指数均值较低，但相应差异较小，在 0.03—0.04。相比之下，父亲晚育对应的男孩的自尊、自控力指数均值略低，但相应差异更小，在 0.01—0.02。与图 11-5 的结果相类似，父亲晚育对应的农村男孩的良好行为指数均值较高，与父亲生育年龄在 25—29 岁的被访者相比，父亲生育年龄在 30—34 岁的农村男孩良好行为指数均值高 0.04；父亲 35 岁及以后生育的男孩良好行为指数均值与参照组相近（比后者高 0.005）。这也与既有研究发现的晚育对儿童外显行为平均更好的结论相吻合（Duncan et al., 2018；Trillingsgaard & Sommer, 2018）。

在城镇地区，父亲生育年龄较晚情况下，女孩的自尊指数均值更高，比父亲生育年龄适中（25—29 岁）的情况高 0.02—0.04。不论男女，父亲生育年龄较高时，青少年的良好行为指数均值也显著更高。其中，相对于父亲年龄适中（25—29 岁）的情况，父亲晚育对应的女孩良好行为指数均值高出 0.03—0.12，男孩相应差距在 0.07—0.15。此外，除父亲生育年龄极晚（35 岁及以上）的情况外，青少年自控力指数均值、男孩自尊指数均值也随父亲生育年龄的上升而提高。换言之，除极端晚育的情况外，城镇地区父亲生育年龄推迟与子女非认知能力呈一定的正相关关系；父亲早育则不利于子女的自尊、自控力和良好行为特征等非认知能力的形成。

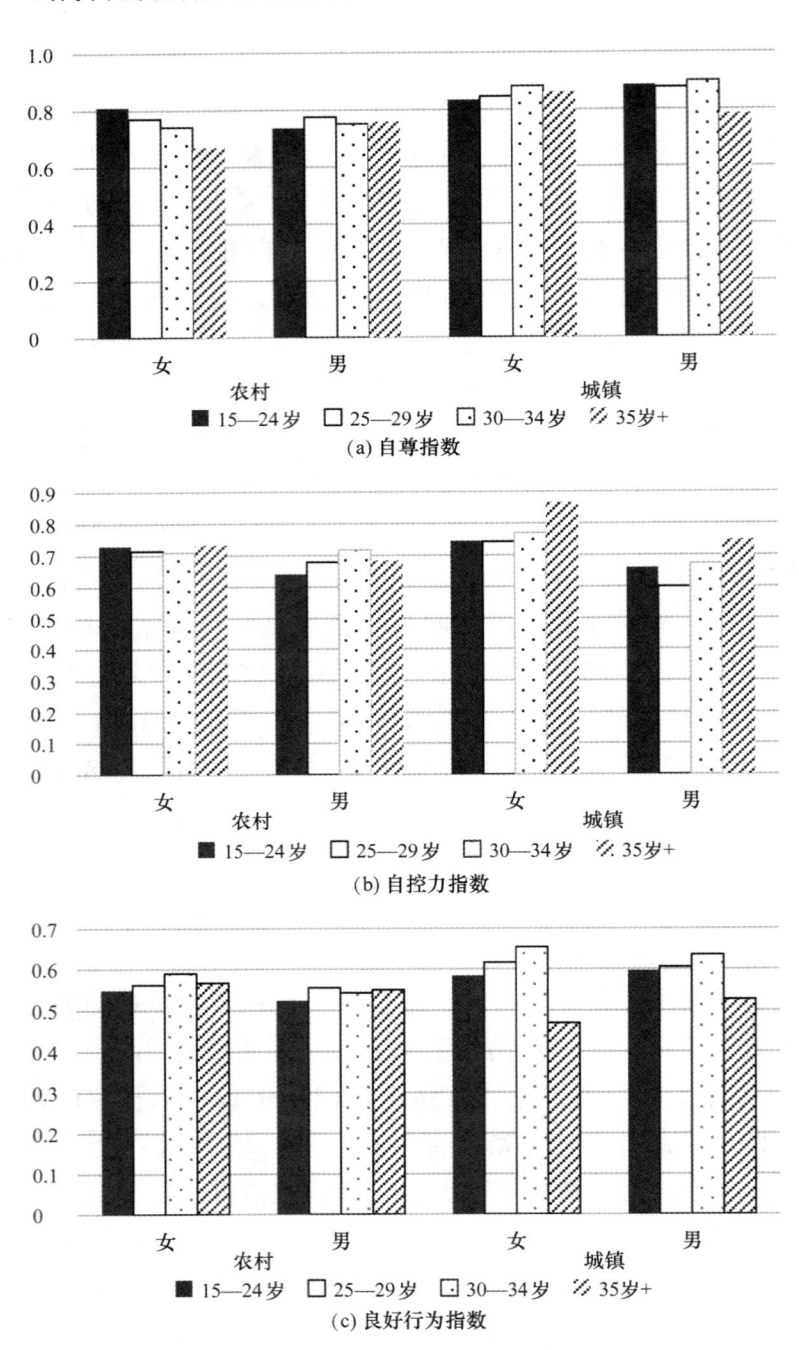

图 11-6 按父亲生育年龄划分的城乡青少年不同非认知能力指数均值

二 母亲受教育程度与青少年非认知能力的关系

女性受教育程度的提高是当代家庭转变的重要推动力，也是影响家庭社会经济特征和价值观念的重要因素。因此，考察母亲受教育程度与青少年非认知能力的关系，不仅具有理论重要性，而且是切实可行和有效的方式。图 11-7 区分城乡和性别，展示了母亲受教育程度不同的青少年自尊、自控力和良好行为指数对比情况。

首先，母亲受教育程度与青少年自尊程度正向相关。不论城乡，母亲受教育程度越高，男女两性青少年的自尊指数均值越高。与母亲低学历（初中及以下）的被访者相比，农村地区母亲中等学历（高中）和高学历（大专及以上）的女孩自尊指数均值依次高 0.11 和 0.25；母亲高学历的男孩自尊指数均值比母亲低学历的被访者高 0.04。在城镇地区，与母亲低学历的青少年相比，母亲中等学历和高学历的女孩自尊指数均值依次高 0.11 和 0.15，男孩的相应差距依次为 0.12 和 0.28。

其次，母亲受教育程度较高时，青少年自控力指数均值相对较高；不过，相应关系的具体表现在城乡之间有所差异。在农村地区，母亲中等学历对应的青少年自控力指数均值最高。相比之下，母亲高学历的情况对应的男女两性青少年的自控力指数均值较低；其中，对男孩而言，母亲高学历对应的个人自控力指数均值明显较低，甚至低于母亲低学历的被访者。这可能部分反映了农村地区高学历的成年女性较少，由此导致相应类别的样本规模过小、结果受随机波动影响而不稳定。除此之外，农村地区母亲高学历的家庭和人群可能在社会经济特征等方面具有一定的选择性，由此也可能对未成年子女的自控力产生不同的影响。不过，在城镇地区，母亲受教育程度越高，青少年的自控力指数均值越高。这可能从一个侧面反映了母亲在未成年子女自控力培育过程中的突出作用，也可能反映了与

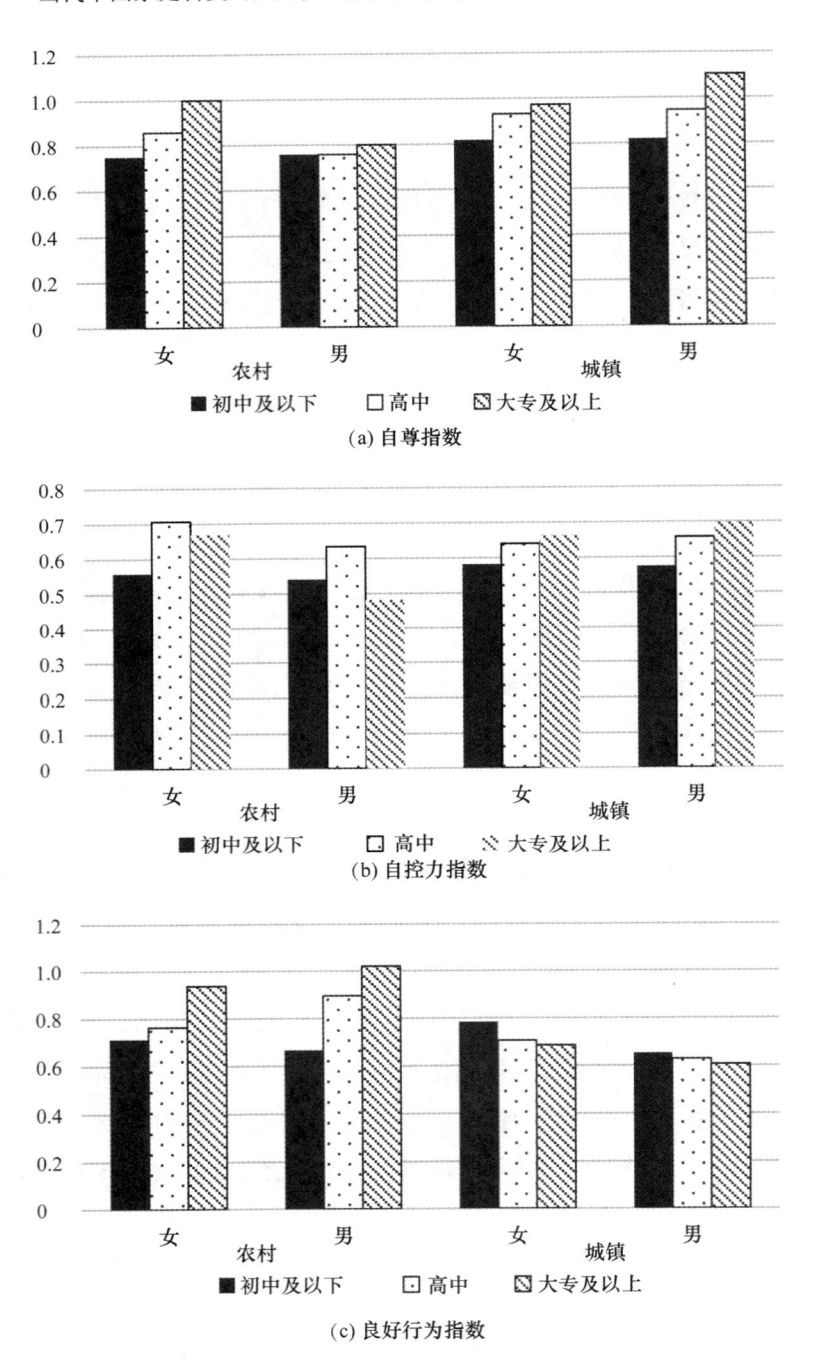

图 11-7 按母亲受教育程度划分的城乡青少年不同非认知能力指数均值

母亲学历相关的家庭社会经济地位、资源和环境因素对未成年子女非认知能力的效应。关于相应效应及其作用机制的进一步分解和检验，将留待后续分析中展开。

最后，母亲受教育程度与青少年的良好行为指数存在重要的相关关系，但相应关系的方向城乡有别。图 11－7（c）显示，在农村地区，母亲受教育程度越高，青少年的良好行为指数均值更高，且相应关系对男女两性青少年均相当显著。与之相对，在城镇地区，母亲受教育程度越高，青少年的良好行为指数均值却更低。这与一般预期相反，也与自尊、自控力指数中体现的差异模式相左，具体原因还需要后续进一步探讨分析。不过，一种可能的解释是，相应差异可能反映了城镇地区母亲高学历的家庭对子女行为规范和预期较高，由此导致这些家庭中家长对青少年的行为表现评分偏低。

在 CFPS 中，良好行为量表信息由家长填答，这与自尊、自控量表由被访青少年个人填答的信息收集模式不同。这样，与低学历家长相比，城镇地区高学历家长可能因预期较高而导致汇报结果系统性偏低，由此造成母亲受教育程度与青少年良好行为指数负相关的统计假象。这一解释的可能性与合理性还需要进一步验证；不过，现阶段城镇高学历家长对子女教育期望普遍较高（参见第七章）、亲子激烈争吵较为多发（参见第八章）的现状为之提供了部分支持。

三　家庭规模与青少年非认知能力的关系

家庭规模小型化是当代家庭转变的重要表现之一。家庭规模的大小，通过影响家庭资源、环境氛围以及亲子互动等特征，可能对未成年人的非认知能力发育产生作用。本研究使用上文介绍的分析样本和非认知能力指数信息，考察城乡家庭规模与青少年自尊、自控力、良好行为等特征的关系，分析结果如图 11－8 所示。

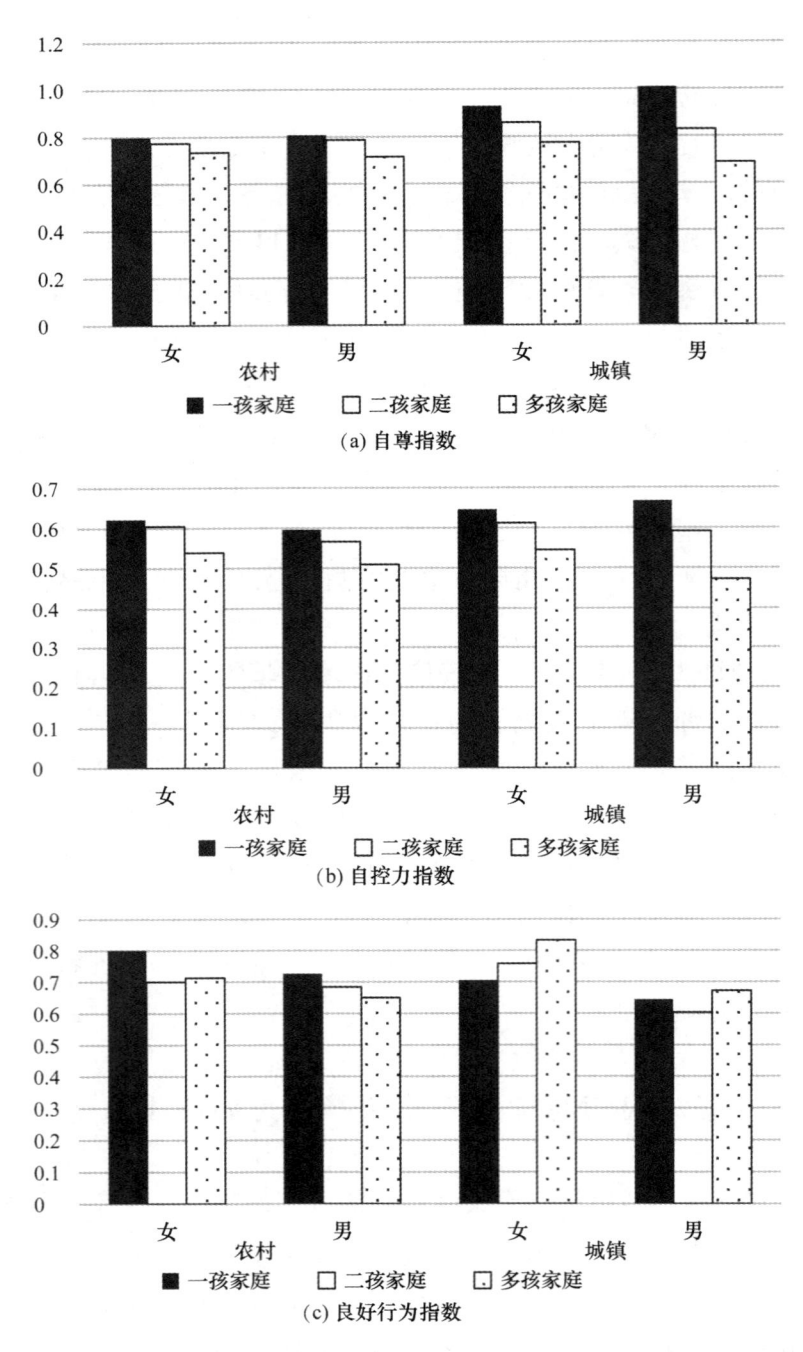

290　当代中国家庭转变对人力资本发展的影响

(a) 自尊指数

(b) 自控力指数

(c) 良好行为指数

图 11-8　按家庭规模划分的城乡青少年不同非认知能力指数均值

总体而言，家庭规模越大，青少年的自尊、自控力指数均值明显更低。在农村地区，与一孩家庭相比，二孩、多孩家庭中女孩的自尊指数均值分别低 0.03 和 0.06，男孩的自尊指数平均低 0.02 和 0.09。类似地，在城镇地区，二孩、多孩家庭中男女两性青少年的自尊程度也显著更低。其中，与一孩家庭的情况相比，城镇地区二孩家庭中男孩与女孩的自尊指数均值分别低 0.18 和 0.07；多孩家庭中男女两性青少年的自尊指数均值分别低 0.32 和 0.16。

自控力指数均值的对比结果同样显示，一孩家庭中青少年的自控力平均最高；随着家庭规模的增大，青少年的自控力水平平均下降。这一结果对城乡、男女两性被访者均成立，且保持稳健。具体而言，分析结果显示，在农村地区，多孩家庭中青少年的自控力指数均值比一孩家庭中的青少年低 0.08—0.09，城镇地区多孩家庭中青少年自控力指数均值比一孩家庭低 0.10—0.20。

从良好行为指数均值的对比情况来看，家庭规模与青少年良好行为指数均值的关系呈现重要的城乡差异。在农村地区，不论男女，一孩家庭中青少年的良好行为指数均值最高；随着家庭规模的扩大，青少年的良好行为指数均值呈现不同程度的下降。不过，在城镇地区，分析样本显示，多孩家庭中青少年的良好行为指数均值最高。这可能与城镇地区多孩家庭中家长预期及汇报行为的差异有关，也可能反映现阶段不同规模的城镇家庭之间未观测的异质性，由此基于简单相关分析的结果不能排除统计假象的可能性。

第三节 青少年的自评及他评责任感与家庭特征的关系

在 CFPS 中，针对青少年的责任感收集了他评（家长填答）和自评（青少年填答）两组不同的测量。这些信息为对比家长和青少年在评价行为和填答倾向上的可能差异提供了契机，有助于更为全面、客观地理解家庭特征对青少年责任感的影响。本节区分自评和他评责任感指数，分别检验家庭特征与相应指数的关系。

CFPS 目前已完成的历次调查均收集了责任感信息，其中，青少年的自评责任感信息对 10 岁及以上被访者有效，他评责任感信息则对 15 岁及以下被访者有效。综合二者的有效调查范围，本节将分析样本限定为历次调查中 10—15 岁的被访者。为简化起见，本节主要以首末两次（2010 年和 2020 年）调查为例，展示青少年的责任感指数对比情况及其与家庭特征的关系。

一 父母晚育与青少年责任感的关系

父母生育年龄的早晚，通过影响子女出生时的家庭环境以及家庭教养行为和方式，可能对其责任感的形成和发展产生作用。

（一）母亲生育年龄

利用本章第一节构建的责任感指数，图 11-9（a）和图 11-9（b）分别展示了分析样本中母亲生育年龄不同的青少年他评责任感及自评责任感指数均值。

首先，母亲生育年龄与青少年的责任感指数存在重要相关关系，不过相应关系因城乡而异。在城镇地区，母亲生育年龄较晚的情形下，青少年的自评及他评责任感指数均值相对较高。这可能反映了母亲生育年龄较晚的被访者在出生时家庭在养育方面的准备（包括知识、信息及其他资源等）往往更为充分，家庭关系也相对更为稳定；这些因素有助于培养子女形成良好的责任感。不过，与城镇地区相比，农村地区母亲晚育对应的青少年责任感指数均值并不总是更高。例如，2010 年调查时母亲生育年龄在 35 岁及以上的被访者中，女孩的他评责任感指数均值明显低于其他同龄女孩，男孩的自

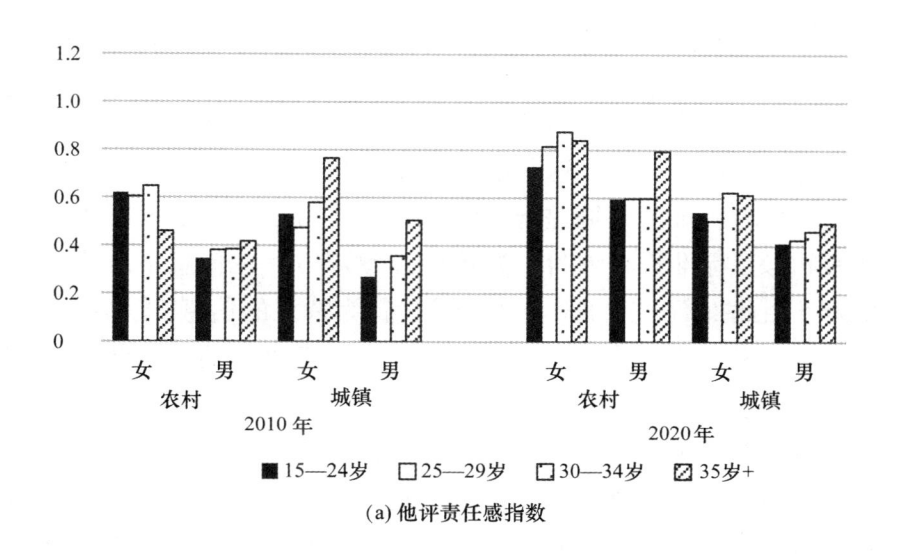

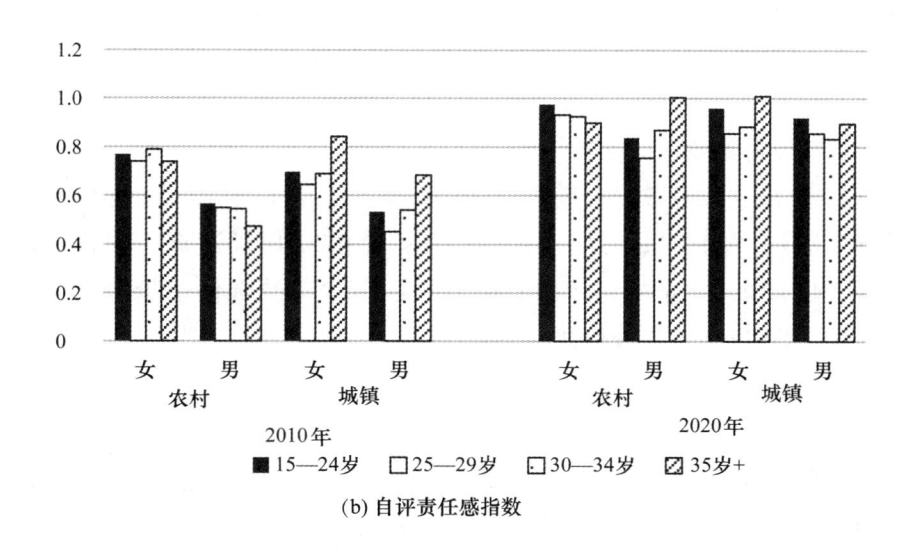

第十一章　青少年的非认知能力及家庭因素的影响　　293

(a) 他评责任感指数

(b) 自评责任感指数

图 11-9　母亲生育年龄不同的青少年责任感指数均值

评责任感指数均值也明显较低。这些结果可能与城乡家庭转变进程不同以及与之相关的晚育现象的异质性有关：在农村地区，由于家庭转变相对迟缓，母亲生育年龄较晚更有可能对应高孩次的生育；而这些排行靠后的孩子受年长同胞和家长的保护，其责任感塑造往往相对淡薄，存在一定的懈怠效应。

其次，对本研究考察的各类青少年，自评责任感指数均值均明显高于他评责任感指数。这可能反映了家长与青少年个人关于责任感及相关行为表现的预期差异。除此之外，由于亲子双方基于各自的观察和参照标准进行评价，这可能导致双方存在信息不对称或认知偏差。由此推断，亲子双方关于子代行为特征的信息、认知偏差，可能影响亲子交流互动，并对家庭环境以及青少年的成长产生不可忽视的影响。

最后，青少年的自评和他评责任感指数均值均呈现重要的性别差异。总的来看，男孩的责任感指数均值低于女孩。不过，相应性别差异因评价主体（填答者）而不同。在家长填答的他评责任感指数中，性别差异持续存在且相当突出；但青少年的自评责任感指数则显示，在最新的调查中，相应性别差异明显下降。

（二）父亲生育年龄

与图11-9相对照，图11-10展示了父亲生育年龄与青少年责任感指数均值的关系。从他评责任感来看（2010年调查时农村地区被访者除外），父亲生育年龄较晚对应的青少年的责任感指数均值较高。这与图11-9的分析结果相吻合。

与他评责任感的结果相比，青少年自评责任感与父亲生育年龄的关系模式并不一致。2010年调查时，父亲晚育对应的农村男孩的自评责任感指数明显更低，城镇女孩的自评责任感指数也相对较低；2020年的调查结果与之相反，父亲晚育对应的农村女孩的自评责任感指数相对较低，城镇男孩的自评责任感指数也明显更低。这些结果的可能原因还需要结合其他家庭特征、家长教养方式等因素进一步探讨，具体分析将留待后续研究进一步展开。

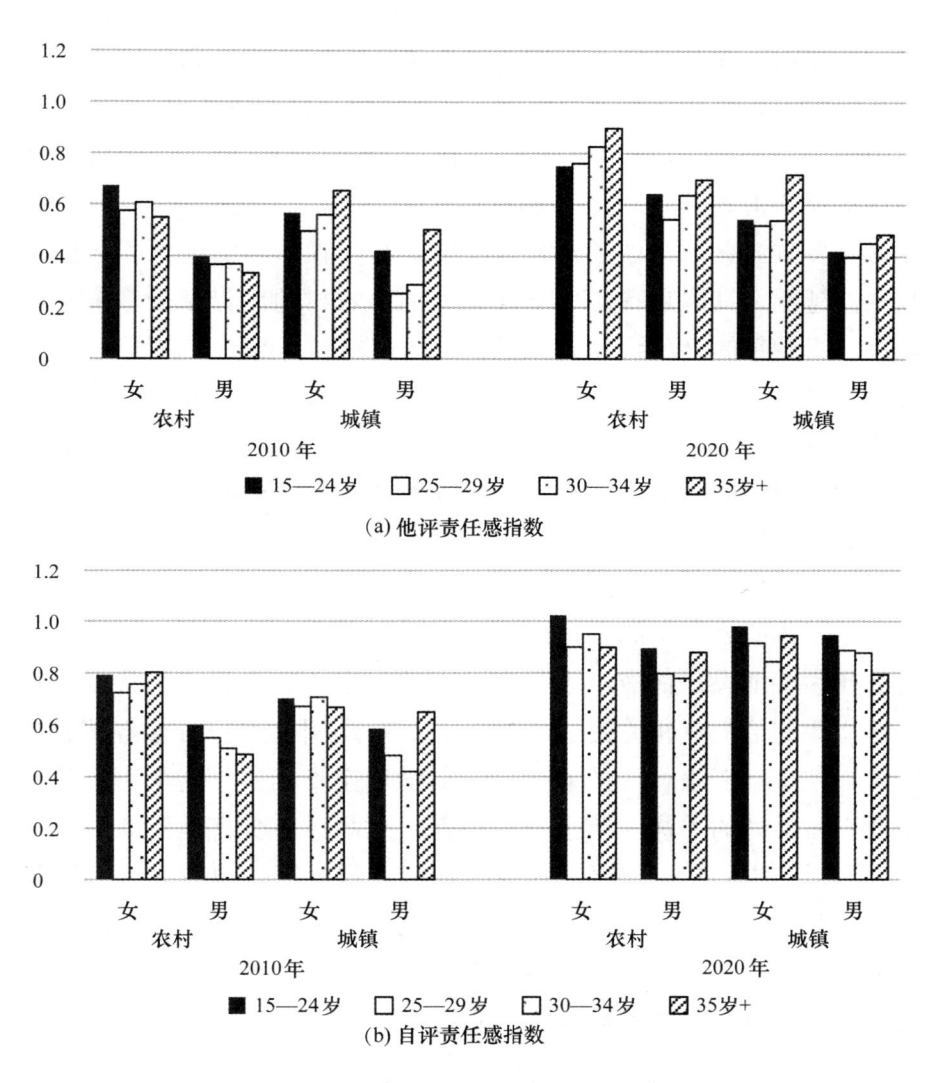

第十一章　青少年的非认知能力及家庭因素的影响　295

(a) 他评责任感指数

(b) 自评责任感指数

图 11-10　父亲生育年龄不同的青少年责任感指数均值

二　母亲受教育程度与青少年责任感的关系

母亲受教育程度的高低，对子女的成长和人力资本积累有着极为重要的影响。使用 CFPS 数据中 10—15 岁青少年的调查样本，本研究分析发现，青少年的责任感强度与母亲受教育程度显著相关，但相应关系并非呈稳定的正向相关关系。换言之，母亲受教育程度较高，并不必然意味着青少年更有可能形成较强的责任感。

图11-11展示了2010年和2020年调查时母亲受教育程度与青少年责任感指数的关系。就他评责任感（即家长填答的责任感信息）而言，多数情况下，母亲受教育程度越高，青少年的他评责任感指数均值越低。具体来看，2010年调查时，农村地区母亲受教育程度越高，青少年的（他评）责任感指数均值越高；不过，在城镇地区，母亲受教育程度与青少年责任感指数均值的关系恰恰相反：母亲受教育程度越高，城镇青少年的他评责任感指数均值明显越低。2020年的调查结果同样显示，母亲受教育程度与青少年的（他评）责任感指数均值负向相关。不论城乡，母亲受教育程度越高，青少年的责任感指数均值明显更低。

鉴于本研究使用的责任感量表主要针对青少年的学习活动中体现的行为特征设计而成，本研究发现的母亲受教育程度与青少年责任感指数均值的负相关关系可能部分反映了不同学历/社会经济特征的家长期望和汇报行为的差异。与低学历家长相比，高学历家长对子女学习活动的关注、要求及期望普遍更高，不少高学历家长在子女教育活动中的参与程度（如检查和辅导作业等）也较高（可参见第七章和第八章）。由此推断，高学历家长可能倾向于低估子女在学习活动中表现的责任感。这些现象与近年来中产阶级教育焦虑等社会问题相呼应，需要引起足够的重视。

从自评责任感来看，图11-11（b）显示，2010年调查时，母亲受教育程度与青少年责任感指数均值的相关关系与图11-11（a）的结果相类似，即在农村地区，母亲受教育程度与青少年的自评责任感指数均值正向相关，但城镇地区则相反。在2020年调查时，母亲受教育程度在大专及以上的农村青少年，自评责任感指数均值仍然较高，显著超过母亲中等学历和低学历的青少年。不过，在城镇地区，母亲高学历对应的女孩自评责任感指数均值

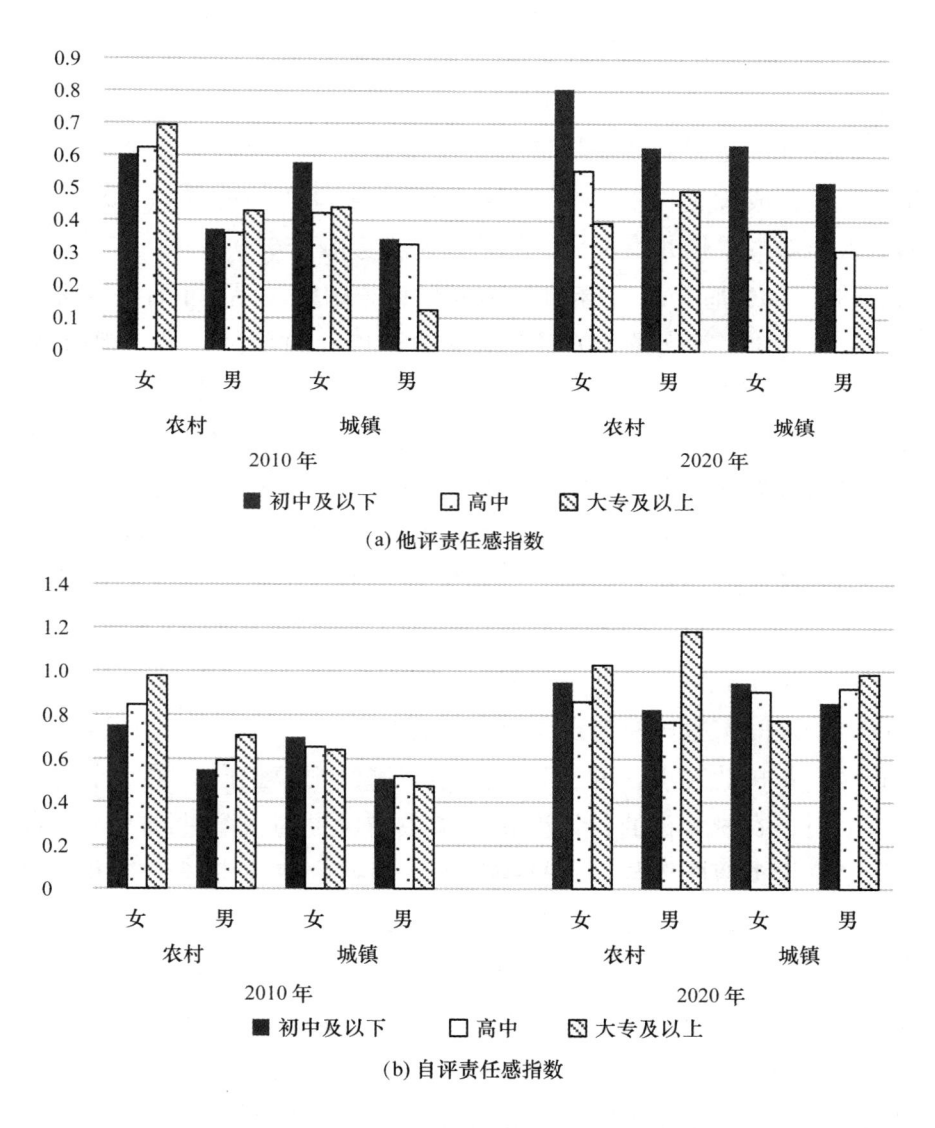

第十一章　青少年的非认知能力及家庭因素的影响　297

(a) 他评责任感指数

(b) 自评责任感指数

图 11-11　母亲受教育程度不同的青少年责任感指数均值

更低，男孩的自评责任感指数均值则更高。这些结果可能部分反映了母亲学历不同的家庭中家长对子女教育活动预期以及亲子互动特征的复杂差异。

三 家庭规模与青少年责任感的关系

家庭规模是家庭环境特征的重要指示变量。家庭规模不同，意味着子女在成长过程中同胞陪伴、分享及互动等体验的差异，这些因素可能对青少年儿童责任感的培养产生影响。

图 11-12 基于 2010 年和 2020 年的调查结果，展示了青少年责任感指数均值与家庭规模的关系。由图 11-12（a）可见，除个别情况（如 2010 年调查时农村女孩）外，家庭规模较大时，青少年的他评责任感指数均值更高。例如，2020 年调查时，农村地区二孩和多孩家庭中女孩的他评责任感指数均值分别比一孩家庭中的女孩高 0.15 和 0.17，男孩的相应差距分别为 0.08 和 0.05。类似地，在城镇地区，与一孩家庭相比，二孩和多孩家庭中的女孩他评责任感指数均值高 0.12 和 0.18；男孩的相应差距更大，分别为 0.16 和 0.40。

从青少年的自评责任感指数均值来看，图 11-12（b）所示的两次调查之间家庭规模与青少年责任感的关系并不稳定。在 2010 年调查时，农村地区女孩的自评责任感与家庭规模正向相关，家庭规模较大时，农村女孩的自评责任感指数均值更高；不过同一时期农村男孩并无类似的差异。在城镇地区，男孩的自评责任感与家庭规模负向相关。2020 年的调查结果则显示，除城镇男孩外，不论城乡，家庭规模越大，青少年的自评责任感指数均值越低。由于家庭规模仅仅是家庭特征的一个方面，在未控制与青少年成长、非认知能力发育相关的其他重要家庭特征的情况下，很难分解家庭规模的净效应。由此也不难理解上述研究发现的差异和变化。

综合图 11-12 中他评责任感与自评责任感的分析结果，从他评责任感来看，青少年责任感与家庭规模呈现一定的正相关关系；但自评责任感与家庭规模的关系则更多地表现为负向相关。可能的原因是，与独生子女家庭相比，家庭规模较大时，家长对单个孩子的关注、要求和预期可能相对降低，由此可能提高家长对孩子的主观

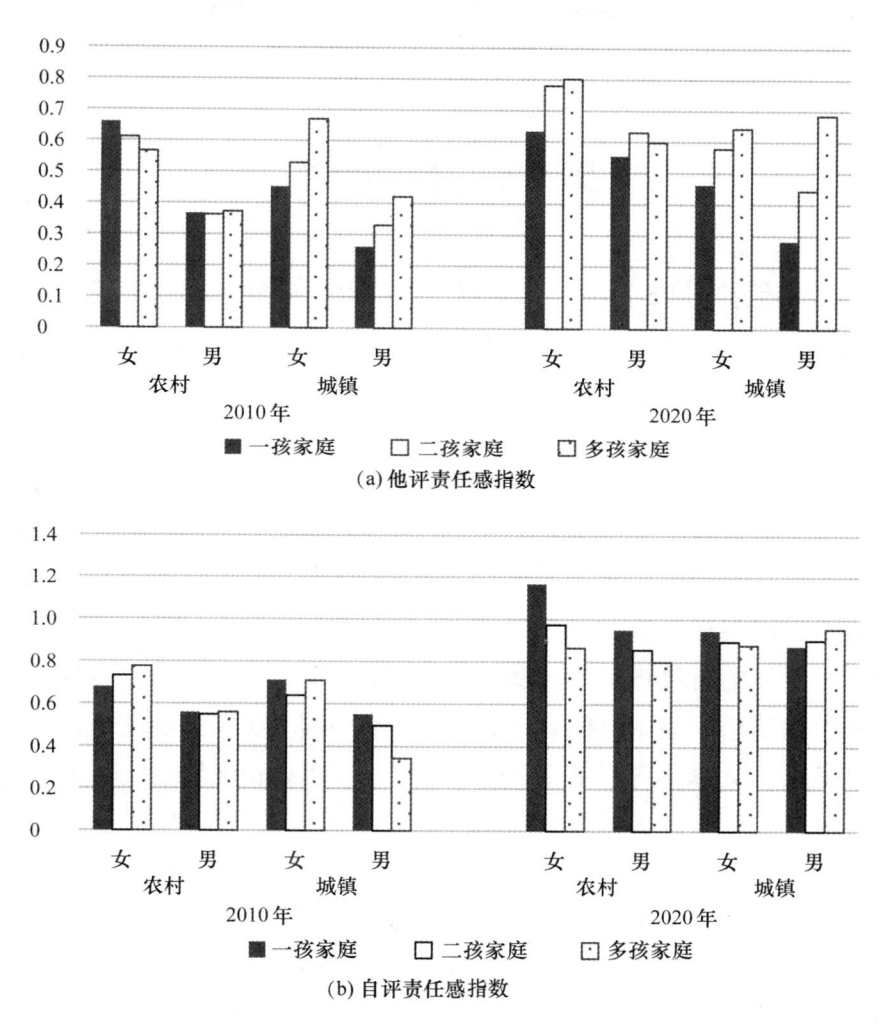

图 11-12 按家庭规模划分的被访青少年责任感指数均值

评价（他评责任感指数）；但这些家庭中，青少年的自评责任感指数相对较低。这些结果意味着，不同规模的家庭中亲子两代人关于子代责任感（及相关行为特征）的认识与评价可能存在不同性质、不同程度的偏差。这可能进一步影响家庭氛围和代际互动，对家庭关系质量以及青少年的成长产生不同的作用。鉴于此，了解不同类型家庭中亲子两代人在观念、认知与态度等方面的对比关系，对于促进和谐家庭建设和青少年健康成长具有重要意义。

第四节 本章小结

本章利用 CFPS 数据，从自尊、自控力、良好行为和责任感等维度出发，分析了当代青少年的非认知能力特征及其在不同特征的家庭之间的差异。主要研究结论如下。

首先，现阶段中国青少年的非认知能力呈现明显的城乡与性别差异。概括而言，与城镇地区相比，农村地区青少年的自尊指数均值更低，但良好行为指数均值更高，自控力指数均值则无显著的城乡差异。从性别差异来看，农村地区男孩的自尊水平显著低于其他同龄人，城镇地区男孩的他评责任感指数均值最低。不同学龄段之间，青少年的自尊指数均值和良好行为指数均值随学龄而相应提高，且指数取值趋于集中；但自控力指数均值则随学龄而不断分化。

其次，父母生育年龄不同，青少年的非认知能力也呈现重要差异。不过，相应差异的模式在城乡、不同性别和不同学龄段的青少年之间并不完全一致。概括而言，对农村地区青少年而言，母亲晚育的情形下，女孩的自尊指数均值显著更低，男女两性青少年的（自评及他评）责任感指数均值也显著更低；不过，农村男孩的自尊、自控力和良好行为指数均值均更高。在城镇地区，母亲晚育情形下男孩的自尊、自控力和良好行为指数均值显著更低，但女孩的自尊和良好行为指数均值更高，男女两性青少年的（自评及他评）责任感指数均值也明显更高。与之相比，父亲晚育对青少年非认知能力的影响仅在农村地区显著，相应农村女孩的自尊指数均值更低、男孩的良好行为指数均值则显著更高；其他维度的非认知能力差异不大。不过，父亲过早生育对子女的自尊、自控力和良好行为特征具有一致且明显的不利影响。

再次，母亲受教育程度与青少年非认知能力也存在重要关系，不过相应关系在非认知能力的不同维度表现有所不同。总体来看，母亲受教育程度与青少年的自尊水平、自控力呈正向相关关系；对良好行为特征而言，在农村地区母亲受教育程度与之正向相关，但城镇地区则相反。在多数情况下，青少年的他评责任感与母亲受教育程度负向相关，城镇地区青少年的自评责任感也与母亲受教育程度负向相关。

最后，家庭规模越大，青少年的自尊、自控力水平越低；在农村地区，家庭规模也与青少年的良好行为呈类似的负相关关系。不过，城镇地区的结果似乎有所不同，这可能与良好行为量表由家长填答有关。不同规模的家庭中家长对子女的预期存在差异，由此可能导致填答结果中包含了家长评价行为的异质性。不同规模的家庭中青少年的责任感指数均值差异显示，家庭规模越大，青少年的他评责任感指数越高；但自评责任感指数与家庭规模的关系则更多地表现为负相关关系。

第十二章

未成年人的健康资本及其影响机制

前文的分析结果表明,当前中国青少年儿童的健康禀赋和发展状况存在重要的个体及人群差异,这些差异与家庭特征有着密切的联系。为系统检验青少年儿童的健康资本差异及其影响机制,本章综合考虑个体特征、家庭因素、学业环境和当地的社会经济发展状况,构建多层统计模型进行分析。在此基础上,重点探讨当代家庭转变特征对儿童和青少年健康资本积累的作用。结合健康资本的内涵及其在调查中的实际测量情况,本章主要从身高发育状况、超重或肥胖风险、心理健康特征和自评一般健康四个指标出发进行统计分析,反映当代未成年人体格发育状况、心理及自评一般健康等不同维度的健康资本特征与影响机制。

本研究使用的数据主要来源于 CFPS 2010—2020 年的追踪调查,分析对象限定为 1995 年及以后出生的被访者,也即调查基期 15 岁及以下被访者及此后追踪调查中新增的少儿被访者。这一样本设定是基于以下两个方面的考虑:第一,数据信息的可得性和可比性。CFPS 中 15 岁及以下被访者使用少儿问卷收集信息,该问卷涵盖的内容及具体收集方法与 16 岁及以上被访者适用的成人问卷有所不同;因而,单独考察 15 岁及以下被访者有助于统一测量、减小调查设计和实施带来的异质性影响。第二,这些被访者出生在后人口转变时期,代表了当前最年轻的人群;考察其健康资本积累状况和家庭因素的影响,能够为理解当代家庭转变对未成年人健康资本积累的影响提供直接依据。

按照本研究考察的健康维度和主要测量指标，本章的内容具体安排如下：第一节介绍本章的研究设计，主要结合现有的理论和经验成果建构本研究的分析框架，并对分析数据的特征、主要变量信息和模型方法做整体介绍。第二节到第四节依次对分析样本中未成年人的体格健康、心理健康和自评一般健康进行考察，介绍模型拟合结果和主要研究发现。第五节为本章小结，针对本章考察的健康资本的各维度的研究发现进行总结。

第一节 健康资本影响机制的研究设计

一 研究框架

生物学研究和新人力资本理论表明，个人的健康特征及其发展轨迹是由先天和后天因素共同决定的。其中，先天因素既包括遗传性物质（如基因等），也包括与社会、行为性因素相关的胎儿期发育状况的异质性。遗传性因素的影响作为遗传生物学的研究范畴，在社会科学研究和数据中主要表现为血亲成员之间健康特征的相关性或共脆弱性；先天社会及行为性因素的影响包括母亲在孕期的风险性行为——如抽烟、饮酒或使用特定药物可能导致的新生儿缺陷等，以及与社会规范、竞争压力等相关的父母生育年龄的早晚，这些因素可能改变孕期母体的激素水平、来自父母的遗传物质质量，进而对胎儿发育状况和后天健康发展轨迹产生影响。

与先天性因素相比，后天的影响因素包括个体成长环境、健康资源与利用状况、健康行为等。具体来说，对未成年人来说，家庭对其健康资本的积累和发展轨迹起着最为突出的作用。家庭资源的多寡及其分配状况直接影响未成年人对健康资源的获取和利用，家庭环境、父母特征等因素不仅形塑未成年人的健康意识和行为，而且在很大程度上决定未成年人健康风险与防护（/屏障）的个体差异。

与家庭因素的直接影响相比，居住地的资源和环境特征对当地居民的健康资本积累具有普遍性效应。一个地区的社会资源、福利和支持体系的发展状况，影响其居民的整体福祉水平，由此可能产生普惠性健康效应。由于社会经济发展具有客观不平衡性，各地区的资源和环境特征迥异，这些因素可能导致不同地区社会成员的健康资本呈现系统性差异。

除上述家庭和居住地社会环境因素外，与个人工作、学习等活动相关的社会子系统也是其资源和环境差异的重要来源，对健康资本发展具有不可忽视的影响。就本研究关注的未成年人而言，学校及教育环境对学龄儿童和青少年的成长极为关键，因而其健康发展，特别是心理健康状况极有可能受相应环境和互动关系的影响。

综合以上讨论，个人的健康资本取决于先天健康禀赋和后天健康发展。个体健康差异的影响因素大致可以概括为以下几个方面：先天遗传性物质、社会或行为性因素、家庭资源与环境特征、社会资源与环境特征、社会互动与个体行为。图 12-1 简要概括了这些因素作用路径的框架。由于先天和后天因素的作用并非简单的累加关系，后天因素的影响可能在一定程度上依赖于先天健康禀赋。因而，对个体健康资本影响机制的研究需要综合考虑这些不同因素的影响机理，避免因研究框架或研究设计的缺陷（如遗漏重要变量）而导致估计结果出现严重偏误，进而影响研究论断的有效性。

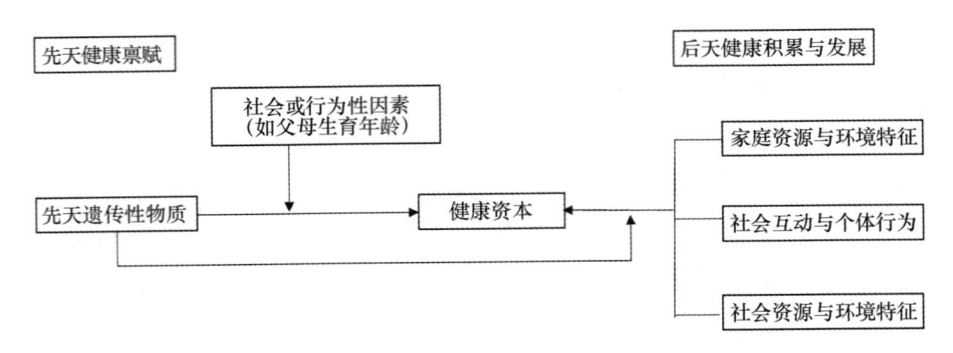

图 12-1 个人健康资本影响因素作用路径的简要框架

二 数据、变量与模型设置

（一）数据特征

本研究使用的经验数据来源于 CFPS 2010—2020 年的数据。自 2010 年首次调查起，CFPS 对基期抽中的家庭样本中的成员每两年开展一次追访；到目前为止，调查样本中个人累计被访次数最高可达 6 次。鉴于原有家庭样本中可能有新的成员加入（如出生），特别是年轻队列中新生儿的加入；因而，调查样本中被访者实际被访的次数不同。以本研究考察的 1995 年及以后出生队列的被访者为例，在追踪周期内，被访者实际被访的次数在 1—6 次不等。因而，本研究的分析数据为非平衡面板数据。

按照 CFPS 的设计，各健康指标的实际收集范围不同。其中，体格健康指标（包括身高和体重）信息针对所有年龄的被访者进行收集，低龄儿童由家长代答；心理健康和自评一般健康信息则仅针对历次调查中 10 岁及以上被访者收集，由被访者自答。

与上述变量的有效收集范围相适应，本研究对这些健康指标的分析实际使用的样本对象有所差异。具体来说，体格健康分析（身高指数、超重/肥胖风险）以 1995 年及以后出生的被访者为研究对象（详见第二节），心理健康和自评一般健康则以历次调查中 10—15 岁被访者为考察对象（对应第三节和第四节）。这些被访者在 2010—2020 年的所有有效追踪记录，构成本研究相应健康资本分析的数据。

（二）结果变量：主要健康指标

1. 体格健康

个人的身高和体重信息是体格健康的基础测量，对研究和监测未成年人的体格发育状况及其基本健康特征具有重要参考价值。

基于身高和体重信息，可以计算个人的体质指数（Body Mass

Index，也称身体质量指数或体重指数），这也是目前国际范围内最为常用的综合性体格健康指标。该指数对不同成长阶段（年龄段）的男女两性设定不同的切点，将初始的身高和体重信息转化为更为简洁、综合有效的分类测量，反映偏瘦、正常、超重或肥胖等不同类型的体格健康特征。与初始的身高、体重测量不同，体质指数经过标准化处理和分类赋值后，能够直接用于不同年龄、不同性别的个人或人群的对比分析。因此，该指标已成为社会调查、学术研究和健康监测中最为通用的体格健康综合指标。

除标准化的体质指数外，身高和体重信息也可以单独进行标准化处理，产生身高或体重生长水平的相对测量。常见的生长曲线正是基于这一理念转化形成的一种标准化体系，为儿童和青少年体格发育监测提供了有用的参考。在众多的标准化方案中，英国—世界卫生组织（UK-WHO）标准化方案是目前国际上较为常用的一种。其基本思路是通过选取具有代表性的健康人群作为标准，构建身高和体重的标准分布，以此作为参照系将研究对象的身高、体重信息进行转化，形成以标准分布的相对位置信息（即在标准分布的均值左右多少个标准差的位置）为标识的标准化身高或体重。这一处理方案克服了初始测量在不同年龄、不同性别之间不可直接比较的局限性，为系统分析个人身高、体重的发育特征及其发展轨迹提供了有效手段。

本研究对未成年人体格健康的研究，主要从身高和综合体质指数两个维度进行考察，分别使用标准化的身高指数和体质指数的分类测度来量化测量。其中，标准化的身高指数（以下简称为"身高指数"）为连续型测量，在1995年及以后出生的样本中，变量的取值为-4—4，近似正态分布。变量取值为正表示被访者的身高高于参照标准中同年龄、同性别的均值，即身高发育状况高于平均水平；取值为负表示个人的身高发育状况低于参照标准的均值水平。变量取值的绝对值越大，相应偏离程度越大。与身高指数相类似，体质指数的分类测度同样以UK-WHO标准为参照，按照该参照标准中年龄别男女两性的体质指数分布特征确定分类切点位置，最终形成的分类测度的具体类别包括偏瘦（按照偏瘦程度进一步细分为三类）、正常、超重、肥胖。本研究结合现阶段中国青少年儿童体质发育的总体特征和典型问题，重点关注未成年人肥胖或超重的发生情况。适应这一研究需要，体质指数分类测度的初始类别被重新合并，产生标识"是否超重/肥胖"的二分变量，变量取值为：1＝超重/肥胖，0＝其他。

2. 心理健康

心理健康是近年来青少年群体面临的最为突出的健康风险，也是家庭和社会普遍关切的现实问题。CFPS 在 2010 年和 2014 年使用凯斯勒心理健康量表对 10 岁及以上被访者收集心理健康信息，其余年份使用美国流调中心抑郁量表收集了心理健康信息。

尽管两组量表的具体测量不同，不过，量表反映的健康内涵存在明显的重合。为了最大化地利用这些调查信息，本研究在合理控制量表类型差异的基础上，综合使用这两组量表收集的心理健康信息进行分析。分析过程首先对量表的各问项进行综合，按照李克特量表的加总式计分进行求和，然后对加总得分进行极差标准化处理，形成取值在 0—100 的心理健康综合指数（以下简称"心理健康指数"）。该指数为连续型变量，取值越大表明个体的心理健康状况越好，出现抑郁、焦虑等心理疾患的风险越低。

3. 自评一般健康

自评一般健康是最为常见的综合性健康测度，该变量通常使用五分类测度收集信息，常见的分类方式为对称式的类别划分，即很好、较好、一般、较差和很差。既有研究表明，自评一般健康能够反映个体感知的多维健康变化，并对后续健康发展和主要疾患具有较好的预测效度（齐亚强，2014）。因而，本研究使用青少年的自评一般健康作为综合健康测量，以反映个体多维健康发展的异质性。

鉴于未成年人的自评一般健康状况相对较好，其初始取值分布明显集中。本研究侧重关注被访青少年的自评一般健康状况是否良好，适应这一研究目的，变量的初始取值被重新合并形成二分变量"自评健康良好"，变量取值为：1＝"较好/很好"，0＝"一般/较差/很差"。

(三) 模型设置

如上所述，本研究使用的数据结构具有非平衡面板结构。加之，分析数据存在重要的群组结构：一方面，追踪周期内被访者个人的累次观测记录互不独立；另一方面，CFPS 的分层整群抽样设计也隐含了调查数据的重要群组结构特征。鉴于此，本研究使用分层多元统计模型进行分析。模型考虑三个主要层级单位的嵌套关系，即被访者的"累次观测记录→被访者个人→所在区县"。根据本研究考察的结果变量的测量等级，分层模型对"身高指数"和"心理健康指数"使用恒等线性连接函数，对二分类的体质指数（超重/肥胖）和自评一般健康（自评健康良好）采用 logit 连接函数。

对应上述分析框架，模型中考虑的解释变量主要包括以下几类。

(1) 遗传物质的异质性。对个体的体格发育（如身高）而言，遗传性因素起着重要的作用，在一定程度上决定了个人体格发育的潜力或可能区间。鉴于此，本研究在对未成年人身高指数的分析中，使用父亲身高和母亲身高作为代理变量，衡量与遗传物质相关的个体身高潜能的异质性。

(2) 社会或行为性因素导致的先天健康差异。除基因等遗传性物质的影响外，胎儿期个体的健康发育可能因（父母）社会或行为性因素而异，进而产生长期的健康后果。结合已有研究发现和当前中国家庭领域的重要变迁，父母的晚育行为极有可能通过改变遗传物质的质量、激素等途径对子女的健康产生长期影响。本研究使用父亲生育年龄和母亲生育年龄来检验和估计相应效应，从一个侧面反映当代家庭领域晚婚晚育的变迁趋势对子代健康资本的可能影响。

（3）家庭资源与环境特征。家庭是个人健康投资和促进的关键主体，其资源和环境特征在很大程度上决定了个人健康资源的可及性和利用状况、健康知识和行为的养成，以及基本的健康支持和防护。对未成年人而言，家庭因素的影响尤为重要。本研究使用家庭人均收入、母亲受教育程度、同胞数量及相对排行来代理测量家庭的主要社会经济和环境特征，考察这些因素对未成年人不同维度健康状况的影响。除此之外，家庭氛围、代际互动与支持等特征也可能对家庭成员的心理健康和综合健康特征具有重要影响。为此，本研究在对未成年人心理健康（本章第三节）和自评一般健康（第四节）的分析中，进一步考虑家庭结构（如家庭结构是否完好）、家庭关系氛围（父母争吵频率）、家庭支持（烦恼时的倾诉对象）等因素的可能影响。

（4）社会资源与环境特征。社会资源和环境特征反映社会成员共享的外部资源环境状况。一般来说，一个地区的社会资源与环境特征在很大程度上取决于当地的社会经济发展状况。本研究主要使用区县人均 GDP 和城镇化水平来代理测量被访者所处的中观社会环境特征，考察这些因素对个体健康资本积累可能产生的普惠性效应。

（5）对本研究考察的 10—15 岁青少年而言，教育活动不仅是最主要的社会活动，也是其日常生活的重要组成部分。与之相关的个体行为与人际互动，对这一年龄段的青少年心理健康和自评一般健康具有重要的影响。因而，在相应健康维度的分析中，本研究进一步考虑个体的自评学业表现和学习压力以及教育期望的代际对比关系，考察这些因素对学龄青少年的心理健康和综合健康状况的影响。

中国城乡二元结构及其社会发展各领域呈现梯度差异，这一现实意味着城乡儿童青少年的健康资本积累状况及其发展轨迹可能存在系统性差异。为了尽可能全面地展现相应差异，本研究的所有分析均区分城乡样本而展开。

第二节 未成年人体格健康状况的影响机制

本节主要围绕未成年人的体格健康状况，结合模型拟合结果讨论其影响机制，重点探讨家庭因素，特别是当前家庭领域主要变迁对年青一代体格健康发展状况的效应。

一　身高发育状况的影响机制

表 12-1 展示分析样本中未成年人身高指数的分层混合效应模型拟合结果，首先，青少年儿童的身高指数与父母的身高具有稳健的正向相关关系；父母的身高越高，被访青少年儿童的身高平均更高。在控制模型中个人特征、家庭因素以及地区资源和环境特征的影响后，父亲身高和母亲身高均对被访者的身高指数保持显著的正向效应。这一结果直观展示了亲子两代人体格健康的相关性和共脆弱性，从侧面支持了遗传性因素在个人体格健康发展中的突出作用。值得强调的是，模型结果显示，父亲身高和母亲身高对应的系数拟合结果均高度显著；这一结果意味着，来自父母双亲的遗传性物质的影响具有累加效应，这与遗传生物学的研究论断相一致。

除上述与遗传相关的异质性外，社会、行为性因素也可能通过影响先天健康禀赋，进而对成长过程中（儿童和青少年期的）个人的身高发育状况产生重要影响。表 12-1 的模型结果显示，城镇地区母亲生育年龄过早（15—24 岁）对子女的身高发育具有显著的负向效应。与正常生育年龄（25—29 岁）相比，城镇地区母亲早育（15—24 岁）情形下被访者的身高平均低 0.149 个标准差。此外，出生时体重偏低也对个人身高发育具有显著的不利影响。不论城乡，低出生体重的被访者在考察期间身高指数平均更低；与正常出生体重的被访者相比,农村地区低出生体重的被访者身高指数平均低 0.160 个标准差,城镇地区平均低 0.230 个标准差。在控制模型中其他因素的影响后,父亲的生育年龄对未成年子女的身高发育状况无显著的独立效应。

表 12-1　　　　中国男女两性未成年人身高指数的
分层混合效应模型拟合结果

	农村		城镇		全部	
	系数	标准误	系数	标准误	系数	标准误
父亲身高（标准化）	0.261***	(0.02)	0.288***	(0.02)	0.257***	(0.02)
母亲身高（厘米）	0.025***	(0.00)	0.034***	(0.00)	0.028***	(0.00)
低出生体重	-0.160**	(0.07)	-0.230***	(0.09)	-0.195***	(0.06)
母亲生育年龄（ref：25—29 岁）						
15—24 岁	-0.072	(0.05)	-0.149***	(0.05)	-0.101***	(0.04)
30—34 岁	0.070	(0.06)	-0.011	(0.06)	0.029	(0.05)
35 岁+	0.040	(0.10)	-0.101	(0.10)	-0.028	(0.07)
父亲生育年龄（ref：25—29 岁）						
15—24 岁	-0.057	(0.05)	-0.034	(0.05)	-0.055	(0.04)
30—34 岁	-0.015	(0.06)	0.060	(0.05)	0.032	(0.04)
35 岁+	0.073	(0.08)	0.081	(0.08)	0.074	(0.06)
母亲学历（ref：初中及以下）						
高中	0.008	(0.07)	0.061	(0.05)	0.045	(0.04)
大专	-0.158	(0.13)	0.167**	(0.07)	0.122**	(0.06)
大学本科及以上	0.370**	(0.18)	0.121	(0.08)	0.166**	(0.08)
家庭人均收入（ref：最低1/4）						
中下 1/4	0.028	(0.05)	0.129*	(0.07)	0.063	(0.04)
中上 1/4	0.175***	(0.06)	0.227***	(0.07)	0.191***	(0.05)
最高 1/4	0.317***	(0.09)	0.242***	(0.09)	0.248***	(0.06)

续表

	农村		城镇		全部	
	系数	标准误	系数	标准误	系数	标准误
同胞结构（ref：独生）						
二孩中年长者	-0.132**	(0.06)	-0.080	(0.05)	-0.103***	(0.04)
二孩中年幼者	-0.206***	(0.06)	-0.276***	(0.06)	-0.236***	(0.04)
多孩中的年长者	-0.208**	(0.09)	-0.311***	(0.10)	-0.232***	(0.07)
多孩中的较年幼者	-0.341***	(0.07)	-0.300***	(0.08)	-0.328***	(0.05)
出生队列（ref：1995—1999 年）						
2000—2004 年	-0.075	(0.05)	0.117**	(0.05)	0.022	(0.04)
2005—2009 年	0.048	(0.05)	0.195***	(0.05)	0.127***	(0.04)
2010—2014 年	0.302***	(0.06)	0.364***	(0.06)	0.334***	(0.04)
2015 年+	0.395***	(0.08)	0.422***	(0.08)	0.410***	(0.06)
城镇（ref：农村）					0.185***	(0.04)
男性（ref：女性）	0.043	(0.04)	0.076**	(0.04)	0.046	(0.04)
城镇*男性					0.030	(0.05)
区县人均 GDP（万元）	0.032***	(0.01)	0.002	(0.01)	0.005	(0.01)
区县城镇化率	0.004*	(0.00)	0.006***	(0.00)	0.006***	(0.00)
截距	-4.225***	(0.49)	-5.645***	(0.55)	-4.778***	(0.37)
个人层次随机方差	-1.223***	(0.10)	-1.506***	(0.12)	-1.350***	(0.08)
社区层次随机方差	-0.266***	(0.03)	-0.157***	(0.02)	-0.190***	(0.02)
随机残差	0.363***	(0.01)	0.191***	(0.01)	0.286***	(0.01)
样本量						
追踪人次/个人/社区	12230/5411/133		10950/4702/164		23180/9335/164	

注：*** 表示 $p<0.01$，** 表示 $p<0.05$，* 表示 $p<0.1$。

家庭社会经济变量的拟合结果显示，母亲的受教育程度对未成年子女的身高发育具有显著的正向效应。与母亲低学历（初中及以下）的情况相比，城镇地区母亲受教育程度为大专的被访者身高指数平均高 0.167 个标准差；农村地区母亲受教育程度为大学本科及以上的被访者，身高指数平均高 0.370 个标准差。家庭人均收入越高，未成年人的身高指数平均越高；相应效应对城乡被访者均高度显著。家庭中同胞数量及排行也对未成年人的身高发育具有显著的影响。与独生子女相比，不论城乡，家庭规模较大，个人的身高指数平均较低；且多子女家庭中排行靠后的子女身高发育的不利影响更为明显。这些结果印证了家庭经济状况、资源及环境特征对未成年人体格发育的重要作用。概括而言，家庭经济资源和文化资本越丰富，越有利于子女的健康发育，其作用机制可能包括健康投入或资源利用、健康理念和行为方式的养成等；家庭规模较大意味着，子女对家庭资源的利用极有可能存在相互竞争和挤出效应，由此对未成年子女的体格发育产生不利影响。除此之外，多子女家庭中父母对单个子女（特别是排行靠后的子女）的体格发育关注度也可能被分散，由此可能限制其健康资源投入、健康行为规范等干预，不利于子女的体格发育。受分析数据中相关信息可得性的限制，本研究暂不对这些作用机制进行专门的检验或分解。

考虑了先天性因素、家庭资源和环境特征的作用后，分析样本中被访者的身高指数在不同出生队列之间仍呈现显著的差异。年轻队列的被访者，身高指数平均更高，其中城镇地区的相应队列差异尤为明显。这些结果可能反映了社会经济发展和营养状况改善对年轻队列体格发育的积极效应，受此影响，年轻人群的平均身高呈现稳健的递增趋势。城镇地区被访者中，男性的身高指数平均高于女性。在控制个人及家庭特征的影响后，农村地区被访者的身高指数与当地的社会经济发展水平、城镇化率显著相关；所在区县的人均 GDP 越高，当地未成年人的身高指数平均越高；城镇化水平越高，未成年人的身高指数普遍越高。在城镇地区，城镇化水平较高的地区，被访未成年人的身高指数也显著较高。这些结果印证了地区社会经济发展水平对当地青少年儿童体格发育状况的普惠性影响。

二 超重或肥胖风险

关于未成年人超重及肥胖风险的拟合结果显示（见表 12-2），出生时的健康禀赋对儿童和青少年时期的体质指数具有显著的长期效应。与正常出生体重的情况相比，出生时体重偏低的被访者在考察周期内出现超重或肥胖的风险平均更低，相应差异在城镇地区高度显著。母亲生育年龄与被访未成年人的超重或肥胖风险显著相关，具体而言，在农村地区，母亲生育年龄过早，未成年人出现超重或肥胖的可能性显著更高；在城镇地区，母亲生育年龄在 30—34 岁的被访者出现超重或肥胖的风险显著较低。这些差异可能反映了母亲生育年龄的早晚对其健康知识积累、养育观念和理念形成的不同影响，早育的母亲极有可能尚未形成必要的健康知识和养育理念，从而导致子女肥胖或超重的风险增大。在考虑了模型中其他因素的影响后，父亲的生育年龄对未成年人超重或肥胖发生情况的影响不再显著。

表 12-2　中国男女两性未成年人超重/肥胖风险的多层混合效应模型拟合结果

	农村		城镇		全部	
	系数	标准误	系数	标准误	系数	标准误
低出生体重	-0.058	(0.10)	-1.139***	(0.21)	-0.299***	(0.09)
母亲生育年龄（ref：25—29 岁）						
15—24 岁	0.136**	(0.07)	-0.032	(0.10)	0.035	(0.06)
30—34 岁	0.001	(0.08)	-0.225*	(0.13)	-0.112	(0.07)
35 岁 +	0.009	(0.13)	-0.127	(0.20)	-0.039	(0.11)
父亲生育年龄（ref：25—29 岁）						
15—24 岁	0.007	(0.07)	0.001	(0.11)	-0.005	(0.06)
30—34 岁	0.088	(0.07)	-0.049	(0.11)	0.043	(0.06)
35 岁 +	0.138	(0.11)	0.139	(0.17)	0.107	(0.09)

续表

	农村		城镇		全部	
	系数	标准误	系数	标准误	系数	标准误
母亲学历（ref：初中及以下）						
高中	-0.380***	(0.10)	-0.240**	(0.10)	-0.274***	(0.07)
大专	-0.256	(0.17)	-0.406***	(0.14)	-0.326***	(0.10)
大学本科及以上	-0.638**	(0.27)	-0.468***	(0.17)	-0.460***	(0.13)
家庭人均收入（ref：最低1/4）						
中下1/4	-0.109*	(0.06)	0.020	(0.14)	-0.092	(0.06)
中上1/4	-0.231***	(0.08)	-0.184	(0.14)	-0.245***	(0.07)
最高1/4	-0.221	(0.14)	-0.072	(0.17)	-0.185*	(0.10)
同胞结构（ref：独生）						
二孩中年长者	-0.195**	(0.08)	-0.398***	(0.11)	-0.294***	(0.06)
二孩中年幼者	-0.024	(0.08)	-0.049	(0.11)	-0.072	(0.07)
多孩中的年长者	-0.555***	(0.12)	-0.523**	(0.21)	-0.592***	(0.11)
多孩中的较年幼者	-0.130	(0.10)	-0.076	(0.15)	-0.161**	(0.08)
家庭类型（ref：完好家庭）						
留守：父母一方外出	0.150**	(0.06)	-0.086	(0.11)	0.101*	(0.06)
留守：父母均外出	0.530***	(0.07)	0.153	(0.12)	0.450***	(0.06)
不完整家庭	-0.105	(0.16)	0.052	(0.17)	0.018	(0.11)
出生队列（ref：1995—1999年）						
2000—2004年	1.061***	(0.09)	0.756***	(0.12)	0.908***	(0.07)
2005—2009年	2.108***	(0.09)	1.846***	(0.12)	1.971***	(0.07)
2010—2014年	2.424***	(0.09)	2.101***	(0.12)	2.255***	(0.08)
2015年+	2.373***	(0.13)	1.769***	(0.17)	2.075***	(0.10)
城镇（ref：农村）					-0.427***	(0.07)
男性（ref：女性）	0.249***	(0.05)	0.625***	(0.07)	0.258***	(0.05)

续表

	农村		城镇		全部	
	系数	标准误	系数	标准误	系数	标准误
城镇 * 男性					0.328***	(0.08)
区县人均 GDP（万元）	-0.003	(0.02)	-0.008	(0.01)	-0.004	(0.01)
区县城镇化率	-0.004	(0.00)	0.000	(0.00)	0.000	(0.00)
截距	-2.885***	(0.15)	-3.152***	(0.21)	-2.725***	(0.13)
区县级随机方差	0.243***	(0.04)	0.162***	(0.04)	0.192***	(0.03)
个人层次随机方差	1.038***	(0.08)	2.937***	(0.19)	1.725***	(0.08)
样本量						
追踪人次/被访者/社区	20321/6714/136		16403/6714/136		36724/11090/164	

注：*** 表示 $p<0.01$，** 表示 $p<0.05$，* 表示 $p<0.1$。

家庭资源和环境对未成年人的体质发育状况具有重要的影响。在控制模型中其他因素的影响后，母亲受教育程度越高，未成年人出现超重或肥胖的可能性显著越低；农村地区中等（人均）收入水平（包括中下 1/4 和中上 1/4）的家庭中，未成年子女出现超重或肥胖的可能性也明显较低。不论城乡，与独生子女相比，二孩及多孩家庭中排行最大的孩子出现超重或肥胖的可能性显著较低。换言之，随着家庭规模的增大，第一孩出现超重或肥胖的可能性显著降低；但后续孩次与独生子女的超重或肥胖风险在统计上无显著差异。可能的原因在于，家庭规模和出生次序影响个人对家庭资源的占有和利用情况，相对而言，独生子女及非独生子女家庭中排行靠后的孩子可能在家庭资源分配中受到倾斜和优先对待，由此可能增加其营养过剩的风险。此外，农村地区留守家庭中未成年人超重或肥胖的风险显著更高，相应效应对父母单方外出及双方外出的留守儿童均成立。这可能反映了农村留守儿童在物质资源享有上的相对优势，以及健康知识和理念的缺失导致的特殊健康风险。

较年轻的出生队列中，未成年人超重或肥胖的发生情况显著更多；不论城乡，男孩出现相应健康问题的风险也显著高于女孩。在控制上述个人特征和家庭因素的影响后,居住地的社会经济特征对未成年的超重或肥胖风险不再有显著的独立效应。

第三节 青少年心理健康的影响机制

青少年的心理健康已成为近年来中国家庭和社会普遍关注的重大现实问题,也是公共卫生研究和干预的重要领域。针对 2010—2020 年中国 10—15 岁青少年的心理健康,本节运用第一节介绍的模型方法对心理健康的影响机制进行了系统检验。表 12-3 展示了城乡分析样本的相应模型拟合结果,以下将针对城乡样本的相应模型拟合结果分别进行讨论。

表 12-3　青少年心理健康的分层混合效应模型拟合结果

	农村		城镇		全部	
	系数	标准误	系数	标准误	系数	标准误
出生队列（ref: 1995—1999 年）						
2000—2004 年	-0.578	(0.57)	0.331	(0.67)	-0.187	(0.43)
2005—2010 年	-0.896	(0.71)	-0.336	(0.83)	-0.685	(0.54)
年龄组（ref: 小学学龄）						
初中学龄	0.435	(0.38)	-0.959**	(0.44)	-0.156	(0.29)
母亲生育年龄（ref: 25—29 岁）						
15—24 岁	-0.555	(0.52)	0.117	(0.58)	-0.234	(0.39)
30—34 岁	0.411	(0.62)	0.362	(0.73)	0.368	(0.47)
35 岁 +	0.153	(0.95)	0.832	(1.20)	0.300	(0.75)
父亲生育年龄（ref: 25—29 岁）						
15—24 岁	-0.773	(0.54)	-0.197	(0.64)	-0.571	(0.41)
30—34 岁	-0.948*	(0.57)	-0.603	(0.65)	-0.690	(0.43)
35 岁 +	-1.400*	(0.82)	-1.602	(0.99)	-1.223*	(0.63)

续表

	农村 系数	农村 标准误	城镇 系数	城镇 标准误	全部 系数	全部 标准误
母亲学历（ref：初中及以下）						
高中	1.675*	(0.96)	0.796	(0.63)	1.013*	(0.53)
大专	1.006	(2.13)	0.068	(0.90)	0.467	(0.81)
大学本科及以上	-0.595	(4.65)	0.158	(1.25)	0.656	(1.19)
家庭人均收入（ref：最低1/4）						
中下1/4	0.221	(0.48)	0.740	(0.80)	0.376	(0.41)
中上1/4	0.676	(0.59)	0.705	(0.84)	0.597	(0.48)
最高1/4	-0.192	(1.14)	1.510	(1.00)	1.094	(0.68)
同胞结构（ref：独生）						
二孩中年长者	-0.565	(0.71)	-0.752	(0.63)	-0.629	(0.47)
二孩中年幼者	-0.352	(0.74)	0.049	(0.72)	-0.222	(0.51)
多孩中的年长者	-2.661***	(0.94)	-1.649	(1.15)	-2.348***	(0.71)
多孩中的较年幼者	-1.724**	(0.81)	-1.262	(0.91)	-1.523***	(0.59)
父母争吵频率	-0.994***	(0.10)	-0.816***	(0.08)	-0.904***	(0.06)
家庭类型（ref：完好家庭）						
留守：父母一方外出	-0.764	(0.56)	0.135	(0.86)	-0.458	(0.46)
留守：父母均外出	0.816	(0.83)	0.300	(1.17)	0.576	(0.68)
不完整家庭	-1.925	(1.48)	-3.132**	(1.40)	-2.532**	(1.02)
教育期望代际差异（ref：一致）						
家长期望较高	-1.195***	(0.39)	-2.255***	(0.46)	-1.566***	(0.30)
个人期望较高	-1.035**	(0.51)	-1.610***	(0.61)	-1.218***	(0.39)
自评学习压力	-1.614***	(0.16)	-1.722***	(0.19)	-1.663***	(0.12)
自评学业表现	0.714***	(0.19)	1.566***	(0.24)	1.009***	(0.15)

续表

	农村		城镇		全部	
	系数	标准误	系数	标准误	系数	标准误
烦恼倾诉对象（ref：父母）						
日记/无人	-1.175**	(0.56)	-2.007***	(0.61)	-1.507***	(0.42)
其他亲友	-1.457***	(0.40)	-1.938***	(0.47)	-1.631***	(0.30)
心理健康量表类型 K-6	4.149***	(0.45)	3.432***	(0.54)	3.857***	(0.35)
区县人均 GDP（万元）	0.176	(0.13)	0.033	(0.05)	0.047	(0.05)
区县城镇化率	0.032*	(0.02)	0.026**	(0.01)	0.028***	(0.01)
城镇（ref：农村）					-0.308	(0.46)
男性（ref：女性）	-0.111	(0.38)	-0.423	(0.44)	-0.069	(0.37)
城镇*男性					-0.415	(0.57)
截距	88.698***	(1.46)	86.373***	(1.69)	88.049***	(1.11)
个人层次随机方差	0.955***	(0.10)	0.557***	(0.18)	0.792***	(0.09)
社区层次随机方差	1.364***	(0.11)	1.487***	(0.11)	1.438***	(0.07)
随机残差	2.515***	(0.01)	2.470***	(0.02)	2.498***	(0.01)
样本量						
追踪人次/被访者/社区	5635/3322/126		3921/2370/161		9556/5542/161	

注：*** 表示 $p<0.01$，** 表示 $p<0.05$，* 表示 $p<0.1$。

一 农村青少年的心理健康影响机制

模型拟合结果显示（参见表12-3"农村"一列），在农村地区，第一，父母的生育年龄对青少年的心理健康具有重要的独立影响。父亲生育年龄越晚，青少年的心理健康显著越差。这一结果可能与父亲晚育带来的代际间隔拉长、亲子间认知及价值观念差异较大、更有可能产生沟通障碍（代沟）有关。除此之外，父亲生育年龄推迟也可能伴随家庭健康资源和环境方面的其他未观测或难以观测的异质性，这些差异对子女健康的可能影响还需要在后续研究中进一步探讨。

第二，不同规模的家庭中青少年的心理健康差异显著。当前中国农村地区多孩家庭中青少年的心理健康指数得分平均较低。与独生子女相比，三孩及以上规模的家庭中子女的心理健康显著更差，其中排行最大的孩子心理健康状况最差。相比之下，二孩家庭中子女的心理健康状况与一孩家庭无显著差异。这些结果表明，家庭规模对未成年子女的心理健康具有重要影响；不过目前农村地区相应差异主要反映在多孩家庭中。受家庭氛围、资源竞争等有形或无形压力的影响，多孩家庭子女的心理健康问题突出，在公共卫生和全民健康促进中需要重点关注。

第三，家庭关系质量与家人的支持对青少年心理健康具有重要的影响。模型结果显示，在调查前一个月父母争吵频率越高，青少年的心理健康得分显著降低，心理健康明显更差。同时，青少年与父母的关系也在很大程度上影响其心理健康水平。烦恼时通常向父母倾诉的青少年，心理健康状况明显比其他同龄青少年更好。相比之下，有烦恼时无人倾诉或者选择向其他亲友/日记倾诉的青少年心理健康相对更差。这些结果印证了家庭关系氛围以及家庭支持对青少年健康成长的重要作用，父母在其中扮演着尤为重要的角色，在一定意义上具有不可替代性。

第四，与教育活动相关的期望、竞争和压力，对当前青少年的心理健康具有不可忽视的影响。围绕教育活动以及对未来教育获得的期待，家庭内部亲子双方教育期望不一致时，青少年的心理健康显著更差；青少年个人的学习压力越大，心理健康状况显著更差；学业表现越好，心理健康则显著更好。

第五，地区社会经济发展状况对当地未成年人的心理健康具有普惠性影响。在城镇化水平较高的区县，青少年的心理健康普遍较好。

二 城镇青少年的心理健康影响机制

表12-3中城镇样本的拟合结果显示，在城镇地区，初中学龄

段青少年的心理健康指数得分显著较低，心理健康状况平均较差。这一研究发现与近年来社会关切的中学生心理疾患上升的现实相呼应，反映了初中学龄段青少年随着个人认知发育和现实中学业竞争压力等因素而可能出现的心理健康风险。这一点与农村地区的研究发现不同，可能的原因在于城乡社会和教育环境存在系统性差异；目前在农村地区，受制于家庭、社会及市场教育资源匮乏的影响，家庭教育理念相对淡薄，家庭教育存在去竞争化的局面（雷望红，2020）。不过，受大规模城乡人口流动的影响，城乡青少年心理健康的不同表现和影响机制也可能扩散和融合，关注青少年的心理健康具有客观必要性。

在城镇地区，父母离异或其他形式的不完整家庭中青少年的心理健康显著更差。与完好家庭中的被访者相比，城镇单亲或其他不完整家庭中青少年的心理健康指数平均低3.13。相比之下，农村地区的相应效应在统计上并不显著。这一城乡差异可能反映了城镇地区父母离异、单亲家庭的现象更为多见。同时，由于城乡生活方式不同，亲缘网络关系的密切程度也不同，也可能加剧或放大城镇地区不完整家庭中青少年的心理健康困境。

除上述因素外，家庭关系质量和父母的支持、亲子两代人关于教育期望的对比关系、青少年在教育活动中的表现和压力，以及地区社会经济发展特征对心理健康存在显著的独立效应，这些效应与上文讨论的农村地区的研究发现相一致。具体而言，调查前一个月父母争吵次数越多，青少年的心理健康状况平均越差；烦恼时经常向父母倾诉的青少年，心理健康状况平均较好；家庭教育期望存在代际偏差不利于青少年的心理健康。与亲子双方教育期望一致的情况相比，双方教育期望不一致时青少年的心理健康明显更差；其中，家长教育期望偏高时，青少年的心理健康最差。

青少年个人的学业表现越好，心理健康显著更好；个人自报的学业压力越大，心理健康状况显著更差。地区社会发展水平对青少年心理健康具有普惠性的积极效应，城镇化水平较高，当地青少年的心理健康普遍更好。在控制模型中其他因素的影响后，城镇地区父母的生育年龄、家庭社会经济特征、家庭规模及同胞排行对青少年的心理健康不再有显著的独立影响。

第四节　青少年自评一般健康状况及其影响机制

自评一般健康是关于个人感知的多维度健康状况的综合测量。良好的健康自评不仅反映个人良好的身体和心理状态，而且对个人后续的健康发展具有重要的预测效应。针对 CFPS 历次调查中 10—15 岁青少年被访者，本研究拟合了分层 logit 模型以检验家庭因素、个人及社区特征对青少年"自评一般健康良好"的效应。表 12-4 展示了模型拟合结果。

表 12-4　城乡青少年自评一般健康状况的分层混合效应模型拟合结果

	农村 系数	农村 标准误	城镇 系数	城镇 标准误	全部 系数	全部 标准误
出生队列（ref：1995—1999 年）						
2000—2004 年	1.058***	(0.10)	1.115***	(0.14)	1.080***	(0.08)
2005—2010 年	1.972***	(0.14)	1.926***	(0.18)	1.955***	(0.11)
体质指数（BMI，ref：正常）						
超重/肥胖	-0.038	(0.14)	-0.066	(0.18)	-0.057	(0.11)
偏瘦	-0.254***	(0.09)	-0.239*	(0.13)	-0.242***	(0.08)
城镇（ref：农村）					0.078	(0.11)
男性（ref：女性）	-0.064	(0.09)	0.254**	(0.12)	-0.06	(0.09)
城镇*男性					0.304**	(0.14)

续表

	农村		城镇		全部	
	系数	标准误	系数	标准误	系数	标准误
母亲生育年龄（ref：25—29 岁）						
15—24 岁	-0.182*	(0.10)	0.053	(0.13)	-0.094	(0.08)
30—34 岁	-0.034	(0.13)	0.039	(0.17)	0.001	(0.10)
35 岁+	-0.225	(0.19)	0.303	(0.28)	-0.053	(0.16)
母亲学历（ref：初中及以下）						
高中	0.072	(0.24)	0.170	(0.17)	0.129	(0.14)
大专	1.100	(0.80)	-0.134	(0.22)	-0.030	(0.21)
大学本科及以上	-0.129	(1.17)	0.231	(0.33)	0.198	(0.31)
父母争吵频率	-0.071***	(0.02)	-0.035*	(0.02)	-0.050***	(0.01)
家庭类型（ref：完好家庭）						
留守：父母一方外出	-0.133	(0.12)	-0.252	(0.21)	-0.149	(0.11)
留守：父母均外出	-0.093	(0.17)	0.355	(0.34)	0.009	(0.16)
不完整家庭	-0.165	(0.28)	-0.850***	(0.28)	-0.500**	(0.20)
劳动年龄人口就业率（%）	0.024	(0.02)	0.031*	(0.02)	0.026**	(0.01)
区县人均 GDP（万元）	-0.027	(0.03)	-0.014	(0.02)	-0.015	(0.01)
截距	0.192	(1.07)	-0.426	(1.24)	0.057	(0.87)
区县级随机方差	0.188***	(0.05)	0.217**	(0.09)	0.182***	(0.05)
个人层次随机方差	0.761***	(0.24)	0.784**	(0.32)	0.880***	(0.19)
样本量						
追踪记录/青少年/区县	7770/4527/131		5446/3212/162		13216/7512/162	

注：*** 表示 $p<0.01$，** 表示 $p<0.05$，* 表示 $p<0.1$。

模型结果显示，不论城乡，被访青少年的自评一般健康状况存在显著的出生队列差异，年轻队列的被访者自评健康良好的可能性显著更高。这与以往研究发现的年轻人群自评健康状况相对更好的发现相吻合，也反映了个体健康随年龄增长而下降的一般趋势。个人的体质健康状况与自评一般健康显著相关，体质指数偏瘦的青少年，自评一般健康良好的可能性显著更低。在农村地区，母亲生育年龄过早（15—24 岁）的情况下，青少年的自评一般健康状况良好的可能性显著较低。

在控制模型中其他因素的影响后，家庭关系质量对青少年的自评健康仍具有显著的影响。父母争吵频率越高，青少年自评一般健康良好的可能性显著越低；相应效应对城乡被访者均高度显著。此外，在城镇地区，家庭破碎或不完整对青少年的自评一般健康状况具有显著的不利影响。这些结果从大样本的经验数据角度印证了家庭的完整性及父母关系和谐对未成年人一般健康状况的重要影响，这一方面对和谐家庭建设提出了现实要求，另一方面对健康防护和促进的重点领域及干预方向提供了参考。

最后，地区的社会经济发展状况对当地青少年的自评一般健康具有一定的影响。在考虑了模型中其他因素的影响后，就业率越高的地区，城镇青少年的自评一般健康状况良好的可能性普遍较高。这可能反映了就业环节的市场信号以及与之相关的经济景气程度对青少年的健康效应。在控制了模型中其他因素的影响后，地区社会经济发展水平（区县人均 GDP、城镇化率）、家庭的社会经济特征（如家庭人均收入、子女数量及排行、父亲生育年龄、家庭教育期望等）对青少年的自评一般健康没有显著的独立影响；出于简约性考虑，本节最终模型未保留相应变量。

第五节　本章小结

本章使用 CFPS 2010—2020 年的调查数据，从体格健康、心理健康和自评一般健康三个不同维度出发系统考察了青少年健康资本的影响机制，着重探讨了家庭因素对未成年人健康资本积累的效应。本章的主要研究结论如下。

首先，家庭特征影响未成年人的身高等体格发育健康状况。除遗传性差异外，未成年人的身高发育状况与母亲生育年龄高度相关。母亲生育年龄过早不利于子女的身高发育。在控制模型中其他因素的影响后，尽管母亲过晚生育对未成年子女的身高发育状况不再具有显著的独立影响，不过与晚育相关的低出生体重对身高发育具有持久的不利影响。母亲受教育程度对未成年子女的身高发育具有显著且稳健的正向效应。不论城乡，家庭规模较大对子女的身高发育具有显著的不利影响，其中排行靠后的子女相应身高劣势更为突出。

其次，当代未成年人的体质指数与家庭因素高度相关。在农村地区，母亲生育年龄过低，未成年子女出现超重/肥胖的风险显著更高。不论城乡，出生体重过低者出现超重或肥胖的可能性显著较低。母亲受教育程度越高，未成年人出现超重或肥胖的可能性显著较低；在其他特征可比的情形下，独生子女和多孩家庭中排行靠后的孩子出现超重或肥胖的风险显著较高。农村留守家庭中未成年人超重或肥胖的风险也显著更高，反映了健康知识和理念缺失时，物质资源的相对富足可能导致的特殊健康风险。

再次，父亲生育年龄越晚，农村地区青少年的心理健康显著越差。城镇地区，父母离异或其他形式的不完整家庭中，青少年的心理健康显著更差。多孩家庭中，子女的心理健康问题突出；家庭氛围、父母关系质量及其对子女的支持，在青少年的健康成长中扮演着特殊重要的角色，在一定意义上具有不可替代性。

最后，母亲生育年龄过早，对青少年的自评一般健康具有显著的不利影响。家庭关系质量及其结构的完整性对青少年的自评一般健康具有显著的独立影响，父母争吵频率越高，青少年的自评一般健康显著更差，在城镇地区，家庭破碎或其他形式的残缺（如父母外出等）均对青少年的自评一般健康状况具有显著的不利影响。

综上所述，本章的研究发现印证了当代家庭转变进程对子女健康资本积累的重要影响。鉴于此，推动年青一代健康资本积累需要正视家庭转变的影响，特别是父母晚育带来的先天健康禀赋及后天健康发展的影响，家庭关系质量的下降和家庭结构的易变性对未成年人健康的突出不利效应。本研究的主要结论意味着，在当代社会普及健康生育和养育的知识与理念、构建和谐家庭对促进未来全社会健康资本的高水平发展具有重要的现实意义和时代必要性。

第十三章

家庭对未成年人认知能力和非认知能力发展的影响

新人力资本理论指出，除个人的健康资本以外，认知能力和非认知能力也是构成其人力资本的核心要素。认知能力和非认知能力的发展过程具有鲜明的阶段性特征，并遵循路径依赖规律。一方面，认知能力和非认知能力的发展具有特定的敏感期或关键期。在个人成长的不同阶段，针对认知能力或非认知能力的投资/干预所能达成的效率不同；另一方面，前期认知能力、非认知能力的发展状况直接影响后续的发展轨迹和潜力。在一定意义上，早期认知能力和非认知能力的发展，是个人长期人力资本发展潜力的重要决定因素。幼年和青少年期的认知能力和非认知能力发展，对促进个人的人力资本积累、提高社会关于人力资本的投资效率至关重要。

家庭是幼儿和青少年生活的最主要场所，也是未成年人人力资本投资的关键主体。因此，家庭资源、环境及其他主要特征对未成年人认知能力和非认知能力发展至关重要。在当代家庭转变背景下，家庭的规模、结构、关系质量及其稳定性发生深刻变化，并对家庭的养育、教育等功能产生了深刻影响；这些变迁极有可能对未成年人的认知能力和非认知能力发展产生作用。鉴于此，考察中国年青一代认知能力和非认知能力的发展状况与趋势，有必要对家庭特征的影响进行系统科学的检验。这对全面认识人力资本发展的影响机制具有重要的理论和现实意义。

既有关于中国居民认知能力和非认知能力的经验研究，大多针对这些特征（认知能力或非认知能力）的特定方面进行考察；研究中使用了不同的指标体系和测量框架（具体回顾和评述可参见第一章），为研究结果的横向比较、交叉检验和归纳推断带来了一定的困难。除此之外，现有研究很少从当代家庭转变的视角出发，系统考察相应转变对年青一代认知能力和非认知能力发展的影响。到目前为止，很少有研究考察家庭规模变化、生命周期后移等特征对教育以外的其他人力资本要素发展的影响；少数研究关注了家庭结构或关系变化（如父母离异）对未成年人认知能力和非认知能力的影响，不过目前的研究发现与相关理论及其他社会的经验发现相悖，相关结论还需要进一步检验和论证。

本章利用 CFPS 2010—2020 年的调查数据，针对考察期间未成年被访者的认知能力和非认知能力发展状况分析其影响机制，重点检验当代家庭转变进程的潜在效应。具体来说，本章考察的家庭转变特征主要包括家庭规模、父母生育年龄、家庭关系质量、家庭结构等方面的差异和变化。通过检验这些家庭特征对未成年人认知能力和非认知能力的影响，研判当代家庭转变形势对年青一代人力资本发展的效应。本章以下部分首先介绍分析数据、变量和模型方法；在此基础上，对城乡被访未成年人的认知能力和非认知能力拟合模型，展示主要研究发现；最后对本章的主要结论进行总结和必要的讨论。

第一节　数据、变量与分析方法

本章使用 CFPS 2010—2020 年的调查数据，主要针对未成年被访者进行分析，考察其认知能力和非认知能力的主要特征和影响机制。

一 数据特征与主要变量

CFPS 在目前已完成的各次调查中均有关于认知能力和非认知能力的测量。不过，由于调查信息过于丰富和复杂，CFPS 设计了隔轮替换变量或随机选取子样本的方式以减小调查实施的难度。相应设计方案意味着，并非每一期的调查均包含认知能力和非认知能力的所有测量。部分测量的信息仅隔轮收集，也有一些测量在个别年份暂时略过未收集。除此之外，相关测量在各年份实际调查的范围或适用的子样本也有所不同。鉴于此，考察未成年被访者的认知能力和非认知能力，需要首先了解其调查结果的数据结构。在此基础上，明确分析样本的构成以及研究结论可推断的总体。

（一）认知能力

CFPS 针对不同维度、不同层次的认知能力设计了多组标准化的测试，具体包括识字能力、数学能力、记忆力和数列运算能力等。在历次调查中针对调查样本中 10 岁及以上的被访者开展相应测试，并计算测试得分，从而为被访者的认知能力提供了多个维度的定量描述。

在实际调查中，CFPS 对上述测试进行组合、采取隔轮替换的方式收集信息。其具体设计方案如下：在 2010 年、2014 年和 2018 年的调查中使用了识字能力和数学能力测试，旨在反映与被访者的教育/培训等结果直接相关的认知能力；其余年份（2012 年、2016 年和 2020 年）使用后两种（记忆力和数列运算能力）测试，以衡量被访者的潜在认知能力。

按照相应设计，2010—2020 年，CFPS 收集的认知能力信息共包括两组内涵相关，但调查时间不同的追踪记录。每组认知能力的追踪记录均历时 8 年，由 3 次追踪调查结果组成（每 4 年一次）。这些调查数据的有效样本为调查当年 10 岁及以上的被访者，这也意味着两组面板数据均具有非平衡面板的数据结构特征。

本研究使用这两组面板数据考察中国当代未成年人的认知能力特征和人群差异，检验家庭转变特征的可能影响，并探讨其作用机制。上述四组测试的结果对应的5个变量构成本章关于认知能力分析的结果变量，具体包括字词测试得分、数学测试得分、即时记忆得分、延时记忆得分和数列测试得分。关于这些变量的具体测量和操作化方式已在本书第十章进行了详细介绍，为避免重复，此处不再赘述。

（二）非认知能力

就非认知能力而言，CFPS针对未成年被访者设计和使用了多个维度的综合量表，包括自尊量表、自控力量表、良好行为量表等。本书在第十一章对这些量表的具体设计和综合指数的构建进行了详细介绍，此处将不再重复相关内容。本章的分析直接使用第十一章构建的自尊指数、自控力指数和良好行为指数，这些指数统一使用取值在 -2—2 之间的标准化赋值，指数越高对应的自尊程度、自控力水平或良好行为越高。

值得注意的是，CFPS并非在历次调查中对上述各量表逐期持续收集，其实际收集范围也存在逐期调整和变化。以自尊量表为例，在目前已完成的调查中，仅2010—2018年的调查收集了相应信息；最初（2010年）该量表仅针对10岁的子样本进行收集，2012年的调查对象拓展到10—15岁偶数年龄的被访者，后续调查进一步拓展为10—15岁的所有被访者（包括新进入该年龄段的和以往调查中相应信息缺失者）。类似地，自控力量表采用了隔轮调查的方式，目前已完成的调查中仅2010年、2014年和2018年收集了相应信息；量表的实际调查范围也由最初（2010年）的13岁和15岁被访者的子样本拓展为10—15岁所有被访者（2014年和2018年）。良好行为量表的实际调查集中在最初三期，即2010年、2012年和2014年；最初的有效调查范围包括3岁、7岁、11岁和14岁的子样本（2010年和 2012 年)，2014 年调查时拓展为 3—15 岁的所有被访者。由此可见，对上述非认知能力综合量表而言，CFPS 历次调查并未形成有效的面板数据。在每一期的调查中仅有极少数年龄组的子样本有有效数据，各期调查之间有效调查范围鲜有重合；这就意味着，对多数被访者来说，考察期间仅有 1 次有效调查记录。鉴于此，本章对当代未成年人非认知能力的分析需要综合利用历次调查收集的有效信息，一方面扩大研究对象的年龄范围和统计推断的群体；另一方面也是提高统计分析和检验效率的需要。

在上述综合量表以外，CFPS 历次调查还对不同年龄的被访者收集了自评对前途/未来的信心以及人缘关系等特征，分别通过询问被访者"您对自己未来的信心程度"[①] 和"您认为自己的人缘关系有多好"来测量。前者的变量赋值为 1—5 的整数，后者使用 0—10 的整数来计分测量；变量分值越高，对应的自评信心或人缘关系越好。

综上所述，本章关于非认知能力的分析，主要以自尊指数、自控力指数、良好行为指数、自评信心和自评人缘得分 5 个维度的测量作为结果变量。这些变量从不同维度为未成年人的非认知能力提供了定量刻画，分析这些维度的非认知能力特征与影响机制，有助于多方位理解当前中国家庭转变特征对未成年人非认知能力培育可能产生的效应。

二　分析方法

(一) 模型的选择

本章利用广义结构方程模型分别对认知能力和非认知能力进行

[①] CFPS 在 2010—2014 年的调查中，针对少儿 (10—15 岁) 被访者使用"你对自己的前途有多大信心"来测量自评信心，变量的取值使用 0—10 的整数；但对成人 (16 岁及以上) 被访者则使用"你对自己未来的信心程度"收集信息，变量采用 1—5 的整数来量化测量。2016 年及以后的调查中，仅成人 (16 岁及以上被访者填答) 问卷保留了相应问项，少儿问卷中则不再收集相应信息。本章整合了相关变量信息，通过跨期填补的方式进行缺失值填补，由此形成取值在 1—5 的、非时变自信心测量。

分析。选用该方法的主要原因在于：首先，认知能力和非认知能力均具有丰富的内涵，本章使用两组各 5 个变量/指数分别为被访者的认知能力和非认知能力提供多维度的测量。由于两组变量的内涵和测量结果具有重要的内在相关性（这也是认知能力、非认知能力这些复杂概念测量效度的基本特征），使用广义结构方程模型能够有效拟合结果变量之间的相关关系，提高模型拟合和检验的统计效率。其次，本章使用的数据具有群组结构，由于抽样设计特征和追踪调查属性，研究数据中调查样本及有效观测记录均不满足独立性假设。广义结构方程模型允许分层模型设置，从而有效解决了分析数据中群组结构可能产生的参数估计偏差问题，能够提供正确的参数估计和假设检验。最后，广义结构方程模型可以拟合潜变量的测量模型、结构方程模型，以及不包含潜变量的模型，（与结构方程模型相比）模型设置更加灵活。同时，在各结果变量的有效调查样本不同或存在不同程度的信息缺失的情况下，该模型能够最大限度利用所有变量的有效信息，从而提高参数估计和统计检验的效率。

（二）模型设置

利用 CFPS 目前已发布的调查数据，本章分别对未成年被访者的认知能力和非认知能力拟合广义结构方程模型。模型构建情况和分析样本的具体特征如下：

（1）对认知能力而言，字词测试得分、数学测试得分、即时记忆得分、延时记忆得分和数列测试得分均为定距变量，因而本书使用高斯线性连接函数拟合模型，直接检验认知能力各维度/层次的测试结果的影响机制。

根据调查设计，上述五个变量的有效调查范围均为调查当年 10 岁及以上被访者。因而，本书对未成年人认知能力的模型分析将分析样本界定为历次调查中年龄在 10—18 岁的被访者，这些样本涵盖了 CFPS 中所有能够提供有效认知能力信息的未成年人。分析样本的追踪记录为非平衡面板数据，样本中被访青少年认知能力的有效观测记录在 1—3 次。基于此，本章拟合不包含潜变量的单层模型，使用稳健标准误估计调整数据异方差的影响，以保证估计结果和参数检验的可靠性。在此基础上，本章通过检验群组结构的显著性、拟合包含潜变量的结构方程模型进行稳健性检验，结果印证了上述模型结果的稳健性。

（2）针对非认知能力，本章使用的 5 个指标/变量属于定距测量。出于拟合结果直观性的考虑，模型同样使用高斯线性连接函数进行拟合。不过，各变量的实际调查范围不同。对自尊、自控力、良好行为量表以及自评信心变量来说，由于考察期间被访未成年人的实际有效观测记录大多为 1 次，本章将这些变量作非时变变量处理。为统一起见，本章关于非认知能力的分析将样本界定为历次调查中年龄在 10—15 岁的被访者。相应样本中，个别出生队列的被访者在特定非认知能力的维度缺乏有效信息，例如，1996 年出生的被访者从未收集自控力量表信息；由于这些信息缺失模式与项目调查设计有关，具有外生性和随机性，预期不会影响本研究的主要分析结论。

（三）解释变量与控制变量

利用上述数据和模型方法，本章重点检验当代家庭转变特征/进程对未成年人认知能力和非认知能力发展的影响。结合当代家庭转变的主要特征和表现形式（详细内容可参见第二章和第三章），本章考察的解释变量主要包括父亲和母亲的生育年龄、家庭子女数量及排行、父母的最高学历、家庭结构等特征，这些变量反映了微观家庭（父亲或母亲）推迟生育的现象、家庭规模以及家庭文化价值观念等方面的突出特征，能够为微观家庭在家庭转变进程中的相对位置提供有用的测量和定量描述。

除上述主要解释变量外，分析过程中还控制了个人、家庭及地区层次可能产生混淆性效应或竞争性解释的因素。具体来说，主要控制变量包括：被访者的性别、年龄（/学龄阶段）、居住地类型、家庭人均收入与文化资源（后者使用家中藏书量来代理测量）、家长的教养方式等。此外，分析过程中还尝试对被访者所在社区的社会经济及文化特征（如所在区县的人均 GDP、城镇化水平、人均受教育年限等）进行控制。模型检验结果显示，这些变量对结果变量不具有显著的独立效应；出于模型简约性的考虑，本章最终展示的模型结果未保留这些变量。

第二节 主要研究发现

利用上一节介绍的数据与模型方法，表 13-1 展示了中国 10—18 岁青少年认知能力的广义结构方程模型拟合结果，着重检验了父母的晚育行为、家庭规模和孩次结构、父母受教育程度等特征对青少年认知能力的影响。在此基础上，研究进一步将父母的教养方式纳入模型，以检验上述家庭特征影响的可能作用途径，结果如表 13-2 所示。表 13-3 展示了中国 10—15 岁青少年非认知能力的广义结构方程模型拟合结果，着重检验包括父母晚育、家庭规模和孩次结构、父母学历和其他文化资源、家庭结构等在内的家庭转变特征对当代未成年人非认知能力发育的影响。本节以下部分将分别对认知能力和非认知能力的模型拟合结果展开讨论。

一 当代青少年认知能力的影响机制

表 13-1 展示了青少年的即时记忆、延时记忆、数列测试、字词测试和数学测试得分的模型拟合结果，这些结果从认知能力的不同维度出发为当代中国家庭转变的可能影响提供了实证检验。

由表 13-1 可见，当前中国青少年的认知能力发展状况不仅因个人特征而异，而且在很大程度上受家庭转变以及相关家庭因素的影响。围绕这些研究发现，下文将逐一展开讨论。

第十三章 家庭对未成年人认知能力和非认知能力发展的影响　335

表13-1　10—18岁青少年认知能力的广义结构方程模型拟合结果

	即时记忆得分		延时记忆得分		数列测试得分		字词测试得分		数学测试得分	
	系数	稳健SE	系数	稳健SE	系数	稳健SE	系数	稳健SE	系数	稳健SE
男性（参照组＝女性）	-0.174**	0.057	-0.135*	0.068	0.388**	0.129	-0.766***	0.214	-0.086	0.147
城镇（参照组＝农村）	0.148*	0.065	0.137$	0.077	0.243$	0.144	1.384***	0.225	0.672***	0.159
学龄阶段（参照组＝小学）										
初中	0.314***	0.060	0.129$	0.072	1.283***	0.133	4.030***	0.239	2.963***	0.144
高中	0.197*	0.080	0.072	0.089	1.559***	0.181	6.723***	0.253	6.217***	0.194
母亲生育年龄（参照组＝23—28岁）										
15—22岁	0.213	0.188	-0.082	0.223	0.176	0.437	-0.319	0.781	-0.853	0.557
29—34岁	0.091	0.106	0.104	0.123	0.363	0.230	0.555	0.419	0.226	0.267
35岁及以上	0.163	0.176	0.123	0.210	0.475	0.365	0.179	0.660	0.213	0.402
第一孩（参照组＝其他孩次）	0.287**	0.092	0.162	0.105	0.756***	0.211	1.197***	0.342	0.818**	0.248
母亲生育年龄*第一孩										
15—22岁*第一孩	-0.300	0.206	0.126	0.244	-0.171	0.477	0.156	0.835	0.517	0.599
29—34岁*第一孩	0.049	0.162	0.088	0.202	-0.487	0.370	0.441	0.552	-0.526	0.413
35岁及以上*第一孩	-0.223	0.399	0.157	0.442	-0.360	0.849	-0.773	1.586	-0.750	0.786

续表

	即时记忆得分		延时记忆得分		数列测试得分		字词测试得分		数学测试得分	
	系数	稳健 SE	系数	稳健 SE	系数	稳健 SE	系数	稳健 SE	系数	稳健 SE
父亲生育年龄（参照组=23—28岁）										
15—22岁	-0.109	0.125	-0.091	0.141	-0.733**	0.256	-1.120**	0.429	-0.573*	0.277
29—34岁	0.039	0.079	0.065	0.094	0.170	0.176	0.112	0.318	0.067	0.212
35岁及以上	-0.113	0.136	-0.148	0.159	-0.622*	0.285	-0.501	0.526	-0.447	0.344
家庭人均收入（参照组=中低1/4）										
最低1/4	-0.278***	0.079	-0.332***	0.092	-0.576**	0.180	-1.327***	0.316	-0.604**	0.207
中高1/4	-0.006	0.073	0.024	0.087	0.330*	0.159	0.317	0.254	0.630***	0.178
最高1/4	0.099	0.105	0.160	0.127	0.859***	0.240	0.280	0.383	1.025***	0.284
父母最高学历（参照组=初中及以下）										
高中	0.224**	0.083	0.211*	0.103	0.748***	0.184	1.485***	0.275	1.478***	0.197
大专及以上	0.238*	0.110	0.233	0.144	1.158**	0.269	1.419**	0.424	1.124***	0.298
家庭藏书量	0.040	0.029	0.033	0.033	0.217***	0.061	0.195$	0.106	0.258***	0.072
良好行为量表得分	0.215**	0.070	0.133	0.086	0.283$	0.153	0.741**	0.281	0.563**	0.181
截距	5.609	0.118	5.086	0.135	6.884	0.261	18.890	0.436	8.067	0.299
因变量方差	2.812	0.073	3.893	0.103	12.772	0.283	37.730	1.313	17.011	0.477
有效样本量	3738		3671		3400		3609		3609	

注：*** 表示 $p<0.001$，** 表示 $p<0.01$，* 表示 $p<0.05$，$ 表示 $p<0.1$。

表13-2　10—18岁青少年认知能力的影响机制（广义结构方程模型拟合结果）

	即时记忆得分		延时记忆得分		数列测试得分		字词测试得分		数学测试得分	
	系数	稳健SE	系数	稳健SE	系数	稳健SE	系数	稳健SE	系数	稳健SE
男性（参照组=女性）	-0.269***	0.070	-0.210*	0.086	0.317*	0.158	-0.959***	0.256	-0.139	0.187
城镇（参照组=农村）	0.084	0.081	0.047	0.099	0.190	0.174	1.242***	0.262	0.607**	0.200
学龄阶段（参照组=小学）										
初中	0.329***	0.080	0.238*	0.094	0.977***	0.170	5.091***	0.296	3.459***	0.180
高中	0.256*	0.105	0.185	0.126	1.294***	0.246	8.047***	0.289	6.788***	0.206
母亲生育年龄（参照组=23—28岁）										
15—22岁	0.212	0.266	-0.109	0.301	0.354	0.572	0.289	0.833	-0.610	0.651
29—34岁	0.229$	0.131	0.197	0.157	0.467	0.292	0.559	0.506	0.477	0.344
35岁及以上	0.242	0.231	0.246	0.270	0.779***	0.476	-0.104	0.866	0.556	0.542
第一孩（参照组=其他孩次）	0.266*	0.117	0.108	0.134	0.984***	0.266	1.106**	0.401	1.008**	0.317
母亲生育年龄*第一孩										
15—22岁*第一孩	-0.266	0.287	0.230	0.327	-0.273	0.621	-0.693	0.901	0.143	0.706
29—34岁*第一孩	0.057	0.192	0.182	0.249	-0.663	0.440	0.108	0.682	-0.854$	0.518
35岁及以上*第一孩	0.177	0.450	0.545	0.507	-0.896	1.110	-1.027	2.237	-1.154	1.087

续表

	即时记忆得分		延时记忆得分		数列测试得分		字词测试得分		数学测试得分	
	系数	稳健 SE	系数	稳健 SE	系数	稳健 SE	系数	稳健 SE	系数	稳健 SE
父亲生育年龄（参照组＝23—28 岁）										
15—22 岁	-0.062	0.152	0.004	0.183	-0.546$	0.323	-1.309**	0.497	-0.642$	0.348
29—34 岁	0.015	0.096	0.003	0.119	0.282	0.215	0.069	0.378	-0.190	0.263
35 岁及以上	-0.236	0.169	-0.272	0.206	-0.396	0.361	-0.934	0.636	-1.089*	0.444
家庭人均收入（参照组＝中低 1/4）										
最低 1/4	-0.229*	0.095	-0.203$	0.116	-0.435$	0.226	-0.908*	0.376	-0.357	0.267
中高 1/4	-0.061	0.091	0.026	0.110	0.347$	0.195	0.048	0.304	0.479*	0.224
最高 1/4	0.002	0.127	0.266$	0.158	0.884**	0.279	0.165	0.451	0.759*	0.351
父母最高学历（参照组＝初中及以下）										
高中	0.182$	0.099	0.179	0.124	0.555**	0.212	1.252***	0.332	1.465***	0.248
大专及以上	0.231$	0.127	0.224	0.176	0.758*	0.326	1.127*	0.509	1.232**	0.374
家庭藏书量	0.046	0.034	0.032	0.041	0.166*	0.073	0.140	0.122	0.211*	0.087
良好行为量表得分	0.074	0.088	-0.028	0.113	0.146	0.199	0.120	0.352	0.110	0.241
父母教养方式得分	0.954***	0.256	0.887**	0.313	1.853**	0.572	5.665***	0.985	4.077***	0.676
截距	5.257	0.190	4.663	0.241	6.225	0.434	15.537	0.738	5.790	0.524
因变量方差	2.741	0.087	4.088	0.134	12.352	0.351	36.695	1.585	18.712	0.606
有效样本量	2516		2475		2228		2567		2567	

注：*** 表示 $p<0.001$，** 表示 $p<0.01$，* 表示 $p<0.05$，$ 表示 $p<0.1$。

第十三章　家庭对未成年人认知能力和非认知能力发展的影响　339

表 13-3　10—15 岁青少年非认知能力的广义结构方程模型拟合结果

	良好行为得分		自尊得分		自控力得分		对前途的信心得分		自评人缘得分	
	系数	稳健 SE	系数	稳健 SE	系数	稳健 SE	系数	稳健 SE	系数	稳健 SE
男性（参照组＝女性）	-0.039	0.024	-0.014	0.020	0.011	0.019	0.082	0.084	-0.013	0.080
城镇（参照组＝农村）	-0.018	0.025	0.033	0.023	0.011	0.021	-0.069	0.091	0.001	0.089
学龄阶段（参照组＝小学）										
初中	-0.012	0.016	0.055***	0.013	0.034**	0.012	-0.738***	0.064	0.038	0.068
母亲生育年龄（参照组＝23—28 岁）										
15—22 岁	0.110$	0.062	-0.134*	0.068	-0.168**	0.065	0.078	0.349	0.380	0.323
29—34 岁	0.075$	0.042	0.015	0.033	0.020	0.030	0.081	0.144	0.075	0.136
35 岁及以上	0.084	0.062	0.064	0.049	0.020	0.042	-0.113	0.202	0.083	0.176
第一孩（参照组＝其他孩次）	0.023	0.039	0.056$	0.033	-0.003	0.031	0.100	0.137	-0.097	0.133
母亲生育年龄＊第一孩										
15—22 岁＊第一孩	-0.130$	0.070	0.105	0.074	0.185**	0.070	-0.136	0.370	-0.249	0.344
29—34 岁＊第一孩	-0.010	0.067	0.030	0.055	0.005	0.051	0.228	0.222	0.299	0.215
35 岁及以上＊第一孩	-0.038	0.116	-0.023	0.106	0.041	0.097	-0.297	0.430	-0.153	0.325
家庭人均收入（参照组＝中低 1/4）										
最低 1/4	0.017	0.032	-0.053$	0.028	-0.028	0.026	0.174	0.120	-0.002	0.114
中高 1/4	-0.060*	0.030	0.017	0.024	0.013	0.024	0.088	0.103	0.092	0.100
最高 1/4	0.015	0.044	0.100**	0.037	0.038	0.034	0.235	0.150	0.371**	0.140

续表

	良好行为得分		自尊得分		自控力得分		对前途的信心得分		自评人缘得分	
	系数	稳健 SE	系数	稳健 SE	系数	稳健 SE	系数	稳健 SE	系数	稳健 SE
父母最高学历（参照组=初中及以下）										
高中	0.016	0.029	0.004	0.028	0.065*	0.026	-0.103	0.115	0.007	0.106
大专及以上	-0.051	0.052	0.082$	0.046	0.074$	0.042	-0.114	0.154	0.060	0.160
家庭结构（参照组=完好家庭）										
父母一人外出的留守家庭	0.018	0.033	-0.032	0.025	0.004	0.026	0.109	0.114	0.138	0.115
父母双方外出的留守家庭	0.001	0.040	0.036	0.034	0.049	0.032	-0.058	0.182	0.012	0.156
其他类型破碎家庭	-0.076	0.080	-0.038	0.054	-0.057	0.039	-0.085	0.243	-0.125	0.237
成绩排名	-0.018*	0.009	-0.044***	0.008	-0.039***	0.007	-0.150***	0.034	-0.050	0.035
亲子教育期望对比（参照组=一致）										
父母高于本人	-0.020	0.019	-0.060***	0.016	-0.025$	0.015	-0.159*	0.077	-0.185*	0.076
父母低于本人	-0.049*	0.025	-0.006	0.022	0.007	0.021	0.143	0.099	0.192*	0.097
父母教养方式得分	0.335***	0.089	0.307***	0.073	0.506***	0.073	2.354***	0.302	1.447***	0.320
截距	0.573	0.065	0.705	0.053	0.417	0.051	6.672	0.229	6.405	0.238
因变量方差	0.167	0.008	0.144	0.006	0.128	0.005	3.325	0.097	3.242	0.108
有效样本量	2409		2962		3039		3053		3054	

注：*** 表示 p<0.001，** 表示 p<0.01，* 表示 p<0.05，$ 表示 p<0.1。

（一）青少年认知能力的个体差异

表13-1表明，青少年的认知能力因个人性别、年龄和居住地类型等特征而呈现显著差异。具体来说，与女性相比，被访青少年中男性的即时记忆和延时记忆得分均显著较低，字词测试得分也显著偏低，但其数列测试得分显著高于女性，数学测试得分与女性差异不显著。这些结果可能在一定程度上反映了男女两性认知能力的结构性差异。在其他特征可比的情况下，女性在记忆、字词等方面具有比较优势，男性的比较优势则突出地反映在数列运算能力中。这与长期以来公众关于男女两性在学习能力、学科竞争力比较优势的认知相呼应。

需要指出的是，尽管男性的数列测试得分显著高于女性，其数学测试得分与女性并无显著差异。根据CFPS设计，数列测试是对潜在认知能力的反映，与个人的教育经历不直接相关；与之相对，数学测试得分则反映显性认知能力，包含了通过教育培训而获得的能力，因而与个人的教育经历直接相关。结合二者内涵的差异可以推断，男女两性在相应测试得分中不同的差异反映了认知能力性别差异的不同构成：就数学能力来看，男孩在数列、逻辑等方面呈现稳健的比较优势，但在与教育活动直接相关的数学测试中并未表现出比较优势，反映了教育活动对认知能力培育的效应；尽管相应效应可能并不能完全消除潜在认知能力的差异，未成年期的教育等投资仍然彰显了重要的实际效应。这一研究发现在一定程度上回应了以往关于数学能力性别差异的争议（谢桂华、刘昕毓，2021）。

在本章考察的认知能力的所有指标中，城镇青少年的得分均显著高于农村被访者。相应城乡差异在字词测试得分、数学测试得分中尤为显著，突出反映了城乡教育资源对未成年人认知能力发展的重要影响。相比之下，在反映潜在认知能力的延时记忆、数列测试得分中，城乡差异仅在边际上显著。在多数认知测试中，年龄越大的被访者得分显著更高；这与相应测试的赋分标准有关（参见第十章关于认知能力测量的具体介绍）。

（二）家庭转变进程对青少年认知能力的影响

在控制模型中其他因素的影响后，母亲的生育年龄与青少年的认知能力无显著的相关关系；但父亲生育年龄则对青少年的数列测试得分、字词测试及数学测试得分具有显著的独立效应。模型结果显示，在其他特征可比的情形下，父亲生育年龄过早（15—22 岁）对子女的数列测试、字词测试和数学测试得分均具有显著的不利效应；父亲生育年龄过晚（35 岁及以上）也对子女的数列测试得分具有显著的负向效应。这些结果意味着，父亲过早或过晚生育不利于子女的认知能力发育；这一结论与以往研究发现相吻合。不过，其具体作用机制还需要进一步探讨。

在考虑了模型中其他因素的影响后，平均而言，家庭中排行最大（包括独生子女）的孩子认知能力显著更高；家庭收入对青少年的认知能力具有显著的正向效应，人均收入越高，青少年在各维度认知能力测试中得分显著越高；父母受教育程度越高，青少年各维度的认知能力测试得分也显著更高；家中藏书量越多，青少年的数列测试、字词测试和数学测试得分均显著更高。这些结果反映了家庭经济资源和文化资本对子女认知能力发展的重要作用，从一个侧面为家庭资源以及与之相关的投资行为对改善未成年人认知能力的积极效应提供了间接支持。

（三）非认知能力对认知能力的促进效应

表 13-1 的模型拟合过程中纳入了反映个体行为特征的综合指数，即良好行为指数。该指数由 CFPS 针对个人特质设计的综合量表构建产生，综合了个人在宜人性、严谨性、开放性、情绪稳定性等

方面的特质①（具体介绍可参见第十一章第一节）。模型拟合结果显示，青少年的良好行为指数越高，个人的记忆（主要为即时记忆）测试、数列测试、字词测试和数学测试得分显著更高。由此可见，个体的非认知能力对认知能力培育和发展具有突出影响。这一点也与新人力资本理论的基本论断相吻合。

（四）家庭教养方式对认知能力发展的作用

在表 13-1 模型拟合结果的基础上，进一步纳入家长教养方式，以检验和探讨上述家庭特征对青少年认知能力影响的可能作用机制。模型拟合结果如表 13-2 所示。

表 13-2 的模型拟合结果显示，在加入父母教养方式得分后，模型中其他变量的拟合结果与表 13-1 基本保持一致，除部分变量的系数和显著性有所下降外。由于分析样本中部分被访者的父母教养方式信息缺失，表 13-2 中各模型实际使用的样本规模相对更小，比表 13-1 中各模型使用的样本规模下降 1/3 左右；由此不难理解表 13-2 中模型系数和显著性水平的下降。

值得强调的是，在加入父母教养方式后，青少年良好行为得分在各模型中均不再显著。与之相对，父母教养方式得分对各项认知能力测试得分均有显著的正向效应。这些结果表明，父母教养方式通过形塑或影响青少年的非认知能力，对其认知能力发育产生了重要的影响。

二 青少年非认知能力发展的影响机制

与家庭因素对青少年认知能力的影响相类似，本研究发现，青

---

① 具体问项包括："生性乐观""会在游戏和其他活动中等着轮到自己""做事仔细有条理""好奇且有探索精神，喜欢新的经历""会想好了再做，不冲动""与同龄人相处和睦""在游戏和其他活动中能容忍同龄人的错误""在游戏或其他活动中喜欢帮助他人""通常做那些您告诉他/她去做的事情""能够很容易地克服烦躁""很受其他同龄孩子喜欢"和"尽量自己独立做事"。

少年的非认知能力也在很大程度上受家庭特征的影响。针对历次调查中10—15岁被访青少年的非认知能力发展状况，本章从良好行为特征、自尊、自控力、自信心、自评人缘等综合指数或变量的角度出发拟合了多元广义结构方程模型，结果如表13-3所示。这些结果为理解青少年非认知能力的发展机制提供了多维度的展示和检验。

由表13-3可见，在考虑了模型中其他因素的影响后，分析样本中青少年的非认知能力不存在显著的性别或城乡差异。与小学高年级学龄的青少年相比，初中学龄的青少年自尊和自控力得分显著更高，但对未来信心的自评结果则显著更低。这可能反映了认知发育与非认知能力的相依关系：随着年龄的增长，青少年的认知发育不断成熟，这一过程中个人的自尊心和自控力不断增强，个人对前途或未来的信心可能因现实中的学业竞争力等影响而出现变化和分化。这一点可以从表13-3中"成绩排名"的效应得以部分佐证：对本研究考察的非认知能力指标来说，模型拟合结果显示青少年的学业成绩排名对多个维度的非认知能力（除自评人缘得分不显著外）呈现显著、一致的负向效应。这意味着，成绩排名靠后的青少年非认知能力显著更低。受此影响，初中学龄段青少年自报的信心水平平均下降，显著低于小学学龄段青少年。

家庭转变特征对青少年的非认知能力具有重要的影响。模型结果显示，首先，母亲生育年龄的早晚对青少年的非认知能力具有显著作用。母亲生育年龄过早，则青少年的自尊和自控力水平平均更低。不过，对自控力来说，母亲过早生育的不利效应主要集中在非首胎生育的子女中。由表13-3中"自控力得分"对应的模型结果可见，母亲在15—22岁生育的第一孩，自控力得分并不显著更低；但后续孩次早育情形下，子女的自控力得分显著较低。

其次，家庭经济资源影响子女的非认知能力发展状况，不过，相应效应主要体现在非认知能力的特定方面。模型结果显示，人均收入最高的家庭中，青少年的自尊得分和自评人缘得分显著更高；但对自控力、对未来的信心程度等维度的非认知能力，家庭收入并不产生显著的独立影响。此外，良好行为指数的模型结果显示，中等偏上收入的家庭中，青少年的良好行为得分显著较低。这可能在一定程度上反映了中上收入阶层的子女在严谨性、自律性、开放性等行为特征中的相对不足。不过，由于良好行为指数的测量方式是通过询问家长来收集信息的，因而，本研究的模型结果也可能反映了家长汇报行为的差异。中上收入阶层的家长对子女的期望较高，在代际阶层向上流动压力等现实面前更容易产生焦虑（也被通俗地称为"中产焦虑"），由此可能影响家长对子女的评价和汇报行为。

最后，父母的受教育程度对子女非认知能力的直接效应较小，但家长的教养方式对本研究考察的非认知能力的所有维度均具有高度显著和稳健的直接效应。模型结果显示，在考虑了模型中其他因素的影响后，父母的最高学历仅对青少年的自控力具有显著影响，父母学历越高，青少年的自控力也显著更高。父母教养方式的得分越高，青少年的各项非认知能力得分均显著更高。

此外，亲子教育期望偏差也影响青少年的非认知能力发展状况。表13-3的模型结果显示，父母的教育期望偏高（"父母高于本人"）的家庭中，青少年的自尊、自信心和自评人缘得分均显著较低。相反，父母教育期望偏低（"父母低于本人"）的家庭中，青少年的自评人缘得分显著较高，但其良好行为得分却显著较低。

在考虑了上述因素的影响后，考察样本中家庭结构对青少年的非认知能力没有显著的独立效应。

第三节　本章小结

利用CFPS 2010—2020年的调查数据，本章从认知能力和非认知能力的多个维度出发，通过联立拟合广义结构方程模型，检验了未成年人相应特征的影响机制，着重探讨了家庭特征，特别是与当代家庭转变进程相关的家庭因素的影响。本章的主要研究结论如下。

首先，当代家庭转变进程中年轻人婚育年龄的推迟，对子代认知能力发育具有重要的长期影响。本研究发现，父亲生育年龄过晚对子女在青少年时期的认知能力仍具有显著的不利影响。这可能反映了随着生育年龄推迟，遗传物质变化带来的先天性影响；也可能在一定程度上反映与晚育行为相关的、其他未观测社会经济特征的不利效应。本研究结果表明，父亲晚育对青少年的认知能力，特别是数学测试和数列测试得分具有稳健的不利效应。鉴于当代家庭转变进程伴随年轻人婚姻和生育行为的不断推迟，从人力资本发展的角度来看，晚育行为对子代认知能力发展的不利影响需要引起特别的重视。

其次，家庭规模及出生次序影响未成年人的认知能力发展状况。与独生子女或家中排行最大的孩子相比，非独生子女家庭中排行靠后的孩子认知能力显著较低。由于本研究考察的青少年主要出生于1995—2010年，这一时期二孩及以上孩次的生育在农村和其他政策较为宽松的地区更为多见，在社会经济较发达的地区和城市则相对少见。这就意味着，分析样本中被访者在家庭规模和出生次序中的差异可能隐含了社会经济的分层或选择性特征，鉴于此，本研究发现的家庭规模和出生次序对青少年认知能力的影响不能排除相应社会经济特征的自选择性效应。值得肯定的是，本研究的结果也意味着，家庭规模小型化对子女的认知能力发展产生了积极效应。

再次，家庭资源对未成年人的认知能力和非认知能力均具有不可低估的重要性。这些资源不仅包括经济资源，而且在很大程度上体现在文化资源、家长的价值观念等方面。本研究发现，家庭人均收入对青少年的认知能力和非认知能力具有显著的正向效应。其作用机制既可能是家庭对子女人力资本的直接投资所产生的差异，也可能是通过家庭氛围、家庭教养等方式潜移默化产生作用，也即家风家教的差异。与之相联系，父母受教育程度较高的青少年，认知能力和非认知能力显著更高；家庭教养方式也对青少年的认知能力和非认知能力具有高度显著和稳健的影响。

最后，青少年的认知能力与非认知能力发展相辅相成，认知能力的培育和发展离不开良好的非认知能力发展状况，反之亦然。本研究的结果表明，一方面，包含严谨性、宜人性、开放性等特质的良好行为得分越高，青少年的认知能力得分也显著更高；另一方面，青少年的学业表现对其非认知能力具有显著的独立效应。这些研究发现具有重要的现实意涵：家庭在对子女教养和培育的过程中，需要重视认知能力和非认知能力的内在相依和相互作用，兼顾子女的教育、学业发展与人格、自尊、自控力、自信心等方面特质的全面发展。

结语　总结与展望

继世纪性的人口转变之后，20世纪末世界不少国家在婚姻家庭领域开启了新的历史性转变。这一时期的家庭转变以年轻人的婚育年龄一再推迟、婚姻稳定性下降、家庭规模进一步减小、家庭类型与结构多元化、功能脆弱化等为典型特征，是全球社会变迁和文化价值观演变的产物。20世纪后期全球兴起的个人主义、后物质主义价值观在上述家庭转变进程中发挥了关键作用。与之相适应，当代家庭转变现象具有广泛性、非偶然性和不可逆性，对当代各国人口发展、家庭和社会稳定、经济发展产生着深刻的影响。从宏观人口与社会发展的角度来看，当代家庭转变的典型效应有：第一，加速了人口增长模式的历史性转折，使人口负增长提前；第二，人口年龄结构变化加速，少子老龄化速度和程度不断提高。随之而来的是社会养老负担加重、劳动力供给下降、年龄结构老化等，这些变化给长期社会发展和经济增长带来了巨大挑战。鉴于此，21世纪以来，世界各国对科技创新的依赖程度提升到前所未有的高度，人力资本发展状况成为决定各国提升自主创新能力与国际竞争力、实现社会经济长期持续发展的关键所在。

一　当代中国家庭转变

本研究利用较长周期的全国性抽样调查追踪数据，更新考察了当前中国家庭转变的主要特征和基本趋势。研究结论印证了自20

世纪 90 年代起中国婚姻家庭领域出现的变迁与当代世界家庭转变的同源性和相似性。概括起来，当代中国家庭转变至少表现在以下方面。

首先，中国年轻人的婚育年龄呈不断推迟趋势。根据最新的全国人口普查结果，截至 2020 年，中国男女两性的平均初婚年龄已分别推迟至 29.38 岁和 27.95 岁，[①] 与 1990 年相比男女两性的平均初婚年龄均推迟了约 5.8 年。2020 年，全国 30—34 岁女性中有接近 10% 的人（9.3%）尚未结婚，同龄男性未婚的比例超过 20%（20.5%）。与十年前相比，相应女性未婚比例提高 4 个百分点，男性提高约 8 个百分点。类似的变化趋势也反映在其他年龄的人群中，[②] 且在较低年龄段（对应年轻队列），未婚比例上升幅度更大，在 10—20 个百分点。与此同时，年轻人的初育年龄相应推迟，生育率在低水平进一步下降。本研究结果表明，在年轻队列中，男女两性的初育年龄明显推迟，以 1981—1985 年出生队列为例，CFPS 抽样调查结果显示该队列城镇女性的初育年龄中位数为 26 岁，同一出生队列城镇男性的初育年龄中位数为 28 岁；与之相比，较为年长的队列中初育年龄明显较早（参见本书第三章图 3-10）。

其次，现阶段中国婚姻稳定性明显下降，离婚现象增多。根据全国人口普查汇总结果，2020 年全国 30—49 岁的男性和女性人口中，处于离婚状态的比例均超过 3%；其中 35 岁及以上男性处于离婚状态的比例超过 4%，女性相应比例也接近 4%。相比之下，10 年前（2010 年）各年龄段男女处于离婚状态的比例明显较低，男性最高不超过 2.6%，女性不超过 2.1%。10 年间，35 岁及以上男女两

[①] 此处为时期平均初婚年龄，即当年初婚者的平均年龄。具体统计数值可参见 2020 年人口普查汇总表 B0504。

[②] 由最近两次普查的汇总结果计算可得，2020 年，20—24 岁、25—29 岁、35—39 岁、40—44 岁和 45—49 岁女性未婚比例依次为 80.4%、33.2%、4.1%、2.1% 和 1.3%，分别比 2010 年相应年龄女性的未婚比例（依次为 67.5%、21.6%、1.8%、0.8% 和 0.4%）提高 12.9 个、11.6 个、2.3 个、1.3 个和 0.9 个百分点。类似地，2020 年这些年龄段男性人口的未婚比例依次为 91.1%、52.9%、9.4%、5.7% 和 4.4%，比 2010 年同龄男性分别提高 8.7 个、16.6 个、2.9 个、1.6 个和 1.3 个百分点。

性处于离婚状态的比例上升幅度均超过 1.5 个百分点。从各年龄段男女两性中离婚和在婚状态人口的比值（离婚/在婚比）来看，2010—2020 年相应比值上升近一倍，其中男性的相应比值由 2010 年的 0.02—0.03 上升到 0.04—0.05；女性的比值也由 2010 年的 0.02 上升到 0.03—0.04。这些数据仅展示了普查时点离婚状态的相对占比，远低于实际离婚风险。不过，这些数据仍展现了近年来中国社会中离婚比例快速上升的趋势。

最后，家庭规模普遍下降的同时，家庭类型和结构复杂、多元化。全国人口普查结果显示，从家庭户规模和结构分布来看，2020 年一人户在所有家庭户中的占比超过 1/4（25.39%），比 2010 年（14.53%）上升 10 个百分点以上；一代户家庭在所有家庭户中占一半左右（49.50%），比 2010 年（34.18%）增长约 15 个百分点，二代户的比例（36.72%）比 2010 年（47.83%）下降约 11 个百分点，三代及以上家庭户占比则在低水平进一步下降。这些结果体现了近年来中国家庭规模、居住安排等方面的重要变化，对家庭功能等产生着不可低估的影响。

这些转变趋势与当代世界家庭转变具有一致性，由此从侧面印证了当前中国家庭转变进程的非偶然性和不可逆转性。值得一提的是，与以往研究强调城镇地区家庭转变的论断不同，本研究发现，近年来中国农村地区家庭转变进程明显加快，与城镇地区的差距不断缩小。换言之，城乡家庭转变进程均已取得实质性进展，并不断向纵深发展。因此，及时关注中国家庭转变进程的效应，考察其对未成年人成长和发展的影响，在新时代的人口与社会经济发展常态下具有特别重要的现实意义和时代迫切性。

二 家庭转变对未成年人的人力资本发展的影响

结合上述家庭转变事实以及关于其影响的理论和经验发现，本研究从新人力资本的概念内涵出发，系统考察了当代中国家庭转变进程及其具体特征对未成年人的人力资本各要素发展的影响。研究结果从多个维度论证了家庭转变特征的重要影响，并强调了在当代家庭转变进程中中国人力资本发展面临的突出问题。这些研究发现为家庭和社会进行及时有效的干预、提高人力资本积累效率，进而推动中国人力资本的高质量充分发展提供了依据。

概括起来，本研究的主要结论显示，当代家庭转变特征与进程对年青一代的人力资本发展产生着重要且复杂的影响；相应效应表现在多个方面，具有多维多重性，既包含正向的积极效应，也有负向的不利影响。

（一）积极效应

首先，当代家庭转变与女性受教育程度的普遍提高直接相关，并在客观上推动了女性教育的发展；通过代际影响，母亲受教育程度对子代人力资本发展发挥着极为关键的作用。

本研究结论表明，母亲受教育程度越高，子女出生时的健康禀赋平均更好，成长过程中多个维度的健康状况显著更好。在足月生产的新生儿中，母亲受教育程度较高时新生儿出现低体重的风险更低，婴儿期的患病频率更低，幼年及青少年期的体格发育状况和心理健康相对更好。此外，对未成年人的教育发展而言，母亲受教育程度越高，家长对子女的教育期望更高、更加重视幼儿的早期教育投入，不仅在各教育阶段投入更多的教育资源，而且更有可能通过积极理性的教养行为和持续适当的情感支持为子女学业发展和健康成长提供保障。母亲受教育程度越高，子女的认知能力及其潜力也显著更高。

其次，在当代家庭转变过程中，性别平等文化的扩散推动了公共领域性别平等化进程，但在家庭领域相应进程明显迟缓，由此加剧了家庭规模小型化。这些变化加速了家庭资源的积蓄和集中，为未成年人的人力资本发展奠定了重要的物质基础和文化条件。

本研究发现，家庭规模的下降，有助于改善子代的先天发育状况，提高其出生时的健康禀赋，并对成长过程中体格发育和心理健康具有显著的积极效应。这些健康效应可能与家庭物质条件和营养状况的改善、健康资源及重视程度提高有关，由此对子代健康资本积累发挥着持续的促进作用。除此之外，家庭规模的减小，也在客观上增加了子女平均获得的家庭教育投入、父母的关注和情感支持，促进了积极理性的教养实践，因而对未成年人的认知能力发育具有积极效应。

最后，父母生育年龄适度推迟，对子女的先天健康禀赋、体格发育健康、培育良好行为等特质具有重要的正向影响。

本研究发现，在足月生产的情形下，父母生育年龄适中可以显著降低新生儿的低出生体重风险，降低子女在儿童和青少年期体格发育迟缓的风险。与之相比，父母过早（仅城镇地区显著）或过晚生育则对子女的初始健康禀赋、成长过程中的体格发育轨迹和一般健康状况具有显著的不利影响。其中，母亲生育年龄过低时，子女的身高发育显著更差，出现超重或肥胖的风险显著更高。这些不利影响在控制其他家庭及社会经济差异后仍高度稳健。

由于人力资本发展遵循累积性和路径依赖规律，上述家庭转变对未成年人健康、教育、认知能力等人力资本要素的积极效应具有长期的重要影响，有助于提高年青一代的人力资本积累效率、推动人力资本高质量充分发展。

（二）不利影响

不可否认，当代家庭转变对未成年的人力资本发展也产生了不可忽视的不利影响。本研究发现，典型的不利效应包括以下几个方面。

首先，父母生育年龄过晚对子女的初期健康禀赋、成长过程中的健康状况、认知能力等具有显著的不利效应。本研究结果表明，父母在35岁及以上生育会显著增加新生儿早产的风险，相应效应对首胎尤为突出。另外，父母过晚生育也对青少年的心理健康、认知能力发展具有突出的不利影响。

其次，家庭关系质量和稳定性的下降，不利于子女的人力资本发展。伴随着家庭转变，家庭关系的变化对家庭环境氛围及其教养等功能产生了明显的不利影响，由此不同程度地损害着未成年子女的心理健康。本研究发现，父母之间争吵的现象会降低亲子关系的和谐性，并对青少年的心理健康状况造成明显的负向影响。

最后，家庭结构变化对未成年人的人力资本发展产生着复杂而深刻的影响。本研究结果表明，在农村地区，家庭结构不完整（特别是留守家庭）会显著增加未成年人超重和肥胖的风险；在城镇地区，家庭结构不完整显著降低了青少年的心理健康和自评一般健康状况。

这些研究发现警示全社会重视当代家庭转变对未成年人成长和发展的不利影响，通过及时有效的社会干预和支持缓解其不利后果，促进未成年人身心健康发展、人力资本充分和高效积累。

三 年青一代人力资本发展的特征与趋势

除上述家庭转变进程的影响外，本研究还从时期和队列变化的角度揭示了当前中国年青一代人力资本发展特征及其影响机制。这些变化趋势包含了宏观社会经济、教育与卫生事业发展等因素的综合作用，对于理解和把握中国人力资本发展的趋向也具有重要的指示意义。概括起来，这些变化趋势主要包括以下方面。

首先，就健康资本来看，当代年轻人的体格健康随出生队列稳步提升，较年轻的出生队列中青少年儿童身高发育和体格健康指数显著更高。不过，近年来，城乡青少年的心理健康问题明显上升，且呈低龄化趋势。此外，随着医疗卫生技术的进步和晚育、人为干预妊娠等现象的比例上升，年轻队列中新生儿的早产比例也明显升高。这些队列和时期变化趋势为未来中国年青一代健康资本的发展提供了启示，也为健康促进指明了重点领域和方向。

其次，从教育资本来看，近几十年来中国年轻人的受教育水平快速提高。不过，近年来青少年及其家长的教育期望越来越多地集中于大学本科教育；持更高（硕士或博士研究生）或较低（大专及以下）教育期望的比例随时间明显下降。这些变化趋势意味着，现阶段中国城乡青少年在追求高水平优质教育的同时，越来越注重理性权衡，而不是简单的"越高越好"。这些变化可能与近年来高学历者在就业环节、劳动力市场的回报率下降有关，也在一定程度上反映了公众对高等教育扩招以来教育质量下降的担忧。除此之外，受教育供求关系变化的影响，近年来中国教育生态出现明显变化，升学竞争激烈化、低龄化为家庭和社会带来了不小的压力和焦虑，这也可能改变年轻人及其家长的教育期望和抉择。

最后，与当代社会及家庭变迁相适应，人力资本的城乡和性别差异随时间发生重要的结构性变化。

从性别差异来看，现阶段中国城乡家庭对子女教育投入中重男轻女的现象已基本消除，即便在农村地区，家庭对女孩的教育投入水平并不低于男孩；在初中阶段，家庭对女孩教育投入的平均水平甚至超过男孩。不过，女孩的心理健康状况不如男孩，不仅农村地区的女孩心理健康状况明显更差，在城镇地区母亲低学历的家庭中，女孩的心理健康问题也较为突出。青少年的认知能力存在重要的性别差异，不过，相应差异并非固定不变的。本研究发现，从潜在"真实"的认知能力测量结果来看，男孩和女孩各有相对认知优势，表现在不同的方面；同时，显性的认知能力测试结果表明，教育活动可以在很大程度上影响和改变认知能力的发展状况，包括其性别差异。

从城乡差异来看，目前中国城镇和农村未成年人的体格发育、认知能力等方面仍存在显著的差异；城镇地区青少年儿童的体格发育水平明显高于农村，认知能力测试得分也显著高于农村同龄人群，随着学龄阶段的递升，青少年认知能力的城乡差距逐步扩大。在母亲低学历的家庭中，农村青少年儿童的体格发育状况总体更差，城乡差距最为突出。这些变化体现了社会经济变迁对年青一代人力资本发展的结构性差异的综合效应，随着社会经济和家庭变迁，人力资本发展的人群差异因社会结构性因素的交织作用更加复杂和深刻，这对当前及今后中国人力资本投资和促进的针对性与精准性提出了更高的要求。

基于以上研究结论，本研究认为，未来中国人力资本的发展状况与当代家庭转变有着不可分割的联系。在中国人口即将转入长时期负增长的发展阶段，重视新生人口的人力资本投资和积累效率，需要从生命早期开始，关注先天及后天成长各阶段的发展，为人力资本的充分发展奠定基础。这也是新人力资本理论的核心观点和主要论断。

针对本研究的主要发现，首先应当对家庭转变带来的结构和功能变化，建立和健全人力资本发展的社会支持体系。为家庭养育、教育和教养提供必要的指导，特别关注文化资本相对匮乏的农村地区或家庭，通过社会支持为相应群体的人力资本发展提供保障。其次，注重新的社会价值观的培育，引导全社会重视和谐家庭建设；弘扬优秀家风，增进全社会对家庭关系的呵护与重视。通过对当代婚姻、家庭关系变化的影响机制开展深入系统的调查研究，为建立和完善家庭支持的社会制度提供有针对性的建议和依据。消除不利于家庭和谐稳定的风险因素，为未成年人的成长与人力资本发展提供良好的家庭环境。最后，关注晚育现象的发展变化及其影响机制，多方面着手为年轻人适龄婚育提供支持和便利、解决潜在的问题与障碍。通过科学研究和知识与信息的传播，倡导适龄生育，减少因过晚生育带来的先天或后天健康、认知发育等问题，为新生一代的人力资本充分发展创造条件。

囿于数据信息的约束，本研究仍有一些未能充分检验或深入探讨的研究问题。例如，本研究使用的数据中关于人力资本各要素的有效调查范围和追踪周期还相对有限，未能支持对当代家庭转变特征的人力资本发展效应进行更长周期的分析和检验。这些将在后续研究中进一步追踪考察。此外，随着家庭转变进程的不断深入，家庭特征及其对子代人力资本发展的影响均可能发生变化，因而，未来中国人力资本的发展状况需要后续研究持续关注和深入探讨。

参考文献

傅小兰、张侃主编：《心理健康蓝皮书：中国国民心理健康发展报告（2019—2020）》，社会科学文献出版社 2021 年版。

［美］W. 古德：《家庭》，魏章玲译，社会科学文献出版社 1986 年版。

蔡昉：《未来的人口红利——中国经济增长源泉的开拓》，《中国人口科学》2009 年第 1 期。

陈博欧、张锦华：《社交能力与农民工工资性收入》，《财经研究》2021 年第 11 期。

陈熙：《家庭现代化理论与当代中国家庭：一个文献综述》，《重庆社会科学》2014 年第 8 期。

陈璇：《走向后现代的美国家庭：理论分歧与经验研究》，《社会》2008 年第 4 期。

陈雨露、秦雪征：《相貌对个人认知能力与非认知能力的影响——基于中国家庭追踪调查（CFPS）数据的研究》，《劳动经济研究》2018 年第 4 期。

程虹、李唐：《人格特征对于劳动力工资的影响效应——基于中国企业—员工匹配调查（CEES）的实证研究》，《经济研究》2017 年第 2 期。

崔颖、徐卓君：《父母外出务工对农村留守儿童非认知能力的影响及机制》，《浙江学刊》2021 年第 5 期。

邓格致：《关于影响儿童认知能力因素的研究》，《教育观察》2021

年第 48 期。

邓林园等：《家庭环境、亲子依恋与青少年网络成瘾》，《心理发展与教育》2013 年第 3 期。

邓林园等：《离婚对儿童青少年心理发展的影响：父母冲突的重要作用》，《心理发展与教育》2016 年第 2 期。

杜屏等：《父母工资收入对小学生非认知技能的影响及其机制的研究》，《教育经济评论》2018 年第 2 期。

杜育红、赵冉：《教育在经济增长中的作用：要素积累、效率提升抑或资本互补？》，《教育研究》2018 年第 5 期；

方超、黄斌：《非认知能力、家庭教育期望与子代学业成绩——基于 CEPS 追踪数据的经验分析》，《全球教育展望》2019 年第 1 期。

方光宝、侯艺：《家庭社会经济地位如何影响初中生认知能力的发展》，《全球教育展望》2019 年第 9 期。

傅崇辉：《家庭转变的动态过程及其环境负载研究》，《人口研究》2016 年第 2 期。

傅崇辉、张玲华、李玉柱：《从第六次人口普查看中国人口生育变化的新变化》，《统计研究》2013 年第 1 期。

盖笑松等：《父母离异对子心理发展的影响：计票式文献分析途径的研究》，《心理科学》2007 年第 6 期。

龚鑫、李贞义：《学前教育经历对初中生非认知能力的影响：基于 CEPS 的实证研究》，《教育与经济》2018 年第 4 期。

谷俞辰等：《新中国成立以来家庭结构变迁及其核心研究议题与未来方向展望》，《人口与健康》2019 年第 10 期。

郭方涛：《留守儿童家庭教育方式问题及转变》，《教育评论》2017 年第 10 期。

郭剑雄：《人力资本、生育率与城乡收入差距的收敛》，《中国社会科学》2005 年第 3 期。

郭志刚、田思钰：《当代青年女性晚婚对低生育水平的影响》，《青年研究》2017 年第 6 期。

郭志刚：《中国低生育进程的主要特征——2015年1%人口抽样调查结果的启示》，《中国人口科学》2017年第4期。

和红、谈甜：《中国人口平均初婚年龄变化特点及晚婚的分因素贡献率》，《人口学刊》2021年第5期。

侯慧丽：《义务教育阶段市场化教育参与和投入的性别差异》，《中国青年研究》2019年第4期。

胡鞍钢、才利民：《从"六普"看中国人力资源变化：从人口红利到人力资源红利》，《清华大学教育研究》2011年第4期。

胡鞍钢等：《教育现代化目标与指标——兼谈"十三五"教育发展基本思路》，《清华大学教育研究》2015年第3期。

胡鞍钢、王洪川：《中国教育现代化：全面释放巨大红利》，《清华大学教育研究》2016年第4期。

胡湛、彭希哲：《中国当代家庭户变动的趋势分析——基于人口普查数据的考察》，《社会学研究》2014年第3期。

黄超：《家长教养方式的阶层差异及其对子女非认知能力的影响》，《社会》2018年第6期。

黄国英、谢宇：《认知能力与非认知能力对青年劳动收入回报的影响》，《中国青年研究》2017年第2期。

蒋芳等：《北京协和医院25年早产状况的调查》，《中国医学科学院学报》2016年第5期。

蒋耒文：《"欧洲第二次人口转变"理论及其思考》，《人口研究》2002年第3期。

荆春霞等：《家庭关系及教育方式对青少年健康的影响》，《疾病控制杂志》2005年第1期。

赖德胜：《高等教育扩张背景下的劳动力市场变革》，《中国高等教育》2013年第1期。

雷望红：《中国城乡母职形象何以分化——"教育家庭化"中的城市"虎妈"与农村"猫妈"》，《探索与争鸣》2020年第10期。

李安琪、吴瑞君：《母亲教育水平、婚姻教育匹配与子女非认知能力》,《北京社会科学》2021年第10期。

李波:《父母参与对子女发展的影响——基于学业成绩和非认知能力的视角》,《教育与经济》2018年第3期。

李根丽、尤亮:《非认知能力对非正规就业者工资收入的影响》,《财经研究》2022年第3期。

李洪曾等:《80后独生父母在家庭环境创设上占据优势——对8085名幼儿和小学生父母亲子教育状况的分析》,《上海教育科研》2014年第9期。

李建新、王小龙:《初婚年龄、婚龄匹配与婚姻稳定——基于CFPS 2010年调查数据》,《社会科学》2014年第3期。

李乐敏等:《父母陪伴对青少年非认知能力的影响——基于亲子共餐视角的准实验研究》,《人口与发展》2020年第2期。

李丽、赵文龙:《家庭背景、文化资本对认知能力和非认知能力的影响研究》,《东岳论丛》2017年第4期。

李涛、张文韬:《人格经济学研究的国际动态》,《经济学动态》2015年第8期。

李婷等:《中国三代直系家庭变迁:年龄、时期、队列视角的观察》,《人口学刊》2020年第3期。

李婷、郑叶昕:《中国的家庭转变与低生育率》,《团结》2021年第6期。

李晓曼、曾湘泉:《新人力资本理论——基于能力的人力资本理论研究动态》,《经济学动态》2012年第11期。

李子江、张斌贤:《扩张与转型:内战后美国高等教育发展的路径选择》,《清华大学教育研究》2016年第1期。

梁文艳等:《父母参与如何影响流动儿童认知能力——基于CEPS基线数据的实证研究》,《教育学报》2018年第1期。

林崇德、李庆安:《青少年期身心发展特点》,《北京师范大学学报》(社会科学版)2005年第1期。

林晓珊:《改革开放四十年来的中国家庭变迁:轨迹、逻辑与趋势》,

《妇女研究论丛》2018年第5期。

刘婷婷：《从"一孩"到"二孩"家庭系统的转变与调适》，《中国青年研究》2017年第10期。

刘欣、夏彧：《中国城镇社区的邻里效应与少儿学业成就》，《青年研究》2018年第3期。

刘中华：《非认知能力对学业成就的影响——基于中国青少年数据的研究》，《劳动经济研究》2018年第6期。

陆杰华、汤澄：《人口转变背景下风险家庭表现形式、成因及公共政策再建构》，《河北学刊》2016年第3期。

陆杰华、王笑非：《20世纪90年代以来我国婚姻状况变化分析》，《北京社会科学》2013年第3期。

陆旸、蔡昉：《从人口红利到改革红利：基于中国潜在增长率的模拟》，《世界经济》2016年第1期。

陆旸、蔡昉：《人口结构变化对潜在增长率的影响：中国和日本的比较》，《世界经济》2014年第1期。

吕利丹：《我国少数民族儿童的人口、家庭特征及教育现状分析——基于第六次人口普查数据的分析》，《人口与发展》2016年第1期。

罗凯、周黎安：《子女出生顺序和性别差异对教育人力资本的影响——一个基于家庭经济学视角的分析》，《经济科学》2010年第3期。

马春华等：《中国城市家庭变迁的趋势和最新发现》，《社会学研究》2011年第2期。

马春华：《后社会主义国家的家庭政策和性别平等：1989年后的匈牙利和波兰》，《妇女研究论丛》2014年第5期。

孟阳、李树茁：《性别失衡背景下农村大龄未婚男性的社会排斥——一个分析框架》，《探索与争鸣》2017年第4期。

闵维方：《教育促进经济增长的作用机制研究》，《北京大学教育评论》2017年第3期。

潘允康：《家庭网和现代家庭生活方式》，《社会学研究》1988年第2期。

潘允康：《中国家庭网的现状和未来》，《社会学研究》1990年第5期。

彭希哲、胡湛：《当代中国家庭变迁与家庭政策重构》，《中国社会科学》2015年第12期。

齐亚强：《自评一般健康的信度和效度分析》，《社会》2014年第6期。

乔治·库：《非认知能力：培养面向21世纪的核心胜任力》，《北京大学教育评论》2019年第3期。

石金群：《当代西方家庭代际关系研究的理论新转向》，《国外社会科学》2015年第2期。

宋健、唐诗萌：《1995年以来中国妇女生育模式的特点及变化》，《中国人口科学》2017年第4期。

宋健、张晓倩：《从人口转变到家庭转变：一种理论分析思路》，《探索与争鸣》2021年第1期。

孙旭、郑磊：《农村儿童的早期健康对认知能力的影响——基于2010年CFPS数据的研究》，《教育经济评论》2018年第5期。

唐灿：《家庭现代化理论及其发展的回顾与评述》，《社会学研究》2010年第3期。

陶东杰等：《家庭规模、资源约束与子女教育分布——基于CFPS的实证研究》，《华中科技大学学报》（社会科学版）2017年第2期。

田录梅：《Rosenberg（1965）自尊量表中文版的美中不足》，《心理学探新》2006年第2期。

童辉杰、黄成毅：《当代中国家庭结构的变迁及其社会影响》，《西北人口》2015年第6期。

汪慧：《当代中国家庭结构转变与家教定位——浅析独生子女心理障碍的家庭因素及对策》，《当代青年研究》1997年第3期。

王春超、林俊杰：《农村儿童认知能力与非认知能力发展关系研究》，《武汉大学学报》（哲学社会科学版）2021年第3期。

王春超、张承莎:《非认知能力与工资性收入》,《世界经济》2019年第3期。

王春超、钟鹏锦:《同群效应与非认知能力——基于儿童的随机实地实验研究》,《经济研究》2018年第12期。

王广州、周玉娇,《中国家庭规模的变动趋势、影响因素及社会内涵》,《青年探索》2021年第4期。

王慧敏等:《家庭社会经济地位、学前教育与青少年的认知—非认知能力》,《青年研究》2017年第6期。

王伊雯、叶晓梅:《近朱者赤,近墨者黑?同伴对青少年非认知能力的影响——基于CEPS数据的实证分析》,《教育与经济》2021年第6期。

王跃生:《当代中国家庭结构变动分析》,《中国社会科学》2006年第1期。

王跃生:《农村男性大龄未婚的区域"积聚"问题——基于冀西北赤城县的考察》,载〔美〕黄宗智主编《中国乡村研究》第十三辑,福建教育出版社2017年版。

王跃生:《三代直系家庭最新变动分析——以2010年中国人口普查数据为基础》,《人口研究》2014年第1期。

王跃生:《制度变迁与当代城市家庭户结构变动分析》,《人口研究》2020年第1期。

王跃生:《中国城乡家庭结构变动分析——基于2010年人口普查数据》,《中国社会科学》2013年第12期。

吴帆:《第二次人口转变背景下的中国家庭变迁及政策思考》,《广东社会科学》2012年第2期。

吴帆、林川:《欧洲第二次人口转变理论及其对中国的启示》,《南开学报》(哲学社会科学版)2013年第6期。

吴小英:《流动性:一个理解家庭的新框架》,《探索与争鸣》2017年第7期。

吴要武、赵泉:《高校扩招与大学毕业生就业》,《经济研究》2010

年第 9 期。

吴愈晓等：《变迁中的中国家庭结构与青少年发展》，《中国社会科学》2018 年第 2 期。

吴愈晓、张帆：《"近朱者赤"的健康代价：同辈影响与青少年的学业成绩和心理健康》，《教育研究》2020 年第 7 期。

吴愈晓：《中国城乡居民的教育机会不平等及其演变（1978—2008）》，《中国社会科学》2013 年第 3 期。

肖潇等：《不完整家庭环境中的大学生的心理教育初探》，《学理论》2014 年第 24 期。

谢桂华、刘昕毓：《数学的性别：性别观念对初中生数学水平的影响》，《社会学研究》2021 年第 4 期。

谢永祥：《非认知能力对学业成就的阶层异质效应：回顾与评论》，《上海教育科研》2020 年第 10 期。

邢春冰、李实：《扩招"大跃进"、教育机会与大学毕业生就业》，《经济学》（季刊）2011 年第 4 期。

邢敏慧、张航：《隔代抚养对初中生非认知能力发展的影响——基于CEPS 数据的实证研究》，《国家教育行政学院学报》2020 年第 10 期。

许艳丽、王岚：《城市大龄未婚女性婚姻问题的社会性别分析》，《中华女子学院学报》2014 年第 5 期。

杨成钢：《人口质量红利、产业转型和中国经济社会可持续发展》，《东岳论丛》2018 年第 1 期。

杨菊华、何炤华：《社会转型过程中家庭的变迁与延续》，《人口研究》2014 年第 2 期。

杨菊华、孙超：《我国离婚率变动趋势及离婚态人群特征分析》，《北京行政学院学报》2021 年第 2 期。

杨菊华：《中国生育政策的地区差异与青少年教育机会关系研究》，《人口学刊》2007 年第 34 期。

杨善华：《中国城市家庭变迁中的若干理论问题》，《社会学研究》

1994 年第 3 期。

杨善华:《中国当代城市家庭变迁与家庭凝聚力》,《北京大学学报》(哲学社会科学版) 2011 年第 2 期。

杨胜慧、陈卫:《中国家庭规模变动:特征及其影响因素》,《学海》2015 年第 2 期。

姚昊、叶忠:《家庭背景、教育质量与学生能力形成——基于 CEPS 的多层线性模型分析》,《当代教育与文化》2018 年第 4 期。

叶华、吴晓刚:《生育率下降与中国男女教育的平等化趋势》,《社会学研究》2011 年第 5 期。

于爱华等:《随迁对农民工子女非认知能力的影响——基于家校教育过程的中介效应分析》,《中国农村观察》2020 年第 6 期。

于冬梅等:《中国活产新生儿低出生体重发生率及影响因素》,《中华预防医学杂志》2007 年增刊。

於嘉等:《当代中国婚姻的形成与解体:趋势与国际比较》,《人口研究》2020 年第 5 期。

於嘉、谢宇:《社会变迁与初婚影响因素的变化》,《社会学研究》2013 年第 4 期。

於嘉、谢宇:《中国的第二次人口转变》,《人口研究》2019 年第 5 期。

原新等:《人口红利概念及对中国人口红利的再认识——聚焦于人口机会的分析》,《中国人口科学》2017 年第 6 期。

张鼎权等:《学前教育对学生非认知能力影响的研究》,《教育科学研究》2018 年第 5 期。

张帆、吴愈晓:《与祖辈同住:当代中国家庭的三代居住安排与青少年的学业表现》,《社会》2020 年第 3 期。

张同斌:《从数量型"人口红利"到质量型"人力资本红利"——兼论中国经济增长的动力转换机制》,《经济科学》2016 年第 5 期。

张晓娣:《公共教育投资与延长人口红利——基于人力资本动态投入

产出模型和 SAM 的预测》,《南方经济》2013 年第 11 期。

张亚星等:《家校合作对家长教养方式的影响机制研究子女非认知能力培养的视角》,《中国教育学刊》2022 年第 3 期。

张翼:《单身未婚:"剩女"和"剩男"问题分析报告——基于第六次人口普查数据的分析》,《甘肃社会科学》2013 年第 4 期。

张月云、谢宇:《低生育率背景下儿童的兄弟姐妹数、教育资源获得与学业成绩》,《人口研究》2015 年第 4 期。

张紫徽等:《面向学习成功的非认知能力学生画像可视化》,《现代教育技术》2021 年第 12 期。

赵梦晗:《我国妇女生育推迟与近期生育水平变化》,《人口学刊》2016 年第 1 期。

赵宇晗、余林:《人格特质与认知能力的关系及其年龄差异》,《心理科学进展》2014 年第 12 期。

郑磊等:《家庭规模与儿童教育发展的关系研究》,《教育研究》2014 年第 4 期。

郑磊等:《学前教育与城乡初中学生的认知能力差距——基于 CEPS 数据的研究》,《社会学研究》2019 年第 3 期。

郑磊:《同胞性别结构、家庭内部资源分配与教育获得》,《社会学研究》2013 年第 5 期。

郑力:《班级规模会影响学生的非认知能力吗?——一个基于 CEPS 的实证研究》,《教育与经济》2020 年第 1 期。

郑素侠:《城乡青少年媒介使用的家庭环境差异及其影响因素——基于 2013 年度中国教育追踪调查(CEPS)数据的分析》,《现代传播》(中国传媒大学学报)2015 年第 9 期。

钟水映等:《"教育红利"对"人口红利"的替代作用研究》,《中国人口科学》2016 年第 2 期。

仲秀丽等:《1989—2017 年住院分娩 4738 例早产活产儿临床资料分析》,《南通大学学报》(医学版)2018 年第 6 期。

周峰等:《上海市新生儿低出生体重流行趋势及危险因素分析》,

《现代预防医学》2018年第15期。

周金燕：《人力资本内涵的扩展：非认知能力的经济价值和投资》，《北京大学教育评论》2015年第1期。

朱浩：《西方发达国家老年人家庭照顾者政策支持的经验及对中国的启示》，《社会保障研究》2014年第4期。

朱志胜：《非认知能力与农民工城市创业回报——事实与机制》，《人口与经济》2021年第3期。

庄楹：《流动儿童家庭环境与教育分析——以宁德市流动儿童为例》，《教育教学论坛》2015年第36期。

祖霁云、Patrick Kyllonen：《非认知能力的重要性及其测量》，《中国考试》2019年第9期。

徐宏伟、骆为祥：《2010年综合变量（1）：字词与数学测试》，技术报告系列CFPS-11，2012年。

徐宏伟、谢宇：《中国家庭追踪调查2012年数列测试题》，技术报告系列CFPS-31，2015年。

胡鞍钢：《教育红利正在抵消人口红利下降影响》，《中国教育报》2015年12月11日第5版。

Allport, Gordon W. and Henry S. Odbert, "Trait - Names: A Psycho - Lexical Study", *Psychological Monographs*, Vol. 47, No. 31, 1936.

Amato, Paul R. and Bruce Keith, "Consequences of Parental Divorce for Children's Well - Being: A Meta - Analysis", *Psychological Bulletin*, Vol. 110, No. 1, 1991.

Amato, Paul R. and Jacob E. Cheadle., "The Long Reach of Divorce and Child Well - Being across Three Generations", *Journal of Marriage and Family*, Vol. 67, No. 1, 2005.

Amato, Paul R., "The Consequences of Divorce for Adults and Children", *Journal of Marriage and the Family*, Vol. 62, No. 4, 2000.

Andersen, Anne - Marie Nybo, Jan Wohlfahrt, Peter Christens, et al., "Maternal Age and Fetal Loss: Population Based Register Linkage

Study", *BMJ*, Vol. 320, No. 7251, 2000.

Andersen, Anne-Marie Nybo and Stine Kjaer Urhoj, "Is Advanced Paternal Age a Health Risk for the Offspring?", *Fertility and Sterility*, Vol. 107, No. 2, 2017.

Armstrong, D. T., "Effects of Maternal Age on Oocyte Developmental Competence", *Theriogenology*, Vol. 55, No. 6, 2001.

Atkins, Kaitlyn, B. M. Dougan, M. S. Dromgold-Sermen, et al., "'Looking at Myself in the Future': How Mentoring Shapes Scientific Identity for STEM Students from Underrepresented Groups", *International Journal of STEM Education*, Vol. 7, No. 1, 2020.

Bandura, Albert, "Self-efficacy: Toward a Unifying Theory of Behavioral Change", *Psychological Review*, Vol. 84, No. 2, 1977.

Becker, Gary S., *A Treatise on the Family*, Harvard University Press, 1981.

Becker, Gary S., *Human Capital*, University of Chicago Press, 1964.

Beck, Ulrich, *Risk Society: Towards a New Modernity*, London: Sage, 1992.

Beck, Ulrich, *World Risk Society*, London: Polity Press, 1999.

Bianchi, Suzanne M., "A Demographic Perspective on Family Change", *Journal of Family Theory & Review*, Vol. 6, No. 1, 2014.

Blake, Judith, *Family Size and Achievement*, Berkeley: University of California Press, 1989.

Blake, Judith, "Family Size and the Quality of Children", *Demography*, Vol. 18, No. 4, 1981.

Blau, Peter M. and Otis Dudley Duncan, *The American Occupational Structure*, New York: Wiley, 1967.

Bowles, Samuel and Herbert Gintis, *Schooling in Capitalist America: Educational Reform and the Contradictions of Economic Life*, New York: Basic Books, Inc. 1976; reprinted in 2011, Haymarket Books, reprint edition.

Bowles Samuel, Herbert Gintis, and Melissa Osborne, "Incentive – Enhancing Preferences: Personality, Behavior, and Earnings", *American Economic Review*, Vol. 91, No. 2, 2001.

Bray, Isabelle, David Gunnell and George Davey Smith, "Advanced Paternal Age: How Old Is Too Old?", *Journal of Epidemiology and Community Health*, Vol. 60. No. 10, 2006.

Cannon, Mary, "Contrasting Effects of Maternal and Paternal Age on Offspring Intelligence", *PLoS Medicine*, Vol. 6, No. 3, 2009.

Cattell, Raymond B., *Abilities: Their Structure, Growth, and Action*, New York: Houghton Mifflin, 1971.

Cattell, Raymond B., *Intelligence: Its Structure, Growth, and Action*, Amsterdam: North – Holland, 1987.

Cattell, Raymond B., "Theory of Fluid and Crystallized Intelligence: A Critical Experiment", *Journal of Educational Psychology*, Vol. 54, No. 1, 1963.

Chu, C. Y. Cyrus, Yu Xie, and Ruoh – Rong Yu, "Effects of Sibship Structure Revisited: Evidence from Intrafamily Resource Transfer in Taiwan", *Sociology of Education*, Vol. 80, No. 2, 2007.

Cnattingius, Sven, Michele R. Forman, Heinz W. Berendes, et al., "Delayed Childbearing and Risk of Adverse Perinatal Outcome: A Population – Based Study", *JAMA*, Vol. 268, No. 7, 1992.

Costa, Paul T. and Robert R. McCrae, "Four Ways Five Factors Are Basic", *Personality and Individual Differences*, Vol. 13, No. 6, 1992.

Croen, Lisa A., Daniel V. Najjar, Bruce Fireman and Judith K. Grether, "Maternal and Paternal Age and Risk of Autism Spectrum Disorders", *Archives of Pediatrics & Adolescent Medicine*, Vol. 161, No. 4, 2007.

Cunha, Flavio and J. J. Heckman, "The Technology of Skill Formation",

The American Economic Review, Vol. 97, No. 2, 2007.

Cunha, Flavio, James J. Heckman and Susanne M. Schennach, "Estimating the Technology of Cognitive and Noncognitive Skill Formation", *Econometrica*, Vol. 78, No. 3, 2010.

Demo, David H. and Ritch C. Savin – Williams, "Early Adolescent Self – Esteem as a Function of Social Class: Rosenberg and Pearlin Revisited", *American Journal of Sociology*, Vol. 88, No. 4, 1983.

Durkin, Maureen S., Matthew J. Maenner, Craig J. Newschaffer, et al., "Advanced Parental Age and the Risk of Autism Spectrum Disorder", *American Journal of Epidemiology*, Vol. 168, No. 11, 2008.

Farkas, George, "Cognitive Skills and Noncognitive Traits and Behaviors in Stratification Processes", *Annual Review of Sociology*, Vol. 29, No. 1, 2003.

Featherman, D. L. and R. M. Hauser, *Opportunity and Change*, New York: Academic Press, 1978.

Giddens, Anthony, *The Transformation of Intimacy: Sexuality, Love and Eroticism in Modern Societies*, Stanford, California: Stanford University Press, 1992.

Glewwe, Paul, Qiuqiong Huang and Albert Park, "Cognitive Skills, Noncognitive Skills, and School – to – Work Transition in Rural China", *Journal of Economic Behavior & Organization*, Vol. 134, 2017.

Goldberg, Lewis R., "The Structure of Phenotypic Personality Traits", *American Psychologist*, Vol. 48, No. 1, 1993.

Goode, William J., *World Revolution and Family Patterns. Glencoe*, IL: The Free Press, 1963.

Hampson, Sarah E., L. R. Goldberg, T. M. Vogt and J. P. Dubanoski, "Mechanisms by Which Childhood Personality Traits Influence Adult Health Status: Educational Attainment and Healthy Behaviors", *Health Psychology*, Vol. 26, No. 1, 2007.

Heckman, James J. and Chase O. Corbin, "Capabilities and Skills", *Journal of Human Development and Capabilities*, Vol. 17, No. 3, 2016.

Heckman, James J. and Tim D. Kautz, "Hard Evidence on Soft Skills", *Labour Economics*, Vol. 19, No. 4, 2012.

Heckman, James J., Jora Stixrud, and Sergio Urzua, et al., "The Effects of Cognitive and Noncognitive Abilities on Labor Market Outcomes and Social Behavior", *Journal of Labor Economics*, Vol. 24, No. 3, 2006.

Heckman, James J., Rodrigo Pinto, and Peter A. Savelyev, "Understanding the Mechanisms through Which an Influential Early Childhood Program Boosted Adult Outcomes", *American Economic Review*, Vol. 103, No. 6, 2013.

Heckman, James J., "Skill Formation and the Economics of Investing in Disadvantaged Children", *Science*, Vol. 312, 2006.

Heckman, James J., "The Economics, Technology, and Neuroscience of Human Capital Formation", *PNAS*, Vol. 104, No. 33, 2007.

Heineck, Guido and Silke Anger, "The Returns to Cognitive Abilities and Personality Traits in Germany", *Labour Economics*, Vol. 17, No. 3, 2010.

Humphries, John E. and Fabian Kosse, "On the Interpretation of Non-Cognitive Skills: What Is Being Measured and Why It Matters", *Journal of Economic Behavior & Organization*, Vol. 136, No. 4, 2017.

Janecka, Magdalena, Claire M. A. Haworth, Angelica Ronald, et al., "Paternal Age Alters Social Development in Offspring", *Journal of the American Academy of Child & Adolescent Psychiatry*, Vol. 56, No. 5, 2017.

Ji, Yingchun, "A Mosaic Temporality: New Dynamics of the Gender and Marriage System in Contemporary Urban China", *Temporalités*, No. 26, 2017.

Johnson, Kimberly J., Susan E. Carozza, Eric J. Chow, et al., "Parental Age and Risk of Childhood Cancer: A Pooled Analysis", *Epidemiology*, Vol. 20, No. 4, 2009.

Kang, Yukun, Wan-jun Guo, Hao Xu, et al., "The 6-item Kessler Psychological Distress Scale to Survey Serious Mental Illness among Chinese Undergraduates: Psychometric Properties and Prevalence Estimate", *Comprehensive Psychiatry*, Vol. 63, No. 3, 2015.

Kessler, R. C., et al., "Short Screening Scales to Monitor Population Prevalences and Trends in Non-Specific Psychological Distress", *Psychological Medicine*, Vol. 32, No. 6, 2002.

Kim, Hyun Sik, "Consequences of Parental Divorce for Child Development", *American Sociological Review*, Vol. 76, No. 3, 2011.

Knight, John, Q. H. Deng, and S. Li, "China's Expansion of Higher Education: The Labour Market Consequences of a Supply Shock", *China Economic Review*, Vol. 43, 2017.

Komlos, John and B. E. Lauderdale, "The Mysterious Trend in American Heights in the 20th Century", *Annals of Human Biology*, Vol. 34, No. 2, 2007.

Lafortune, Jeanne and Soohyung Lee, "All for One Family Size and Children's Educational Distribution under Credit Constraints", *American Economic Review*, Vol. 104, No. 5, 2014.

Lee, Ronald and Andrea Mason, "What Is the Demographic Dividend?", *Finance & Development*, Vol. 43, No. 3, 2006.

Lee, Sing, et al., "Performance of the 6-item Kessler Scale for Measuring Serious Mental Illness in Hong Kong", *Comprehensive Psychiatry*, Vol. 53, No. 5, 2012.

Lesthaeghe, Ron and Dirk Van de Kaa, "Twee Demografische Transities?", In D. Van de Kaa and R. Lesthaeghe (eds.), *Bevolking: Groei en Krimp*, Deventer, Van Loghum Slaterus, 1986.

Lesthaeghe, Ron and Karel Neels, "From the First to the Second Demographic Transition: An Interpretation of the Spatial Continuity of Demographic Innovation in France, Belgium and Switzerland", *European Journal of Population*, Vol. 18, No. 4, 2002.

Lesthaeghe, Ron, "The Second Demographic Transition in Western Countries: An Interpretation", in Karen O. Mason and An – Magritt Jensen (eds.), *Gender and Family Change in Industrialized Countries*, Clarendon Press, Oxford, 1995.

Lesthaeghe, Ron, "The 'Second Demographic Transition': A Conceptual Map for the Understanding of Late Modern Demographic Developments in Fertility and Family Formation", *Historical Social Research*, Vol. 36, 2011.

Lucas, Robert E., "On the Mechanics of Economic Development", *Journal of Monetary Economics*, Vol. 22, No. 1, 1988.

Lu, Yao and Donald J. Treiman, "The Effect of Sibship Size on Educational Attainment in China: Period Variations", *American Sociological Review*, Vol. 5, 2008.

Mare, Robert D. and Meichu D. Chen, "Further Evidence on Sibship Size and Educational Stratification", *American Sociological Review*, Vol. 3, 1986.

Martin, Robin, P. Y. Martin, J. R. Smith and M. Hewstone, "Majority versus Minority Influence and Prediction of Behavioral Intentions and Behavior", *Journal of Experimental Social Psychology*, Vol. 43, 2007.

McCrae, Robert R. and Paul T. Costa, "Personality Trait Structure as a Human Universal", *American Psychologist*, Vol. 52, No. 5, 1997.

McCrae, Robert R. and Paul T. Costa, "Validation of the Five – Factor Model of Personality across Instruments and Observers", *Journal of Personality and Social Psychology*, Vol. 52, No. 1, 1987.

Mincer, Jacob, "Investment in Human Capital and Personal Income Distribution", *Journal of Political Economy*, Vol. 66, No. 4, 1958.

Myrskyla, Mikko and Andrew Fenelon, "Maternal Age and Offspring Adult Health: Evidence from the Health and Retirement Study", *Demography*, Vol. 49, No. 4, 2012.

Neisser, Ulric, Gwyneth Boodoo, Thomas J. Jr. Bouchard, et al., "Intelligence: Knowns and Unknowns", *American Psychologist*, Vol. 51, No. 2, 1996.

Nowicki, Stephen and Bonnie R. Strickland, "A Locus of Control Scale for Children", *Journal of Consulting and Clinical Psychology*, Vol. 40, 1973.

Nyhus, Ellen K. and Empar Pons, "The Effects of Personality on Earnings", *Journal of Economic Psychology*, Vol. 26, No. 3, 2005.

OECD, "Educational Attainment: A Snapshot of 50 Years of Trends in Expanding Education", *Education Indicators in Focus*, No. 48, Paris: OECD Publishing, 2017.

Parish, William L. and Robert J. Willis, "Daughters, Education, and Family Budgets: Taiwan Experiences", *The Journal of Human Resources*, Vol. 28, No. 4, 1993.

Parsons, Talcott, "The Kinship System of the Contemporary United States", *American Anthropologist*, Vol. 45, No. 1, 1943.

Powell, Brian, Lala Carr Steelman, and Robert M. Carini, "Advancing Age, Advantaged Youth: Parental Age and the Transmission of Resources to Children", *Social Forces*, Vol. 84, No. 3, 2006.

Radloff, Lenore S., "The CES - D Scale: A Self - Report Depression Scale for Research in the General Population", *Applied Psychological Measurement*, Vol. 1, No. 3, 1997.

Raymo, James M., Hyunjoom Park, Yu Xie, and Wei - Jun Jean Yeung, "Marriage and Family in East Asia: Continuity and Change", *Annual Review of Sociology*, Vol. 41, No. 1, 2015.

Roberts, Brent W., "Back to the Future: Personality and Assessment and Personality Development", *Journal of Research in Personality*, Vol. 43, No. 2, 2009.

Roberts, Brent W., Dustin Wood, and Jennifer L. Smith, "Evaluating Five Factor Theory and Social Investment Perspectives on Personality Trait Development", *Journal of Research in Personality*, Vol. 39, No. 1, 2005.

Romer, Paul M., "Endogenous Technological Change", *Journal of Political Economy*, Vol. 98, No. 5, 1990.

Rosenberg, Morris and Leonard I. Pearlin, "Social Class and Self – Esteem among Children and Adults", *American Journal of Sociology*, Vol. 84, No. 1, 1978.

Rosenberg, Morris, *Society and the Adolescent Self – image*, Princeton: Princeton University Press, 1965.

Rotter, Julian B., *Social Learning and Clinical Psychology*, Englewood Cliffs, NJ: Prentice – Hall, 1954.

Rutter, Michael J., *Genes and Behavior: Nature – Nurture Interplay Explained*, Wiley Blackwell, Oxford, 2006.

Schultz, Theodore W., "Investment in Human Capital", *The American Economic Review*, Vol. 51, 1961.

Schultz, Theodore W., *Investing in People: The Economics of Population Quality*, Berkeley: University of California Press, 1981.

Sigle – Rushton, Wendy, John Hobcraft and Kathleen Kiernan, "Parental Divorce and Subsequent Disadvantage: A Cross – Cohort Comparison", *Demography*, Vol. 42, No. 3, 2005.

Stacey, Judith, *In the Name of the Family: Rethinking Family Values in the Postmodern Age*, Boston: Beacon Press, 1996.

Trillingsgaard, Tea and Dion Sommer, "Associations between Older Maternal Age, Use of Sanctions, and Children's Socio – Emotional Development through 7, 11, and 15 Years", *European Journal of Develop-

mental Psychology, Vol. 15, No. 2, 2018.

Turkheimer, Eric, A. Haley, M. Waldron, et al., "Socioeconomic Status Modifies Heritability of IQ in Young Children", *Psychological Science* Vol. 14, No. 6, 2003.

Van de Kaa, Dirk, "Europe and Its Population: The Long View", in Dirk Van de Kaa, H. Leridon, G. Gesano, and M. Okólski (eds.) *European Populations*, Springer, Dordrecht: 1 – 49, 1999, https://doi.org/10.1007/978 – 94 – 010 – 9022 – 3_1.

Van de Kaa, Dirk, "Europe's Second Demographic Transition", *Population Bulletin*, Vol. 42, No. 1, 1987.

Van de Kaa, Dirk, "Options and Sequences: Europe's Demographic Patterns", *Journal of Population Research*, Vol. 14, 1997.

Van de Kaa, Dirk, "Postmodern Fertility Preferences: From Changing Value Orientation to New Behavior", *Population and Development Review*, Vol. 27, 2001.

Van de Kaa, Dirk, "The Second Demographic Transition Revisited: Theories and Expectations", in G. C. N. Beets, R. L. Cliquet, G. Dooghe and J. de Jong Gierveld (eds), *Population and Family in the Low Countries 1993: Late Fertility and Other Current Issues*, NIDI – CBGS Publications, Amsterdam/Lisse: Swets & Zeitlinger BV, 1994.

Vidmar, Suzanna I., J. Carlin, K. Hesketh, and T. Cole, "Standardizing Anthropometric Measures in Children and Adolescents with New Functions for Egen", *Stata Journal*, Vol. 4, 2004.

Vidmar, Suzanna I., Tim J. Cole, and Huiqi Pan, "Standardizing Anthropometric Measures in Children and Adolescents with Functions for Egen: Update", *Stata Journal*, Vol. 13, No. 2, 2013.

World Health Organization, WHO Child Growth Standards: Head Circumference – for – Age, Arm Circumference – for – Age, Triceps Skinfold – for – Age and Subscapular Skinfold – for – Age: Methods and Development, Geneva: World Health Organization, 2007.

World Health Organization, WHO Child Growth Standards: Length/Height – for – Age, Weight – for – Age, Weight – for – Length, Weight – for – Height and Body Mass Index – for – Age: Methods and Development, Geneva: World Health Organization, 2006.

Yip, Benjamin H., Yudi Pawitan, and Kamila Czene, "Parental Age and Risk of Childhood Cancers: A Population – Based Cohort Study from Sweden", *International Journal of Epidemiology*, Vol. 35, No. 6, 2006.

Zaidi, Batool and Samuel P. Morgan, "The Second Demographic Transition: A Review and Appraisal", *Annual Review of Sociology*, Vol. 43, No. 1, 2017.

Zelazo, Philip D., Clancy B. Blair, and Michael T. Willoughby, "Executive Function: Implications for Education (NCER 2017 – 2000)", Washington, DC: National Center for Education Research, Institute of Education Sciences, U. S. Department of Education, Available on the Institute Website at http: //ies. ed. gov/.